작문·문법·스피킹 능력향상 특강 시리즈

영어는 어떻게 말을 이어 붙이나?

방대한 예문에 독창적 체계의 해설을 곁들인

영어 표현패턴 숨은이치 정밀 해설
(A detailed Instruction on the Hidden Principles of English Expression Patterns)

전 2 권 상 증보판

책임연구원 박 수 규 편저

 SGA 글로벌연구센터
| 사 | 한국자치행정연구원 부설

머 리 말

　외국어이든 모국어이든 언어는 의사표현의 도구이며, 외국어를 배우는 궁극적 목적은 「어구와 어구를 연결하여 말을 이어가기 위한 것」이다. 따라서 외국어 학습의 효과적 방법은 이 원초적이고 순수한 목적에 정직하게 다가가는 것이어야 한다. 그런데 안타깝게도 오늘날 우리나라의 영어학습은 이 원초적 목적은 도외시한 채, 두 갈래의 정형화된 학습코스로 고착되어 가는 것 같다. 그중 한 갈래는 수능영어와 토익·토플 같은 객관식 문제풀기 지향의 수험공학적 학습법이고, 다른 한 갈래는 몇 가지 단편적 어구중심으로 무작정 생활회화 따라하기식 학습법이다.

　이미 누가 써놓은 4~5개 문장들 중에서 진·위 여부만 고르는 데 오래 고착하게 되면, 아무것도 없는 원점상태에서 스스로 온전한 문장을 짓기 어렵다. 마찬가지로 단편적 어구에 맞춰 원어민 발음 흉내 내기 위주로만 익힌 생활회화만으로는 상황이 달라짐에 따른 응용력을 발휘할 수 없다. 오히려 이조(李朝)시대 선비들은 어떠했는가? 그들은 외국어인 한문(漢文) 문장을 수없이 읽고 써왔기 때문에 과거시험에서는 주제가 주어지면 시평(時評)을 단숨에 자기 소신껏 써내려 갔고, 연회에서는 운자(韻字)만 주어지면 4언시·6언시를 자유자재로 주그받았다.

　그런데 오늘날의 영어 학습자들은 어떤가? 저자는 지난 수년간 대학에서 강의를 하거나 직장간부로서 면접을 보면서 우리나라 대학생들의 상당수가 영어 표현능력에 중대한 취약점이 있음을 보고는 크게 놀랐다. 무엇보다도 영어의 문장구조와 어구 연결시키는 방법을 잘 모르고 있었으며, 따라서 간단한 예문(例文)도 제대로 표현하지 못하는 것이었다. 예컨대 「봄이 왔다」, 「빛은 소리보다 빠르다」, 「등잔 밑이 어둡다」, 「해는 동쪽에서 떠서 서쪽으로 진다」, 「우리 점심은 뭐 먹을까요?」, 「커피 어떻게 타드릴까요?」, 「제 커피는 얼음 넣은 것으로 하겠어요」, 「내 목소리 들립니까」, 「새들이 하늘 높이 날고 있다」, 「저와 결혼해 주시겠어요?」, 「아버지께서는 저녁 늦게 귀가하셨다」, 「나는 샤워/목욕을 했다」, 「피카디리 극장에서는 요즘 뭐가 상영되고 있나요?」같은 일상생활에서 흔히 쓰이는 단문(短文)조차도 짓지 못하고 대부분 틀리는 데 너무 놀랐다. 그 원인이 무엇인가를 곰곰이 생각해 본 결과 다음과 같은 결론을 얻었다. 즉 우리나라 영어교육에서 스피킹이 강조되면서 그 반작용으로 문장구조에 대한 기초적 교육이 등한시되었다는 것과, 대부분의 영어 학습서들이 예문이나 패턴을 극소수로 너무 한정되게 그것도 거의 평서문 위주로 예시하고 있다는 점, 그리고 학생들도 선다형 문제풀기와 요점 위주의 학습습관에 젖어 정작 자력으로 완전한 하나의 문장을 만들어 내는 작문훈련은 쌓지 않았다는 점에 그 원인이 있었다.

우리나라 학생들의 영어표현 실태를 보면 대개 「I go~」, 「I am~」, 「I like~」 등 「안정형」 1,2,3형식 문장의 수준에서 맴돌고 5형식 문장은 거의 쓰지 않으며, 시제는 현재형·과거형 위주이다. 하지만 영·미인들은 5형식 문장과 현재완료형을 일상적으로 쓰며, 1,2,3형식 문장중 부가적 보완구가 필요한 「불안정형」 문장을 광범하게 사용한다. 또한 지금까지 우리나라 영어 참고서들이 설명하는 문법체계는 전통적인 일본식 영문법 체계를 크게 벗어나지 않아서 불안정형 1,2,3형식 문장체계에 대해서는 아직 개념이 없으며 별도의 체계로 다루지 않고 있는 실정이다. 또한 원어민 교사들이 쓴 영어 학습서들을 보면 대개가 모국어로서 한국어를 먼저 배워버린 한국인 학습자들에게는 무언가 초점이 맞지 않다는 아쉬움을 떨칠 수가 없었다.

저자는 이 책을 펴냄에 있어서 이러한 우리나라 영어학습 실태와 취약점을 감안하여, 영문구조에 관한한 저자 나름으로 새로 고안한 분류체계로 세분하여 재정렬했으며 관련예문도 세부 패턴별로 다양하게 제시하였다. 또한 한국인 영어학습자들의 취약점인 의문문 표현에 각별한 관심을 두었다.

그리고 본서는 영어 학습의 궁극적 목표가 「말 이어가는」 능력의 향상에 있다고 보고 여기에 최대의 관심과 노력을 기울였는데, 이를 위해 동사·조동사·준동사의 활용과 연결전문 품사인 전치사·접속사의 사용법을 저자가 각고의 노력과 고심 끝에 고안해낸 새로운 체계로 해설하였다. 예를 들어 수식에 있어서 한국어는 한 문장에서 주어를 몇 번씩이나 써가며 거의 무한대로 전치 한정수식을 해낼 수 있는 세계유일 언어인 데 비해, 영어는 이것이 불가능하므로 이를 극복키 위한 고육지책(苦肉之策)으로서 저자는 in · of 등 범위한정 성격의 전치사를 활용하여 후치 수식을 통해 문장을 이어가는 방법 등에 착안하여 이를 이 책의 곳곳에서 강조하고 소개하였다.

　요컨대 이 책은 "어떻게 하면 영어로 말을 잘 이어갈 것인가"에 초점을 두고서, 한국어와 영어간 언어구조 및 표현방식 면에서의 특징을 조목조목 비교하면서 저자 나름으로 새로 고안한 구조체계에 따라 사상초유의 초(超)정밀한 해설을 곁들여 다양한 패턴별로 방대한 예문을 제시하였다. 도서명에서 암시하듯이, "이치를 모르면 응용력이 약하고, 예문으로 익히지 않으면 실전에 약하다." 그런 점에서 이 책은 한국인 영어 학습자들에게 바로 영어의 응용력과 실전력을 향상시키는 데 획기적이고 실질적인 기여를 하게 될 것으로 기대해 마지않는 바입니다.

　한편 이 책은 앞서 저자가 펴낸 「영어 표현패턴 종합연구」와는 취지와 방법 면에서 일맥상통 하는 점이 적지 않다. 우선 양개 도서는 한국어와 영어 간 언어습관 차이의 비교분석이 바탕에 깔려 있어서 시종일관 양개 언어 간 표현상의 불일치(dismatching)를 심도 있게 지적·제시하고 있으며, 패턴별로 방대한 예문(총 3만개 이상의 문장)을 수록했다는 점에서 공통점이 있다. 그러나 「영어 표현패턴 종합연구」는 도서명 그대로 영문구조와 영어활용의 전(全) 분야를 두루 망라하여 균형 있게 다루었으며, 해설은 기존의 문법체계를 따르되 군데군데에서 저자 나름의 새로운 접근방법을 시도하였다. 그러나 이번에 펴낸 「영어 표현패턴의 숨은 이치 정밀 해설」에서는 영어 활용의 핵심부문인 동사와 전치사 사용방법에 중점을 두고 다루었으며, 영문구조에 대한 해설체계는 저자가 고안한 새로운 분류체계와 접근방법을 과감하게 적용하였다. 비록 양개 도서 간에 예문 등 일부 내용에 중첩되는 부분이 없지는 않지만, 사정이 허용된다면 이 양개 도서를 모두 섭렵하면 영어에 대한 인식 지평(地平)이 가일층 넓게 열릴 것으로 확신하는 바입니다.

2015년 9월, 2021년 2월　**저자**

■ 상권 목차 ■

Ⅰ. 어순(The Arrangement of Words) ──────── 1~103

1. 영어 어순의 중요성, 기본구조와 품사간의 관계/3
2. 평서문(Declarative/Assertive Sentence)의 어순/6
3. 의문문(Interrogative Sentence)의 어순/10
4. 형용사가 서술적으로 쓰일 때의 어순/15
5. 전치사·접속사 등 연결어의 위치/16
6. 명령문(Imperative Sentence)과 감탄문(Exclamatory Sentence)의 어순/25
7. 수식어구들간의 어순/32
8. 비정상적 어순 : 도치(倒置)문장과 가(假) 주어·목적어/75

Ⅱ. 동사의 종류와 그에 따른 문장패턴 ──────── 105~202

1. 동사의 종류와 문형 간 관계/107
2. 제1형식 문장의 유형과 예문/111
3. 제2형식 문장의 유형과 예문/115
4. 제3형식 문장의 유형과 예문/131
5. 제4형식 문장의 유형과 예문/167
6. 제5형식 문장의 유형과 예문/181

Ⅲ. 동사의 시제와 서술의 태 ──────── 203~297

1. 영어 시제(Tense)의 구성체계/205
2. 현재형 시제와 과거형 시제/208
3. 완료형 시제/230
4. 미래 시제/247
5. 진행형 시제/257
6. 수동태 문장의 구성과 시제 적용/279

Ⅳ. 조동사에 의한 동사의 기능 확장 -------------------------------- 299~426
   1. 영어 조동사의 특성/301
   2. 조동사의 분류체계 및 용례 일람표/305
   3. 조동사의 종류별 예문 세부검토/313
   4. Will/Shall, Would/Should의 특별용법과 준(準) 조동사들/368

Ⅴ. 독특한 문장체계를 이루는 영어 가정법 -------------------------- 427~496
   1. 영어 가정법(Subjunctive/Assumption Mood)의 주요 특징/429
   2. 이공학·계량경제학 등 과학 분야에서 쓰이는 가정문/432
   3. 인문·사회분야 및 일상생활에서 쓰이는 가정문/442
   4. 주의해야 할 가정문과 가정 유사문장/473

부록. 수험문제 지문구조 정밀해설 -------------------------------- 497~591
   1. 2015년 대입 수능고사(독해·작문·어법 부문)/499
   2. 2014년 시행 국가공무원(7급) 임용고사/555

■ 하권 목차 ■

Ⅵ. 동사에 의한 어구의 연결 : 준동사

1. 동사의 변형과 준동사 개념
   (1) 준동사의 역할과 종류

2. 「부정사」에 의한 어구연결
   (1) 부정사(Infinitive)의 형태와 특성
   (2) to-부정사의 명사적 용법
   (3) to-부정사의 형용사적 용법
   (4) to-부정사의 부사적 용례
   (5) 문장전체를 수식하는 「독립 부사구」로서의 to-부정사
   (6) 원형 부정사
   (7) 주의해야 할 부정사 용법
   (8) 부정사의 시제

3. 「동명사」에 의한 어구연결
   (1) 동명사(Gerund)의 형태와 특성
   (2) 동명사의 용법 유형
   (3) 동명사의 특별한 관용적 용법과 의미상 주어

4. 「분사」에 의한 어구연결
   (1) 분사의 형태와 특성
   (2) 분사의 한정수식 형용사적(드물게는 부사적) 역할
   (3) 분사의 서술수식 형용사적 역할
   (4) 분사의 동사적 역할
   (5) 분사구문(Participle Construction)

Ⅶ. 관계사·접속사에 의한 어구연결

1. 관계사(Relative)의 역할, 종류 및 용법
   (1) 관계대명사(Relative Pronoun)의 구실과 종류
   (2) 관계대명사 Who · Whose · Whom의 용법

(3) 관계대명사 Which와 Of which의 용법
　　　(4) 관계대명사 That의 용법
　　　(5) 관계대명사 What의 용법
　　　(6) 주의해야 할 관계대명사의 용법
　　　(7) 관계부사의 특징과 용법

　2. 접속사(Conjunction)의 역할, 종류 및 용법
　　　(1) 등위 접속사
　　　(2) 종위[종속] 접속사

Ⅷ. 전치사에 의한 어구연결

　1. 전치사의 특성과 기능
　　　(1) 전치사의 기능
　　　(2) 전치사의 목적어
　　　(3) 전치사의 위치와 종류
　　　(4) 전치사와 유관 타 품사와의 관계

　2. 전치사의 특수한 용법/323
　　　(1) 문장형식별 전치사의 문장보완 기능
　　　(2) 「동사+전치사」 형태의 동사구 형성
　　　(3) 어의확장과 순수 연결목적으로 쓰는 전치사 용법

　3. 전치사의 일반적 용법(Ⅰ)
　　　(1) 전치사의 용법상 특징과 일반적 용법 구분
　　　(2) 「때·시간」을 나타내는 전치사
　　　(3) 「장소·위치」를 나타내는 전치사
　　　(4) 「위치·이동/방향」을 나타내는 전치사

　4. 전치사의 일반적 용법(Ⅱ)
　　　(1) 각종 「관계·관련」을 나타내는 전치사
　　　(2) 「원인·목적·결과」를 나타내는 전치사
　　　(3) 「수단·방법, 재료·원료, 단위·척도」를 나타내는 전치사
　　　(4) 「기타의 관계·상황」 등을 나타내는 전치사

PART I

어순 (The Arrangement of Words)

1. 영어 어순의 중요성, 기본구조와 품사간의 관계
2. 평서문(Declarative/Assertive Sentence)의 어순
3. 의문문(Interrogative Sentence)의 어순
4. 형용사가 서술적으로 쓰일 때의 어순
5. 전치사·접속사 등 연결어의 위치
6. 명령문(Imperative Sentence)과 감탄문(Exclamatory Sentence)의 어순
7. 수식어구들간의 어순
8. 비정상적 어순 : 도치(倒置) 문장과 가(假) 주어·목적어

Ⅰ 어순(The Arrangement of Words)

"영어는 어순(語順) 안 지키면 외계인의 말"

"기본문형은 전치사 없이 오직 어순에만 의존"

Introduction & Summary

문장을 만들 때, 영어에서는 낱말 간에 상호 독립성이 매우 강하여 낱말 자체는 좀체 변화하지 않으며, 전치사라는 접사가 있어도 기본문형 관계에서는 절대로 사용하지 않는 등 극히 제한적이다. 따라서 영어는 거의 절대적으로 낱말(또는 어구)간 배열순서에 따라 일차적으로 상호간의 기본적 관계와 기능이 결정된다.

이에 비해 한국어에서는 토씨(접사)가 기본문형을 포함한 모든 문형에서 명사형 어구에는 반드시 따라 붙어서 상호간의 관계와 기능이 분명해진다. 따라서 토씨가 바뀌지 않는 한, 배열순서가 아무리 달라져도 그 구성요소간 관계나 문장의 의미가 달라지지 않는다. 또한 한국어에서는 서술어중 동사·형용사의 어미가 필요에 따라 다양하게 변화하기 때문에 조동사의 도움이 필요치 않으며, 접속사 등 연결성 품사의 도움까지 덜 받고도 문장의 연결이 원활하다.

그리고 문장내 서술부 만드는 방법면에서 영어는 핵심(필수) 구성요소인 동사부터 먼저 툭 던져 놓고는 시간을 벌면서 나머지 임의 구성요소(보어, 목적어)와 수식어를 일정 순서에 따라 순차적으로 짜맞추는 조립(assembling/fabrication) 방식을 취한다. 이에 비해 한국어는 처음부터 임의 구성요소(보어, 목적어)와 수식어까지 꼼꼼하게 다 챙겨서 마지막으로 동사와 함께 완성품(finished goods)으로 내놓는다.

Part I 어순(The Arrangement of Words)

1. 영어 어순의 중요성, 기본구조와 품사간의 관계

(1) 영어 어순의 중요성 테스트

> 여기에 Tom, Susy, Love라는 3장의 낱말카드가 있어서 이제 이들의 위치를 순열방식으로 바꾸어 늘어놓으면 총 6개 경우의 배열형태가 생기는데, 이들 경우마다 문장의 의미는 다르다.

경우	카드 배열순서	나타내는 문장의 의미
①	Tom love(s) Susy	톰은 수지를 사랑한다.
②	Susy Love('s) Tom	수지는 톰을 사랑한다.
③	Love Tom(,) Susy	수지야, 톰을 사랑해라
④	Love Susy(,) Tom	톰아, 수지를 사랑해라
⑤	Tom Susy Love	(의미 불명)
⑥	Susy Tom Love	(의미 불명)

> 이에 비해 한국어에서는 토씨(접사)없이 그냥 낱말을 배열하면 어느 경우에서건 문장이 성립되지 않지만, 토씨(접사)를 붙여서 늘어놓으면 어떻게 배열하든 그 의미가 동일하다.

경우	카드 배열순서	나타내는 문장의 의미
①	톰은 사랑한다 수지를	
②	수지를 사랑한다 톰은	
③	사랑한다 톰은 수지를	어느 경우에서나 문장의 의미가 동일 (톰은 수지를 사랑한다)
④	사랑한다 수지를 톰은	
⑤	톰은 수지를 사랑한다	
⑥	수지를 톰은 사랑한다	

(2) 영문의 기본구조와 품사(단어군)간 관계

주어 파트(=주부) (운전석)			술어 파트(=술부) (차체 및 내장부)				
수식어	핵심요소	수식어	핵심 서술요소	임의 서술요소			
전치 수식어 (보조장치)	주어 (운전자)	후치 수식어 (보조장치)	동사부 (엔 진)	주격 보어부	직접목적어	간접목적어	목적 보어부
					목적어부		

소재부품 (소재품사)	동 사	명 사	대명사	관 사	형용사	부 사
	핵심어군 (조동사 포함)	실체어군 (형용사 포함)		수식어군		
접착부품 (연결품사)	전치사		접속사		(부사)	

※ 범례 : 실선은 구성관계, 점선은 수식관계임

※ **형용사** : 보어 역할을 맡을 수 있는 실체어군이면서,
　　　　　명사·대명사를 수식하는 수식어군에도 속함
※ **부사** : 동사와 형용사·부사를 수식하고, 문장 전체에 걸친 독립어가 될 수 있음
※ **전치사** : 명사/대명사(또는 그 상당어구) 앞에서 다른 어구와의 연결관계를 나타냄
※ **접속사** : 명사/대명사, 형용사·부사, 전치사, 구·절 사이를 연결함
※ **핵심 서술요소** : 어떤 문형에서든 반드시 있어야 하는 요소
※ **임의 서술요소** : 문형에 따라 있을 수도 있고, 없을 수도 있는 요소

Part Ⅰ 어순(The Arrangement of Words)

> 참고 : 영어 낱말의 분류(품사)

인류가 쓰는 언어의 기본단위를 낱말(단어)이라고 하는데, 인간은 주로 이들 낱말을 2개 이상 결합해서 의사를 전달한다. 낱말의 수(數)는 문화민족의 언어일수록 단어수가 많아서 수만 개에 이른다. 그러나 이들 단어도 성질이나 기능별로 묶어보면 10개미만의 그룹[파트]으로 분류되는데, 영어의 경우는 이를 통상 8개 그룹으로 나누어 설명하고 있다.

— 이를 '8품사(品詞; eight parts of speech)'라고 부른다 —

① **명 사(Noun)** : 사람이나 사물의 명칭(인명·지명 등 유일한 명칭은 고유명사, 사람·동물 등 구성개체가 많이 있는 집단명칭은 보통명사)

② **대명사(Pronoun)** : 명사를 대칭하는 호칭(나/너 등 사람을 대칭하는 인칭대명사와 그것/이것 등 사물을 지칭하는 사물/지시대명사)

③ **동 사(Verb)** : 주어의 동작/상태를 서술하는 낱말
(주어와 함께 문장의 필수적이고 가장 핵심되는 요소임)

④ **형용사(Adjective)** : 대/소, 형상 등 명사·대명사를 수식하는 낱말
(a/the 같은 관사도 광의의 형용사에 속함)

⑤ **부 사(Adverb)** : 동사·형용사·부사를 수식하는 낱말(동작/상태의 때/장소, 양태, 정도, 빈도, 원인/결과, 부정/긍정 등을 나타내는 낱말)

⑥ **전치사(Preposition)** : 명사·대명사 또는 동 상당어구의 앞에 위치하여 그것과 다른 어구와의 연결관계를 나타내는 낱말

⑦ **접속사(Conjunction)** : 명사/대명사, 형용사/부사, 전치사, 그리고 구·절 따위를 연결하는 낱말(연결대상 어구들간 대등한 관계로 연결할 때와, 주되는 어구에 대한 종속적 관계로 연결하는 경우가 있음)

⑧ **감탄사(Exclamation)** : 희노애락·놀람 등 인간의 극한적 감정을 표출하는 원초적이고 단순한 낱말(앗/오! 등으로서 다른 낱말과의 연결적 중요성은 없고, 문장전체에 걸리는 광의의 부사이기도)

2. 평서문(Declarative/Assertive Sentence)의 어순

> ▶ 한국어는 보어·목적어 등을 다 챙긴 다음, 서술동사는 문장의 맨 끝에 둔다.
> ▶ 영어는 서술동사를 서술부의 가장 앞자리, 즉 주어/주부의 바로 다음에 둔다.

(1) 제2형식 평서문에서의 예문

한국어	톰은 한 소년 이다. (주어) 주격보어 (동사) 그녀는 아름답다
영어	(주어) (동사) (주격보어) Tom is a boy. (톰은 이다 한 소년) She is beautiful. (그녀는 이다 아름다운)

※ **제2형식 문장이란?** 수식어를 제외한 문장의 골간이 되는 구성요소가 **[주어+동사+(주격)보어]의 어순으로** 이루어진 문장

- **주격보어 자리** : 명사, 대명사, 형용사 성격의 어구가 온다.
- **동사 자리** : 목적어는 없되, 보어를 필요로 하는 동사 (be동사 등 불완전 자동사)가 온다.

(2) 제3형식 평서문에서의 예문

한국어	메어리는 톰을 사랑한다. (주어) (목적어) (동사)
영어	(주어) (동사) (목적어) Mary loves Tom. (메어리는 사랑한다 톰을)

※ **제3형식 문장이란?**
구성요소가 **[주어+동사+목적어]의 어순으로** 이루어진 문장

- **목적어 자리** : 명사, 대명사 성격의 어구가 온다
- **동사 자리** : 그 영향력이 직접 명확하게 목적어에 미치는 동작성 동사(완전 타동사)가 온다

Part I 어순(The Arrangement of Words)

(3) 제4형식 평서문에서의 예문

한국어	톰은 나에게 책 한권을 **사주었다**. (주어) (간접 목적어) (직접 목적어) (동사) 아빠는 나에게 새 양복을 **맞춰주셨다**. (주어) (간접목적어)(직접목적어) (동사)
영어	(주어) **(동사)** (간접목적어) (직접목적어) Tom **bought** me a book. (톰은 사주었다 나에게 책 한권을) Dad **made** me a new suit. 아빠는 맞춰주셨다 나에게 새 양복을

※ **제4형식 문장이란?**
 구성요소가 **[주어+동사+간접목적어+직접목적어]**의 어순으로 이루어진 문장

- **간접목적어 자리** : 동사의 영향이 2차적으로 미치는 대상으로서 명사·대명사 성격의 어구가 온다.

- **직접목적어 자리** : 동사의 영향력이 1차적으로 미치는 대상으로서 명사·대명사 성격의 어구가 온다.

- **동사 자리** : 동작의 영향력이 1,2차적으로 미치는 수여성/전달성 동사가 온다.

(4) 제5형식 평서문에서의 예문

한국어	그는 그녀를 그의 아내로 **삼았다**. (주어) (목적어) (목적격 보어) (동사) 나는 커피를 차게해서 (마시길)**좋아한다**. (주어) (목적어) (보어) (동사)
영어	(주어) **(동사)** (목적어) (목적격 보어) • He **made** her his wife. (그는 삼았다 그녀를 그의 아내로) • I **like** my coffee iced. (나는 (마시길)**좋아한다** 커피를 차게해서)

※ **제5형식 문장이란?**
 구성요소가 **[주어+동사+목적어+목적격보어]**의 어순으로 이루어진 문장

- **목적어** : 명사·대명사 성격의 어구가 온다.
- **목적격보어** : 목적어가 이루어진 결과적 상태를 나타내며, 명사나 형용사 성격의 어구가 온다.

2. 평서문(Declarative/Assertive Sentence)의 어순

(5) 제1형식 평서문에서의 예문

한국어	• 바람이 <u>사납게</u> **분다**. (주어) (수식어; 부사) (동사) • 화재가 **났다**. (주어) (동사)

영어	(주어) **(동사)** (수식어; 부사) • The wind **blows** <u>fiercely</u>. (바람이 분다 사납게) • A fire **broke** <u>out</u> (화재가 **났다**)

※ **제1형식 문장이란?**
 구성요소가 **[주어+동사]**의 어순으로 이루어지는 가장 단순 명확한 문장으로서 수식어(부사)는 필요에 따라 없어도 된다(예문에서 fiercely는 임의적 부사이고, out은 해당 동사에 밀착된 필수적 부사).

- **동사 자리** : 목적어도 보어도 필요로 하지 않는 동사(완전 자동사)가 온다.

부사의 위치에 대한 예외

· 영어에서도 부사가 항상 동사 뒤에 오는 것은 아니다.
· 동사를 수식하는 부사가 부정(否定)의 뜻을 지녔거나, 특정어구에 초점을 두거나, 그 영향력이 주어나 문장전체에 걸릴 때, 부사를 특별히 강조하려 할 때, 구(句)가 뒤따르는 경우 등에서는 한국어에서처럼 해당동사의 앞, 또는 문두나 문미에 두기도 한다. 결론적으로 말해 영어에서도 다른 품사와는 달리 부사의 위치 때문에 문장의 의미가 달라질 우려는 그리 크지 않다.

〈 부사가 동사 바로 다음에 오는 문장 : 「정도」부사 등 〉

• He always <u>works</u> **hard**. (그는 언제나 **열심히** 일한다)

• He usually <u>works</u> **fast**. (그는 평소 **빨리** 걷는다)

• (I) <u>Thank</u> you **very much**. (**대단히** 감사합니다)

〈 부사가 동사 바로 다음에 오지 않는 문장: 「부정」부사 등 〉

• He **hardly** ever <u>goes</u> to bed before midnight.
 (그는 자정 전에 잠자리에 드는 일이란 <u>좀체</u> 없다)

Part I 어순(The Arrangement of Words)

- I **hardly** know how to explain it.
  (나는 그걸 어떻게 설명해야 할지 거의 모른다[모를 정도이다])

- Patty can **also** speaks Italian. (패티도 이탈리아어를 할 수 있다)

- You can **only** guess so (당신은 단지 그렇게 추측할 수밖에 없다)

- **Please** pass/reach me the salt[Pass/Reach me the salt, pl<u>ease</u>].
  (저에게 그 소금을 좀 건네주세요)

- I don't smoke, (and) **neither** do I drink.
  (나는 담배를 피우지 않으며, 술도 마시지 않는다)

3. 의문문(Interrogative Sentence)의 어순

(1) 선택적 의문문에서의 예문

▶ 한국어는 평서문에서의 「~하다, ~이다」에 해당하는 부분을, 「~한가, ~인가」로 '다' 대신에 '가 또는 까'로 간단히 어미만 고쳐 쓰면 되지만,

▶ 영어는 그렇게 어미변화를 못하므로 본동사는 그대로 두고 조동사(be동사 포함)라는 걸 가져와서 주어 앞에 선치한다. 다만 be동사는 본동사도 되고 조동사도 되므로 그 자체가 직접 주어 앞으로 가버리는 주어·동사 간의 뒤바뀜, 즉 도치(倒置) 형태를 취한다.

한국어 ①	평서문	당신은 학생**이다[입니다]**.
	의문문	당신은 학생**인가[입니까]**?

영어 ①	평서문	<u>You</u> <u>are</u> a student.
	의문문	**Are** y<u>ou</u> a student?

한국어 ②	평서문	당신은 그를 좋아<u>합니다</u>.	당신은 책이 <u>있습니다</u>.
	의문문	당신은 그를 좋아<u>합니까</u>?	당신은 책이 <u>있습니까</u>?

영어 ②	평서문	You <u>like</u> him.	You **have** a book.
	의문문	**D**<u>o</u> you <u>like</u> him?	**D**<u>o</u> you <u>have</u> a book?

※ 영국식 영어: **Ha**<u>ve</u> you a book? (have를 조동사 겸 본동사로 간주)

Part I 어순(The Arrangement of Words)

(2) 원천적 의문문에서의 예문

> ▶ 한국어는 무엇, 어느 것, 왜, 언제, 어디 등 의문사가 있어도 평서문에서의 어순과 하등 다를 바가 없다(다만, 예외적으로 강조하기 위해 의문사를 문두에 선치하기도).
>
> ▶ 영어는 「What, Which, Why, When, Where」 등 의문사가 있으면, 무조건 그것을 문두에 선치하되, 그것이 주어(또는 주격보어)가 아닌 경우에는 주어 앞에 조동사(조동사가 2개이면 앞엣 것)를 가져와서 붙인다.

한국어 ①	• 당신은 <u>무엇</u>을 좋아하십니까? • 이곳에 <u>얼마나 오래</u> 머무르시겠습니까?

영어 ①	• <u>What</u> do you <u>like</u>? • <u>How long</u> will you <u>stay here</u>?

한국어 ②	• 당신은 <u>언제</u> 여기 <u>오셨습니까</u>? 　(강조시; <u>언제</u> 당신은 여기 오셨습니까?) • 나는 <u>어떻게</u> 했을까/됐을까? • 너는 어제 <u>무엇</u>을 했니? (강조시; <u>어제</u> 당신은~) • 너는 우선 <u>어디</u>에 가고 싶니?

영어 ②	• <u>When</u> did you <u>come</u> here? • <u>What</u> would I <u>have done/been</u>? • <u>What</u> did you <u>do</u> yesterday? • <u>Where</u> do you <u>want/like</u> to go first(of all)?

3. 의문문(Interrogative Sentence)의 어순

한국어 ③	• 오리온 극장에서는 <u>무엇이</u> 상영되고 있습니까? (무엇; 주어) • 네가 쓴 그 이야기는 대체 <u>어떻게</u> 됐어? (어떻게; 주어) • <u>누가</u> 거기 갔습니까? 거기 <u>누구요</u>(누구 있어요)? (누가/누구; 주어) • <u>어디가</u> 아프신 것 같아요? (어디가; 주어) • 그것은 <u>무엇입니까</u>? (무엇; 주격보어) • 오늘 날씨가 <u>어떨 것 같아요</u>? (어떨 것; 주격보어)

영어 ②	• <u>What</u> <u>is playing</u> at the Orion theater? • <u>Whatever</u> <u>has become</u> of that story you wrote? • <u>Who</u> <u>went</u> there? <u>Who</u> <u>is</u> there? • <u>What</u> <u>seems to be</u> the trouble? • <u>What</u> <u>is</u> it/that? • <u>What</u> <u>is</u> the weather <u>like</u> today?

(3) 간접 의문문에서의 예문

▶ 의문문이 전체 문장 중에서 하나의 문절을 이룬 경우이다. 이때는 의문사가 해당 문절의 문두에 선치되는 것 외에는 나머지 어구의 어순에는 변화가 없으며, 그로 인한 조동사도 필요로 하지 않는다. 이때 의문사에 직접 붙어 있는 어구(명사/대명사, 형용사, 전치사)는 함께 따라간다.

1) 일반 간접의문문

• <u>For whom the bell tolls</u>// is doubtful.
 (누구를 위해 종이 울리는지가 의심스럽다)

- **Who** will go there // is a question.
  (누가 거기에 갈 것인가가 문제이다)
- The question is **whom** we should ask.
  (문제는 누구에게 물어봐야 되는가이다)
- Do you know **what** he has in his pocket?
  (당신은 그가 포켓에 뭘 갖고 있는지 아십니까?)
- Do you know **how** I did it? (당신은 내가 어떻게 했는지 아세요?)
- I don't know **what** to do. (나는 뭘 해야 될지 모르겠다)
- Do you know **how** old I am? (당신은 내 나이가 얼마인지 아세요?)
- We asked them **which** way to go[take].
  (우리는 그들에게 어느 길로 가야 할지를 물었다)
- He told me **how** to make it. (그는 내게 그것을 어떻게 만드는지를 말해줬다)
- Since then I had wondered **where** he lived.
  (그때 이래 그가 어디에 살고 있을까를 궁금히 여기고 있었다)

2) 특수 간접의문문

- **Who** do you think ⎕ he is?
  (그가 누구라고 생각하십니까?)

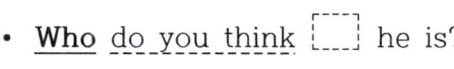

- **What** do you guess/suppose ⎕ he has in his pocket?
  (당신은 그가 호주머니에 뭘 갖고 있다고 추측하느냐?)
  cf: **What** do you know the U.N. stands for?
  (유엔이 무엇을 나타내는지[의미하는지] 아세요?)

※ **특수간접의문문이란?**
일반 간접의문문과 기본적으로 어순이 같지만, 의문사와 해당 문절 사이에 think, guess, suppose, say, know가 포함된 주절이 삽입되어 있는 문장
- 이때 의문사는 전체 문장의 맨 앞에 선치되므로
- 그것이 주절(do you think 등)에 걸리는 것으로 착각하지 말아야 한다.

3. 의문문(Interrogative Sentence)의 어순

- **When** do you think ⌐ ¬ it happened?
  (그게 언제 일어났다고 생각하십니까?)

- **Who** shall I say ⌐ ¬ wants to speak to him?
  (누가 그에게 말씀/전화하시려 한다고 전화드릴까요?)

- **How** do you think ⌐ ¬ I'd look?
  (내가 어떻게 보일 것이라고 생각하십니까?)

- On **which** side of your mouth/did you say/it hurts you?
  (입 속의 어느 쪽에 통증이 있다고 말씀하셨죠?)

- **Which** do you think ⌐ ¬ is better?
  (당신은 어느 쪽이 더 좋다고 생각하세요?)

4. 형용사가 서술적으로 쓰일 때의 어순

> ▶ 한국어에서는 형용사가 한정적 수식어로 쓰일 때는 원형이 오지만, 서술적으로 쓰일 때는 어미가 변화하여 동사 꼴이 되므로 동사가 불필요하다.
>
> ▶ 영어에서는 <u>형용사가</u> 일부 부사 꼴이 될 때 외에는 어미변화를 하지 못하므로 <u>서술적 수식용으로 쓰이려면 반드시 be동사 등 불완전 자동사 (연결동사)의 도움을 받아 연결되어야</u> 한다.

(1) 형용사가 한정 수식어로 쓰일 때

한국어(A)	영 어(B)	비 고
① **아름다운** 그 꽃 (= 그 아름다운 꽃) ② **달콤한** 그 파이 (= 그 달콤한 파이)	① The **beautiful** flower ② The **sweet** pie	• A·B간에 모양(원형)과 순서(명사 앞) 면에서 가무런 차이가 없다

(2) 형용사가 서술 수식어로 쓰일 때

한국어(A)	영 어(B)
① 그 꽃은 아름**답다** ② 그 파이는 (맛이) 달콤**하다**. ※ 형용사의 어미가 스스로 변화하여 상태를 나타내는 동사 꼴로 됨으로써 별도의 연결동사 도움이 필요 없다 (외견상으로는 1형식, 내용상으로는 2형식 문장).	① The flower <u>is</u> <u>beautiful</u>. ② The pie <u>is/tastes</u> <u>sweet</u>. ※ 형용사가 어미변화를 못하므로 불완전 자동사의 도움을 받아 비로소 서술적 기능을 갖췄다(제2형식 문장).

5. 전치사·접속사 등 연결어의 위치

> ▶ 한국어에서는 연결어가 문장 전체에 걸리거나 등위 접속사(그리고, 그러나 등)를 제외하고는 해당 어구의 뒤에 오지만,
>
> ▶ 영어에서는 등위 및 분리 접속사 등에서의 극소수 예외를 제외하고는 해당 어구의 바로 앞에 온다.

(1) 전치사의 어순

> 영어의 전치사는 무조건 명사·대명사 또는 그 상당어구의 앞에 전치된다(한국어의 토씨와는 정반대).

한국어	우리는 아침<u>에는</u> 학교<u>에</u> 가고, 저녁<u>에는</u> 교회<u>에</u> 간다.

영어	We go **to** school **in** the morning, and (go) **to** church **in** the evening.

한국어	저 교회<u>의</u> 종은 누구를 <u>위하여</u> 울립니까?

영어	**For** whom does the bell **of** the church ring/toll? ※ the bell of the church: the church bell로도 쓸 수 있음

Part I 어순(The Arrangement of Words)

| 한국어 | ① 당신은 무엇을 찾고 있습니까?
② 나는 바늘을 찾고 있습니다. |

| 영어 | ① What are you looking for?
※「look for」처럼 [동사+전치사]가 관용적으로 밀착되어 쓰일 경우에는 의문문에서라도 전치사가 자신의 목적어(what)에게 문두로 따라가지 않는다.
② I am looking for a needle. |

(2) 접속사의 어순

▶ 한국어에서는 원칙적으로 접속사가 따로 없으며, 동사의 어미변화를 통해, 앞뒤 구절 간 문맥을 잇는다. 다만, 대등 접속사(그리고, 그러나 등)나 종속절에서라도 접속적 의미를 강조할 때에는 해당 어구나 문절의 앞에 영어의 접속사와 비슷한 어구(만약, 비록, 왜냐 하면 등)를 보완적으로 두기도 한다(그러나 엄밀하게는 이들 낱말은 접속사라기보다는 접속의 뜻을 보완하거나 강조하기 위한 부사적 성격에 가깝다).

▶ 영어에서는 등위 접속사와 일부 분리접속사 외에는 접속사를 반드시 해당 어구나 문절의 앞에 선치한다. 그러나 and나 or의 경우에는 우연히 한국어에서의 어순과 외견상 일치하지만(A and B ; A와 B), 이것도 엄밀하게는 그 무게중심이 뒤쪽 어구(B)에 두어져 있다고 봐야 한다.

5. 전치사·접속사 등 연결어의 위치

1) 단순 등위접속사

> 한국어·영어 간 어순이 유사하지만, 접속사의 무게가 한국어에서는 앞의 말에, 영어에서는 뒤의 말에 실려 있다.

- You **and** I are friends.
  (너**와** 나는 친구이다)

- They were novelists **and** poets.
  (그들은 소설가**이자** 시인이었다)

- The sun set, **and** the moon rose.
  (해가 지**고**, (이어서) 달이 떴다)

- Answer yes **or** no.
  (예스냐 (아니면) 노우냐 대답하시오)

- Which do you like better, tea **or** coffee?
  (어느 쪽을 더 좋아하세요? 홍차나 커피 중에)

- The kite flew up higher **and** higher.
  (연은 **점점** 더 높이 [더 높이 **또** 더 높이] 날아올랐다)

- He lost the first game **but** won the second.
  (그는 첫 번째 게임에서는 졌**지만** 두 번째는 이겼다)

- He is taller **than** I (am)[=than me].
  (그는 나**보다** 키가 더 크다)

- It was a great idea, **but** it didn't work.
  (그건 훌륭한 아이디어였**지만**, 효과는 없었죠)

2) 상관 등위접속사

> 접속사가 앞, 뒤로 분리되어 있는 경우에는 뒷부분의 어순이 한국어와 유사하지만 이 역시 영어에서는 무게중심이 뒤의 말에 가 있다.

「분리」 상관 등위접속사

- **Both** you **and** he are wrong.
  (너도 그도 둘 다 그르다)

- **Not only** you **but (also)** he has to go.
  (너 뿐만 아니라 그도 가야 한다)

- **Either** you **or** she is in the wrong.
  (자네든 그녀든 (어느 한쪽은) 그르다)

- **Neither** you **nor** he is in the wrong.
  (자네도 그도 (어느 쪽도) 그르지 않다)

「비분리(구)」 상관 등위접속사

- He has experience **as well as** knowledge.
  (그는 지식**뿐만 아니라** 경험도 갖춰 있다)

- He **as well as** you is (in) the wrong.
  (너 뿐만 아니라 그도 잘못이다)

- **As well as** being attractive, he is rich.
  (그녀는 매력적일 **뿐만 아니라** 부자이기도 하다)

5. 전치사·접속사 등 연결어의 위치

3) 종위(종속) 접속사

> 전체 문장이 결과를 나타내는 주절과, 때·장소, 명사절, 원인·결과·목적, 조건·양보, 양태와 대조적 상황 등을 나타내는 종속절로 이루어진 경우로서, 접속사가 영어에서는 해당 종속절의 문두에 오지만, 한국어에서는 문미에 온다. 다만 결과를 나타내는 접속사의 경우는 두 언어간의 어순에 다소 유사성이 있다.

「명사절」을 이끄는 접속사

- **That** he will come// is certain.
  (그가 올 **것은** 확실하다)

- **Whether** he will consent **or** not// is very doubtful.
  (그가 동의/승낙**할지** 아니**할지는** 매우 의문이다)

- I wonder//**if/whether** it will be fine tomorrow.
  (내일 날씨가 좋을**지는** 모르겠다)

「때」를 나타내는 부사절을 이끄는 접속사

- She was playing the piano//**when** I visited her.
  (내가 방문했을 **때는** 그녀는 피아노를 치고 있었다)

- He is impatient//**whenever** he is kept waiting.
  (그는 줄곧 기다리고 있을 **때면** 안달이 난다)

- **As** I entered the room, they applauded.
  (내가 방에 들어서자 그들은 박수를 쳤다)

- Strike//**while** the iron is hot.
  (쇠는 뜨거울 때 때려라)

- **Until** we meet again, take care of yourself.
  (우리 다시 만날 때까지 건강에 조심하세요)

- He got married **as soon as** he left university.
  (그는 대학을 졸업하자마자 바로 결혼했다)

- **No sooner** had we arrived **than** it began to rain.
  (=We had **no sooner** arrived than it~)
  (우리가 도착하자마자 비가 오기 시작했다)

- I had **scarcely/hardly** said the word **when/before** he entered.
  (=**Scarcely/Hardly** had I said the word~)
  (내가 그 말을 하자마자 그가 들어왔다)

  ※ 유의점: No sooner, Scarcely/Hardly가 포함된 문절은 than, when/before 이하의 문절보다 앞선 시제로 해야 함

「이유」를 나타내는 부사절을 이끄는 접속사

- I can't go there, **because** I am busy.
  (나는 바쁘기 **때문에** 거기에 갈 수 없다)

- **As** it was getting dark, we soon turned back.
  (어두워지기 시작했**으므로** 우린 곧 돌아왔다)

- **Since** she wants to go, I'd let her (go).
  (그녀가 가고 싶어 **하니까** 그렇게 해주겠어)

- (You) tell us the answer, **since** you're so smart.
  (당신이 그렇게 똑똑하**다면** 우리한테 답을 알려줘)

5. 전치사·접속사 등 연결어의 위치

「결과」를 나타내는 부사절을 이끄는 접속사

- He is **so** kind **that** everybody likes him.
  (그는 무척 친절**하여** 누구나 그를 좋아한다)

- I was having **such** a good time (**that**) I didn't want to leave.
  (나는 너무 즐거**워서** 자리를 떠나고 싶지 않았다)

- We received no news, **so** (**that**) we began to worry.
  (우리는 아무런 소식을 듣지 못했는데, **그래서** 걱정되기 시작했다)

- Is it **so** dreadful a secret **that** you can't tell me?
  (그게 나한테 말 못할 **정도로 그렇게** 대단한 비밀이냐?)

「목적」을 나타내는 부사절을 이끄는 접속사

- He worked hard **so that** he might not fail.
  (그는 실패하지 **않기 위해** 열심히 공부했다)

- Be careful **lest** you should fall from the tree.
  (나무에서 떨어지지 **않도록** 조심해라)

「조건/가정」을 나타내는 부사절을 이끄는 접속사

- **If** you have any questions, ask me. (질문이 있으**면** 저에게 물으세요)

- **If** you had worked harder, you would have passed the exams.
  (네가 더 열심히 공부했**더라면** 그 시험에 합격했을 텐데)

- **In case** he comes, tell him that I went out.
  (그가 오**거든** 내가 외출했다고 말해라)

- You will fail **unless** you work hard.
  (열심히 공부하지 **않으면** 넌 실패할 것이다)

Part I 어순(The Arrangement of Words)

- <u>As long as</u> you wish me come (but) you must remember your promise.
  (내가 오기를 바란**다면** 넌 네가 한 약속을 반드시 지켜야 해)

- If it had not been for your help, what would I have done?
  (만일 너의 도움이 없었더라면, 나는 어떻게 했을까)

  cf: ┌ <u>Had</u> it **not been** for your help, what would~?
      └ <u>But for</u> your help, what would~?

「양보」를 나타내는 부사절을 이끄는 접속사   <as의 경우 보어를 문두에 선치>

- <u>Though</u> I live near the sea, I am not a good swimmer.
  (나는 바다 근처에 살**지만** 헤엄은 별로다)

- I won't mind **even if [even though]** she doesn't come.
  (그가 오지 않는다 **해도** 나는 개의치 않겠소)

- <u>Rich</u> **as** she is, she is not happy.
  (그녀는 부자이긴 **하지만**, 행복하지는 않다)

- <u>Hero</u> **as** he was, he turned pale.
  (그는 비록 영웅**이었지만**, 새파랗게 질렸다)

「양태·정도」를 나타내는 부사절을 이끄는 접속사

- Do in Rome **as** the Romans do.
  (로마에서는 로마인들이 하는 **대**로 해라)

- He was (as) busy **as** a bee during the day.
  (그는 그날 벌**처럼** 분주했다)

- <u>As</u> food nourishes our body, **so** books nourish our mind.
  (음식이 우리 몸의 영양이 되는 것**처럼**, 책은 마음의 영양이 된다)

5. 전치사·접속사 등 연결어의 위치

「대조적 상황」을 나타내는 부사절을 이끄는 접속사

- Men usually like wrestling **as** women do not.
  (여성은 레슬링을 좋아하지 **않지만** 남성은 보통 좋아한다)

- Jews and Moslems don't eat pork, **where** Christians relish it.
  (기독교인들 돼지고기를 좋아하**는데**, 유대인들과 회교도들은 그걸 먹지 않는다)

- The old system was complicated, **whereas** the new (system) is very simple.
  (예전 시스템은 복잡했던 **반면** 새 시스템은 단순하다)
  (=새 시스템이 단순한 **반면**, 옛 시스템은 복잡했다)

- **While** her parents are quite short, she is very tall.
  (그녀의 부모님은 키가 상당히 작은 **반면**, 그녀는 아주 크다)

「장소·경우」를 나타내는 부사절을 이끄는 접속사

- Stop and wait **where** the road branches off.
  (길이 갈라지는 **곳에서** 멈춰 기다리시오)

- **Where** the house used to be, there was just a space.
  (그 집이 있었던 **곳에** 이제는 공터만 남았다)

- That's **where** you are wrong.
  (그게 바로 자네가 잘못된 **점**이다)

Part I 어순(The Arrangement of Words)

6. 명령문(Imperative Sentence)과 감탄문(Exclamatory Sentence)의 어순

(1) 명령문의 어순

> 화자가 나 자신이고, 수명(受命)자는 상대방이기 때문에 특별한 경우를 제외하고는 주어/주부 없이 의도하는 동작이나 상태를 바로 서술해 버린다. 따라서 동사는 주어의 인칭이나 수(數)에 상관없이 원형이 온다(드물게는 동사 대신에 동작성 명사가 오기도). 주어가 없다는 것, 원형동사가 쓰인다는 것 외에는 평서문의 어순과 다를 바 없다.

- <u>Get/Wake up</u> early in the morning. (아침에 일찍 일어나시오)

- <u>Attention</u>, please. (Attention; 명사) (잠깐 주목해 주시오)

- Keep/Be quiet(조용해 주시오), Be happy (행복하세요)

- <u>Keep away</u> from an explosive. (폭발물에 접근하지 마시오)

- <u>Keep off</u> the grass. (잔디밭에 들어가지 마시오)

- <u>Shut up</u>, you little puppy! (입 닥쳐, 너 어린 강아지 새끼야!)

- <u>Let</u> me go, and <u>let</u> my things <u>alone</u>.   <u>Don't worry.</u>
  (날 가게 해주고, 내 물건은 그대로 두어라), (걱정하지 마세요)

- God said, "<u>Let</u> there <u>be</u> light," and there was light.
  (하느님께서 "빛이 있으라" 하시니 빛이 있었다)

- <u>Let's drink</u> a toast to the Queen. (여왕을 위하여 축배를 듭시다)

- <u>Remember to get</u> the letter registered. (그 편지를 잊지 말고 등기로 부쳐라)

- Hands up ! <u>Don't</u> **anybody** move ! (손들엇! **모두[=주어]** 꼼짝 하지 마!)

- 25 -

6. 명령문(Imperative Sentence)과
   감탄문(Exclamatory Sentence)의 어순

(2) 감탄문의 어순

> 인간의 원초적인 기쁨·놀람·두려움·아픔·염려·찬탄/찬양 등이 자유분방하게 폭발하는 것이므로, 당연히 각종 감탄사가 맨 먼저 나오고, 이어서 화자의 의도에 따라 평서문·의문문·감탄문 형태의 다양한 문장형태가 나올 수 있다(특히 대화식 문장일 때). 그러나 순수한 감탄형 문장구성은 전형적으로 How 또는 What로 시작한다. How·What는 의문사이므로 그것에 딸린 수식어나 명사형 어구는 당연히 같이 따라간다.

대화형식의 감탄문장

- "**Ah**! Here is a nice hat." ----------------- <평서문형>
  (아아, 이건 멋진 모자구나)

- "Wasn't it lucky, **eh**?" ---------------- <의문문형>
  (운이 좋았네. 안 그래?)

- "**Alas**! I have lost all the money." ---------------- <평서문형>
  (이런! 돈을 몽땅 잃어버렸어)

- "**Oh**, **What a fool** I've been!" ---------------- <감탄문형>
  (아아, 난 참으로 바보 노릇을 했군)

- "**Oh**, **How happy** I am!" ---------------- <감탄문형>
  (아아, 나는 정말 행복하구나)

- "**Wow**! Nice job he's got." ---------------- <감탄문형>
  (와! 그는 정말 멋진 직무를 맡았네)

- "**Hurrah/Hurray**! Daddy is coming back." ------------ <평서문형>
  (만세! 아빠가 돌아오신다)

Part I 어순(The Arrangement of Words)

- "<u>Oh</u>, <u>(I wish) to be</u> in England." ---------- <가정법식 평서문형>
  (아, 영국에 가있으면 좋으련만)

- "<u>Oh</u>, dear, <u>(I do hope) you won't have to</u> pull the tooth
  ------------------ <가정법식 평서문형>
  (오, 맙소사, 그 치아를 뽑지 않아도 되면 좋으련만)

- "<u>Ouch! Ouch!</u> It hurts like a pin-prick when you press it there."
  ------------------ <가정법식 평서문형>
  (아얏! 아얏! 거기를 누르니 바늘로 찌른 듯이 아프네요)

전형적인 순수 감탄문장

How로 시작하는 유형 ※ How 다음에는 형용사나 부사 등 수식어가 온다.	• <u>How tall</u> she is! (그녀는 참으로 키가 크구나) • <u>How fast</u> he runs! (그는 참 빨리도 달리네) • <u>How pretty</u> this tall is! (이 인형은 정말 예쁘구나)
What으로 시작하는 유형 ※ What 다음에는 한정 수식어가 전치된 명사어구가 온다.	• <u>What a tall girl</u> she is! (그녀는 참으로 키가 큰 소녀로구나) • <u>What a diligent boys</u> they are! (그들은 참 부지런한 소년들이네) • <u>What a fine day</u> (it is)! (참 좋은 날씨구나) • <u>What a nice girl</u> (you are)! (넌 참으로 상냥한 소녀로구나)

6. 명령문(Imperative Sentence)과 감탄문(Exclamatory Sentence)의 어순

참고: 기본문형에서의 한국어·영어 간 어순비교(요약)

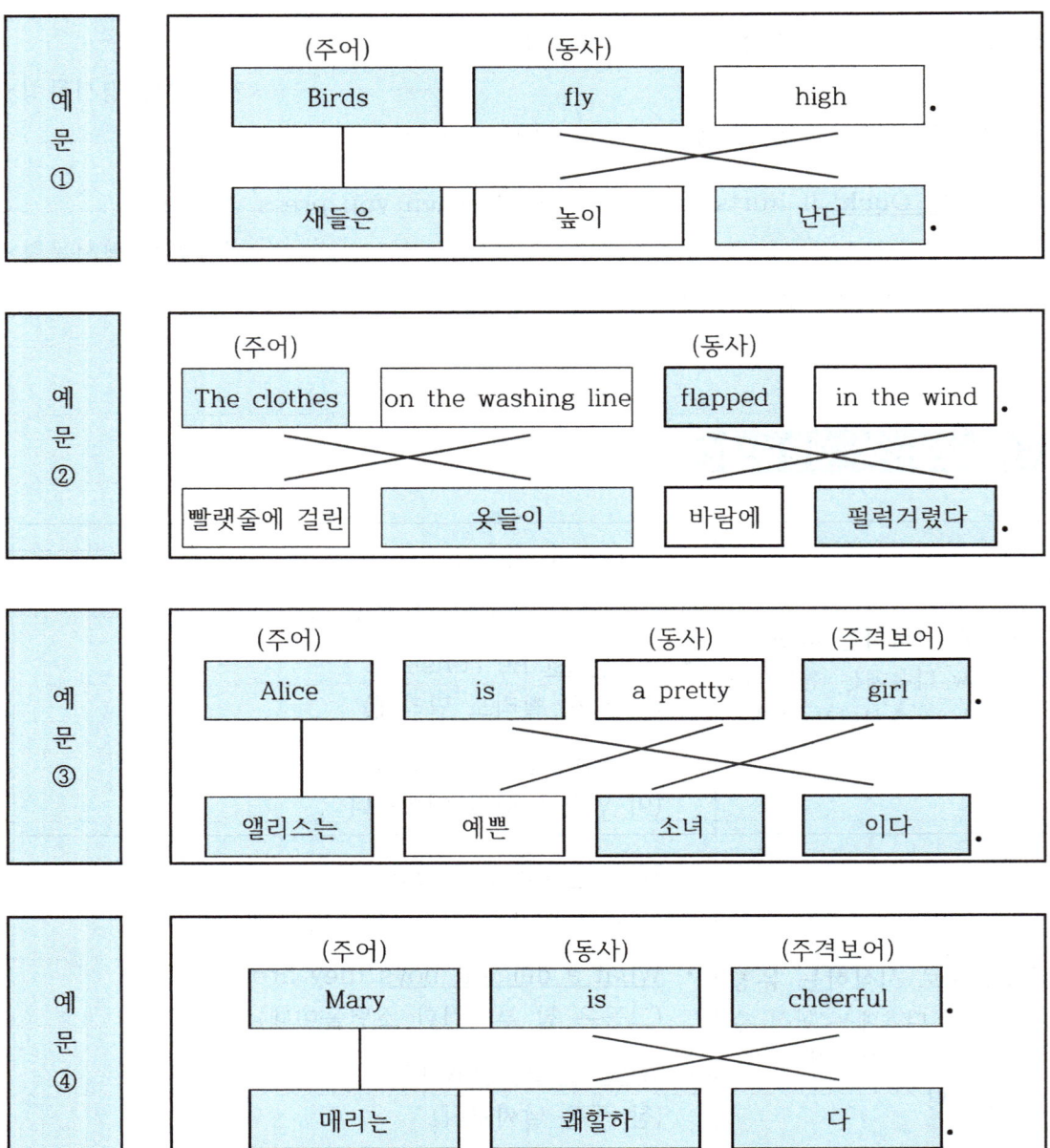

Part I 어순(The Arrangement of Words)

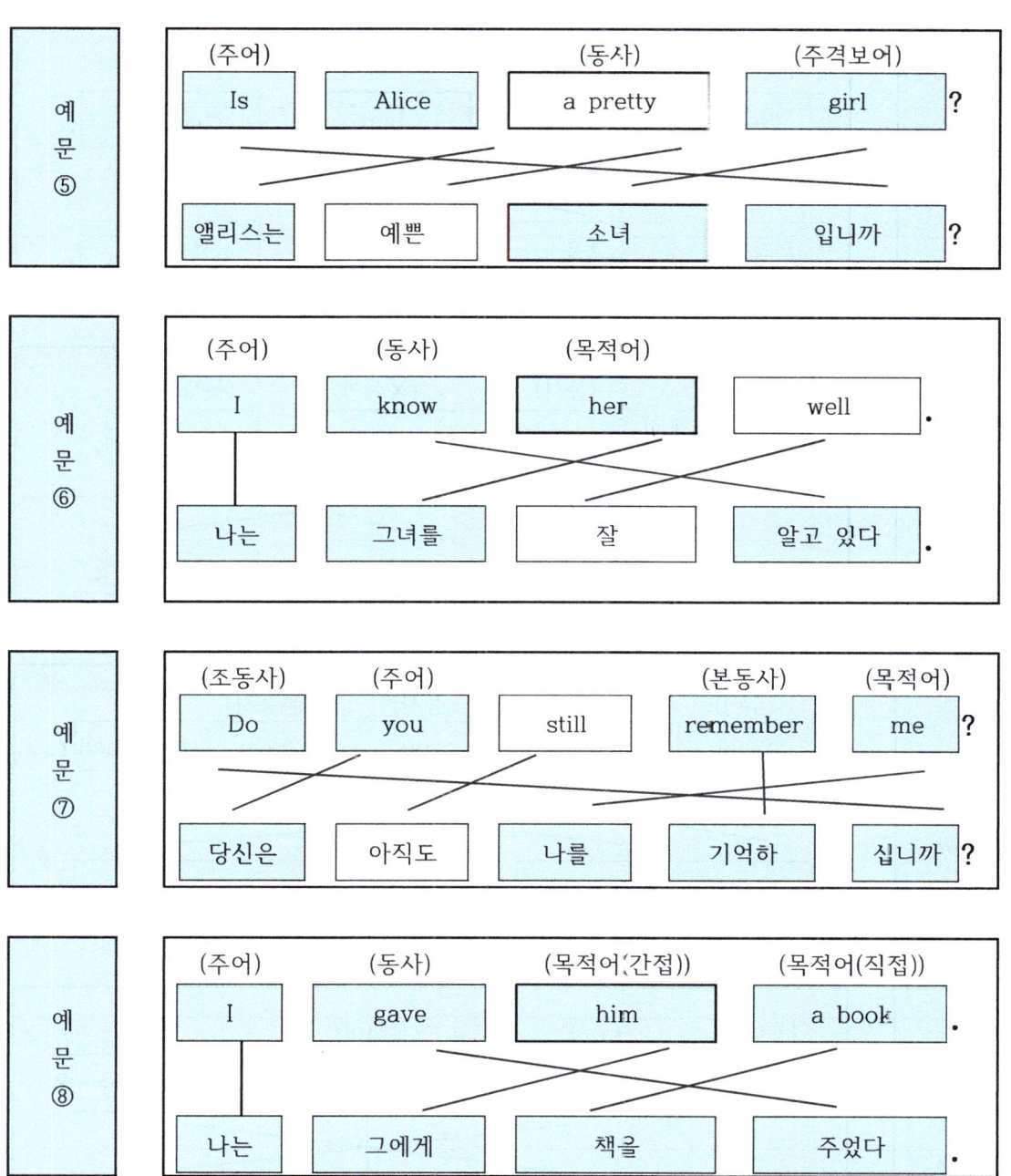

6. 명령문(Imperative Sentence)과
   감탄문(Exclamatory Sentence)의 어순

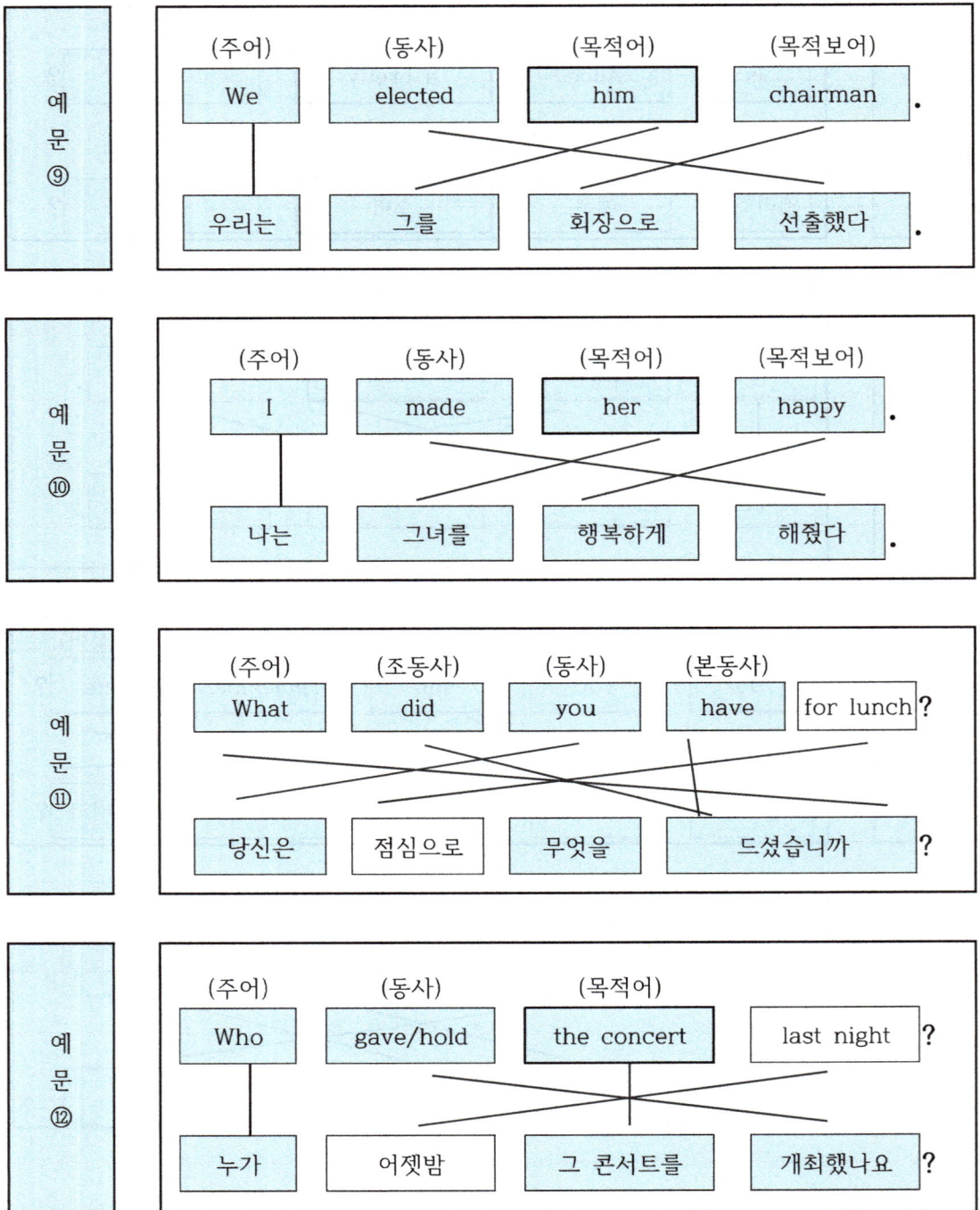

Part I 어순(The Arrangement of Words)

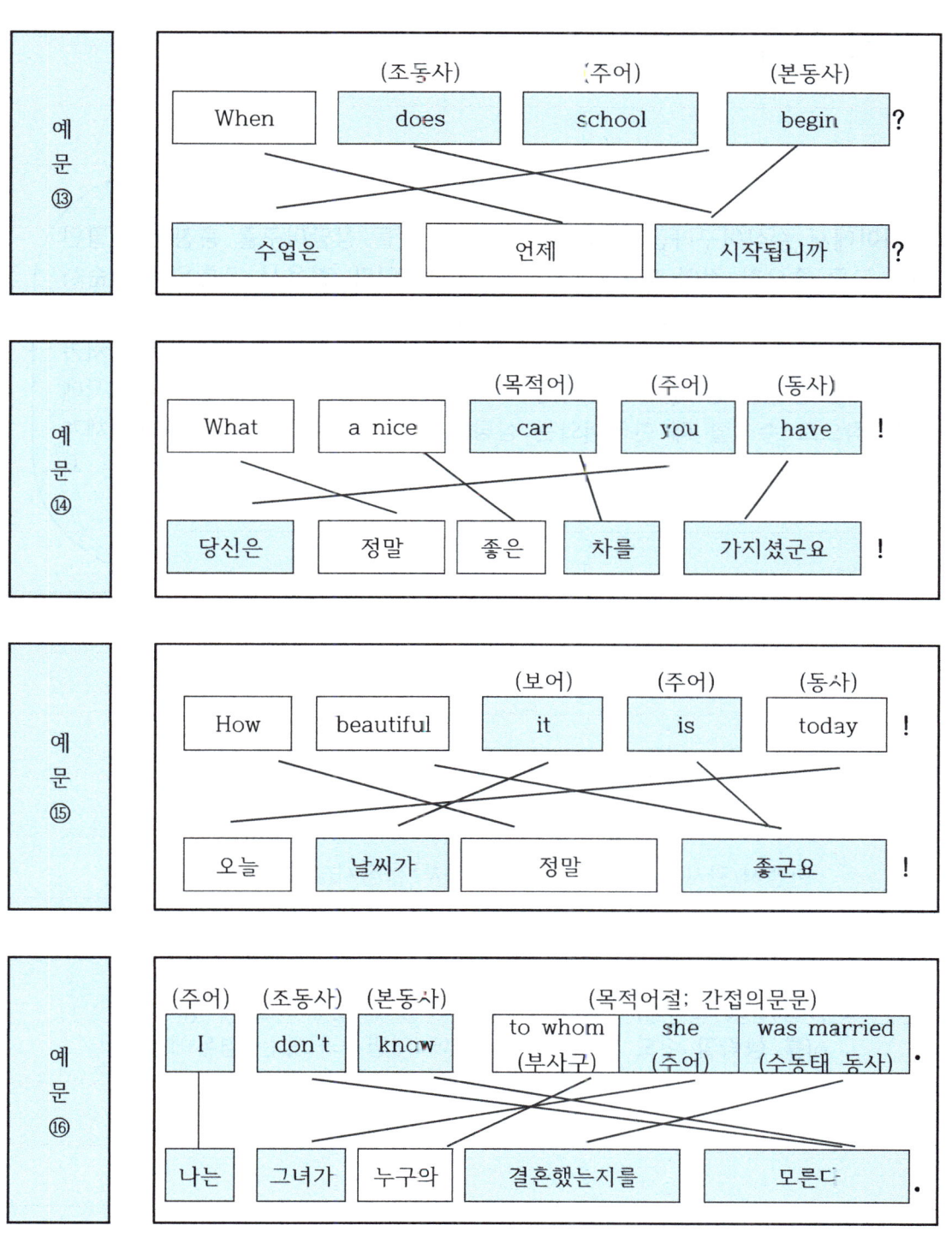

7. 수식어구들 간의 어순

> 영어에서 수식어구라면 형용사와 부사 및 이들 상당어구를 총칭하는 말인데, 그중 중요한 것이 형용사(관사 포함) 그룹이다. 형용사 그룹은 배열순서 기준으로 전치 한정사, 한정사, 서수·기수, 형상형용사의 소그룹으로 대별되는데, 이들 소그룹간, 그리고 소그룹내에서도 관습상 상호간 배열순서가 있다. 즉 동일한 명사(특히 주어)를 두고 여러 형용사가 특히 앞에서 동시에 한정적으로 수식할 때 한국어와는 상당히 다른 그 나름의 독특한 배열체계를 갖고 있다. 그리고 어떤 형용사(afraid, asleep 등)들은 한정수식에는 사용되지 않고 서술수식에만 쓰인다.

(1) 영어 형용사 그룹의 문장 내 일반적 배열순서

> 한정사(관사, some, 소유격)와 전치 한정사(all, half, both), 그리고 서수·기수는 다른 일반 형용사(형상 형용사)들의 앞에 와서 명사(주로 주어)를 수식한다.
>
> all/half/both는 모두 「all/half/both of~」의 형태로 쓸 수 있으며, of를 생략할 수도 있으나 of 다음에 대명사가 있는 경우에는 생략할 수 없다.

Part I 어순(The Arrangement of Words)

형용사의 그룹 간 배열순서

전치한정사 (절대적 전치)	한정사 (상대적 전치)	서수(序數)·기수(基數)		형상 형용사				명사 (주어)
		서수	기수	성질	대·소	신·구	국적·양식	
half	my (소유격)	first	—	—	—	—	—	salary (봉급)
Both	these (지시사)	last	two	—	—	—	—	days (날들)
All	the (관사)	—	—	—	little	—	Danish (덴마크)	butter (버터)
—	Some (수량한정사)	—	—	intricate	—	old	Japanese (일본식)	patterns (문양)

① Half my first new salary//was spent.
   (내가 처음 받은 새로 책정된 봉급의 절반이 소비되었다)

② Both these last two days//were hectic.
   (이들 이틀간의 지난/마지막 날들 모두 무척 바빴다)

③ There are many such birds in the park.
   (공원에는 그러한 새들이 많다)

④ All the little Danish butter (I had)// is gone.
   　　(전치한정수식)　　(주어) (후치한정수식) (서술수식)
   (내가 갖고 있던 그 소량의 덴마크제 버터가 모두 없어졌다/변했다)

⑤ Some (of these) intricate old Japanese patterns
   ((이들) 몇몇 미묘한 옛 일본식 문양)

7. 수식어구들간의 어순

참고: 형용사의 종류 구분

광의의 한정사 ※ 전치 한정사와 일반 한정사 ※ 유의점: 관사, 지시형용사, 소유격 형용사는 한 문장에서 서로 병존할 수 없다 ※ 「some of~」에서 of~ 다음에 관사/지시사 없이 바로 복수명사가 오지 못함(단, 대명사는 가능)	• 명사와 다른 형용사들의 앞에 와서 한정 수식하는 형용사들 - half, all, both 등 (절대적) 전치 한정사 - double, twice, times 등 유사 전치 한정사 - my, your, his/her, their, its 등 소유격 인칭대명사 - this/these, that/those 등 지시형용사와 관사(the, a/an) - what, which 등 의문 형용사 - 수량 형용사(서수, 기수 포함) • 관사/지시사·소유격 병존불가('예') ⎡ X = He is <u>a my</u> friend. It's <u>a my</u> photo. ⎣ O = He is <u>a friend</u> of mine. It's a <u>photo</u> of me. ⎡ X = My this[This my] book ⎣ O = This book of mine. ⎡ X = some of boys. O = some boys ⎣ O = Some of these boys, some of them
형상 형용사 (형태·성상 형용사) ※ 완전 형상형용사와 불완전 형상형용사	• 완전 형상형용사(순수 형용사) : 크기, 형태, 상태, 신·구, 국적·타입, 재질 등을 표현 시 사용 - 전치·후치 한정수식 및 서술수식에 두루 사용(단, 재질은 전치 수식에서만 사용) (X)a gate <u>wooden</u>→(O)a gate <u>of wood</u> • 불완전 형상형용사 : 심적상태/태도, 상황/여건 등을 단언적으로 표현 시 사용 - afraid, scared, sorry, expedient(편의적인), alive, asleep, ashamed, awake, content, worth, unable, fain(기꺼이 ~하는), eager(열심인, 열망하는), wont(버릇처럼 늘 하는) 등과, disappointed, pleased 등 과거분사에서 유래된 일부 형용사들 - 서술수식에만 쓰이며, 뒤에 전치사구나 종종 that/whether 등에 이끌리는 문절의 도움이 필요(alive는 후치 한정수식에도 사용가능)

Part I 어순(The Arrangement of Words)

형상 형용사들 간의 배열순서('예')

예문 : 1

a large round wooden **table**.

한 → 크고 → 둥근 → 목제의 → **테이블**
(관사) → (대소) → (모양) → (재료) → **(주어)**

예문 : 2

the big old iron **door**.

그 → 크고 → 낡은 → 철제의 → **문**
(관사) → (대소) → (신/구) → (재료) → **(주어)**

예문 : 3

a pretty kind young American **lady**.

한 → 예쁘고 → 친절한 → 젊은 → 미국 → **부인**
(관사) → (모양) → (성질) → (신/구) → (국적) → **(주어)**

예문 : 4

the two typical large country **house**.

그 → 두 채의 → 전형적인 → 커다란 → 시골(식) → **집**
(관사) → (기수) → (성질) → (대소) → (양식/국적) → **(주어)**

7. 수식어구들간의 어순

예문 : 5

the first extravagant London social **life**.

그	→	가장	→	사치스러운	→	런던의	→	사교	→	**생활**
(관사)	→	(서수)	→	(성질)	→	(양식/국적)	→	(명사형 형용사)	→	**(주어)**

※ 명사형 형용사: 명사에서 유래된 형용사를 지칭

예문 : 6

Some intricate old Chinese **designs**.

좀	→	복잡하고	→	오래된	→	중국식	→	**디자인**
(한정사)	→	(성질)	→	(신/구)	→	(양식/국적)	→	**(주어)**

예문 : 7

a small green carved jade **idol**.

한	→	조그만	→	녹색의	→	조각된	→	옥(玉)제	→	**신상(神像)**
(관사)	→	(대소)	→	(색깔)	→	(분사)	→	(재료)	→	**(주어)**

예문 : 8

a grey crumbling Gothic church **tower**.

한	→	회색의	→	무너져가는	→	고딕식의	→	교회	→	**탑**
(관사)	→	(색깔)	→	(분사)	→	(양식)	→	(장소)	→	**(주어)**

Part I 어순(The Arrangement of Words)

예문 : 9

all his heavy new filial **duties**.

모든 → 그의 → 무겁고 → 새로운 → 효도의 → 의무
(전치한정사) → (한정사) → (성질) → (신·구) → (명사형 형용사) → **(주어)**

예문 : 종합

the first two typical large round green old American wooden church **towers**.

관사 → 서수 → 기수 → 한정적 성질 → 대소 → 모양 → 성질/색깔 → 신·구/노·소 → 국적·양식 → 재료 → 장소 → **주어**

※ 그러나 이상의 예문들은 어디까지나 일반적인 관행일 따름이며, 구체적인 배열 순서는 화자/필자의 표현상 의지와 중점에 따라 다소 다를 수 있다.

유의점 : 일반적 어순과 달리 쓰는 경우

▨ little : 단순히 대·소 표시가 아니라 앞에 오는 형용사나 뒤에 오는 명사에 「정말로, 그야말로」 등 호감의 뜻을 더할 때는 명사에 바짝 붙여 쓴다.

- This is my dear little mother.
  (이 분은 나의 정말로 사랑하는 어머니세요)

- They live in a nice little cottage.
  (그들은 아주 멋진 오두막에 산다)

7. 수식어구들간의 어순

▨ Such a, Many a, Difficult a, beautiful a, Quiet a, Not a 등 :
강조 또는 격식을 갖출 때 사용

※ 주의 : **Many** <u>men</u>에는 복수 동사를, **Many a** <u>man</u>에는 단수 동사를 사용해야

- I never saw <u>such a beautiful</u> sunset.
  (= I never saw <u>so beautiful a</u> sunset)
  (나는 그렇게 아름다운 일몰을 결코 본 적이 없다)

- This is <u>too difficult a</u> question. (이건 너무 어려운 문제이다)

- <u>How beautiful a</u> picture it is! (정말 아름다운 그림이구나)

- There were <u>a good many/a great many</u> people in the park.
  (공원에는 꽤 많은/아주 많은 사람들이 나와 있었다)

- <u>many a time</u>(=many times (몇 번이고, 자주),
  <u>many a day</u> (며칠이고, 오랫동안)

- <u>Many a man</u> <u>has</u> tried, but <u>many a man</u> <u>has</u> failed, too
  (많은 사람이 시도했지만, 실패한 사람도 많다)

- He is <u>quite a good</u> player.
  (그는 꽤/상당히 우수한 선수이다; quite는 부사)

- <u>Not a soul</u> was to be seen.
  [=There was <u>not a soul</u> to be seen]
  (사람 하나 보이지 않았다)

- <u>Not a man</u> answered. (누구 하나 대답하지 않았다)

- <u>Not knowing</u> where to sit, I kept standing for a while.
  (어디 앉아야 좋을지 몰라서 잠시 서 있었다)

- He regretted <u>not having done</u>.
  (그는 그걸 하지 않은 것을 후회했다)

Part I 어순(The Arrangement of Words)

(2) 형용사의 어순과 용법에 대한 추가적 이해

> 형용사를 용도별로 분류해 보면 4개 유형으로 구분되는데, 형용사들 중에는 대개 이 4개 유형의 어느 하나 또는 두 가지밖에 역할을 못한다. 또한 형용사들 중에는 경우에 따라 부사·전치사·대명사 역할도 수행하며, 일부 형용사는 개별 특성에 따라 특별한 쓰임새를 보이기도 하는 등 그리 단순하지 않다. 그리고 인칭대명사에는 절대로 전치 한정수식이 허용되지 않는다(X: <u>beautiful</u> she).

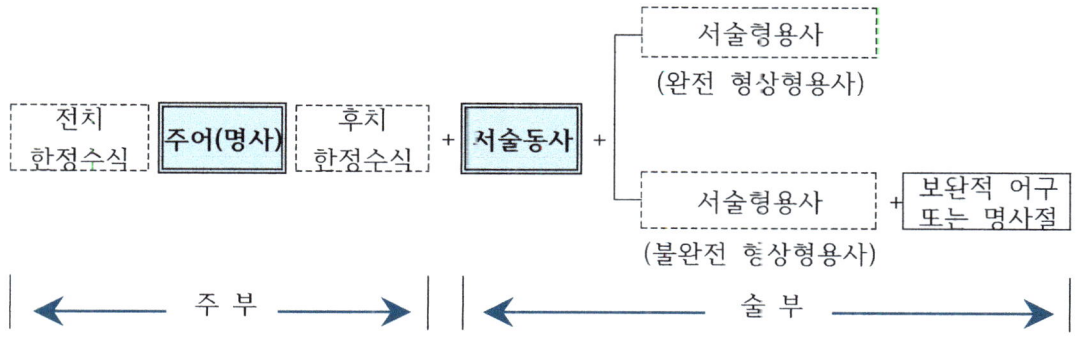

1) 전치 한정사, 유사 전치 한정사의 용례

전치 한정사	※ 대명사 기능 포함
Half ※ 뒤에 관사 없이도 사용 가능, ※ 「half of~」의 형태로도 사용가능 ※ Half 단독으로도 사용 가능	• <u>Half an hour</u> passed.(반시간이 지나갔다) • Rachel is <u>four</u> and <u>a half years</u> old. 　(레이첼은 4살 반이다) • <u>Half of our money</u> is spent.(우리가 가진 돈의 절반이 소모되었다) - half of money(X) • <u>Half of the children</u> were late for school. 　(아이들의 절반이 지각했다) - half of children(X)

7. 수식어구들간의 어순

Half	• Put the tomato halves in the oven. (그 토마토 반 조각들을 오븐에 넣어라) • His parents immigrated to London in the first half of the 21th century. (그의 부모는 20세기 전반에 런던으로 이주해 왔다) • Most of the advanced industrial nations are located in the northern half of the earth (대부분의 선진 공업국들이 지구의 북반부에 위치해 있다) • Half passed the exams. (절반이 그 시험에 합격했다)
Both ※ 뒤에 관사 없이도 사용 가능 ※ 「both of~」의 형태로도 사용가능 ※ Both 단독으로도 사용 가능	• Both performances were canceled. (양쪽 공연이 다 취소되었다) • Both the girls play the piano. (두 소녀 모두 피아노를 칠 줄 안다) • Both my parents are lawyers. (나의 양친은 모두 변호사이다) • Have both these toys. (이 장난감 2개를 다 가져라) • Both of us have a desk. (우리 둘은 책상 하나를 나눠 쓴다) • Both passed the exams. (둘 다 그 시험에 합격했다)

Part I 어순(The Arrangement of Words)

All ※ 뒤에 관사 없이도 　사용가능 ※「all of~」의 형태 　로도 사용 가능 ※ All 단독으로도 　사용 가능	• This is all the money I have. 　(이게 내가 가진 돈 전부이다) • All these books are expensive. 　(이 책들은 어느것이나 비싸다) • He has all kinds of knowledges. 　(그는 온갖 종류의 지식을 갖춰 있다) • Have you done all your homework? 　(너 숙제 다 했어?) • What have you been doing all this time? 　(이때껏 뭘 하고 있었느냐) • I ran all the way home. 　(나는 집으로 오는 내내 뛰었다) • All the people didn't agree. 　(모든 사람이 다 찬성한 것은 아니다) • All of the money was stolen 　(돈을 전부 도둑맞았다) • All of the students are present. 　(학생들이 모두 출석해 있다) • All the pupils of this school are always 　very punctual. 　(이 학교 학생들은 모두 언제나 시간을 아주 잘 지킨다) • All children should be taught to swim. 　(어린이들은 모두 수영을 배워야 한다) • All paris is out of doors. 　(파리의 전시민이 거리로 (쏟아져) 나와 있다)

7. 수식어구들간의 어순

All	• <u>All three</u> women were crying. (여자들은 셋 다 울고 있었다) • The sound spreaded out in <u>all direction</u>. (그 소리는 사방으로 퍼져 나갔다) • He is the best scholar in <u>all the school</u>. (그는 전교에서 가장 우수한 학생이다) • <u>All of us</u> have to go. (<u>우리는</u> 전원이 가야 해) • <u>All</u> is not gold <u>that glitters</u>. (=<u>All that glitters</u> is not gold) (번쩍이는 것이 다 금은 아니다)

유사 전치 한정사
※ 부사형 포함

Twice, Double, Times, Once ※ my, these, the 등의 앞에 올 수도	• <u>Twice three</u> is six. (3의 2배는 6이다) • I've only met her <u>twice</u>. (그녀를 두 번밖에 안 만났다) • She goes swimming <u>twice a week</u>. (그녀는 1주일에 두 번 수영하러 간다) • I have <u>twice as much as</u> you. (너의 2배나 갖고 있다) • The material is <u>twice as strong as</u> that) (이 소재는 그것보다 2배나 강하다)

Part I 어순(The Arrangement of Words)

※ 「twice/double/ times of~」 = [X] ※ 시간표시 명사가 수반되는 경우, a, very, each, per의 앞에 배열 가능 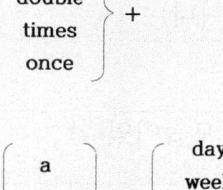 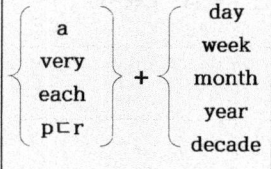	• The company employed 90 people, <u>twice as many as</u> last year. (그 회사는 작년보다 2배 많은 90명을 채용했다) • The area is <u>twice the size</u> of Switzerland. (그 지역은 스위스의 2배 크기이다) • The painting is worth more than <u>double what we paid for it</u>. (그 그림은 우리가 지급한 금액보다 2배 이상의 가치가 있다) • He earns <u>double</u> that. (그는 그것의 2배를 번다) • He has a large house with a <u>double garage</u>. (그는 차 2대가 들어가는 차고가 딸린 넓은 집을 갖고 있다) • her <u>double role</u> as mother and businesswoman (어머니와 여성 사업가로서의 그녀의 두 가지(2중적) 역할) • <u>Two times three</u> equals six. (3에 2를 곱하면 6이다 : 2×3=6) cf: 한국어적 관점에서는 2에 3을 곱하는 것으로 인식하기 쉬움 • That amount is four <u>times this one/amount</u>. (그 역수는 이 금액의 4배이다)

7. 수식어구들간의 어순

2) 후치 한정수식의 용례

① 측정치에 관련된 수식 시

- a/the pond//five kilometers <u>round</u> (둘레 5km의 연못)
- a/the river//two hundred yard <u>across</u> (폭 200야드의 강)
- a/the road//fifty feet <u>wide</u> (노폭 50ft의 도로)
- a/the woman//well past <u>forty</u> (40세가 훌쩍 지난 여인)
- a/the plywood//five inches <u>thick</u> (두께 5인치의 합판)

② 2개 이상의 형용사가 같이 수식할 때(⇐ 번잡스러움을 피하기 위해)

- "Dadohae" means the sea that/which is has <u>a lot of</u> islands, **large and small**.
  (「다도해(多島海)」란 크고 작은 섬을 여러 개 가진 바다라는 뜻이다)
- He had <u>a form</u> **thin and worn**, but **eager and resolute**.
  (그는 홀쭉하고 야윈/초췌한 모습이었으나 열의가 있고 단호한 모습이었다)
- He is <u>a writer</u> both **witty and wise**.
  (그는 위트 있으면서도 현명한 작가이다)

③ 전치사가 이끄는 구가 뒤따를 때(⇐ 전치시 어순배열과 의미상에 대혼란이 오니까)

- Alfred was <u>a king</u> **anxious** <u>for his people's welfare</u>.
  (알프레드는 국민의 복지에 노심초사 신경을 쓰는 국왕이었다)
- He is <u>a man</u> **greedy** <u>for money</u>. (그는 금전에 탐욕이 많은 사람이다)
- She was carrying <u>a basket</u> **full of fresh fruits** on her head.
  (그녀는 신선한 과일이 가득 든 바구니를 머리에 이고 있었다)
- <u>her eyes</u> **drowned** <u>in tears</u>[eyes **drenched** <u>with tears</u>]
  (눈물어린 그녀의 눈)

Part I 어순(The Arrangement of Words)

④ -body, -one, -thing 등의 형태를 띤 부정대명사 수식 시

- Anyone (who is) **intelligent**//can do it.
  (지성적인 사람이라면 누구나 그것을 해낼 수 있다.

- Is there anything **interesting** in the newspaper? — No, nothing **new**.
  (신문에 뭐 재미있는 거 났지? — 아니, 새로운 게 없어)

- There is someone **hurt**, I think.
  (제 생각에는 누군가 다친 것 같아요)

- Do you have anything **cold** to drink?
  (뭐 시원한 마실 것 좀 있습니까)

- I'll tell you something **very important**.
  (매우 중요한 것을 알려드릴게요)

- They offered the job somebody **else**.
  (그들은 그 일거리를 다른 사람에게 주었다)

- Is anyone[anybody] **else** coming?
  (그밖에 또 누가 오느냐?)

- It is nobody **else's** business. (그것은 딴 사람과는 관계없는 일이다)

- No one **else** but him knows about that.
  (그것에 관해서는 그 사람 이외에는 아무도 모른다)

- It's somebody **else's** hat.
  (그건 어떤 딴 사람의 모자이다)

- I have nothing **particular** to do. (나는 특별히 할 일이 없다)

- This has nothing **to do** with it. (이것은 그것과 아무 관련이 없다)

- Nothing **great** is easy. (속담) (위대한 일에 쉬운 것은 없다)

- That is a pair of trousers for someone **unusually tall**.
  (그것은 키가 유달리 큰 어떤 사람을 위한 바지이다)

7. 수식어구들간의 어순

⑤ 동작성 짙은 분사를 형용사처럼 후치수식에 사용하는 경우

- I have answered all the letter (which were) **received** (by me).
  (나는 받은 편지에는 모두 답해줬다)

- After the accident the policeman took the names of the people **involved**.
  (그 사건이 있은 뒤 경찰은 연루된 사람들의 명단을 가져갔다)

- They are a match/couple **made** in heaven.
  (그들은 천생배필이다)

- We went through a door **opening** on to the garden.
  (우리는 문을 열고 들어가 정원까지 이르렀다)

⑥ 최상급, All, Every 등을 한정 수식 시

- I will try every means **possible**.
  (나는 가능한 모든 수단을 다 쓸 것이다)

- We had the best **possible** reasons for leaving.
  (우리가 떠나는 데에는 충분히 그럴 만한 이유가 있었다)

- All **alive** is precious.
  (살아 있는 모든 것은 소중하다)

⑦ 단순히 전·후치 수식 간 표현상의 균형을 기할 때

- Do you have any single rooms **available**?
  (싱글 룸으로 빈 방이 있습니까)

- Are there any seats **left[available]** on the eight o'clock flight to Busan?
  (8시 부산행 비행기에 빈자리 있습니까)

Part Ⅰ 어순(The Arrangement of Words)

⑧ 수식절(형용사절) 중 주어·동사 부분이 생략된 경우

- a boy (who is) ten years old (나이 10살인 소년)
- a letter (which is) written is English (영어로 적힌 편지)
- a portrait (which is) drawn in profile (옆모습을 그린 초상화)

⑨ 뒤에 수식 구(형용사구 등)를 둔 명사를 수식 시: enough의 경우

- time enough for the purpose. (그 목적을 달성하기 위한 충분한 시간)
- sense enough to realize his mistake (자신의 과오를 깨달을 만한 지각)

⑩ 프랑스·라틴어 등 외래어의 어순방식에 따른 경우

- from time immemorial (태고로부터)
- court martial (군법회의), Paradise lost(실낙원)
- Asia minor (소아시아), God almighty (전능한 신)
- attorney general (법무장관), the authorities concerned (관계당국), a poet laureate (계관시인)
- the heir apparent (법정추정 상속인), the sum total (총액)
- on Sunday next[=next Sunday] (다음 주 일요일)
- Pax Romána (로마 지배체제 하의 평화), Pax Británnica (대영제국 체제 하의 평화), Pax Americána (미국에 의한 평화)

⑪ 후치수식과 서술수식으로만 쓰인 형용사

- a crab/craw/fish (which is) **alive**
  (살아있는 게/가제/생선)

  ※ 활어 ┌ a live fish(O), a fish alive(O)
          └ an alive fish(X)

- 47 -

7. 수식어구들간의 어순

- the students **present** (출석 학생들)
  (= the students who are present)
- blood **royal** (왕족집단), things Korean/foreign(한국/외국 풍물)
- a man **worth** a million (백만장자)
  (= a man who is worth a million)
- the house **ablaze** (불타오르는 집)
  (= the house which is ablaze)

3) 불완전 서술 (형상) 형용사중 특별한 용법의 형용사
① worth, worth-while[worth one's while], worthy

어 구	수행기능 (해당품사)	후속되는 보완기능 어구
worth	형용사/전치사, 명사	명사, 대명사(드물게), 동명사, 전치사구
worthy	형용사	• 주로 of에 의해 이끌리는 전치사구 • 드물게는 to-부정사 • 전치 한정수식용, 또는 후속어구 없이 서술용으로도 쓰임
worth while, worth one's while	형용사	• 동명사, to-부정사 • 또는 후속어구 없이 while 단독으로

- 48 -

Part I 어순(The Arrangement of Words)

worth가 형용사 겸 전치사로 쓰여: 명사, 동 상당어구 수반

- This used car is worth (over) $6,000.
  (이 중고차는 6,000달러 (이상)의 가치가 있다)
  cf: ~ is worth little (거의 가치가 없다)

- A bird in the hand//is worth two in the bush.
  (손에 쥔 새 한 마리는 숲속에 있는 새 두 마리의 가치가 있다)

- Do you know how much the ring is worth?
  (그 반지는 값이 얼마나 되는지 아세요?)

- The art collection is worth a fortune?
  (그 미술 소장품(들)은 값어치가 엄청나다)

- The local museum is worth a visit.
  (그 현지 박물관은 한번 탐방해볼 만한 가치가 있다)

- Is it worth all the trouble/effort/time?
  (그것이 그렇게도 온통 수고/노력/시간을 들여서 애쓸 만한 가치가 있나요?)

- The meal was well worth the wait.
  (그 식사는 확실히 기다릴 만한 가치가 있었다)

- Is today's film worth seeing? (오늘 영화는 볼 만한 가치가 있느냐?)

- The novel is worth reading. (그 소설은 읽을 만한 가치가 있다)

- It's worth checking the details of the contract before you sign it.
  (계약서에 서명하기 전에 그 세부내용을 검토하는 것이 바람직합니다)

- The Louvre is still worth it to go and (to) check it out.
  (루브르 박물관은 여전히 가서 직접 확인해 볼 만한 가치가 있죠)
  ※ 「to-부정사」를 쓰고 싶지만 worth 다음에 직접 길게 구(句)를 붙일 수 없으므로 it라는 가(假) 대명사를 이용한 문장임

7. 수식어구들간의 어순

worth 자체가 명사로 쓰여 : 「of + 명사」를 수반

- This is a chance to win $2,000 worth of computer equipment.
  (이것은 2,000달러 상당의 컴퓨터 기기를 탈 수 있는 기회이다)

- There is about a week worth of work here.
  (여기 1주일 정도 분량의 일거리가 있어요)

- How much is the current worth of the company?
  (그 회사의 현재 가치는 얼마나 되나?)

worthy : 「of + 명사/동명사」를 수반

- He is worthy of filling the post.
  (그는 그 직책을 충족시킬 만한 사람이다)

- The book is worthy of careful study/studying.
  (= The book is worthy of studying carefully)
  (그 책은 주의 깊게 공부할 가치가 있다)

- A couple of other books are worthy of mention)
  (두 권의 다른 책도 언급할 만한 가치가 있다)

- The event is worthy of being remembered.
  (그 사건은 기억해 둘 만하다)

- Some children need to compete to feel worthy.
  (어떤 아이들은 경쟁을 해야 스스로가 가치 있다는 느낌을 받는다)

- It was a shoot that was worthy of a champion.
  (그것은 챔피언다운 숏이었다)

- The bank didn't consider him creditworthy.
  (은행은 그를 신용할 만하다고 보지 않았다)
  cf: blameworthy(비난받을 만한), praiseworthy(칭찬받을 만한)
- (드문 경우로서) She is a woman who is worthy to take the lead.
  (그녀는 지도자가 되기에 손색없는 여자이다>

worthwhile : 「to- 부정사」 또는 「동명사」를 수반

※ 드물게는 worthwhile 뒤에 절(節)을 수반하기도 한다.

- It is worthwhile for you to try the experiment.
  (그 실험을 해보는 것은 가치(보람) 있다)
- It will be worth your while to go and see him.
  (그를 보러 가는 것은 값진 일일 것이다)
- Taking a computer class would be well worth your while.
  (컴퓨터 수업을 받는 것은 확실히 받을 만한 가치가 있을 게다)
- If you'll tell me when the night watchman will be off duty, I'll make it worth your while.
  (야간 감시원이 언제 하번 하는지 알려주면 당신에게 보상하겠다)
- It is not worthwhile doing it.
  (그것은 할 가치가 없는 일이다)
- It wasn't worthwhile continuing with the project.
  (그 프로젝트는 계속해 나갈 가치가 없었다)
- I thought it was worthwhile to speak to you.
  (당신과 이야기해 볼 가치가 있다고 생각했어요)
- We had a long wait, but it was worthwhile because we got the tickets.
  (장시간 기다렸으나 그만한 가치가 있었는데 그것은 입장권을 구했기 때문이었다)

7. 수식어구들간의 어순

② 전치사가 되어 목적어를 취하는 형용사/부사들

> **near(근처에/가까운)와 opposite(맞은편/반대편)**

- There is an old church near my house.
  (우리 집 근처에 오래된 교회가 하나 있다)

- My house is near the lake.
  (우리 집은 호수 근처에 있다)

- The place is a small town near Boston.
  (그곳은 보스턴 근처의 작은 마을이다)

- It is near[close upon] 10 o'clock.
  (짐은 나와 가장 가까이 앉은 남자 아이다)

- We went to the post office opposite the hotel.
  (우리는 호텔 맞은편의 우체국으로 갔다)

- We sat opposite each other.
  (우리는 서로의 반대/맞은편에 앉았다)

- She sat opposite me at the party.
  (그녀는 파티에서 내 맞은편에 앉았다)

- He sat down opposite (to) the teacher. (그는 선생님 맞은편에 앉았다)
  ※ 부사구로 쓰인 경우 opposite 뒤에 명사가 오면 to가 수반되기도

Part I 어순(The Arrangement of Words)

like[반대어; unlike] : 「~와 닮은」, 「~처럼/같은」

- The brothers/twins are (as) like as two peas in a pod.
  (그 형제/쌍둥이는 정말 한 꼬투리의 두 완두콩처럼 꼭 닮았다)

- He is very like his father.
  (그는 아버지와 무척 닮았다)

- She is very unlike her mother.
  (그녀는 어머니와 꼭 닮지는 않았다)

- She looks nothing like her mother.
  (그녀는 자기 어머니와는 전혀 닮지 않았다)

- A watermelon is round like a ball.
  (수박은 공처럼 둥글다)

- I found a flower that smells like orange.
  (오렌지 향이 나는 꽃을 찾았다)

- You should stay at home like me.
  (너도 나처럼 집에 머물러야 해)

- There were hundreds of stars like diamonds twinkling in the night sky.
  (밤하늘에는 다이아몬드 같은 수백 개의 별들이 반짝이고 있었다)

- What is he like? (그는 어떤 사람인가?)

- Life is like a steering wheel.
  (인생은 차 핸들과 같다)

- It's just like[unlike] her to forget about the meeting.
  (회의를 잊고 있었다니 정말 그녀답구나[답지 않구나])

- Like father, like son. (그 아버지에 그 아들; 부전자전(父傳子傳))

7. 수식어구들간의 어순

- Like master, like man(그 주인에 그 부하)

- I wish he was more like his sister.
  (그가 좀 더 자기 누나 같으면 좋으련만)

- The actual/substantial interest rate is more like 12 percent.
  (실제/실질 이윤은 12%에 가깝다)

- They seemed utterly unlike despite being twins.
  (그들은 쌍둥이인데도 전혀 안 닮은 것 같았다)

- She was unlike any woman I have ever known.
  (그녀는 내가 알고 지낸 어떤 여자와도 같지 않았다)

- I plan to furnish my house like yours.
  (나도 우리 집을 당신 집처럼 갖춰 놓을 계획입니다)

- It looks like rain/raining.(비가 올 것 같다) ……⟨raining: 동명사⟩
  cf: The rain looks lasting.(장마가 될 것 같다) ……⟨lasting: 현재분사⟩

  ※ 위에서 like는 전치사와 형용사 성격을 겸해 가진 「전치사적 형용사」이다.
  ※ look는 자동사로도 쓰이므로 like 없이 바로 분사를 보어로 취할 수도 있다.

- What does it look like? (그것은 어떤 모양의 것이냐?)

- (It) looks like you are wrong.
  (아무래도 네가 잘못한 것 같아 보이네)

- Every week seemed like a month.
  (한 주 한 주가 한 달 같았다; 일각여삼추(一刻如三秋))

- I feel like going out for a walk. (산책이나 하고 싶다)
  (= I feel like taking a walk)

- I feel like a king to be here in the palace.
  (여기 궁전에 오니까 내가 왕이 된 것 같은 기분이네)

- It is like (that) we shall see him no more.
  (아마도 이제 그를 더 이상 못 만날 것 같다)

- Unlike most people in the office, I didn't come to work by car.
  (대부분의 사무실 사람들과는 달리, 나는 차로 출근하지 않았다)

③ 한정수식으로 쓰일 때와 서술수식으로 쓰일 때 뜻이 달라지는 형용사들

certain : 「어떤, 확신하는」

- a certain man
  (어떤 사람) ---------------------- <한정수식>

- I am certain that he will come.
  (나는 그가 올 것을 확신한다) ------ <서술수식>

present : 「현재의, 출석한」

- The present government has been holding on to power for a long time).
  (현 정부는 장기간 집권해 오고 있다)
- The present queen is Elizabeth Ⅱ.
  (현 여왕은 엘리자베스 2세이다)

  <한정수식>

- He was present at the meeting.
  (그는 회의에 출석/참석했다)
- The queen wasn't present at the ceremony.
  (여왕은 그 의식에 참석하지 않았다)

  <서술수식>

7. 수식어구들간의 어순

able : 「유능한, 할 수 있는」

- an <u>able man</u>(유능한 사람) ---------- <한정수식>

- I <u>am able to do</u> the work.
  (나는 그 일을 할 수 있다)

- I <u>am unable</u> to walk.
  (나는 걸을 수 없다)

<서술수식>

late : 「이전/최근의, 별세한, 지각한」

- his <u>late</u> office (그의 전(前) 직장)

- the <u>late prime minister</u> (전(前) 수상)

- the <u>late</u> Mr. Brown (고(故) 브라운 씨)

- the <u>late</u> typhoons (요전의/최근의 태풍)

- the <u>late payment</u> (연체료)

- the <u>later</u> Middle Ages (중세말경)

<한정수식>

- Peggy <u>was late for school</u> by ten minutes.
  (=Peggy was ten minutes behind time for school)
  (페기는 학교에 10분 지각했다)

- We <u>were late for the train</u>.
  (우리는 그 기차를 못 탔다)

<서술수식>

ill : 「불길한/해로운, 병나서」

■ 한정수식 시

- ill[=evil/bad] omen/potent (불길한 조짐; 흉조)

- Ill news runs apace.
  (나쁜 소식/소문은 빨리 퍼진다; 악사천리(惡事千里))

- Ill weeds grows apace.
  (해로운 풀[잡초]이 빨리 자란다)(=미움 받는 자가 오히려 활개 친다)

- He was given to ill[=evil/wicked] ways/deeds/course.
  (그는 악행에 빠졌다)

- It's an ill wind that blows nobody (any) good.
  (아무에게도 이롭지 않는 바람은 불지 않는다)
  (= 甲의 손해는 乙의 득)

- He is a person of ill repute.
  (그는 악평이 나 있는 사람이다)

- He is ill spoken of.
  (그에게는 악평이 끊이지 않는다)

■ 서술수식 시

- She is ill in bed. {=She lies sick in bed}
  (그녀는 앓아누워 있다; 와병중이다)

- The sight made me ill.
  (그 광경에 나는 기분이 나빠졌다)

7. 수식어구들간의 어순

4) 형용사적 구·절에 의한 본격적 후치수식

※ 명사·대명사를 뒤에서 수식하는 「후치수식」 용법은 영어가 지닌 독특한 표현방식으로서 한국어에는 이러한 용법이 없다.

※ 즉 한국어에서는 구·절까지도 길게 넣어 전치수식을 할 수 있는 데 비해, 영어는 어순 혼란의 우려 때문에 길게 전치 수식하기가 어렵고, 특히 전치사가 이끄는 구(句)나 주어·동사가 들어가는 절(節)에 의한 전치 수식은 절대로 사용할 수 없다.

※ 그래서 영어는 부득이 명사·대명사를 길게 자세하게, 특히 구·절에 의해 수식할 필요가 있을 때는 반드시 후치수식하는 방식을 쓰지 않을 수 없다.

※ 이런 까닭에 결국 영어는 중요하거나 결론적인 어구를 먼저 던져 놓고, 부차적이거나 자세한 설명(수식) 부분은 나중에 하게 되는 언어가 된 것이다.

① 형용사 구(Adjective Phrase)에 의한 후치수식

※ 명사·대명사를 후치 수식하는 형용사구로서는 두 가지 형태가 있다.
　─그 중 하나는 「전치사+명사」형이고,
　─ 다른 하나는 「to+동사원형」으로 된, 이른바 'to-부정사'이다.

ⓐ 「전치사+명사」형 형용사구

- The book **on the desk**// is mine.
  (책상 위에 있는 그 책은 나의 것이다) ---- <주어를 후치수식>

Part I 어순(The Arrangement of Words)

- He is <u>a man</u> of great importance.

    (그는 매우 중요한 인물이다) ---- <주격보어를 후치수식>

- Wow, you have <u>a heart</u> of gold.

    (와, 넌 정말 고결한 심성을 가졌구나) ---- <목적어를 후치수식>

- He gave me <u>the task</u> of building a fire.

    (그는 나에게는 불을 피우는 과업을 주었다) ---- <간접목적어를 후치수식>
    cf: (수동태로는) I was given the task of building a fire.

- We elected him <u>the leader</u> of our team.

    (우리는 그를 우리 팀의 리더로 선출했다) ---- <목적격보어를 후치수식>

ⓑ 「전치사(to)+동사원형」, 즉 「to-부정사」형 형용사구

- It's <u>time</u> to get started.

    (지금은 출발할 시간이다) ---- <주격보어를 후치수식>

- I have <u>no money</u> to give you.

    (네게 줄 돈이 없구나) ---- <목적어를 후치수식>

- Give me <u>something</u> to eat/drink, please.

    (뭐 먹을/마실 것 좀 주시오) ---- <간접목적어를 후치수식>

- We are under <u>obligation</u> to support our parents.

    (우리는 양친을 부양할 의무가 있다) ---- <형용사적 부사구를 후치수식>

② 형용사 절(Adjective Clause)에 의한 후치수식

> ※ 명사·대명사를 수식대상(선행사)로 삼아 그것을 후치 수식하는 형용사절을 만드는 연결고리 역할을 하는 단어 군(群)에는 3가지 유형이 있다.
>
> ※ 그중 하나는 that·who·which 같은 「관계대명사」이고, 또 하나는 when·where 같은 「관계부사」이며(이 두 가지를 합쳐 '관계사'라고 칭함), 다른 또 하나는 after·before 같은 일부 「종속 접속사」이다.
>
> ※ 한 문장에서 수식 절(節)은 당연히 종속절인데, 그 나머지 부분을 주절이라 부른다. 주절은 한 부분으로 확연히 구분되어 있는 경우가 흔하지만, 수식대상인 명사·대명사(선행사)가 주어인 경우에는 주절은 뭉쳐 있지 않고 종절(종속절)의 앞·뒤로 분리되어(흩어져) 있게 된다.

ⓐ 「관계대명사」가 이끄는 형용사적 후치 수식절

- He wants <u>the very apple</u> **that** Betty has.
  (수식절)
  (그는 베티가 갖고 있는 바로 그 사과를 갖고 싶어한다)

- I have <u>a friend</u> **who** writes poets well.
  (수식절)
  (내게는 시(詩)를 잘 쓰는 친구가 한 명 있다)

- This is <u>the house</u> **which** she lives in.
  (수식절)
  (이것은 그녀가 살고 있는 집이다)

- <u>The house</u> **that/which** stands over there// is quite old.
  (수식절)
  (저기 서 있는 저 집은 꽤 오래 되었다)

Part I 어순(The Arrangement of Words)

ⓑ 「관계부사」가 이끄는 형용사적 후치 수식절

- There was a time **when** prices were almost constant.
  |_____| (수식절)
  (물가가 거의 불변이었던 시절이 있었다)

- There are times **when** true friends are needed.
  |_____| (수식절)
  (진실한 친구가 필요할 때가 있다)

- It is the village **where** I was born and where I lived.
  |_____| (수식절)
  (그곳은 내가 태어났고 살았던 마을이다)

- The place **where** the treasure is buried// is unknown.
  |_____| (수식절)
  (보물이 묻혀 있는 장소는 알려져 있지 않다)

- I know no reason **why** a minister shouldn't look for a wife.
  ⇑_____⇑ (수식절)
  (목사가 아내를 얻어서는 안 된다는 이유는 없다고 본다)

ⓒ 일부 「종속접속사」가 이끄는 형용사적 후치 수식절

> ※ 종속접속사가 이끄는 문절은 대부분 부사절이지만,
> after · before는 다음과 같이 형용사절을 이끌기도 한다.

- The day **after** I came// was very beautiful.
  |_____| (수식절)
  (내가 도착한 이튿날은 매우 청명했다)

- The year **before** they were married he often sent her flowers.
  |_____| (수식절)
  (결혼하기 전해에 그는 그녀에게 자주 꽃을 보냈다)

- 61 -

7. 수식어구들간의 어순

(3) 부사어구들간의 어순

> 영어에서도 부사나 부사구의 위치 문제는 다른 어구에 비해 비교적 덜 민감한 편이며, 그로 인해 뜻이 근본적으로 달라질 우려는 적다. 그러나 좀 더 자연스럽고 세련된 영어를 구사하려면 영어권 사람들의 부사어구 배열 관행을 익혀둘 필요가 있다. 부사 자체는 동사나 형용사 및 다른 부사를 수식하는 것이 목적이므로 동사의 앞/뒤, 형용사·부사의 바로 앞에 두는 것이 일반적 원칙이지만, 화자의 의도와 전체적 문장구조에 따라 문두·문미, 주어 다음, 조동사(be 포함)와 본동사 사이에 두는 등 유연성이 있다. 다만, 독립부사구는 문장전체를 수식하므로 통상 문두에 둔다.
>
> 여기서는 그러한 개별적 단어로서의 부사들보다는 같은 문장내 부사어구들간의 어순을 살펴보기로 한다.

1) 위치표시·방향표시 부사어구들의 어순 결정

① 위치표시 부사와 방향표시 부사간의 어순

> 동사에 직접 영향을 가하는 것은 방향표시 부사이므로 이를 동사에 더 가까이 선치한다(한국어에서는 위치부사가 방향부사에 선행). 그러나 부사를 문두에 선치하려면 위치표시 부사를 문두에 둔다.

- The children <u>are running</u>　　<u>around</u>　　<u>upstairs</u>.
  　　　　　　(동　사)　　　(방향부사)　(위치부사)

  (= <u>Upstairs</u> the children <u>are running</u> <u>around</u>)
  　위치부사(문두선치)　　　　　동　사　　방향부사

② 위치표시 부사어구가 2개 이상일 때의 어순

> 좁은 개념의 위치부사를 동사에 더 가까이 선치한다(한국어에서는 넓은 개념의 위치부사를 선치). 그러나 부사를 문두에 선치하려면 넓은 개념의 위치부사를 문두에 둔다.

- We <u>had</u> lunch <u>in a restaurant</u> <u>in New York</u>.
     (동사)   (좁은 개념 위치부사)   (넓은 개념 위치부사)

  (우리는 뉴욕에 있는 한 식당에서 점심을 먹었다)

- <u>In New York</u> many people <u>eat</u> <u>in restaurant</u>.
  (넓은 개념 위치부사)   (동사) (좁은 개념 위치부사)

  (뉴욕에서는 많은 사람들이 식당에서 식사(외식)를 한다)

③ 방향표시 부사가 2개 이상인 경우의 어순

> 해당 서술동사의 의미·특성에 따라 어순이 결정되거나, 동작이 일어난 순서에 따른다.

- She <u>came</u> <u>to San Francisco</u> <u>from Seattle</u>.
                  (도착지)   (출발지)

  (그녀는 시애틀에서 샌 프란시스코로 왔다)
   - 동사 came은 '도착' 개념이 우선적이므로 도착지를 선치

- She <u>went</u> <u>from Seattle</u> <u>to San Francisco</u>.
                (출발지)   (도착지)

  (그녀는 시애틀을 떠나 샌 프란시스코로 간다)
   - 동사 went는 '출발' 개념이 우선적이므로 출발지를 선치

7. 수식어구들간의 어순

- She d<u>ro</u>ve <u>down the hill</u> <u>to the village</u>.

  (그녀는 언덕 아래를 몰아 마을까지 갔다)

- He r<u>an</u> <u>down the mountain side</u> <u>to the village</u>.

  (그는 산기슭으로 내달아 마을에 이르렀다)
  - 행동순서(언덕아래/산기슭→마을)에 따라 부사구를 배열

④ 직접목적어가 긴 경우 부사어구의 위치

> 직접목적어가 길면 부사어구의 식별이 어렵거나 영향력이 감퇴될 우려가 있으므로 종종 목적어구보다 앞에, 특히 서술동사 바로 뒤에 둔다.

- They <u>moved</u> <u>into the kitchen</u> <u>every conceivable kind of furniture</u>.
      (동사)   (부사구)   (목적어구)

  (그들은 온갖 종류의 가구들을 모두 부엌으로 옮겨 놓았다)

- We <u>saw</u> <u>in the zoo</u> <u>every conceivable kind of bird</u>.
    (동사) (부사구)   (목적어구)

  (우리는 동물원에서 온갖 종류의 새를 보았다)

2) 위치/과정, 시간 표시 부사어구 등이 혼재할 때의 어순

① 일반적으로 방법-도구-수단(process)-장소-시간 순(順)으로 배열
   ※ 한국어에서는 대개 시간-장소-수단 순으로 배열

- He was mowing the lawn/grass <u>with a lown-mower</u> <u>in the garden</u> <u>the whole morning</u>.
                                         (수단)   (장소)
       (시간)

  (그는 아침 내내 정원에서 예초기로 잔디를 깎고 있었다)

Part I 어순(The Arrangement of Words)

- He was lopping/pruning the peach trees <u>with (a pair of) shears</u>
   (수 단)
  <u>in his Orchard(=fruit garden)</u> <u>all the afternoon</u>.
   (장 소)   (시 간)

  (그는 오후 내내 자기 집 과수원에서 전단가위로 복숭아나무의 가지치기를 하고 있었다)

  cf: I'll see you <u>at three</u> <u>at the church</u>.
  (3시에 교회에서 만나다) ---------- <시간표시 부사구가 짧고, 강조 시>

② 문미 부분에 부사어구가 여러 개 있는 경우:

※ 혼잡을 피하기 위해 통상 시간표시 부사어구(특히 부사구)를 문두에 선치

- <u>All day long[=All the day]</u> he was cultivating/plowing the soil
   (시간표시)
  <u>with his power tiller</u> <u>in the field</u>.
   (수단표시)   (위치표시)

  (하루 종일 그는 밭에서 경운기로 땅을 갈고 있었다)

③ 때로는 장소-방법·수단·도구-시간 순으로 배열하기도

- Alice learned to speak English <u>in that country</u> <u>gradually</u>
                                 (장소)   (방법·과정)
  <u>during her first semester</u>.
   (시간)
  (앨리스는 첫 학기 동안 그 나라에서 점진적으로 영어로 말하는 법을 익혔다)

- Tome learned to speak French <u>in that country</u> <u>by having extra/private tuition</u> during his first semester.

  (톰은 첫 학기 동안 그 나라에서 개인교습으로 프랑스어로 말하는 법을 익혔다)

7. 수식어구들간의 어순

④ 방향·장소-빈도-기간 순으로도 자주 사용

- I have been <u>to New York</u> <u>several times</u> <u>this year</u>.
                    (방향·장소)   (빈도)   (기간)

  (나는 금년에 뉴욕에 여러 차례 다녀왔다)

- She walked round <u>the natural park</u>[=the Children's Grand Park]
                      (장소)

  <u>twice</u> <u>before supper</u>.
  (빈도)   (시간)

  (그녀는 저녁식사 전에 자연공원(어린이대공원)을 두 차례 둘러 걸었다)

⑤ 짧은 부사어구와 긴 부사어구가 있으면 :

※ 짧은 것부터 늘어놓지만, 긴 부사어구(특히 부사절)를 문두에 선치할 수도

- We stood talking <u>for a long time</u> <u>where the fire had been</u>.
                  (부사구)   (부사절; 길다)

  (우리는 그 화재가 났었던 곳에서 장시간 이야기를 하며 서있었다)

- She was studying <u>earlier</u> <u>in the National Central Library</u>.
                  (부사)   (부사절; 길다)

  (그녀는 국립중앙도서관에서 일찍이 공부하고 있었다)

- <u>Where the house used to be</u>, we met <u>for a while</u>.
    (선치된 부사절)   (부사구)

  (그 집이 있었던 곳에서 우리는 잠시 만났다)

- <u>Where others would have already started/left</u>,
      (선치된 부사절)

  we stayed <u>vainly</u> <u>there</u> <u>longer</u>.
         (양태) (장소) (시간)

  (남들은 이미 다 떠났을 만한데도, 우리는 괜히 거기에 더 오래 머물렀다)

⑥ 빈도부사의 어순('예') : Always

> ⓐ 빈도부사의 일반적인 어순 : 본동사의 앞, Be동사/조동사의 뒤

- He always comes late. (그는 언제나 늦게 온다)
- He always works hard. (그는 언제나 열심히 일한다)
- We always play tennis on the weekend.
  (우리는 주말이면 어김없이 테니스를 친다)
- He always used to buy me flowers on my birthday.
  (그는 내 생일에는 매번 꽃을 사주곤 했다)

- He is always late. (그는 언제나 늦는다)
- He is always grumbling. (그는 노상 투덜댄다)
- The sun is always shining there. (거기엔 항상 태양이 빛나고 있다)

- If she fails, she can always take the test again next year.
  (그녀는 시험에 떨어지더라도 내년에 언제라도 다시 볼 수 있다)
- I will always love you. (난 언제나 당신을 사랑할 거예요)
- I don't always agree with him.
  (내가 항상 그에게 동의하는 것은 아니다)
- I've always wanted to go to Paris.
  (나는 줄곧 파리에 가고 싶었어요)
- he has always been very polite.
  (그는 늘 예의바르게 행동했다)

7. 수식어구들간의 어순

> ⓑ 특정 어구를 강조하려 할 때의 빈도부사 어순

- I will remember <u>this day</u> <u>always</u>.
  (나는 이 날을 언제까지나 잊지 않으리라)

- He <u>always</u> <u>was</u> a difficult person to work with.
  (그는 원래부터 같이 일하기 어려운 사람이었다)

(4) 기타 유의해야 할 부사어구의 위치

1) 부정부사, 정도부사, 비교접속사 등이 혼재 시

> 영어에서는 no/not/nor(부정부사), more/less/as(정도부사), as/than(비교접속사) 등이 혼재한 문장이 흔히 쓰이지만, 대부분의 한국인 학습자들에게는 그 배열방법이나 용례가 늘 낯설고, 알 듯 하다가도 돌아서면 또 막막해지는 난제들이다. 그러나 이를 확실히 파악해 두지 않으면, 영어구사 수준이 좀체 한 단계 더 향상되기 어렵다.

① no/not/nor/nothing + more/less than

※ **not** : no보다 부정의 뜻이 더 강함, ※ **nor**: 전·후 양절 부정일 때 후절에 둠

> ⓐ 부사·접속사 등이 서로 뭉쳐(이어져) 구(句)를 이룰 때

- He has <u>no more than</u> <u>ten books</u>.
           (only)
  (그는 책을 <u>10권밖에</u> 갖고 있지 않다)

- He has <u>not more than</u> <u>ten books</u>.
           (at most)
  (그는 <u>기껏해야 10권의(=10권 이하의)</u> 책을 갖고 있다)

Part I 어순(The Arrangement of Words)

- He paid no less than 5,000 won.
  　　　　(as much as)
  (그는 5,000원이나 지불했다)

- He paid not less than 5,000 won.
  　　　　(at least)
  (그는 적어도 5,000원(=5천원 이상)이나 지불했다)

- A person who knowingly, willfully or recklessly the following misdemeanors// shall be subject to a fine of not less than $1,250 nor more than $12,000 or to imprisonment for a period of not more than one year, or both for each separate offense.
  (아래의 비행(非行)을 알고도 또는 기꺼이 또는 판단착오로 범하는 자는 각 범법 사안에 대하여 1,250달러 이상 1만 2,500달러이하의 벌금형이나, 1년 이하 기간 동안의 징역형, 또는 그 두 가지(벌금형과 징역형) 모두의 형에 처한다)

- That was nothing more than a brainless popcorn movie.
  (그건 단순한 심심풀이 영화일 뿐이었어요)

- It is neither more nor less than a common sense.
  (그것은 상식 이상도 이하도 아니다)

- They've had nothing but bad luck. (그들에게는 불운만이 따랐다)

ⓑ 부사·접속사 등이 분리되어 있을 때

- There is nothing worse than waiting around in the rain.
  (비를 맞고 마냥 기다리는 일보다 더 곤욕스러운 건 없다)

- He is more wise than clever.
  　　　(rather)
  (그는 영리하다기보다는 현명하다)

7. 수식어구들간의 어순

- If you won't[=will not] do it, no/nor more will I.
  (자네가 하지 않는다면 나도 하지 않겠다)

- I am no more mad than you (are).
  (자네와 마찬가지로 나도 미치지 않았다)

- I am not more mad than you.
  (나는 자네만큼 미치지는 않았다)

- He can no more do it than fly.
  (그가 그것을 하지 못하는 것은 날 수 없는 거나 마찬가지다)

- No sooner (it had been) said than (it was) done.
  (그것은 말이 떨어지자마자 곧 실행되었다)

- This box is three times as heavy as that one.
  (이 상자는 저 상자보다 3배 무겁다)
  cf: I will pay five times as much (as that).
     ((그 값의) 5배를 지불하겠다)

- It is not as/so difficult as you might think.
  (그건 네가 생각하는 것만큼 어렵지는 않다)

② the more/less~, the more/less~

- The harder you study, the more you learn.
  (열심히 공부하면 할수록 더 많은 걸 배운다)

- One wants the more, the more one has.
  (인간은 가지면 가질수록 더 많은 것을 원한다)

- The more I thought about it, the less I liked the idea.
  (생각하면 할수록 그 아이디어가 더 마음에 들지 않았다)

- The sooner (it is), the better (it is). (빠르면 빠를수록 좋습니다)

2) 신체부위에 관한 부사구 만들 때

> 영어에서는 신체부위에 관련된 동작이나 상태를 서술할 때, 흔히 사람이나 전체를 먼저 목적어나 주어로 던져 놓고 구체적인 부위는 따로 부사구를 만들어 후치한다. 이에 반해, 한국어에서는 그 부위/부분에 초점을 두어(즉 부위 자체가 목적어나 주어가 되게 하고) 사람이나 전체를 소유격으로 하여 그 부위를 전체가 전치 수식토록 하는 형식을 취한다.

① 사람/전체→부위 순으로 서술된 예문

　　※ **서술동사가 타동사이면 전체(사람)가 목적어이지만,
　　자동사이면 전체(사람)는 주어이다.**

- The more time you waste now, the less time you'll have later.
  (지금 시간을 낭비하면 할수록 나중에 시간이 없을 것이다)

- I took/hold/seized her gently by the hand/arm.
  　　　　　　　　(사람)　　　　　(신체 부위)
  (나는 살며시 그녀의 손을 잡았다)

- He seized me by the neck. (그는 내 멱살을 잡았다)

- She kissed me on the lips. (그녀는 내 입술에 키스했다)

- He fell(down) on his knees. (그는 무릎을 꿇었다)

- The old man stumbled and fell down to the floor on the head.
  (노인은 비틀 하더니 마루(바닥)으로 거꾸로 떨어졌다)

- She prayed on her knees. (그녀는 무릎을 꿇고 기도했다)

- I hold her in my arms. (나는 그녀를 두 팔로 포옹했다)

- Seize the hammer by the handle. (해머의 손잡이를 쥐어라)

7. 수식어구들간의 어순

- We cropped a field with potatoes/wheat.
  (우리는 밭에 감자/밀을 심었다)

- I have a severe pain in the stomach.
  (배가 몹시 아픕니다)

- At the foot of the candle it is dark. (등잔 밑이 (더) 어둡다)
  ※ 엄밀하게 말하면 "조명(It)은 등잔 밑이 더 어둡다"는 뜻임

- Your trousers are worn out at the knees.
  (너의 바지의 무릎이 다 닳았구나)

- He is swift/nimble of foot, but slow of speech.
  (그는 발은 빠르지만, 말이 느리다)

- She was disturbed in mind. (그녀는 마음이 착잡했다)

- Japan now ranks worst in terms of poverty among elderly citizens.
  (일본은 지금 노인빈곤 문제가 최악이다)

- She grew/increased in stature. (그녀는 키가 커졌다)

※ 그러나 위와 같은 다의적 동사(take, held, seize 등) 대신에 grasp, catch, put 등 구체성이 좀 더 강한 동사의 경우에는 한국에서와 같이 사람/전체가 소유격으로 수식된 구체적 신체부위를 직접 목적으로 취하기도 한다.

  - put my arm around her waist (내 팔을 그녀의 허리에 감았다)
  - squeezed my fingers (내 손을 꽉 잡았다)
  - grasped her hand (그녀의 손을 잡았다)

Part I 어순(The Arrangement of Words)

② 신체부위에 따라 위치표시 부사구를 이끄는 전치사가 다르다

> 한국어에서는 공이 맞는 신체의 부위가 어디든 간에 모두 "~에 맞았다"라고 통일되게 사용하는 데 비해, 영어에서는 부위군 별로 쓰이는 전치사가 다르다. 그리고 사람/전체를 말하고 부분을 말할 때는 대부분 단수명사를 쓰는데 입술·다리·치아와 볼기(buttocks)는 복수로 한다. 또한 전치사는 본동사의 특성에 따라, 그리고 문형에 따라 달리 쓰이기도 한다.

<신체 부위에 따른 위치표현 전치사 사용법>

• The ball hit │him│ │전치사│ │신체부위│ ············· <공이 맞았다 그의 ~에>

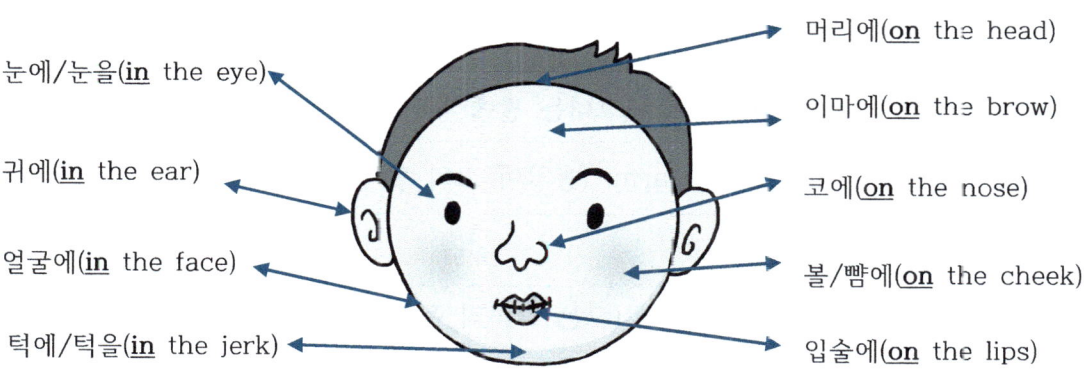

- 눈에/눈을(**in** the eye)
- 귀에(**in** the ear)
- 얼굴에(**in** the face)
- 턱에/턱을(**in** the jerk)
- 머리에(**on** the head)
- 이마에(**on** the brow)
- 코에(**on** the nose)
- 볼/뺨에(**on** the cheek)
- 입술에(**on** the lips)

주) 얼굴에 : 편평하고 널찍한 물체를 얼굴에 덮듯이 접촉시킬 때나, '얼굴에 미소를 띠다'의 경우에는 in 대신에 <u>on</u>을 씀
  "만면에 미소를 띠고(with a broad smile on one's face)"
  "얼굴에 한 가닥 미소를 짓다(wear a smile on one's face)"

- 73 -

7. 수식어구들간의 어순

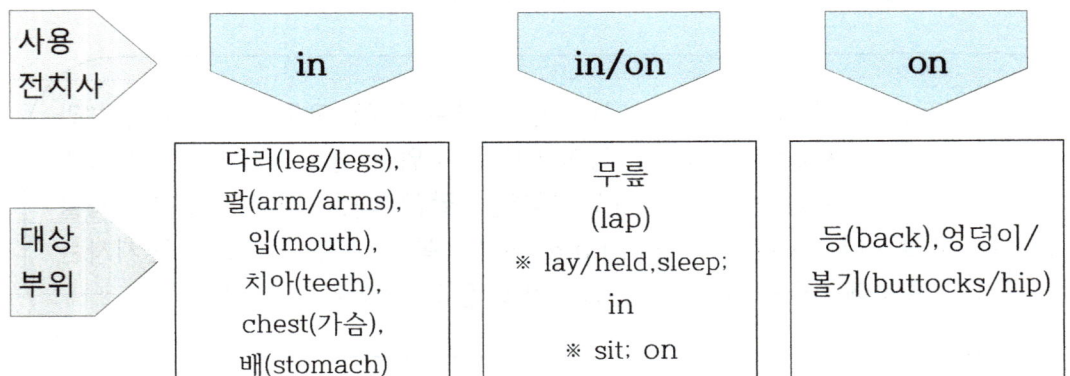

- He kicked me in the legs/stomach/teeth.
  (그는 내 다리/배를/이를 걷어찼다)

  cf ┌ He gave a kick (aimed) at a dog.
     │   (그는 개를 (향해) 걷어찼다)
     └ He kicked me on the shin.
         (그는 내 정강이를 걷어찼다)

- She is wounded in the arm. (그녀는 팔에 부상을 입었다)

- The bullet got him in the arm. (총알이 그의 팔에 맞았다)

- He slapped her on the back. (그는 그녀의 등을 찰싹 때렸다)

- She held a child/bag in her lap.
  (그녀는 아이를/가방을 무릎 위에 앉혔다/얹었다)

- The cat likes sitting on my lap. ------------- <sit는 on을 수반>
  (그 고양이는 내 무릎 위에 앉기를 좋아한다)

  cf ┌ A cat is sleeping in her lap.(고양이가 그녀의 무릎에서 자고 있다)
     └ Everything fails in his lap. (모든 게 그의 마음대로다; 만사형통)

8. 비정상적 어순 : 도치(倒置)문장과 가(假) 주어・목적어

※ 영어 문장은 앞에서 살펴본 5개 기본문형에서처럼 일반적으로 [주어+동사+목적어+보어]의 어순이 정상적인 형태인데 이것을 정치(正置)라고 한다.

※ 그러나 때로는 특별한 목적으로 동사나 목적어・보어 따위를 주어 앞에 놓는 경우가 있는데, 이것을 도치(倒置; inversion)라고 한다. 의문문과 감탄문이 그 대표적인 예(例)이지만, 평서문에서도 화자/필자의 의도에 따라서는 도치하는 경우가 종종 있다.

※ 그리고 도치는 아니지만 강조를 할 때나, 주어・목적어가 구・절이 되어 길 때는 「It」를 일단 가(假)주어・목적어로 선치하여 서술 수식까지 마치고는 진(眞)주어・목적어를 나중에 위치시키는 경우도 있다.

(1) 구문 특성상의 도치

1) 유도부사, 즉 허사(虛辭)가 선치된 문장 : [There/Here+동사+주어]순

※ 주로 존재(be/live), 위치(lie/stand), 발생(happen/occur), 왕래(come/go) 따위를 나타내는 자동사들은 종종 there/here 등과 결부되어 구문도치를 일으킨다(이때, there는 종종 일견 가(假) 주어 같은 역할로 보이기도 한다)

※ 이 같은 도치구문 중에는 관용화된 것, 주의(호기심)를 끌기 위한 것, 단순히 문장의 균형을 도모하기 위한 것 등이 있다.

① There/Here+be동사+주어 순

- There is a parrot in the cage.
  (새장 속에 앵무새가 한 마리 있다)

8. 비정상적 어순 : 도치(倒置)문장과 가(假)주어·목적어

- It is ten o'clock and here is **the news**.
  (10시입니다. (기다리시던) 뉴스가 있겠습니다)

- Here is **the pound[money]** I owe you.
  (자, 여기 제가 당신한테 빌렸던 돈 드리겠습니다)

- There is **something nice** for lunch.
  (점심에는 무언가 맛있는 것이 있다)

- Here's **a health[luck]** to you
  [=Here's to you]
  (당신에게 건강[행운]이 있기를 (축원하여) 건배)

- There is **someone** at the door. There was **nobody** there.
  (문간에 누가 있다. 거기엔 아무도 없었다)

- There was **a rattling sound** inside.
  (속에서 덜컥거리는 소리가 났다)

- There is **someone** who wants to see you?
  (당신을 만나고자 하는 사람이 있다)

② There+자동사+주어+부사구, 또는 There+자동사+(부사구)+주어 순

- There stands **a shrine** on the hilltop.
  (언덕 위에는 신전(神殿)이 하나 있다)

- Once there lived[There once lived] **a wise king** in this country.
  (옛날 이 나라에 한 지혜로운 왕이 살았다)

- There never arose[happened] **any problem**.
  (아무런 문제도 일어나지 않았다)

- There appears to have been **an accident**.
  (무언가 사고가 난 것 같다)

Part I 어순(The Arrangement of Words)

- There appeared[seemed] to be no one in the house.
  (집 안에는 아무도 없는 것 같았다)
  cf: There is nobody home. (아무도 집에 없다)
- There came into the room a beautiful lady.
  (어떤 아름다운 숙녀가 방에 들어왔다)
- There came to the village a foreigner.
  (그 마을에 한 외국인이 오게 되었다)
- There lies in ruins the village. (그 마을은 폐허가 되어 있다)
- There began[occurred] a riot. (폭동이 시작되었다[일어났다])
- There comes[goes] the last bus! (저 봐, 막차가 온다[떠난다])
  cf: There goes a shooting star! (야아, 유성(流星)이다)
- Here lies the very difficulty. (여기에 바로 그 어려움이 있다)

③ There+be동사[자동사]+주어+분사[형용사], 또는 to부정사 순

- We will have to stand — there are no seats left.
  (우린 서 있어야 겠어요 - 자리가 남아 있질 않네요)
  cf: There are some food left from yesterday.
  (어제 먹다 남은 음식이 좀 있어요)
- There was a breeze stirring the trees.
  (산들바람이 나무를 가볍게 흔들고 있었다)
- There is a good time coming soon. (이제 곧 좋은 때가 올 것이다)
- There's[There is] the girl singing hymns again!
  (저것 봐, 그 소녀가 또 성가를 부르고 있네)
- There will be a hot meal ready. (따끈한 식사가 마련되어 있을 겁니다)

8. 비정상적 어순 : 도치(倒置)문장과 가(假)주어·목적어

- There are **61 letters** carved on the front and back of the sword's body.
  (그 칼의 몸통 앞·뒤에는 61개의 글자가 새겨져 있었다)
- There were **papers** strewn[littered] all over the floor.
  (마루 위에는 온통 종이들이 어지러이 흩어져 있었다)
- There were **small trees** dotted around the hills.
  (언덕 주변에는 나무들이 듬성듬성 산재하고 있었다)
- There were **curtains** hanging over the window.
  (창문에는 커튼이 걸려 있었다)
- I heard there is **a really good movie** playing at the old theater on Smith Street. (스미스 가(街)의 옛날 극장에서 참 좋은 영화가 상영되고 있다고 들었다)
- There was **not a soul** to be seen. (사람 하나 보이지 않았다)

④ There+be동사+주어 순

- There is **no knowing what he will do**. (그 사람이 뭘 저지를지 모른다)
- There was born **a child** with[to] them. (그들에게 어린애가 태어났다)

⑤ 주어+be+there 순, 또는 There+주어+동사 순

- Help yourself. The food is there to be eaten.
  (마음껏 드세요. 음식은 먹으라고 있는 거죠)
- The police are there to make sure everyone obeys the laws.
  (경찰은 모든 사람이 법을 반드시 지키도록 존재한다)
- There you are, then. There's nothing to worry about.
  (그것 봐요. 걱정할 것 없어요)
- There you go — Thanks. (자, 여기 있어요 — 고마워요)

Part I 어순(The Arrangement of Words)

2) So/As, Nor/Neither 등 특정 부사·접속사에 관련된 문장

① so/as+동사+주어 : 「~도 역시 그렇다」

> ※ 대응조의 문장일 때는 앞 문장·문절과의 중복을 피하기 위해 so/as를 선치하고 그 뒤에 동사를 두되, be동사에는 be동사르, 일반동사에는 do로, [조동사+본동사]에는 조동사로 되받는다.

- I <u>am</u> happy. - **So am** I. (나는 행복합니다. - 저도 그렇습니다)
- I <u>had gone there</u> - **So had** I. (나는 거기 갔었다. - 저도 갔었어요)
- I <u>think</u> he will come. - **So do** I.
  (그가 오리라고 생각하네. - 나도 그렇게 생각해)
- I <u>am in a hurry</u>. - **So am** I.
  (나는 급하다. - 나도 그래)
- She's <u>very beautiful</u>, **as was** his mother.
  (그녀의 엄마가 그랬듯이 그녀도 머우 아름답다)
- She <u>is an early-riser</u>. - **So is his brother.**
  (그녀는 일찍 일어나는 사람이지. - 그의 오빠도 그래)
- Mary <u>can speak English</u> and **so can her brother.**
  (메어리는 영어를 할 줄 아는데, 그녀의 오빠도 그렇다)
- He <u>studies hard</u>, **as does his sister.**
  (그는 열심히 공부하는데, 그의 누이도 또한 그렇다)
- She <u>was delighted</u>, **as were we all**.
  (그녀는 기뻐했는데, 우리 고두도 그러했다)
- **So was** I <u>engaged</u>, when the telephone rang.
  (그렇게 하고 있는데, 그때 전화벨이 울렸다)

8. 비정상적 어순 : 도치(倒置)문장과 가(假)주어·목적어

- Just <u>as</u> the lion <u>is</u> the king of bests, <u>as</u> **the eagle** <u>is</u> the king of birds.
  [So is the eagle]
  (사자가 백수(百獸)의 왕인 것처럼, 독수리는 모든 새들의 왕이다)

- Just <u>as</u> the French love their wine, <u>so</u> **the German** <u>love</u> their beer.
  {So do the German <u>their beer</u>]
  (프랑스인들이 자기네 와인을 사랑하듯이, 독일인들은 자기네 맥주를 사랑한다)

※ 위 두 문장의 후 절에서 주어·동사는 정순이지만 강조를 위해 부사인 so만 문두에 선치되었다.

② nor/neither+동사+주어 : 「~도 역시 아니다」

> ※ 주로 앞 절의 부정문을 받아서 후 절에서도 같이 부정할 때 쓰인다.
> - 같이 부정할 때 후 절에서는 반드시 조동사를 써서 부정해야 한다.
>   (본동사의 중복사용 금지 원칙에 의거)
> ※ 후절은 「nor/neither+조동사+주어+본동사」 순으로 배열한다.

- He <u>will not</u> go, **nor will** I. (그는 가지 않을 것이며, 나도 역시 가지 않을 게다)

- I <u>don't</u> <u>want</u> to go. - **Nor do** I.
  (나는 가고 싶지 않아 - 저도 그래요)

- I <u>don't</u> <u>like</u> rock music. - **Nor do** I.
  (난 록음악은 좋아하지 않아 - 저도 그래요)

- I <u>am</u> <u>not rich</u>, **nor do** I <u>wish</u> to be.
  (나는 부자가 아니며, 또한 부자가 되고 싶지도 않아)

- I <u>am</u> <u>not at all happy</u>. - **Neither am** I.
  (난 전혀 행복하지 않다. - 저도 그래요)

Part I 어순(The Arrangement of Words)

- They <u>couldn't understand</u> it, and **nor could we**.
 (그들은 그것을 이해할 수 없었는데, 우리도 마찬가지였다)

- I have <u>neither</u> <u>money</u> **nor job**. (나는 돈도 직업도 없다)

- I said I <u>had not seen</u> it, **nor had I** (<u>seen</u>).
 (나는 그것을 보지 못했다고 말했는데, 실제로 보지 못했다)

- The tale is long, **nor have I** <u>heard</u> it.
 (그 이야기는 길어서 끝까지 듣지도 않았다)

- **Nor is this** <u>all</u>. (이것뿐만이 아니라; 이게 모두가 아니다)

3) As/However가 접속사·의문사로서 양보절을 이끌 때

① 형용사/명사+as+주어+동사 : 「비록 ~하지만」

> ※ 보어(형용사 또는 명사)가 as의 앞에 선치된다.
> ※ 선치되는 명사보어 앞에는 관사를 붙이지 않는다.
> ※ 동사를 as 앞에 선치 → 「동사+as+주어+조동사」의 형태로도 쓸 수 있다.

- <u>Rich</u> **as she is**, she is not happy.
 [=<u>Though she is rich</u>, she is not happy]
 (그녀는 부자이긴 하지만 행복하지는 않다)

- <u>Young</u> **as he is**, he is thoughtful. (그는 비록 젊지만 생각이 깊다)
 [=<u>Though he is young</u>, he is thoughtful]

- <u>Tired</u> **as I was**, I tried to help them.
 [=<u>Though I was tired</u>, I tried to help them]
 (나는 피곤했지만 그들을 도우려고 애썼다)

8. 비정상적 어순 : 도치(倒置)문장과 가(假)주어·목적어

- Improbable **as it seems**, it's true.
  [=Though it seems (to be) improbable, it's true]
  (일어날 성 싶지 않은 일이지만 그건 사실이다)

- Strange **as it may seem**, I actually prefer cold weather.
  [=Though it may seem strange, I actually prefer~]
  (이상하게 보일 수도 있겠지만 사실 난 추운 날씨가 더 좋다)

- Popular **as he is**, the President has not been able to get his own way on every issue.
  [= Even though he is popular, the President has not~]
  (그 대통령은 인기는 있지만 이슈마다 자기주장을 펴나갈 수는 없었다)

- Good fellow **as he was**, he was a kind of idiot.
  [=Though he was a good fellow, he was~]
  (그는 좋은 사람이긴 했지만 일종의 바보였다)

- Hero **as he was**, he turned pale.
  [=Though he was a hero, he turned pale)
  (그는 비록 영웅이었지만 (안색이) 새파랗게 변했다)

- Laugh **as they would**, he maintained the story was true.
  (그들은 으레 웃었지만, 그는 그 얘기가 정말이라고 우겼다)

- Try **as I might**, I couldn't figure out the answer[solution]
  (아무리 노력해 봐도 그 해답[해결책]을 찾을 수 없었다)

- Do **what he may**, he will not succeed.
  [= Whatever he may do, he will succeed]
  (그는 무엇을 할지라도 성공하지 못할 것이다)

<참고: 분사구문에 「as+주어+조동사」를 삽입→「이유」를 강조한 문장>

- Standing <u>as it does</u> on the hill, my house commands a fine view.
  [= As it (really) stands on the hill, my house~]
  (우리 집은 언덕 위에 서있기 때문에 아래를 다 내려다 볼 수 있게 전망이 좋다)

- Living <u>as I do</u> so remote from town, I rarely have visitors.
  [= As I (really) live so remote from town, I rarely~]
  (이런 외진 시골에 살고 있다 보니 찾아오는 사람도 드물다)

② However+형용사/부사+주어+may/might be : 「아무리 ~였다/했다 할지라도」

> ※ 특수 의문부사인 however[how+ever]가 조동사 may/might와 결합되어 「비록/아무리 ~일지라도/할지라도」, 「아무리 ~였어도/했더라도」라는 양보의 뜻을 나타낸다.
> - may/might 없이도 쓰일 수 있다.
> ※ 주어·동사는 정순이지만, 보어가 되는 형용사·부사와 그것을 수식하는 의문사부가 문두에 선치되며, However 대신에 No matter how가 선치되는 경우도 있다.
> ※ however 뒤에 형용사·부사가 없는 「However+주어+동사」는 방식을 나타내어 「어떤 식으로 하더라도」, 「아무리 ~해도」를 의미한다.

- <u>However tired</u> **you may be**, you must do it.
  (당신은 아무리 지쳤더라도 그것을 해야 한다)

- <u>However late</u> **you are[may be]**, be sure to phone me.
  (아무리 늦더라도 꼭 내게 전화해줘)

- <u>No matter how busy</u> **he may be**, he never fails to send his best regards to his parents.
  (그는 아무리 바쁘더라도 부모님께 반드시 극진한 안부를 전해 드린다)

- However great **the pitfalls are**, we must do our best to succeed.
  (위험이 아무리 클지라도, 우리는 성공을 위해 최선을 다해야 한다)

- Everyone makes mistakes, however careful **they are[may be]**.
  (사람은 아무리 조심한다 해도 누구나 실수를 한다)

- I want that car, however much **it costs[may cost]**.
  (가격이 얼마든 간에 나는 저 차를 갖고 싶어)

- However **you approach the problem**, it's will impossible to solve.
  (그 문제에 어떻게 접근하든 간에 해결하기가 불가능할 것이다)

- However **we do it**, the result will be the same.
  (어떤 식으로 하더라도 결과는 마찬가지일 것이다)

- However **we (may) go**, we must get there by six.
  (어떤 식으로 가든 6시까지는 거기에 도착해야 한다)

4) 가정법에서 If가 생략된 조건절

> ※ 가정법 조건절에서 If가 생략된 경우에는 어순이 도치되어
>   「Were/Had/Should+주어」순으로 배열된다.
> ※ 가정 조건절에서의 시제는 과거=현재, 과거분사=과거로 해석해야 한다.

- **Were I you**, I would not accept such on ofter.
  [= If I were you, I would not~]
  (만일 내가 너라면 나는 그런 제안을 받아들이지 않을 텐데)

- **Had I known his address**, I could have written to him.
  [= If I had known his address, I could~]
  (만일 그의 주소를 알았더라면 그에게 편지를 써 보낼 수 있었을 텐데)

- **Had he seen it**, he would have been astonished.
  [= If he had seen it, he would have~]
  (만일 그가 그것을 보았더라면 그는 깜짝 놀랐을 것이다)

- **Had it not been** for your help, I should have failed.
  [= If it had not been for your help, I should~]
  (당신의 도움이 없었더라면 나는 실패했을 테죠)

- **Should he come**, tell him about it.
  [= If he should come, tell him~]
  (혹시 그가 온다면 그에게 그것에 관해 말해 주어라)

5) 「The+비교급」 구문에서 : 정순이 많이 쓰이나 때로는 도치

> ※ 「the+비교급(more 등)」 형태의 문장중 수동태나 분리가능 동사구로 이루어진 문장에서는 간혹 「동사+주어」로 어순이 도치되기도 한다.
> ※ 그러나 전·후 절 문장이 단일동사인 경우에는 정순(주어+동사)형을 더 많이 쓴다.

- **The more** we knew about it, **the more** were we convinced that were right. (그것에 관해 알면 알수록 더욱 우리가 옳다는 걸 확신하게 되었다)

- **The more** I see of him, **the less** I like him.
  (그에 관해 알면 알수록 그를 덜 좋아하게 된다)

- **The more** she eats, **the fatter she gets**.
  (그녀는 많이 먹으면 먹을수록 살이 더 찐다)

- **The more** you sleep, **the more relaxed you'll feel**.
  (잠을 많이 잘수록 마음이 더 편안해질 것이다)

- **The more, the merrier** (많이 올수록 더 즐거울 게다)
  [= **The more** people there are, **the merrier/better the party will be**]
  (사람이 많이 오면 올수록 파티는 더 즐거울 거야)

8. 비정상적 어순 : 도치(倒置)문장과 가(假)주어·목적어

(2) 특정 어구를 강조하기 위한 도치

> ※ 평서문에서 필자/화자가 문장내의 특정한 어구를 특히 강조하기 위해 보어·목적어·부사구를 문두에 선치하는 경우가 있다.

1) 보어의 강조 : 「보어+동사+주어」 순으로

> ※ 보어가 선치되면서 그것에 연계된 동사도 이끌려 주어 앞에 나온다.
> ※ 보어가 되는 어구는 형용사와 명사·대명사이다.

- **Great** was our surprise when we saw the lion.
  [= Our surprise was great when we~]
  (그 사자를 보았을 때 우리의 놀람은 무척 컸다)

- **Such** was the case. [=The case was such] (사태/사실은 그러했다)

- **Especially interesting** is the sight of the old cathedral from the other side of the river.
  (강 건너편에서 보는 옛 성당의 경치는 특히 흥미롭다)

- **So angry** was he that he could not speak.
  [= he was so angry that he~]
  (그는 격노하여 말이 안 나왔다)

- **Blessed** are the people in spirit ; for theirs is the kingdom of heaven.
  (마음이 가난한 자는 복이 있나니, 천국이 저들의 것이기에)

- **Fools** are we all that serve them.
  (그들을 섬기고 있는 우리들은 모두 바보이다)

2) 목적어의 강조 : 「목적어+주어+동사」 순으로

> ※ 목적어(구)만 문두에 선치될 뿐, 「주어+동사」의 어순에는 변동이 없다
> ※ 주로 부정문에 연계하여 쓰인다.

- **His name** <u>I can hardly</u> remember.
  [=I can hardly remember <u>his name</u>]
  (그의 이름이 거의 기억나지 않는다)

- **Whether it is true or not** <u>I don't</u> know.
  [= I don't know <u>whether it is true or not</u>]
  (그게 사실인지 아닌지를 나는 모른다)

3) 부사(구)의 강조 : 보통의 부사(구), 부정의 부사(구)

① 보통의 부사(구) : 「부사(구)+동사+주어」 순으로

- **Down** <u>came a big stone</u>.
  (큰 바위가 쾅하고 떨어졌다)

- **To the east of the city** <u>lies a beautiful lake</u>.
  (그 도시의 동쪽에 아름다운 호수가 있다)

- **Only on one point** <u>are we</u> <u>agreed</u>.
  (단 한 가지 점에서 우리는 의견이 일치하고 있다)

- **Thus, and only thus**, <u>will you</u> <u>succeed</u>.
  (이렇게, 오로지 이렇게 함으로써만 자네는 성장할 것일세)

- **After Ann** <u>comes George</u>.
  (앤 여왕 다음은 조지 왕이다)

- **On** <u>went (she)</u> her old brown jacket; **on** <u>went (she)</u> her brown hat.
  (그녀는 갈색 재킷을 후딱 걸쳐 입고는, 갈색 모자를 푹 눌러 썼다)

8. 비정상적 어순 : 도치(倒置)문장과 가(假)주어·목적어

② 부정의 부사(구) : 「부정어구+조동사+주어+동사」 순으로

> ※ 특정한 조동사가 없으면 「부정어구+do+주어+동사」 순으로
> ※ 부정의 부사가 수식하는 부사(또는 형용사)는 그 부정부사에 따라간다.

- **Never did I dream** such a happy result.
  [= I never dreamed such a happy result]
  (그런 다행한 결과를 가져 오리라고는 꿈에도 생각지 못했다)

- **Never did I think** I would meet you here.
  [= I never thought I would meet~]
  (이곳에서 너를 만나리라고는 전혀 생각지 못했다)

- **Never again should I hear** the canary sing.
  [= I should never hear again the canary sing.]
  (두 번 다시 그 카나리아의 노래 소리를 듣지 못하겠구나)

- **Little** did I dream of ever seeing you again.
  [= I little dreamed of ever seeing~]
  (너를 다시 만나리라고는 꿈에도 생각지 못했다)

- **No sooner** had I left home **than** it began to rain.
  [= I had no sooner left home than it began to rain]
  [= As soon as I left home, it began to rain]
  (내가 집을 떠나자마자 비가 오기 시작했다)

- **Hardly** had the man seen the police man **before[when]** he ran away.
  [= The man had hardly seen the policeman before[when] he ran away]
  (그는 경찰을 보자마자 도망쳤다)

Part I 어순(The Arrangement of Words)

(3) 부분적 도치, 문장의 균형 및 수사(修辭) 목적에서의 도치 등

> ※ 부사구나 목적어 따위가 문두에 선치된다고 해서 반드시 「동사+주어」로 도치되는 것은 아니다
> ※ 도치가 이루어진다고 해서 반드시 강조를 위한 것은 아니다.
> ※ 단순히 문장의 균형을 도모하기 위해, 또는 문장을 운율에 맞춰 운치있게 꾸미려는 수사적(修辭的) 목적에서 일부를 도치시키는 경우도 있다.

1) 부분적 도치

- Then **off** <u>we go</u> at seven o'clock. (그리고 나서 우리는 7시에 떠난다)

- It was her hair and eyes which drew one first. **Light golden hair** <u>it was</u>, came up stiff in the form of a conch. **Blue blood and icy**, I am tempted to say.   — Henry Miller의 단편소설 First Love 중에서
  [= …It was light golden hair. … I am tempted <u>to say blue blood and icy</u>]
  (가장 먼저 내 마음을 끄는 것은 그녀의 머리칼과 눈이었다. 그것은 옅은 금발이었는데, 고동 모양으로 빳빳하게 빗어 올려져 있었다. 파란 피와(귀티가 나며) 차가운 체온을 가진 사람 — 나는 그렇게 부르고 싶었다)

- God called the light 'day', and **the darkness** <u>he called</u> 'night'.
  (하느님께서 빛을 '낮'이라 부르시고, 어둠을 '밤'이라 부르시니라)

- God called the dry ground 'land', and **the gathered waters** <u>he called</u> 'seas'. And God saw that it was good.   — 구약성서 창세기 1-10
  (하느님께서 마른 뭍을 '땅'이라 부르시고, 모인 물을 '바다'라 부르시니, 보시기에 좋았더라)

※ 위 4개 문장에서는 부사구나 목적어 또는 보어가 문두에 선치된 부분적 도치가 이루어졌으나, 주어+동사의 어순은 도치되지 않았다.

8. 비정상적 어순 : 도치(倒置)문장과 가(假)주어·목적어

2) 수사적 목적에서의 도치

- When I got to the town, **down came the rain** with a clap of thunder.
  (시내에 들어왔을 때, 요란한 천둥소리와 함께 비가 쏟아지기 시작했다)
- Her hair was almost pure auburn. With it **went dark beautiful eyes**.
  (그의 모발은 거의 순수한 적갈[다갈]색이었다. 거기에다 까만 아름다운 눈을 지니고 있었다)
- In the house just opposite ours, **dwelt three spinsters**.
  (우리 집 바로 맞은 편 집에는 노처녀 셋이 살고 있었다)

※ 위 3개 문장에서는 완전한 도치가 이루어졌는데, 앞절의 문장이 길게 묘사되었기 때문에 후절에서는 「동사+주어」로 도치함으로써 간결하고 급박한 긴장감을 자아내는 등의 수사적 묘사를 도모했다.

3) 직접화법의 전달부에서의 도치

※ 소설류의 문장에서는 대화내용을 생동감·현장감있게 묘사·전달하기 위해 흔히 해당대화(피전달부)를 그대로 인용한 뒤에 그 화자(話者)의 행위를 따로 기술하는 표현법을 쓰고 있는데, 이를 「직접화법(direct narration)」이라고 한다.

※ 이때 전달부, 즉 그 화자의 행위를 기술할 때 두 가지 문형이 있는데, 하나는 「주어+동사」의 정순(正順) 형태를 취하는 보통문형이고, 다른 하나는 「동사+주어」로 역순(逆順) 형태를 취하는 도치문형이다.

※ 그중 어느 문형을 취하는가는 작가의 표현취향에 달렸다. 일반적 경향으로 본다면 영국계 작가들은 역순을, 미국계 작가들(특히 펄벅, 헤밍웨이 등)은 정순을 선호하는 것 같다.

Part I 어순(The Arrangement of Words)

① 역순(도치)화법 문형

"M-madam." **stammered the voice**.
("마, 마담," 그 목소리는 더듬거렸다)

"Then have you no money at all?" **asked Rosemary**.
("그럼 돈이 한 푼도 없단 말이에요?" 로스메리가 물었다)

"None, madam." **came the answer**.
("한 푼도 없어요, 부인" 대답은 금방 나왔다)
   - Katherine Mansfield(영국)의 단편소설 "A Cup of Tea" 중에서

② 정순화법 문형

"Keep warm old man," **the boy said**, "Remember we are in September."
("나이 드신 분은 몸을 따뜻하게 하고 계셔야 해요. 우린 지금 9월에 접어들어 있다는 걸 잊으시면 안 돼요," 소년이 말했다)

"The month when the great fish came," **the old man said**, "Anyone can be a fisherman in May." ("이 달은 큰 고기가 나오는 달이지. 5월은 누구든지 고기잡이를 할 수 있는 달이고," 노인이 말했다)

"I go now for the sardines," **the boy said**.
("이제 저는 정어리(기름) 구하러 가요", 소년이 말했다)
   − Ernest M. Hemingway의 중편소설 "The Old Man and the Sea" 중에서

"Go and see my father and take Rennie with you," Gerald bade me.
"It will comfort him to see his grandson."
("가서 아버지를 찾아뵙시고 레니를 데려가세요.", 제럴드는 권유했다. "손자를 보시면 그분은 위안이 될 거요.")
"Is that why you are sending us to America?" I demanded.
("그 일 때문에 우리를 미국으로 보내시려는 군요?" 내가 물었다)
   − Pearl S. buck의 중편소설 "Letter from Peking" 중에서

8. 비정상적 어순 : 도치(倒置)문장과 가(假)주어·목적어

"One reason among others," he replied.
("그것도 이유 중의 하나요." 그는 대답했다)

"In that case I will stay here," I retorted.
("그런 이유라면 저는 여기 남겠어요." 나는 반박했다)
　　　　　　－ Pearl S. Buck의 중편소설 "Letter from Peking" 중에서

(4) 가(假) 주어 · 목적어 사용 문장

1) 형식상의 주어 사용

> ※ 진(眞)주어가 따로 있는데, 구·절 따위로 길어서 문두에 선치하기 거북스러울 때 it를 형식상 주어로 문두에 선치할 수 있다.
> ※ 그러나 진주어가 없지만, 문장의 형식을 갖추기 위해 it를 형식상 주어로 두는 경우도 매우 흔하다.
> - 이 경우에는 서로 알고 있는 주제·사람·사물을 막연히 가리키거나,
> - 날씨·시간·거리·명암·장소 등을 막연히 나타낼 때나
> - 앞에 나온 사람·사물을 대칭할 때 등의 경우도 있다.

① 진(眞)주어가 있는 경우의 형식상 주어로서의 It

> ※ to-부정사, 동명사가 구성하는 명사구를 대신하는 형식상 주어인 경우와
> ※ that, when, whether 등 접속사가 이끄는 명사절을 대신하는 형식상 주어인 경우가 있다.
> ※ 한편 문장 중의 어떤 말(부사 또는 명사)을 강조하기 위해, 또는 seem, appear, happen 등의 특정 동사에 연계되어 쓰일 때도 있다.

Part I 어순(The Arrangement of Words)

> ⓐ to-부정사와 동명사가 이끄는 명사 구(句)의 형식주어로서의 It

- It is wrong to tell a lie. (거짓말하는 것은 나쁘다)

- It is impossible to master English in a month or two.
  (영어를 한두 달에 마스터하기란 불가능하다)

- It is true that time is money.
  (시간이 돈이라는 것은 정말이다)

- It will be difficult for him to come so early.
  (그가 그렇게 일찍 오기란 어려울 것이다)

- It is not easy for the baby to walk.
  (아기가 걷는다는 것은 쉽지 않다)

- It is important (for you) to choose good friend.
  (좋은 친구를 고르는 일은 중요하다)

- It was careless of him to do that.
  (그가 그런 짓을 하다니 그 사람은 부주의했다)

- It's kind of you to give me a present.
  (저에게 선물을 주시다니 고맙습니다; 친절하시군요)

- It is very nice of you to invite us.
  (우리를 초대해 주시다니 정말 고맙습니다; 정말 상냥하시군요)

- How does it feel to be home? (집에 오니 기분이 어때?)

- It is no use trying again. (다시 시도해봤자 헛수고다)

- It is no use crying over spilt milk.
  (엎지르진 우유를 두고 울어봤자 소용이 없다)
  [= There is (of) no use crying~]

8. 비정상적 어순 : 도치(倒置)문장과 가(假)주어·목적어

- It was hard living in that city. (그 도시에서는 살기가 힘들었다)
- What's it like being a sailor? (선원으로 생활하시는 게 어떠한가요?)
- It is undecided when to start. (언제 떠날 것인가는 정해져 있지 않다)

ⓑ that, when, whether 등 접속사가 이끄는 명사절의 형식주어로서의 It

- It's nice that she is coming. (그녀가 온다니 기쁘군요)
- It is strange that he says so. (그가 그런 말을 하다니 이상하군요)
- It is natural that he should be indignant. (그가 분개하는 것은 당연하다)
- It is doubtful whether the rumor is true or not.
  (그 소문이 사실인지 아닌지가 의심스럽다)
- It isn't certain whether we shall succeed.
  (우리가 성공할 지는 확실치 않다)
- It is uncertain when we leave here.
  (우리가 언제 여기를 떠날 것인가는 불확실하다)
- Does it matter when we leave here?
  (우리들이 언제 여기를 떠나는가가 문제가 됩니까)
- It is said that he is the richest man in the city.
  (그가 이 도시에서 제일가는 부자라고 전해진다)
- It is said that the universe is infinite. (우주는 무한하다고들 말한다)
- It was once thought that the world was flat.
  (지구가 평평하다고 생각되던 때가 있었다)
- It is rumored that the house is haunted.
  (그 집에는 유령이 나온다는 소문이 떠돈다)

  cf; He is, as it were, a grown-up baby.
  (그는 말하자면 다 큰 애다) --〈독립 부사절 속에서의 무의미한 형식주어〉

Part I 어순(The Arrangement of Words)

ⓒ 문장 중의 어떤 말을 강조하기 위한 형식상 주어로서의 It

※ 문장중의 특정 어구(보어·목적어·부사(구))를 강조하려 할 때
「It is/was 강조어+관계사(that/which, who 등)」의 형태를 취하기도 한다.

※ 관계사(that 등) 앞의 명사가 관계절 속에서 목적어에 해당되면
비교적 문맥이 분명하므로 관계사는 생략할 수 있다.

- It's <u>a pity</u> that you can't come.
  (<u>당신이 오실 수 없는 것은</u> 유감입니다)

- It was <u>a book</u> that[which] I bought yesterday.
  (<u>내가 어제 산 것은</u> 책이다)

- It is <u>he</u> that[who] deserves to be praised.
  (<u>칭찬 받아 마땅한 사람은</u> 그이다)

- <u>What</u> was it that drove him mad?
  (<u>그가 미치게 된 것은</u> 무엇 때문이냐?)

- It[That] was <u>the second time</u> (that) we met.
  (<u>우리가 만난 건</u> 두 번째였다)

- It is <u>I</u> that[who] am to blame. (<u>질책 받아야 할 사람은</u> 나야)

- It is <u>the price</u> that frightens us. (<u>우리를 놀라게 하는 건</u> 가격이다)

- It was <u>Franklin</u> who wrote "God helps them that help themselves."
  (<u>'하느님은 스스로 돕는 자를 돕는다'라고 쓴 사람은</u> 프랭클린이었다)

- It was <u>May</u> (that) we saw. (<u>우리가 본 사람은</u> 메어리였다)

- It was <u>peace</u> that they fought for. (<u>그들이 싸운 것은</u> 평화를 위해서였다)

- It was <u>in this year</u> that the war broke out.
  (<u>전쟁이 터진 것은</u> 이 해에서였다)

8. 비정상적 어순 : 도치(倒置)문장과 가(假)주어·목적어

- It was <u>beer</u> **(that)** you drank, <u>not water</u>.
  [= It was <u>beer, not water</u> that you drank]
  (<u>네가 마신 것은</u> 맥주였지 물이 아니었다)

- It was <u>to Mary</u> that George was married.
  [= It was <u>Mary</u> that Geroge was married to]
  (<u>조지가 결혼한 상대자는</u> 메어리였다)

- It was <u>because of her illness</u> that we decided to return.
  (<u>우리가 돌아오기로 작정한 것은</u> 그녀가 병이 났기 때문이었다)

- It was <u>not until he was thirty</u> that he started to paint.
  (<u>그가 그림을 그리기 시작한 것은</u> 30세가 되어서부터였다)
  [= 그는 30세가 되어서야 비로소 그림을 그리기 시작했다)

- It is <u>not often</u> that a job like this comes along.
  (<u>이런 일자리가 생기는 건</u> 자주 있는 일이 아니다)

ⓓ 특정 동사들(seem, appear, happen, occur 등)에 연계되어 쓰일 때

- It <u>seems</u> **(that)** they are wrong. (그들이 잘못인 것 같다)
  [= They seem to be wrong]

- It <u>seems</u> to me that he likes the study.
  [= He seems to like study to me]
  (내게는 그가 공부를 좋아하는 것 같아 보인다)

- It <u>seems</u> **(that)** he has failed. (그는 실패한 것 같다)
  [= He seems to have failed]

- It <u>appears</u> that he is wise[a wise man].
  [= He appears (to be) wise[a wise man]]
  (그는 현명해[현명한 사람 같아] 보인다)

- It <u>happened</u> **(that)** he was not present.

Part I 어순(The Arrangement of Words)

[= He happened not to be present]
(마침 그는 출석을 하지 않았다)

- It just so happens that I have the book here.
  [= I just so happens to have the book here]
  (마침 제가 그 책을 가지고 있어요)

- It occurred to me that she might be lying.
  (그녀가 거짓말하고 있을지도 모른다는 생각이 들었다)

② 진(眞)주어가 없는 경우의 형식상 주어로서의 It

> ※ 앞 문장에서 나온 말을 받아서 말하거나, 바로 뒤에 잇달아 나올 말을 미리 염두에 두고 말할 때는 It를 주어로 쓸 수 있다.
> ※ 또한 화자의 심중에 있거나, 화자·청자가 서로 알고 있거나, 또는 문제가 되는 관심사항을 막연히 지칭할 때도 it를 주어로 쓴다.
> ※ 그리고 날씨·명함, 시기·요일·시간, 거리·장소 등을 막연히 가리킬 때도 it를 주어로 쓴다.

ⓐ 앞서 언급한 대상 또는 뒤에 잇달아 나올 말을 가리켜

- What's that book? - It's a dictionary.
  (그 책은 어떤 것이냐? - 그것은 사전이다)

- Everything went wrong, didn't it?
  (모든 게 잘못됐어, 그렇지 않아?)

- Who is there[it]? - It is I[me].
  (거기 누구요? - (그건) 저입니다)

- It's a nuisance, this delay. (이건 짜증스럽군, 이렇게 늦다니)

- We found a dog but we didn't know who[whom] it belonged to.
  (우리는 개 한 마리를 발견했는데, 그 개가 누구의 것인지 몰랐다)

- 97 -

8. 비정상적 어순 : 도치(倒置)문장과 가(假)주어·목적어

ⓑ 심중에 있거나 문제가 된 사정·상황을 막연히 가리킬 때

- It says in the newspaper that the building is on fire.
  (신문에서는 그 빌딩에 화재가 나 있다고 보도하고 있다)

- It says in the Bible that we should love our neighbors.
  (성경에는 이웃을 사랑해야 한다고 말하고 있다)
  cf: They say the pain of bereavement fades with time.
      (사별(死別)의 고통은 시간과 함께 사라진다고들 한다)

- It says "Keep to the left."
  ((간판에는) '좌측으로 통행하시오'라고 적혀 있다)

- Who is it? — It's me. (누구야? — 나야)

- It's your turn. (이젠 네 차례다)

- It's fine with me. (나는 괜찮다)

- It cannot be helped. (어쩔 수[도리]가 없구나)

- It is all over with him. (그는 이제 완전히 끝났다; 볼 장 다 봤다)

- It is all finished between us. (우리들 사이는 이제 끝장이다)

- How goes it with you today? (오늘은 어떻습니까)
  [= How is it getting with you today?]

- Had it not been for you, what would I have done?
  (네가 없었더라면, 난 어떻게 했을까/됐을까)

- Go and see who it is. (누군지 가 보시오)

- Isn't it your brother in the photo?
  (사진에 있는 사람이 너의 동생 아니냐?)

- (전화) Hello, it's Frank here. (여보세요, (이쪽은) 프랭클린입니다)

Part I 어순(The Arrangement of Words)

ⓒ 막연히 날씨, 명암, 시간/시일, 때로는 장소 등을 가리킬 때

- It looks like snow. — No, it is raining.
  (눈이 내릴 것 같은데. — 아니요, 지금 비가 오고 있어요)

- It is getting hot. (날씨가 점점 더워진다)

- It grew dark. (날이 어두워졌다)

- It will soon be New Year. (곧 설이 될 거다)

- It is Friday (today). (오늘은 금요일이다)

- It is (now) five years since he died.
  (그가 작고한지 이제 5년이 되었다)

- It takes time to get used to new shoes.
  (새 신에 익숙해지려면 시간이 걸린다)

- How long does it take from here to the post office?
  (여기서 우체국까지는 시간이 얼마나 걸립니까)

- It is fifteen minutes walk from here to the station.
  [= You will take fifteen minutes on foot from~]
  (여기서 정거장까지는 걸어서 10분 거리입니다)

- It's ten miles from here to Seoul.
  (여기서 서울까지는 10마일입니다)

- It took me three days to finish the job.
  (나는 그 일을 마치는 데 3일 걸렸다)

- What time is it? - It is half past ten.
  (지금 (시간이) 몇 시죠? - 10시 반입니다)

- It is really beautiful in Paris. (파리는 정말 아름답군요)

8. 비정상적 어순 : 도치(倒置)문장과 가(假)주어·목적어

2) 형식상의 목적어 또는 보어

① 진(眞)목적어가 있는 경우의 형식상의 목적어

> ※ 대부분 5형식, 드물게는 3형식 문장에서 목적어가 긴 경우 그 자리에 일단 it를 가(假)목적어로 놓고, 진(眞)목적어는 맨 뒤에 두는 형태이다.
> ※ 진목적어에는 주로 to-부정사, 동명사, that가 이끄는 명사절이 온다.

- Computers have made it possible for people to work at[from] home.
  (컴퓨터는 사람들이 재택근무를 하는 것을 가능하게 만들었다)

- Let's keep it secret that they got married.
  (그들이 결혼한 것을 비밀로 해두자)

- I make it a point to get up early.
  (아침에 일찍 일어나기를 원칙으로 삼고 있다)

- They considered it impossible for us to attack during the night.
  (그들은 우리가 야습하지 못할 것으로 생각했다)

- You will find it very nice taking a walk early in the morning.
  (아침 일직 산책하는 것이 얼마나 좋은가를 아시게 될 것입니다)

- I think it necessary that you (should) do it at once.
  (나는 당신이 그것을 즉각 시행할 필요가 있다고 생각합니다)

- I thought it wrong to tell her.
  (그녀에게 이야기하는 것은 나쁘다고 생각했다)

- I take it (that) you wish to marry her.
  (내게는 네가 그녀와 결혼하고 싶은 것으로 보이는데)

- We took it for (being) granted that we would be welcomed.
  (우리는 당연히 환영받을 것이라고 생각했다)

- We must leave it to your conscience to decide what to choose.
  (무엇을 택해야 하는가를 정하는 것은 네 양심에 맡기지 않을 수 없다)

② 진(眞)목적어가 없는 경우의 형식상의 목적어

ⓐ 특정 동사의 무의미한 형식상의 목적어로서의 It

- They fought it out. (그들은 끝까지 싸웠다)
- Damn it (all). (빌어먹을; 제기랄)
- You'll catch it from your father. (넌 아버지한테 야단맞을 거야)
- He will lord it over us. (그는 우리에게 몹시 뽐낼 것이다)
- We've just made it to the station.
  (우린 그럭저럭 시간에 댔다)
- Would $50 help you to make it through the week?
  (50달러면 1주일 버티는 데 도움이 되겠소?)
- As Maugham has it. (모옴의 말/주장에 의하면)
- So to call it[=so to speak/say], this neighbor-hood is kind of like home.
  (말하자면 이 근처는 오히려 내 집 같다)

ⓑ 특정 명사를 임시동사로 하고 그것의 형식상 목적어로 ⇨ 운율의 균형도모

- If we miss the bus, we'll have to foot it. (버스를 놓치면 걸어가야 해)
- Cab[Bus] it. (택시[버스]로 가자)
- Hotel it. (호텔에 묵자)
- (He) king it over a person. ((그는) 남에게 왕처럼 군다)

8. 비정상적 어순 : 도치(倒置)문장과 가(假)주어·목적어

ⓒ 앞에 나온, 또는 뒤에 오는 말을 가리킬 때

- I tried to get up, but found it impossible.
  (나는 일어나려고 애썼지만 그렇게 하기가 불가능하다는 걸 알았다)

- He is an honest man; I know it quite well.
  (그는 정직한 사람이다. 나는 그걸 잘 알고 있다)

- I did not know it at the time, but she saved my son's life.
  (그때는 그걸 몰랐지만, 그녀가 내 아들의 생명을 구해 주었던 것이다)

ⓓ 전치사의 무의미한 형식상의 목적어로서의 It

- I had a good time of it. (나는 즐겁게 지냈다)

- He had a hard time of it. (그는 몹시 혼났다)

- He ran for it. (그는 달아났다)

- There is no help for it but to do so.
  (그렇게 하는 수밖에 없다)

- There was no help for it but to wait.
  (기다리는 도리밖에 없었다)

- Let's make a night of it. (하룻밤을 술로 지새우자)

- The long and (the) short of it// is that the plan was a failure.
  (요컨대[아무튼] 계획은 실패한 것이었다)

- They are at it again. (그들은 또 (싸움[장난]을) 하고 있다)

- He is hard of it. ((일 따위에) 열심히 하고[열중하고] 있다)

③ 형식상의 보어로서의 it

- Tom is it now. (이제 톰이 술래 차례다)

- Among chemists he is it. (화학자들 중에서는 그가 최고다)

- That's it. This is it. (그게 문제다. 생각한 대로이다[그것 봐라])

PART **II**

동사의 종류와 그에 따른 문장패턴

1. 동사의 종류와 문형 간 관계
2. 제1형식 문장의 유형과 예문
3. 제2형식 문장의 유형과 예문
4. 제3형식 문장의 유형과 예문
5. 제4형식 문장의 유형과 예문
6. 제5형식 문장의 유형과 예문

II 동사의 종류와 그에 따른 문장패턴

"동사를 알면 문장이 보인다"

"동사는 문형을 결정짓는 방향타이자 필수 구성요소"

"타동사는 영어·한국어간 불일치가 특히 심하다"

Introduction & Summary

한국어에서는 동사의 어미변화를 통해 자동사와 타동사간에 형태 자체가 달라져 있는데다가(먹다/먹이다, 자다/재우다 등), 타동사이면 해당 목적어가 되는 명사·대명사 또는 동 상당어구에 「~을/를」이라는 격조사(토씨)를 또박 또박 붙인다. 그래서 해당동사를 자동사로 썼는지, 타동사로 썼는지가 명확하다.

그러나 영어에서는 외형상 동일한 동사를 가지고 자동사·타동사로 쓰임새를 달리하여 쓰는 경우가 아주 많으며, 또한 외견상 사용된 것과 실제 해석(의미)간에 자·타동사 구분개념이 일치되지 않아(즉 dismatching 현상 발생으로) 한국인 영어 학습자들에게 큰 혼란을 준다.

한편 영어에서는 동사가 주어가 되는 명사·대명사의 수와 인칭에 따라, 그리고 시제(時制: Tense)에의 적용, 형용사적 사용(수동태, 보어, 수식어), 또는 접속적 의미(분사구문)를 부여하기 위하여 변형을 하지만, 규칙적인 변형 외에, 불규칙적인 변형이 심하여 자못 복잡하다.

1. 동사의 종류와 문형 간 관계

유형으로 세분될 수 있다. 또한 똑같은 의미로 해석되는데도 자·타동사가 같이 쓰이는가 하면, 똑같은 동사인데도 자·타동사 겸용으로 쓰이는 일이 흔하므로 사용에 각별한 주의를 요한다. 그리고 한국어로 보면 자동사가 쓰여야 될 자리에 영어에서는 타동사가 쓰이는 등 양개 언어간 자·타동사 개념을 숙지해야만 영어표현에 능숙해질 수 있다. 그리고 기본 동사는 보어·독적어의 유무(有無)에 따라 5종류로 분류할 수 있으며, 이에 따라 문형도 기본적으로 5개로 구분되지만, 제2형식 문장에서는 보어가 되는 형용사의 안정성·불안정성에 따라 2개 유형으로 더 세분될 수 있으며, 제3형식 문장에서도 목적어의 특성(동작성 내포 여부)에 따라 또 2개문형 내 구성요소 간에는 전치사 등 접사를 요하지 않으며 오로지 배열어순에 따라 상호간의 관계가 설정된다.

<서술동사와 문형은 표리일체>

어떤 동사를 쓰느냐에 따라 문형이 결정되고, 어떤 문형으로 문장을 이룰 것이냐에 따라 쓰이는 동사가 달라진다. 즉 서술동사와 문형은 불가분한 「표리일체」 관계이다.

동사의 명칭	해당 동사들	문장 구성요소와 배열순서	세부 내용
①완전 자동사	• 동작표현 동사(go, fly 등) • 존재표현 동사 (be, lie 등)	S+V (제1형식 문장)	• 부사가 없어도 되는 경우 • 부사가 반드시 필요한 경우

1. 동사의 종류와 문형간 관계

동사의 명칭	해당 동사들	문장 구성요소와 배열순서	세 부 내 용
②불완전 자동사 (연결동사라고 지칭하기도 함)	• 상태/지각 표현 동사(look, seem, feel 등) • 순수 연결성 동사(be 동사 등) • 상태변화 표현 동사 (become, grow, turn 등)	S+V+C (제2형식 문장) ※C=주격보어	• 보어는 주어의 속성을 나타냄: 「주격보어=주어」 관계 성립 • 안정형 : 보어가 보완구를 필요로 하지 않는 경우 - 보어가 명사인 것(명사형 보어), 형용사인 것(형용사형 보어)의 2종 • 불안정형: 보어가 보완구를 필요로 하는 경우 - 보어가 모두 형용사임
③완전 타동사	• 동작표현 동사 및 선호표현 동사가 있으며, 동작의 영향이 목적어에 미친다(eat, like, want, think, love 등)	S+V+O (제3형식 문장)	• 안정형: 목적어가 보완구를 필요로 하지 않는 경우(실질적 완전타동사) • 불안정형: 목적어가 보완구를 필요로 하는 경우(형식적 완전타동사)
④ 수여성 /전달성 타동사	• 동작의 영향이 미치는 대상이 1,2차적으로 2개 존재 (give, get/fetch, send, cost 등)	S+V+Oi+Od (제4형식 문장)	• Oi=간접목적어, Od=직접목적어 • Oi는 Od를 받는 실질적 수혜자
⑤불완전 타동사	• make 등 사역동사, get 등 준 사역동사, think 등 인지동사, call/consider 등 명명/인정 동사 등	S+V+O+C (제5형식 문장) ※C=목적격보어	• 보어는 목적어의 상태/결과를 나타냄: 「목적보어=목적어」 관계 성립

참고사항

- **문장 구성요소**: 문장의 골격을 이루는 요소들을 말한다.
  수식어는 이들 요소를 단순히 수식하는 역할을 한다. 문장의 구성요소 중
  — 동사는 모든 문장에 필수적인 핵심요소이고
  — 목적어·보어는 필요에 따라 포함되는 임의적 구성요소임

문장 구성요소	S=주어, V=동사, C=보어, O=목적어(Oi=간접목적어, Od=직접목적어)

  - **동사(verb)** : be동사, 기타 자동사, 타동사의 3종이 있음. 한국에서는 타동사의 경우 목적어 뒤에 「~을/를」이라는 조사를 붙여 타동사임을 명확히 하지만, 영어에서는 타동사 뒤에는 전치사 없이 명사·대명사 및 동 상당어구가 그대로 온다. (다만, 인칭대명사는 3·4격으로 격변화)

  - **주어(subjective)** : 한국어는 「~은/이/가」의 토씨가 붙으며, 행위/상태의 주체
    - 명사, 대명사 및 동 상당 어구(명사구, 명사절)가 주어로 쓰인다.

  - **보어(Compliment)** : 주어·목적어의 신분·성질·상태·동작 따위를 보충 설명
    - 명사, 형용사 및 동 상당어구(명사구/형용사구, 명사절)가 보어로 쓰인다.

  - **목적어(Object)** : 동사의 영향대상이 되는 말이며, 한국어에서도 「~을/를」의 뜻으로 쓰이는 직접목적어와, 「~에게」의 뜻으로 쓰이는 간접목적어가 구분된다.
    - 명사·대명사 및 동 상당어구(명사구·명사절)가 목적어로 쓰인다.

- **진행형·완료형 및 조동사 관련 동사구와 4,5형식 문장의 수동태는** 하나의 동사(동사파트)로 간주한다.

2. 제1형식 문장의 유형과 예문

> 제1형식 문장은 5개 문형 중 가장 단순·명확하고 완전한 문장이며, 어순도 한국어와 같다. 주어 자체의 존재나 동작을 나타낼 뿐 그 경향대상(목적어)이 없고 별도의 보완적 어구(보어)가 없이도 그 의미와 의도가 명확하다. 다만, 동사를 수식하는 부사는 반드시 관용적으로 따라 붙어야 하는 경우와 그렇지 않은 경우가 있다. 그러나 이것도 수식어에 관한 문제이지, 구성요소에 관한 문제는 아니다. 대표적인 완전자동사로서는 go, come, walk, blow, fly, live, work, sleep, sing 등이 있다.

(1) 동작을 나타내는 제1형식 문장: 부사어구가 없는 경우

- Birds <u>sing</u> and bees <u>buzz</u>.
  (새들은 노래하고 벌들은 윙윙거린다)

- Father <u>smokes</u> and mother <u>knits</u>.
  (아버지는 담배를 피우시고 어머니는 뜨개질을 하신다)

- The green car <u>is leading[leads]</u>.
  (녹색 차가 선두를 달리고 있다)

- Will this <u>do</u>? - That will <u>do</u>.
  (이거면 되겠나? - 그것으로 충분하다)

- Winter <u>has gone</u>, spring <u>has come</u>.
  (겨울이 가고, 봄이 왔다)

2. 제1형식 문장의 유형과 예문

(2) 동작을 나타내는 제1형식 문장: 부사어구가 있는 경우

부사어구가 반드시 수반되어야 의미가 명확해지는 문장

- The train got in, and the sound faded out.
  (열차가 홈에 들어오자, 그 소리는 멀어져 갔다[잦아들었다])

- Get/Wake up early in the morning, (and) be/get back home early in the evening. (아침에는 일찍 일어나고, 저녁에는 집에 일찍 돌아오너라)

- He is out at home[=He is away from home].(그는 부재중입니다)

- Miniskirts have gone out. (미니스커트는 유행이 지났다)

- The current is off, and the lights are all off.
  (전기가 나가서 조명이 모두 꺼졌다)

- The soles of my shoes have worn out. (내 구두창은 닳아서 엷어졌다)

부사어구가 수식(묘사)을 좀 더 잘하기 위해 임의적으로 사용된 문장

- Birds sang merrily on the tree, and birds flied high in the sky.
  (새들이 나무 위에서 즐겁게 노래했으며, 새들은 하늘 높이 날았다)

- There appeared[came out] the moon from behind the clouds.
  (달이 구름 사이로 나타났다)

- What will come of it? - Success comes to those who strive.
  (도대체 그게 어찌 된다는 건가 - 성공은 노력하는 자의 몫이라오)

- They worked hard from morning till night.
  (그들은 아침부터 저녁까지 열심히 일했다)

- The wind blew to the north all day long. (바람이 종일 북쪽으로 불었다)

- This box will do for a seat. (이 상자는 의자로 쓰기에 십상/딱이다)

- These shoes won't do for us to mountaineer.
  (이 구두는 등산하기에는 무리다[충분치 않다])

존재(또는 상태)와 약한 동작을 나타내는 문장

- The valley lies at our feet.
  (골짜기가 우리들 발아래에 펼쳐져 있다)

- The path lies along a stream[through the woods]
  (길은 시내를 따라[숲을 지나] 뻗어 있다)

- Where does the park lie? (공원은 어느 쪽에 있습니까)
  cf: Snow lay on the ground in a heap.
      (땅 위에 눈이 수북이 쌓여 있다)

- Here it is[Here you are]. (자 여기 있어요)

- There are many books on the desk.
  (책상 위에는 책이 여러 권 있다)

- There's a rumor of a flying saucer having been seen.
  (비행접시가 목격되었다는 소문이 있다)

- All roads lead to Rome.
  (모든 길은 로마로 통한다[로마로 향해 뻗어 있다])
  cf: The road goes to London.(이 길은 런던에 이른다)

- The incident led to civil war. (그 사건이 결국 내전의 도화선이 되었다)

- Stone does not feel. (돌은 감각이 없다)

2. 제1형식 문장의 유형과 예문

유의점

완전자동사라도 보어·목적어를 취해 불완전자동사나 타동사가 되는 동사들이 있다.

- He **went** there.(S+V) → ┌ He went blind(S+V+C)
  (그는 거기에 갔다)   │ (그는 눈이 멀었다)
                          └ The milk went sour(S+V+C)
                            (그 우유는 시어졌다)

- A bird **flies**.(S+V) → ┌ He flies a kite(S+V+O)
  (새가 난다)   │ (그는 연을 날린다)
                           └ The ship is flying the dutch flag(S+V+O)
                             (그 배는 네덜란드 국기를 달고 있다)

- What time do you **get** there? (S+V) → ┌ He is getting old(S+V+C)
  (몇 시에 거기 당도할까)   │ (그는 늙어가고 있다)
                                           │ The business got paying(S+V+C)
                                           │ (그 사업은 수지가 맞기 시작했다)
                                           └ The children got/caught/took the flu /measles
                                             (아이들은 독감/홍역에 걸렸다) (S+V+O)

- Don't **walk** when the light is amber.(S+V) → ┌ I'll walk you home.(S+V+O)
  (황색 신호일 때 (건너)가면 안 된다)   │ (제가 당신을 댁까지 바래다/동행해 드리지요)
                                                  └ We walked our horses down to the stream.(S+V+O)
                                                    (우리는 개천으로 말을 몰고 갔다)

- The days **ran** into weeks.(S+V)   ┌ She runs a hat shop. (S+V+O)
  (하루하루가 지나 몇주가 되었다)   │ (그녀는 모자가게를 경영한다)
                                       │ He ran himself breathless.
- The news **ran** all over the town. │ (S+V+O+C)
  (그 소식은 온 읍내에 퍼졌다)   └ (그는 숨이 턱에 닿게 달렸다)

- with the winter coming, a cold wind **blew** in. (S+V+부사) → ┌ The wind blew my hat off. (S+V+O+부사)
  (겨울이 되자 찬 바람이 들어왔다)   │ (바람에 내 모자가 날아갔다) ※ off를 C로 볼 수도 있음
                                                                  └ She let the breeze blow her hair dry. (S+V+O+C)
                                                                    (그녀는 미풍으로 머리를 말렸다)

3. 제2형식 문장의 유형과 예문

> 제2형식 문장은 주어의 신분/속성과 상태(또는 동작)을 설명하는 문장이므로 「주어=주격보어」의 관계로 볼 수 있으며, 보어 자리에는 명사 또는 형용사, 그리고 동 상당어구(구·절)가 올 수 있다. 그러나 형용사들 중에는 불안정한 형용사가 있어서 이들은 전치사 등이 이끄는 보완적 어구의 도움이 반드시 필요하다. 제2형식 문장에서는 「~은 무엇이다」, 「~은 어떠하다」와 같이 동사의 뜻을 보완/보충해 주는 말을 취할 때라야 비로소 완전한 뜻을 이루는 불완전 자동사가 쓰인다. 한국인에게는 서술동사가 be동사인 경우에는 쉽게 느껴지지만, 그 밖의 불완전 자동사 사용에는 상당히 취약하다.

참고(1): 불완전 자동사의 세부유형

① 존재, 가·부형 동사 : be동사(협의의 순수연결동사)
- 있다/없다(존재=1형식) ; Troy <u>is</u> <u>no</u> <u>more</u>. (트로이는 이제 없다)
- ~이다/아니다(가부) ; "He <u>is</u> <u>a boy</u>, She <u>is</u> <u>beautiful</u>."--<안정형 2형식>
- be+불완전형용사(like/unlike, worth/worthy/prone/apt 등) --<불안정형 2형식>

② 준(準) 가·부형 동사 : seem, appear, look
- ~처럼 보인다 ; "이상하게 [행복해] 보인다"
- ~인 것 같다 ; "친절한 사람/것 같다"
- ~한 표정이다; "얼굴이 창백하다, 근심스러운 모습이다"

③ 상태나 동작 지속형 동사 : remain, stay, keep 등
- ~한 상태로 있다 ; remain, retain, rest, stay
- 계속해서 ~하다 ; keep, hold, stand, continue

3. 제2형식 문장의 유형과 예문

④ 오감형 동사 : taste, smell, feel/touch, look, sound
  • 맛이 ~하다, ~한 냄새가 나다 ; taste, smell
  • 촉감/느낌이 ~하다 ; feel, touch
  • ~하게 보이다, 들리다 ; look, sound
⑤ 변화 및 전환형 동사 : become[come to], get[get to], turn, go
  - 상태성(점진적) 변화 ; become, grow, get
  - 동작성(급격한) 변화; turn, go, run, fall, make
⑥ 결과/입증형 동사 : prove, turn out
  • ~로 판명되다 : prove
  • 결과가 ~되다 : turn out
⑦ 기타형 동사
  • 위치와 상태가 결합된 동사 : stand, sit, lie
  • 동작과 상태가 결합된 동사 : weigh

참고(2): 불완전 자동사의 보어가 될 수 있는 어구

① 명사(구, 절) : 주어의 신분, 신체적 특성, 기타 속성·내용 서술
  - 명사구 : She is an angel of girl. (그녀는 천사 같은 소녀[소녀천사]다)
  - 명사절 보어 : What matters is how they live.
         (문제는 그들이 어떻게 사느냐이다)
② 대명사 : 인칭대명사와 의문대명사

  - That's me (인칭대명사; 그건 나요)
  - Who is he? (그는 누구요?)   ⎤ 의문대명사

③ 형용사(구) : 주어의 상태나 특성을 묘사
  - 유도(연결) 동사; be동사, 기타 불완전자동사 모두
  - 형용사구 보어; Paper is of great use(종이는 매우 유용하다)

④ 분사
  - 현재분사; 현재 진행 중인 동작·상태(능동성 내포)
    (The business got paying; 사업의 수지가 맞기 시작했다)
  - 과거분사; 과거 이루어진 동작·상태(수동태 또는 수동성 내포)
    (We got caught in the rain; 우리는 비를 만났다)
    (They were wounded; 그들은 부상당했다)

⑤ to-부정사 : 명사적 사용, 형용사적 사용
  - 안정형(명사적 사용); My work is to watch them.
  - 불안정형(형용사적 사용); He has got to be popular.

⑥ 일부 의문부사 : 상태가 어떠한가를 물을 때(How)
  - How are you? How do you feel? - I'm fine. (건강/기분이 좋다)
  - How is it going? (사정이 어떠한가?)

⑦ 일부 부사(구) : 형용사 기능 수행 시

• over(게임/계절 따위가 끝난), away(출타중인/부재중인), off(비번인, 휴일/휴업인), asleep(잠들어 있는), awake(자지 않고 깨어 있는, 인지하고/정신차리고 있는)
  - I was/kept/lay wide awake all night.
    (밤새 뜬 눈으로 지샜다/누워 있었다)
  - He was awake to the dangers. (그는 위험을 알고 있었다)

• out/off : (전기/불 따위가) 꺼져 있는

• in/out : (계절 따위가) 찾아온/지나간, (사람이) 들어온/나간

• out of : out of breathe(숨이 찬), out of date(시대에 뒤진), out of gas/sugar(휘발유/설탕이 떨어진), out of work(실직 중인) 등

3. 제2형식 문장의 유형과 예문

(1) 안정형 제2형식 문장

1) 신분·상태를 나타내는 문장

① 명사 보어형(명사 상당어구인 구·절 포함)

- Tom is a boy, and he stands 5feet 3inches.
  (톰은 소년이고, 키가 5피트 3인치이다)

- It is five minutes' run/walk to the station.
  (역까지는 달려서/걸어서 5분 거리이다)

- How much does the baggage weigh? - It weighs 10 pounds.
  (그 화물의 무게는 얼마죠? - 그것은 무게가 10파운드이다)

- A good daughter makes a good wife/mother.
  (착한 딸이 (커서) 훌륭한 아내/엄마 된다)

- They nearly equals the elephant in size.
  (그들은 크기가 코끼리에 견줄 만하다)

- The story is/goes that the business outlook is not very bright.
  (이야기인 즉 사업전망이 그리 밝지 않다는 것이다)

- My aim is to warn you.
  (나의 목적은 네게 경고를 주는 거다)

- The rumor runs that our teacher will leave school before long.
  (선생님이 멀지 않아 학교를 그만두신다는 소문이다)

- Meaning to do something//isn't doing it.
  (하려는 의도가 있다고 해서 그것으로 실행한 것은 되지 않는다)

② 형용사 보어형(형용사 상당어구인 분사 포함)

※ 한국어에서는 형용사가 직접 서술동사화('아름답다' 등)하므로 형용사를 연결해 주기 위한 별도의 자동사(be동사 등)가 불필요하지만, 영어에서는 불완전 자동사(be 등 연결동사)가 있어야 연결 서술이 가능하다.

- Mary is pretty, (and) Tom is robust. It weighs heavy/light.
  (메어리는 예쁘고, 톰은 강건하다. 그것은 무게가 무겁다/가볍다)

- How are you feeling this morning? - I'm fine/happy, but father is tired.
  (오늘 아침 기분이 어떠세요? - 나는 기분이 좋은데, 아버지는 피곤하시다)

- The girl was already dead by the time the ambulance arrived.
  (구급차가 도착했을 때 그 소녀는 이미 죽어 있었다)

- The good die young, (and) the bad/wicked are punished.
  (어진 사람이 일찍 죽고, 악인은 (벌 받아) 망한다)

- He is taken ill[He got/fell sick], but his mother looks young/pleased.
  (그는 병이 났으나, 어머니는 젊어/기뻐 보인다)

  cf: ┌─ He looks like an honest man. (그는 정직한 사람처럼 보인다)
      ├─ It looks like raining/rain. (비가 올 것 같다) ※ rainning=동명사
      └─ Rain looks like lasting. (장마가 될 것 같다) ※ lasting=동명사

  ※ 명사형 보어가 올 때는 「look like」 사용: like는 형용사 겸 전치사

- It seems difficult to swim across the river, because the river is over 350 ft wide. (강폭이 350ft 이상이어서 헤엄쳐 건너기란 어려운 것 같다)

- What seems to be the trouble?
  (어디가 아프신 것 같습니까)

- The trip sounds really exciting.
  (그 여행은 정말 신날 것 같다)

3. 제2형식 문장의 유형과 예문

cf:
- That sounds like a good idea. -------- <느낌>
  (그것 괜찮은 생각 같다)
- The voice sounded familiar. -------- <실제소리>
  (그 목소리는 친숙하게 들렸다)

- The lady kept silent for a while. Keep straight on.
  (그 숙녀는 잠시 침묵을 지켰다. 이대로 똑바로 가거라)

- It kept raining for a week.…〈rainning : 형용사 성격의 주격보어 현재분사〉
  (한 주일 내내 비가 계속 왔다)

  cf: I kept a fire in the hearth going day and night.
  (나는 난롯불을 밤 낮 없이 꺼지지 않게 했다) …〈going: 목적격 보어 성격〉

- Still I remained standing there and kept waiting for her.
  (나는 여전히 거기 서 있었으며 그녀를 줄곧 기다렸다)

- The tire went flat, but he remained undisturbed.
  (타이어가 펑크 났으나 그는 여전히 평온했다)

  cf: They remained at peace. He ranks high in his class.
  (그들은 여전히 평화를 유지하고 있었다. 그의 성적은 반에서 상위다)

- The house remained/lay waste[in ruins]. (그 집은 황폐화되어 있었다)

- This cloth got wet, but still feels smooth.
  (이 옷감은 젖었지만 (촉감이) 매끄럽다)

- The room felt cool and comfort.
  (그 방은 시원하고 편안한 느낌이 들다)

- This rose smells sweet. This bread tastes good.
  (이 장미는 (냄새가) 향기롭다. 이 빵은 맛이 좋다)

- This bread tastes/smells of milk/garlic.
  (이 빵은 우유/마늘 맛이/냄새가 난다)

  cf: The story tastes of treason. (그 얘기는 반역 낌새가 있다)

Part Ⅱ 동사의 종류와 그에 따른 문장패턴

- That doesn't come cheap. The window catch has worked loose.
  (그것은 (값이) 싸지 않다, 창문 걸쇠가 느슨해졌다)

- She went shopping. Let's get going (quietly/slowly) now.
  (그녀는 쇼핑하러 갔다. 우리도 이제 슬슬 가보자)

- Now, you must be trotting off home.
  (자 어서 빨리 집으로 돌아가야 해요)

- It feels like rain, and I feel like a glass of water.
  (비가 올 것 같은데, 난 물 한 컵 마시고 싶다)

③ 형용사구 또는 부사어구를 직접 주격보어로 취한 문장

※ 현대 영어에서는 부사거구를 형용사적으로, 또는
  동사적으로 사용하는 예(例)가 점점 늘어나고 있다.

- Spring is in/here, and flowers[leaves] **came** out.
  (봄이 와서 꽃이 피었다[잎이 나왔다])

- Father is out on business.
  (아버지는 사업차 외출/부재중이시다)

  cf: He is away on leave. (그는 휴가로 출타중이다)

  cf: He **started**[=set out] on a trip/journey around the world.
    (그는 세계 일주여행을 떠났다)

- The rash is out all over him. (뾰루지가 그의 온몸에 돋아 있다)

- When night falls, stars **are** out. (밤이 되자 별이 떴다)

- She **is** with child, but she **is** still in good health.
  (그녀는 임신 중인데도 여전히 건강하다)

- The trousers **are** out at the knees.
  (그 바지는 무릎이 나와 있다)

3. 제2형식 문장의 유형과 예문

- She seems to **be** in good humor.
  (그는 기분이 좋은 것 같다)

- The ancient city **lay** in ruins.
  (그 옛 도시는 폐허가 되어 있었다)

- The company **is** on the brink of bankruptcy.
  (그 회사는 파산 직전에 처해 있다)

- The executive committee **is** out of session.
  (집행위원회는 현재 폐회중이다) ※개최 중; be in session

- The fire/light **was** out. (불/전등이 꺼졌다)

- **Are** you out of your mind? - This **is** all on you.
  (너 제 정신이야? - 이건 전적으로 네 탓(책임)이야)

- The design **is** out of date.
  (그 디자인은 시대에 뒤져 있다)

- He **is** away from his office. He **is** out of work.
  (그는 사무실에 없습니다. 그는 실직 중이다)

- We're out of tea. We **have run** out of sugar.
  (홍차가 떨어졌다. 설탕이 떨어졌다))
  cf: We **sold** out of eggs. (달걀은 매진되었다)

- The computer **is/got** out of order.
  (그 컴퓨터는 고장 나 있다)

- Where **are** you off to?
  (어디로 가십니까)

  cf: **Be** off with you! ※be ; go/come의 뜻이 있음
      (당신, 꺼져버려!)

- The holidays **are** a week off.
  (앞으로 1주일 후면 휴가다)

- The handle **is**[has come] out
  (손잡이가 빠져 있다)

- I**'m** off today. (나는 오늘 비번이다)

- The fish **is** a bit off.
  (생선이 약간 상해 있다)

- The contractor **was** off in his estimate.
  (그 도급업자는/도급업자의 견적이 잘못되어 있었다)

- I'm afraid tomorrow's picnic **is** off[was called off].
  (안 됐지만 내일 소풍은 취소되었다)

- I**'m feeling** rather off today.
  (오늘은 기분이 좀 이상하다)

- The market **is** off.
  (시장은 현재 불황이다)

- Why **are** you in such a hurry to leave?
  (왜 그렇게 서둘러 떠나세요?)

- The new windows **were** out of the rest of the house.
  (새 창문들은 그 집의 다른 부분과 어울리지 않았다)

- **Is** the game over yet? Winter **is** over.
  (경기가 벌써 끝났습니까? 겨울은 지났다)

3. 제2형식 문장의 유형과 예문

2) 상태의 변화를 나타내는 문장

- Hay <u>makes</u> <u>better</u> in small heaps.
  (건초는 너무 쌓아올리지 않는 편이 낫다; 작은 무더기에서 숙성이 더 잘된다)
  cf: He <u>became</u> <u>quite a famous man</u>.
     (그는 아주 유명한 사람이 되었다) ---------<명사형 보어>

- A good daughter <u>makes</u> <u>a good wife[mother]</u>.
  (훌륭한 딸이 훌륭한 아내[어머니] 된다)
  cf: Practice <u>makes</u> <u>perfect</u>. (연습하면 완벽해진다) ------<형용사형 보어>

- She <u>came/became</u> <u>alive</u>. (그녀는 생기가 돌기 시작했다)

- It <u>got/became</u> <u>dark</u> suddenly. (갑자기 날이 어두워졌다)

- She <u>grew/got</u> <u>angry</u> at my words.
  (그녀는 내 말을 듣고 화가 났다)

- We <u>got</u> <u>caught</u> in the rain, and <u>were</u> <u>caught</u> in a fog.
  (우리는 비를 만났고, 안개에 휩싸였다)

- The milk <u>went/turned</u> <u>sour</u>. (그 우유는 시어졌다)

- Last summer suddenly they <u>got</u> <u>married</u>
  [They got married suddenly last summer].
  (지난여름 갑자기 그들은 결혼했다)

- Most leaves <u>turn</u> <u>yellow</u> in fall.
  (가을에는 대부분의 잎이 노랗게 변한다)
  cf: Ice <u>turns</u> <u>into water</u> by heat.
     (얼음은 열을 받으면 물로 변한다)
  ※ turn은 명사보어를 취하면 「turn into~」로 된다.

- The rumor <u>proved</u> <u>false</u>, and everything <u>turned</u> <u>out</u> <u>well</u>.
  (그 소문은 거짓임이 판명되었으며, 만사가 잘 되었다)

(2) 불안정형 제2형식 문장

1) be(/기타 불완전자동사)+불완전 형용사+전치사+명사 형
(과거분사 포함) └ 보완구 ┘

- I am afraid[scared] of snakes.
  (나는 뱀이 무섭다) ※ of snakes : 보완구

- He is afraid of addressing[to address] a foreigner.
  (그는 외국인에게 말을 건넬 용기가 없다)

- She was scared to death of her husband.
  (그녀는 남편을 몸서리치게 두려워하고 있었다)

- He is eager for knowledge. (그는 지식욕에 불타 있다)

- He is hungry for fame. (그는 명성을 갈망한다)

- She felt sad at the talk, but I was glad/pleased at the news.
  (그녀는 그 이야기를 듣고 슬펐으나, 나는 그 소식을 듣고 기뻤다)

- I am/feel sad at her troubles (그녀가 고생하는 것을 보니 난 슬프다)

- He was[got] seriously wounded. (그는 중상을 입었다)

- France is famous for its wine. (프랑스는 자국산 와인으로 유명하다)

- Amy's house is close/near to the school. (에이미의 집은 학교에 가깝다)

- Mr. Brown is interested in starting her own business.
  (브라운 부인은 자기 사업을 시작하고 싶어 한다)

- We are short of gas/fuel. (우리는 (차에) 가솔린/연료가 부족하다)

- He is suspicious of me. (그는 나를 의심하고 있다)

- I am sure/certain of his coming/succeeding.
  (나는 그가 오리라고/성공하리라고 확신한다)

3. 제2형식 문장의 유형과 예문

- I am averse to going[to go] there, but I am not averse to a good dinner. (거기 가는 것은 싫지만, 성찬이라면 싫지는 않다)

- He was very proud of his wife.
  (그는 자기 아내를 매우 자랑스러워했다)

- He is jealous of a winner. I'm jealous of his success.
  (그는 승자를 시기하고 있다. 그의 성공이 부럽다)

- She was short/out of breath. (그녀는 숨이 찼다)

- I'm dying of boredom. Have what's left of the cake.
  (지루해서 죽을 지경이다. 케이크 남은 것 먹어라)

- He was guilty of murder. (그는 살인죄를 범했다)

- I knew I was guilty of neglecting my family.
  (나는 가족을 돌보지 않은 잘못이 있음을 알고 있었다)

- Her voice was devoid of emotion.
  (그녀의 목소리는 감정이 결여되어 있었다)

- Most people are aware of the danger of drinking and driving.
  (대부분의 사람들이 음주 운전의 위험성에 대해 알고 있다)

- The old become/are prone to illness. ※prone 뒤에는 명사·동사
  (노인들은 병에 걸리기 쉽다) ※prone; liable/susceptible도 가능

- I'm satisfied[unsatisfied] with my team's performance.
  (나는 내 팀의 경기성적이 마음에 든다[들지 않는다])

- Spinach is rich in vitamin C, but deficient in chromium.
  (시금치는 비타민 C가 풍부하지만 크롬이 부족하다)

- Grand-mother is slightly hard of hearing.
  (할머니는 약간 난청이시다)

- He is blind of one eye. (그는 한쪽 눈이 멀었다)
  cf: He is blind in the right eye. (그는 오른쪽 눈이 멀었다)

- I am keen on[absorbed/immersed in] swimming.
  (나는 수영에 열중하고 있다)

- Pity is akin to love. (속담: 연민은 사랑에 가깝다)

2) be+형용사+to-부정사 형

- It is likely/unlikely to rain. (비가 올 것/안 올 것 같다)

- He is apt to forget. (그는 잘 잊어버린다)
  cf: They are buttons apt to come off.
      (그것들은 떨어지기 쉬운 단추들이다)

- He is prone to get angry. (그는 화를 잘 낸다; 화내기 쉽다)

- It isn't worth (your) while to go. (그것은 네가 갈 만한 일이 못 된다)

- Mary was scared to tell the truth.
  (메어리는 진실을 말하기가 두려웠다)

- I am sorry to hear it.
  (그건 유감스러운 얘기로군요[그걸 들으니 마음이 안됐네요])

- I am sorry to trouble you but~.
  (수고/심려를 끼쳐 죄송합니다만,~)

- We are all regretful to say that he did not pass the exams.
  (그가 시험에 합격하지 못했다고 말하려니 무척 유감스럽네요)

- I am very glad/pleased to see you again.
  (다시 만나 뵈서 정말 반갑습니다/기쁩니다)

- I will be glad to help you. (기꺼이 도와드리지요)
  cf: I should be glad to know why. (까닭을 듣고 싶군요)

3. 제2형식 문장의 유형과 예문

- He was very disappointed to hear [at hearing] the test result.
  (시험 결과를 듣고 그는 무척 실망했다)

- She is eager to be alone, but she is likely to come.
  (그녀는 매우 혼자 있고 싶어 하지만 아마 (결국) 올 겁니다)

- She is hungry to go abroad. It is apt to be forgotten.
  (그녀는 몹시 해외로 나가고 싶어 한다. 그것은 잊혀지기 쉽다)

3) It is+형용사+that/whether절, 또는 [be+형용사+that절] 형

- It is **natural** that he should be indignant.
  [=It's natural for him to be indignant]
  (그가 분개하는 것도 당연하다)

- It is **doubtful** whether he will come or not.
  (그가 올지 안 올지는 모른다)

- It is **likely** that he will come. (그는 올 겁니다)

- I am **sorry** (that) he has been punished.
  (그가 벌을 받았다니 안됐다)

- I am **glad** (that) you have come. (와 주셔서 기쁩니다)

4) 「to-부정사」를 형용사적 보어처럼 사용한 문형

※ **get/come to be/do** : 「~하게 되다」

- I got/came to know her at that party.
  (그 파티에서 그녀를 알게 **되었다**)

- He has got to be popular with the family lately.
  (그는 최근 가족들의 인기를 **모으게 되었다**)

- How did you come to be working here?
  (어떻게 여기서 **일하게 되셨어요**?)

- We wondered why the story had come to be forgotten.
  (우리는 그 이야기가 왜 **잊혀지게 되었는지** 의아했다)

- I came to think/believe of France as my home.
  (나는 프랑스를 고향/고국처럼 생각하게 되었다)

- Come to think of it, he did seem a little upset.
  (이제사) 생각해 보니 그가 확실히 화가 좀 난 것 같았다)

- There was not a soul to be seen on the street.
  (=Not a soul was to be seen on the street)
  (거리에는 사람 하나 눈에 띄지 않았다)

- She is said to be diligent. The time is yet to come.
  (그녀는 부지런하다고 전해진다. 때는 아직 오지 않았다)

- It's to be deplored that we cannot help him. Much yet remains to be do. (그를 도울 수 없다니 유감/개탄스러운 일이다. 아직 할일이 많이 남았다)

- We were about to leave. As we made to leave, it began to rain.
  (우리는 막 출발하려던 참이었다. 막 떠나려던 참에 비가 오기 시작했다)

- Korean people feel impelled to be seen// as doing not just well but better than others (한국 사람들은 그저 자신만 잘하면 되는 것이 아니라 남들보다 더 나아보여야 한다는 압박감을 느끼고 있다)

5) 명사로 된 보어를 형용사구가 보완하는 문장

- Is there anything of a gentleman here?
  (여기 조금이라도 신사다운 사람이 있나요?)

- This is the 500th anniversary of Columbus's discovery of the New World. (금년은 콜럼버스가 신대륙을 발견한 500주년이다)

3. 제2형식 문장의 유형과 예문

- That is the day of my aunt's visit.
  (그날은 숙모/이모가 찾아오셨던 날이다)

- Jechon is a tiny city with a population of eighty thousand inhabitants.
  (제천은 인구 8만 명의 작은 도시이다)
  ※ 상기 문장은 선행명사를 형용사구로 연속적으로 보완한 경우이다.

- She is an angel of a woman.
  (그녀는 천사 같은 여인[여자 천사 같은 사람]이다)

- She is a woman of great determination.
  (그녀는 결의가 대단한 여자이다)

- The rhinoceros[rhino] is the large heavy thick-skinned animal with either one or two horns on its nose. (코뿔소는 크고 무겁고 피부가 두꺼우며 코 위에 뿔이 하나 또는 두 개 나 있는 동물이다)

- There is still much work to be done.
  (아직도 해야 할 일이 많다)

- I am not much of a dance. (나는 춤은 그다지 잘 추지 못한다; 별로다)

- My uncle is the man in gold-rimmed spectacles.
  (저의 숙부님은 금테 안경을 낀 사람입니다)

6) feel+like(형용사)+명사(또는 동명사/명사절)

- Her hands felt like ice. (그녀의 손은 얼음장 같았다)

- It feels[looks] like rain. (비가 올 것 같다)
  [=It is likely to rain]

- I feel like a cup of coffee. (커피를 한잔 마시고 싶다)

- I felt like crying. (울고 싶은 심정이었다)

- He felt like[=as if] he was a King. (그는 마치 왕이 된 기분이었다)

4. 제3형식 문장의 유형과 예문

서술동사가 주로 동작이나 선호를 나타내고 목적어가 「~을/를」로 해석되기 때문에 한국인에게는 주어 다음에 동사 놓는 것 외에는 가장 명확한 개념으로 다가온다. 그러나 대부분의 국내 참고서들이 오랫동안 이 같은 한국인의 개념 인식에 맞게 단순 명확한 예문(예; I like him 등)을 의주로 설명해 왔기 때문에, 3형식 문장의 사용의 큰 난관인 「~을/를」로 해석이 안 되는 양 언어 간의 불일치(dismatching)에 직면하면 깜짝 놀라고 학습열기가 극도로 위축된다. 게다가 동의어인데도 자·타동사가 따로 있다든가, 같은 동사가 자·타동사가 겸용이 되거나, 뜻으로 보면 분명 자동사 같은데도 타동사로 쓰이거나, 외견상 명사로 알아온 단어가 타동사로 쓰인다든가, 외견상 분명 완전 3형식 문장 같은데 또 다른 보완구를 필요로 하는 등 실제 응용해 보려면 지금까지 대충 쉽게 이해해온 것과는 너무나 딴판인 상황에 직면한다. 따라서 다양한 예문을 중심으로 영어 타동사 사용에 대한 각별한 이해와 연습이 긴요하다.

(1) 한국어와 일치되는 완전 타동사 문장(matching 3형식)

일반적으로 행동성·선호성이 강한 영어의 타동사들은 한국어에서의 「~을/를」이라는 토씨(접사)를 암묵적으로 내포한 목적어를 가지는 경향이 있다. 그리고 제3형식 문장을 수동태로 바꾸면 타동사의 세력이 약화되어 자동사의 뜻이 되고 제2형식 문장으로 전환된다.

4. 제3형식 문장의 유형과 예문

1) 한국어에서의 표현과 완전 일치되는 3형식 문장 : 「~을/를」에 해당
※ 한국어로 목적어의 격조사가 「을/를」로 해석되는 경우

① 명사 · 대명사로 된 목적어

- He loved/liked/hated her. What did you eat/have/take for lunch?
  (그는 **그녀를** 사랑했다/좋아했다/싫어했다. 점심으로 **무엇을** 드셨습니까)

- She wrote/read a poem, and I drew/pointed a picture.
  (그녀는 **시를** 썼고/읽었고, 나는 그림을 그렸다)

- Take the medicine three times a day after meals, but don't take too much. (그 **약을** 하루 3회 식후에 복용하되, 너무 **많은 양을** 들지 마시오)

- Do you remember me? - I shall never forget your kindness.
  (**저를** 기억하시나요? - 저는 **당신의 친절을** 결코 잊지 않을 겁니다)

- He began his lecture with a joke[humorous anecdote]
  그는 농담[우스운 일화]로 **강의를** 시작했다

- I watched/caught television[a movie, a radio program].
  (나는 **텔레비전/영화/라디오를** 보았다/들었다)

- He drived/hammered a nail into the post/pole.
  (그는 기둥에 **못을** 박았다)

- I finished/stopped writing a letter.
  (**편지 쓰는 일을** 끝마쳤다/그만두었다)

- No one can stop my going out.
  (누구도 **내가 나가는 것을** 막지 못하리라)

- He began strumming (on) his guitar.
  (그는 기타를 **서툴게 치기(를)** 시작했다)

② 구·절로 된 목적어

- The little boy wanted to have a toy car.
  (그 꼬마는 **장난감 자동차 갖기를** 원했다)

- Don't forget to attend the meeting.
  (**모임에 참석하는 것을** 잊지 마주세요; 꼭 참석해 주세요)

- Do you remember how to play chess?
  (**체스 두는 법을** 기억하고 있습니까)

- I forgot whether she said August of September.
  (**그녀가 8월이라고 했는지 9월이라고 했는지를** 잊었다)

- I can't remember who mentioned it.
  (**누가 그렇게 말했는지를** 기억할 수 없네)

- Today we go on a safari. I wonder what animals we will see.
  (오늘은 사파리 여행을 가요. 나는 우리가 **어떤 동물들을 보게 될지** 궁금해요)

- He suddenly remembered that he made a promise with her.
  (**그녀와 약속한 것을** 기억했다/약속한 것이 생각났다)

2) 같은 어원(語源)의 명사를 목적어로 취하는 동사

> 서술동사와 같은 어원/내용의 명사를 목적어로 취하는 경우가 있는 것은 한국어에서나 영어에서 비슷한 현상이다.

- He **lived** a quiet life for the rest of his days.
  (그는 여생 동안 조용한 삶을 살았다)

4. 제3형식 문장의 유형과 예문

- I **dreamed** <u>a strange dream</u> last night.
  (나는 어젯밤에 이상한 꿈을 꾸었다)

- He **died** a miserable <u>death</u>.
  (그는 비참한 죽음을 맞았다)

- We **ran** <u>a long race</u>.
  (우리는 장거리 경주를 했다)

- She **sang** <u>the old songs</u> that We delighted to hear as kids.
  (그녀는 우리가 어릴 적 즐겨 들었던 옛 노래들을 불렀다)

- Yeon-Ah Kim **danced** <u>'the dance of death'</u> in a figure skating contest.
  (김연아는 피겨스케이팅 경기대회에서 '죽음의 무도'를 췄다)

- He who **laughs** <u>last laughs</u> longest.
  [= He laughs best who laughs last]
  (최후에 웃는 자가 진짜 웃는 자다)

- She **slept** <u>a sound/heavy/deep/good sleep</u> last night.
  [= She slept like a log last night]
  (그녀는 어젯밤 숙면을 취했다)

- He **smiled** an <u>ironical[a cold] smile</u>.
  (그는 빈정대는 듯한[냉소적인] 웃음을 지었다)

- He **breathed** <u>his last breath</u>.
  (그는 마지막 숨을 거두었다)

- We are going to **wine and dine** them <명사→타동사로 전용>
  (우리는 <u>그들에게</u> 술과 음식을 대접하려고 했다)

(2) 한국어에서의 표현과 일치되지 않는 3형식 문장(dismatching 3형식)

1) 목적어가 「~에(게), ~이/가, ~과, ~에서 등」으로 번역되는 경우
※ 이른바 한국어와는 「격조사(格助詞)」가 일치되지 않는다.

- His speech manuscript **reached** the broadcasting station in time.
  (그의 연설원고는 시간에 맞게 **방송국에** 도달했다)
  cf: (자동사가 쓰이면) The train **arrived** at Seoul Station.

- Blue **suits** you very well. This hat **doesn't fits** me.
  (청색이 **당신에게는** 아주 잘 어울린다. 이 모자는 내게 맞지 않는다)

- Her china-blue eyes **matched/suited** her golden hair and apple-blossom complexion.
  (그녀의 청잣빛 두 눈은 그녀의 **황금빛 머릿결과 사과꽃빛 살결과** 잘 어울렸다)
  cf: The novel **sold** over a million copies. (그 소설은 **100만부나** 넘게 팔렸다)
  (자동사)

- Paper **catches** fire easily. One of the plane's engines **caught** fire.
  (종이는 **불이** 쉽게 붙는다. 비행기 엔진중 하나에 불이 붙었다)

- I **caught** my foot on a table leg and tripped[=tumbled/toppled/fell].
  (나는 **발이** 테이블 다리에 걸려 넘어졌다)

- Her sleeve **caught** the coffee cup and **knocked** it.
  (그녀의 옷소매에 **커피 잔이** 걸려 **그것이** 마루에 떨어졌다)

- I **caught** a cold last night. (나는 간밤에 **감기에** 걸렸다)

- The brothers **resemble** each other in taste.
  (그들 형제는 취미 면에서 **쌍방과** 서로 닮았다)

- Modern buildings are built to **resist** earthquakes.
  (현대의 건물은 **지진에** 견디도록 지어진다)

4. 제3형식 문장의 유형과 예문

- Will you **join** us for/in a game?
  (**우리와 함께** 게임을 하지 않겠습니까)

- He **passed** the exams and **entered** a college this year.
  (그는 금년에 **시험에** 합격하여 **대학에** 입학했다)

- **Thank** you for your letter.
  (편지 주셔서 **당신에게** 감사드립니다)

- I'll **thank** you to shut the door.
  (그 문을 닫아주시면 (**당신에게**) 감사하겠습니다)

- He has a constitution that **resists** disease.
  (그는 **병에** 걸리지 않는 체질을 갖고 있다)

- The metal **resists** acid. She **resembles** her mother in appearance.
  (그 금속은 **산에** 침식 받지 않는다. 그녀는 **어머니와** 외모가 닮았다)

- He **resisted** being arrested. The problem **deserves** solving.
  (그는 **체포되지 않으려고** 저항했다. 그 문제는 풀어볼 만한 가치가 있다))

- She can't **resist** sweets. I can not **resist** laughing.
  (그녀는 **단 과자라면** 사족을 못 쓴다 **웃지 않고는** 못 배기겠다)

- I saw Betty **dating** a guy last night.
  (어젯밤 베티가 어떤 남자하고 데이트하는 걸 봤어)

- They **won/survived** the war, but few building **survived** the fire.
  (그들은 **그 전쟁에서** 승리했고 살아남았으나 건물들은 **화재에서** 잔존하지 못했다)

- She **won** beauty contest/an election. Will/Would you **marry** me?
  (그녀는 **미인대회/선거에서** 우승했다. **저와** 결혼해 주시겠어요?)

- Many people **asked** me about the accident.
  (많은 사람들이 **나에게** 그 사고에 대해 물었다)

- Shall I **ask** him out to tea? (차 마시러 나오라고 **그에게** 요청할까요?)

Part Ⅱ 동사의 종류와 그에 따른 문장패턴

- Are you afraid to **ask** <u>your boss</u> for a raise?
  (임금 인상해 달라고 **사장님께** 요구하기가 두려우신가요?)

- No, I have the guts to **ask** <u>my boss</u>.
  (아니오, 나도 **사장님한테** 말할 용기(배짱)은 있어요)

- The president lucidly/clearly **answered** <u>the reporters' question</u>.
  (대통령께서는 기자들의 **질문에** 명쾌하게 답변하셨다)

- Will you **be attending** <u>the meeting</u>?
  (그 **회의에** 참석하시겠습니까)

- He **ascended** <u>the throne</u> at the age of 13.
  (그는 13세에 **왕위에** 올랐다)

- The judge **sentenced** <u>the thief</u> to five years' imprisonment[death]
  (판사는 그 **도둑에게** 징역 5년[사형]의 판결을 내렸다)

- He **addressed** <u>an audience</u>. (그는 일어나 **청중에게** 연설했다)

- The men **fought** <u>the fire</u> desperately.
  (사람들은 **화재와** 필사적으로 싸웠다)

- He was a good boy and **obeyed** <u>his parents</u> all the time.
  (그는 착한 아이였으며 항상 **부모님 말씀에** 순종했다)

- He **bowed** <u>her</u> into [out of] the room.
  (그는 **그녀에게** 인사(절)을 하고는 방으로[밖으로] 안내했다/배웅했다)

- Have you ever **contacted** <u>the child's parents</u>?
  (당신은 그 애의 **부모님과** 접촉/상의해 보셨습니까)

- For the further information, **contact** <u>our local agent</u>.
  (더 자세한 정보를 얻고 싶으시면 저희 회사의 **지역대리점에** 알아보세요)

- The little match girl **lights** <u>another match[strikes another light]</u>.
  (그 성냥팔이 소녀는 **또 다른 성냥개비에** 불을 붙여요)

4. 제3형식 문장의 유형과 예문

- She **divorced** him after years of unhappiness.
  (그녀는 수년간의 불행한 세월을 보낸 뒤에 **그와** 이혼했다)

  cf: ┌ He **was** divorced from his wife.
  　　└ He **divorced** himself from his wife.

- Could you **water** my (flowering) plants[flower bed/garden]? They are starting to droop.
  (**우리 집 화초[화단]에** 물 좀 주시겠어요? 화초들이 시들시들해지고 있어요)

- The house **commands** a fine[general/panoramic/whole] view of the sea.
  (=The house looks down on~)
  (그 집은 바다 **전경을 한 눈에** 내려다 볼 수 있다)

- The guy in the booth **didn't care** where I'm going.
  (창구 직원은 **내가 어디로 가려는 지에** 대해서는 관심이 없었다)

- If your symptoms persist, **consult[see]** your physician.
  (증상이 계속되면 의사의 진찰을 받으세요)

- He **served** the nation. (그는 **국가에[국가를 위해]** 봉사/복무했다)

- He **addressed** me politely. (그는 나에게 공손히 말을 걸었다)

- We **gained** the summit. (우리는 **정상에** 도달했다)

- It **has begun** to rain. (비(가) **오기(가)** 시작되었다/시작했다)

- She **was beginning** to feel tired/hungry.
  (그녀는 **피곤해지기/시장해지기(가)** 시작했다)

  ※ 상기 두 문장에서 begin은 외견상 타동사이지만, 실질적으로는 자동사로 볼 수도 있으며, 그럴 경우에는 to rain, to feel은 보어(구)로 간주된다. 더 나아가 be beginning to를 아예 be going to 등과 같이 준 조동사 부류로 간주해버리면 실제 사용하기가 쉽다

2) 재귀대명사(my/yourself, him/herself 등)를 목적으로 취하는 타동사

> 영어에서는 동작의 영향이 주어자체에 되돌아오는 식으로 타동사 뒤에 재귀대명사를 씀으로써 외견상 제3형식문장이 되는 경우가 제법 있는데, 이 경우 한국인에게는 의미상 제1형식문장 즉 자동사처럼 해석된다.

- He **overworked** himself on his new job, and fell ill[got sick].
  [= He fell ill from overwork] (그는 새로 맡은 일에 과로하여 병이 났다)

- She **applied** herself to learning French. (그녀는 공부에 전념했다)

- He **ran** himself breathless, and **slept** himself sober.
  (그는 숨이 차게 달리고는 잠을 자서 술기운을 없앴다)

- The river **pours** itself into a lake. (그 강은 호수로 흘러든다)

- I **revenged** myself on/upon him. [I had/took/got revenge on him]
  (나는 그에게 원수를 갚았다[복수했다, 앙갚음을 했다])

- I **can't bring** myself to trust him. (그를 신뢰할 마음이 내키지 않는다)

- We **enjoyed** ourselves at the party. (우리는 그 파티에서 즐거운 시간을 보냈다)

- He **had abandoned** himself to drinking, and **killed** himself last night.
  (그는 술에 빠져 지냈으며 어젯밤에 스스로 목숨을 끊었다[자살했다])

- Many students **absented** themselves because of the heavy snow.
  (많은 학생들이 폭설로 결석했다)
  cf: Many students are absent from school.
     (많은 학생들이 학교에 결석하 있다) ------<형용사로 쓰인 경우>

- History **repeats** itself. (역사는 되풀이된다)

- I'll **revenge** myself on them. (나는 그들에게 복수하겠다)

- He has **perfected** himself in English.
  (그는 영어를 완전히 자기 것으로 만들었다)

- 139 -

4. 제3형식 문장의 유형과 예문

- I won't **inflict** myself on you. (당신에게 폐를 끼치지 않겠소)
- His father **engaged** himself in foreign trade.
  (그의 부친은 무역업에 종사하고 있다)
- He **passed** himself as an American. She **scalded** herself with boiling water. (그는 미국인으로 통했다. 그녀는 끓는 물에 몸을 데었다)
- She **set** herself to finish the work, but **overworked** herself to death.
  (그녀는 그 일을 마치려고 애썼으나, 과로로 죽었다)
- He **divorced** himself from his wife, and **unbosomed** himself to me of all her trouble. (그는 부인과 이혼했는데, 자신의 고민을 모두 내게 털어 놓았다)
- The child **screamed** itself red in the face.
  (그 애는 쇠된 소리로 울어서 얼굴이 새빨개졌다)
- The boy **cried** himself asleep[to sleep]. (그 애는 울다가 잠이 들었다)

(3) 자·타동사 겸용 주요 서술동사

> 영어의 동사는 대부분 자동사와 타동사 기능을 겸해서 수행하는데, 한국어와는 달리 목적어에 토씨(접사)가 붙지 않기 때문에 얼른 분간하기가 어렵다. 다만, 해석할 때는 동사 다음에 오는 명사·대명사 앞에 전치사가 없으면 타동사로, 있으면 자동사로 보면 된다. 한편 같은 내용을 자동사 형식(1형식 문장)으로 표현하느냐, 타동사 형식(3형식문장)으로 표현하느냐는 언어습관, 문장의 길이와 구성내용 등에 따라 다르다.

\<walk\>

- I'm going to walk to the store?
  (나는 가게까지 걸어가려고 한다) --------\<자동사\>
- Her mother walked him to and from school each day.
  (그녀의 어머니는 매일 걸어서 그녀의 등·하교를 도왔다) ------ \<타동사\>

- He walks his dog every morning. ------------ <타동사>
  (그는 매일 아침 개를 산책시킨다)

<begin>

- School begins at eight thirty.
  (수업은 8시 30분에 시작된다) ---------------<자동사>
- I began working here in 2010.
  (나는 2010년에 여기서 일하기 시작했다)---- <타동사>
- The little boy began to cry.
  (그 꼬마 녀석은 울기 시작했다) -------------- <타동사>

<make>

- God made man, and I made him a new suit.
  (하느님이 인류를 만드셨고, 나는 그에게 새 양복 한 벌을 맞춰줬다)----<타동사>
  cf: (수동태일 때는) Wine is made from grapes.(와인은 포도로 만들어진다)

- He made her his wife. -------------------- <타동사> ※wife; 목적격보어
  (그는 그녀를 아내로 삼았다)

- She will make a good wife. --------------<자동사> ※ a good wife; 주격보어
  (그녀는 훌륭한 아내가 될 게다)

- Nails are making in this factory. -------------<자동사>
  (이 공장에서는 못이 제조된다)

- The forest makes up to the snow. --------------------<자동사>
  (숲은 설산(雪山)으로까지 뻗어 있다)

- The tide is making fast. -------------------------------<자동사>
  (조수가 빠르게 밀려들고 있다)

4. 제3형식 문장의 유형과 예문

<고유동사 대신 다의적 타동사를 이용한 3형식문장(예)>

- I had/took a short/quick cold bath. (냉수로 간단히 목욕했다)
  ※ 고유동사: bathe(목욕하다)

- I took[did] a deep breath[breathing]. (심호흡을 했다)
  ※ 고유동사: breathe, inhale/draw

Walk

자 동 사	타 동 사
• The baby is beginning to walk. (어린아이가 걷기 시작한다) • Don't walk (across the road) when the light is amber. (신호등이 황색일 때는 길을 건너지 말라) • I sometimes walk to school, but usually go by bus. (나는 가끔 걸어서 학교에 가지만, 보통 버스로 간다) • I would walk along the riverside. (나는 자주 강변을 따라 산책하곤 했다) • We went walking in the hills. (우리는 인근 야산으로 산책하러 나갔다) • The ghost will walk[haunt] tonight. (오늘밤 유령이 나올 게다) • She walks in sorrow. (그녀는 슬픔으로 나날을 보낸다) • We walked under one[the same] umbrella. (우리는 우산을 같이 쓰고 걸었다)	• The captain walked the deck. (선장은 갑판을 돌아보았다) • He is walking the tight rope. (그는 줄타기를 하고 있다) • I will walk you to the station. (당신을 역까지 바래다 드릴 게요) • He walked his bicycle up a slope. (그는 자전거를 밀고 언덕으로 올랐다) • We walked our horses down to the stream. (우리는 말을 개천으로 몰고 갔다) • He walked his trunk up to the porch. (그는 그 트렁크를 조금씩 움직여 현관까지 끌고 갔다[날랐다]) • We walked the afternoon away along the wharf. (선창가를 거닐며 오후시간을 보냈다) • Don't walk a dog without dressing it in diapers. (기저귀를 채우지 않고 개를 산책시키지 마시오)

Part Ⅱ 동사의 종류와 그에 따른 문장패턴

Pass

자 동 사	타 동 사
• We passed along a street and through a village. (우리는 거리를 따라 마을을 빠져 나갔다) • No passing permitted [Overtaking prohibited]. (추월금지) -------- <도로표지> • How quick time passes! (시간은 참으로 빨리 지나가는구나) • Light passes[travels] faster than sound. (빛은 소리보다 속도가 빠르다) • Harsh words passed between them. (격한 말이 그들 사이에서 오갔다) • Purple passed[turned] into pink. (보랏빛이 핑크빛으로 변했다) • He passed into a deep sleep. (그는 깊은 잠에 빠져 들었다) • The company passed into the hands of stockholders. (회사는 주주의 수중으로 넘어갔다) • Now, let's pass on to the next question. (그럼, 다음 질문으로 옮겨 갑시다) • He passes under the name of Gilbert. (그는 길버트란 이름으로 통하고/행세하고 있다) • The storm passes, and the old customs are passing (폭풍이 지나갔고, 낡은 관습은 없어지고 있다) • He passed away last night. (그 분은 어젯밤 돌아가셨다)	• Turn to the right after passing the post office. (우체국을 지나면 오른쪽으로 돌아가시오) • The ship passed the Strait of Gibraltar. (그 배는 지브롤터 해협을 통과했다) • No angry words passed his lips. (그의 입에서는 성난 말 한마디 나오지 않았다) • Pass the rope through a hole. (밧줄을 구멍에 꿰시오) • I passed my eyes over the account. (계산을 대충 훑어보았다) • I passed the evening watching TV (TV를 보며 저녁시간을 보냈다) • Please pass (me) the salt. (그 소금을 제게 좀 건네주세요) • Please pass the information on to the boss. (이 정보를 보스에게 전해 주시오) • The judge passed sentence of death on the defendant. (판사는 그 피고에게 사형을 선고했다) • The bill passed the House. (그 법안은 의회를 통과했다) • She passed the civil-service examination. (그는 공무원 시험에 합격했다) • Passing[making] water[urine] on the road shall be prohibited. (노상 방뇨는 금지다) ※ 방뇨; urinate, piss/pee

4. 제3형식 문장의 유형과 예문

Open

형용사	타동사
• Throw[fling] the door open. (문을 활짝 열어 젖혀라) • He pulled a door open/shut. (그는 문을 당겨 열었다/닫았다) • All the windows are open. (창문이 모두 열려 있다) • With his mouth wide open, he cried. (그는 입을 크게 벌리고 소리쳤다) • Is the job still open? (그 일자리는 아직 비어 있나?) • I have an hour open on Wednesday. (수요일은 한 시간 틈을 낼 수 있다) • This job is open only to college graduates. (이 직장은 대학졸업자들만이 취업할 수 있다) • He is as open as child. (그는 어린애처럼 천진난만하다) • He was open with us about his plan. (그는 자기 계획을 우리에게 감추지 않았다) • His behavior is open to criticism. (그의 행위는 비난을 면치 못할 게다) • The shop is not open yet. (가게는 아직 열리지 않았다) • Keep the bowels open. (변을 충분히 보아두어라) • The library is open to all. (그 도서관은 모두에게 출입 개방이다)	• Open your mouth wide. (입을 크게 벌리시오) • Open the bottle for her. [=Open her the bottle] (그녀에게 병 마개를 따주시오) • Open your book to/at page 10. (책의 10페이지를 펴시오) • Open out a newspaper and the folding map. (신문과 접힌 지도를 펼치시오) • Open a path through a forest. (산림을 뚫어 길을 내시오) • Open up a mine, and open/clear the ground. (광산을 개발하고 땅을 개간하시오)

Part Ⅱ 동사의 종류와 그에 따른 문장패턴

Open

자 동 사	타 동 사
• Open up!(열어라/열려라) • Several positions are opening to women. (몇몇 자리가 여성에게 개방되었다) • **The door won't open.** (그 문은 아무리해도 열리지 않는다) • The buds were beginning to open. (봉오리가 피기 시작했다) • The wound opened. (상처가 터졌다) • Her room opens upon/on a little garden. (그녀의 방은 작은 뜰을 향해/면해 있다) • The door opens to/into the street. (그 문은 거리로 통한다) • School opens today.(오늘 개학한다) • The market opened strong. (시황은 강세로 시작되었다) • The play opens with a brawl/joke. (그 연극은 말다툼/농담으로 시작된다) • The view opened (out) before our eyes. (경치가 우리 눈앞에 전개되었다) • His heart opens to my words (그는 내 말을 알아들을 만큼 눈이 떠졌다) • The stranger began to open out after he had known us. (그 낯선 사람은 우리를 알고 나서는 터놓고 얘기하기 시작했다) • Ranks open.(대형이 산개한다) • Open to/at page 8.(8페이지를 펴라)	• Open the harbors, and open (up) a country to trade. (항구를 개방하고 타국과 통상을 트시오) • Open (up) a campaign. (캠페인을 시작하시오) • Open fire on/at the enemy. (적을 향해 사격을 개시하시오) • open (out) his plan (그의 계획을 누설하다), open out/up his heart to a person(아무에게 속마음을 털어놓다) • Open his eyes to the fact (그에게 사실을 깨닫게 해주시오) • Open ranks.(대오/대형을 산개하시오) • Open your bowels.(변을 통하게 하시오) [=Keep your bowels open] (형용사)

4. 제3형식 문장의 유형과 예문

Play

자 동 사	타 동 사
• His children <u>are</u> <u>playing about</u> in the yard. (그의 아이들은 마당에서 놀고 있다) • They <u>play</u> (at) hide and seek (그들은 숨바꼭질 놀이를 한다) • **They <u>play at keeping shop</u>.** (그들은 가게 놀이를 한다) • They're <u>playing at being soldiers</u>. (그들은 병정놀이를 하고 있다) • **The sun <u>plays</u> <u>on the water</u>.** (햇빛이 물 위에 반짝이고 있다) • **A butterfly <u>was playing about</u>.** (나비 한 마리가 날아다니고 있다) • The piston rod <u>plays</u> in the cylinder. (피스톤축이 실린더 안을 왔다 갔다 한다) • The fire engines were ready to <u>play</u>. (소방차는 물 뿜을 준비가 되어 있었다) • The machine guns <u>played</u> <u>on the building</u>. (기관총이 그 건물을 향해 발사되었다) • The fountain in the park <u>plays</u> on Sundays. (공원의 분수는 일요일이면 물을 뿜어낸다) • He isn't a man to <u>be played</u> <u>with</u>. (그는 놀림당할 상대가 아니다) • Leaves <u>play</u> <u>in the breeze</u>. (나뭇잎이 산들바람에 가볍게 나부낀다) • The light <u>played</u> strangely <u>over</u> the faces of the actors. (조명이 배우들의 얼굴을 비쳐 기묘한 효과를 냈다) • Her hair <u>played</u> <u>on her shoulders</u>. (그녀의 머리카락이 어깨 위에서 치렁거렸다)	• **We <u>played</u> <u>tennis[cards, a match]</u>.** (우리는 테니스를/카드놀이를/한판 겨루기를 했다) • He <u>played</u> <u>the ball</u> too high. (그는 공을 너무 높이 쳐올렸다) • The coach <u>played</u> <u>Tom</u> at forward[as a pitcher] (코치는 톰을 포워드로[투수로] 기용했다) • <u>Will</u> you <u>play</u> <u>me</u> at chess? (저와 체스 한판 두시겠어요?) • I will <u>play</u> <u>you</u> for drinks. (지면 술 한 잔 사기로 하고 상대하겠습니다) • We <u>played</u> <u>cowboys</u>/house. (우리는 카우보이/소꿉놀이를 했다) • Let's <u>play</u> (that) we are pirates. (해적놀이를 하자) • <u>play</u> <u>Tempest</u>(템페스트를 상연하다), <u>play</u> <u>Hamlet</u>(햄릿 역을 맡아하다) • <u>Play</u> the man/fool(사내답게/바보스럽게 행동해라) • **He <u>played</u> <u>an important part</u> in an international conference?** (국제회의에서 중요한 역할을 맡아하다) • They <u>played</u> <u>New York</u> for a month. (뉴욕에서 한 달 동안 공연했다) • **<u>Play</u> <u>me</u> <u>Chopin</u>[play Chopin for/to me].** (쇼팽의 곡을 들려주시오)

Part Ⅱ 동사의 종류와 그에 따른 문장패턴

Play

자 동 사	타 동 사
• A smile played on her lips. (미소가 그녀의 입가에 감돌았다) • We played against another team. (우리는 다른 팀과 경기했다) • He played for money. (그는 돈 내기를 했다) • He played dead, but she played fair. (그는 죽은 체했으나, 그녀는 정정당당하게 행동했다) • Will you play for us? (저희를 위해 연주해 주시겠습니까?) • What's playing on television tonight? (오늘 저녁 TV에서는 뭐가 방영됩니까) • The movie is playing at several theaters. (그 영화는 몇몇 극장에서 상영되고 있다) • The piano is playing. (피아노가 연주중이다) • She played (on) the piano and he sang. (그녀는 피아노를 치고 그는 노래했다) • He has often played in comedies. (그는 종종 희극에 출연해 왔다) • She played opposite Charles Chaplin in that film. (그녀는 그 영화에서 찰리 채플린의 상대역을 맡아 했다)	• The Rockets are playing the Bulls this weekend. (휴스턴 로키츠가 이번 주말 시카고 불스와 경기를 한다) • She played an overture on the piano. (그녀는 피아노로 서곡을 연주했다) • They played the congregation in[out]. (그들은 주악으로 회중을 마중/배웅했다) • He played them a joke[played a joke on them]. (그는 그들에게 농을 걸었다[장난쳤다, 놀렸다]) • He often plays a [his] hunch. (그는 종종 직감에 의지하여 행동한다) • Play guns on the enemy's line. (적진을 향해 발포하라) • They played the news big on the front page. (그들은 그 소식을 제1면에 크게 다루었다)

4. 제3형식 문장의 유형과 예문

Sell

자 동 사	타 동 사
• The sausage <u>sells</u> well <u>like</u> hot cakes [crazy, mad]. (그 소시지는 날개 돋친 듯 잘 팔린다) • This shirt <u>sells</u> <u>for</u> ten dollars. (이 셔츠는 10달러에 팔리고 있다) • I like the house. Will you <u>sell</u>? (이 집이 마음에 듭니다. 파시겠습니까?) • They <u>sell</u> <u>dear/cheap</u> at that shop. (저 가게에서 물건 값이 싸다) • Sorry, <u>we're sold out of coffee</u>. (미안해요, 커피는 매진됐어요) • The theater/concert <u>is sold out</u>. (극장/음악회 표는 매진되었어요) ※ 수동태 동사구(be+pp)는 자동사로 간주 • We've <u>sold out of your size</u>. (구하시는 사이즈는 다 나갔습니다)	• I <u>sold a used car</u> at a good price[at a profit]. (나는 중고차를 괜찮은 값에 팔았다) • <u>I'll sell it</u> to you for $100 (자네에게는 그것을 100달러에 팔겠네) • Scandal <u>sells</u> <u>newspapers</u>. (스캔들은 신문을 잘 팔리게 한다.) • The car's eco-friendly design should help <u>sell it</u> to consumers. (그 차의 환경친화적 설계는 소비자들의 구매욕구를 자극하는 데 도움이 될 것이다) • He needed <u>to sell the idea</u> to his colleagues. (그는 그 아이디어를 동료들에게 납득시켜야 했다)

(4) 「불안정형」 제3형식 문장

> 외형상으로는 서술동사가 완전타동사인 제3형식 문장이지만, 내용상으로는 [타동사+목적어]만으로는 의미가 불완전하여 그 뒤에 「of+명사」 등 전치사가 이끄는 보완구를 통한 실질적 내용을 더 넣어야 의미가 완전해지는 문장이 있다. 이를 본서에서는 「불안정형 제3형식 문장」이라고 지칭하고 예문을 들어보기로 한다. 지금까지 대부분의 문법서들이 설명의 편의상 안정형 3형식 문장 위주로 예문을 들어왔기 때문에 이러한 불안정형 3형식 문장을 대하면 당황하게 되므로 이에 대한 training이 긴요하다.

- India **made** <u>a clean sweep</u> of all but two of gold medals in the field hockey. (인도는 필드하키에서 단 2개를 제외한 모든 금메달을 싹쓸이했다)

※ "India made a clean sweep(인도는 싹쓸이 했다)"은 외견상 완벽한 제3형식 문장이지만, 무엇을 싹쓸이했는지 실질적 내용이 없다. 다라서 불안정형 문장이므로 실질적 내용이 되는 보완구가 수반되어야 한다. 위 문장에서 of all 이하는 바로 목적어인 clean sweep을 보완해 주는 형용사구 역할을 한다.

- He willfully **took** <u>possession</u> of the lands.
  (그는 자의로 그 땅을 차지했다)

- I **make** <u>a point</u> of taking a walk after breakfast.
  (나는 반드시/으레 아침식사 후에는 산책을 한다)

- I **have not seen** <u>anything/much</u> of Emily lately. ------- much는 수량대명사
  (나는 요즘 에밀리를 전혀/자주 만나지 못했다)

- She **could help** <u>him</u> with the election campaign.
  (그녀는 그가 선거운동 하는 일을 도울 수 있었다)

4. 제3형식 문장의 유형과 예문

- I **had** <u>no thought</u> **of meeting you** here.
  (여기서 당신을 만나리라고는 조금도 예상치 못했다)

- I **had** <u>no thought</u> **of hurting your feelings**.
  (나는 너의 감정을 상하게 하려는 의도는 전혀 없었다)

- She **took** <u>me</u> quite seriously **to task**. (그녀는 나를 꽤 진지하게 질책했다)
  cf: I **was taken** <u>to task</u> for not reporting the problem earlier.<수동태 문장>
      (나는 그 문제를 더 일찍 보고하지 않아 질책 당했다)

- You **should have taken** <u>account</u> **of the other person's view**.
  (당신은 상대방의 의견도 감안했어야 했다)

- He **made** <u>the most (use)</u> **of this opportunity**.
  (그는 이 기회를 최대한 잘 이용했다)
  cf: - He **made** <u>good/bad use</u> **of this opportunity**.
         (그는 이 기회를 선용/악용했다)
      - Travelers **have been taking** <u>advantage</u> **of low-cost airfares**.
         (여행객들은 저렴한 항공요금의 이점/기회를 잘 이용하고 있다)

- You'**ll do** <u>nothing</u> **of the sort**! (그런 것이랑 꿈도 꾸지 말라)

- The company **has placed** a <u>large order</u> for computers.
  (그 회사는 컴퓨터를 대량 주문했다)

- They **took/made/kept** <u>notes</u> **of his speech**.
  (그들은 그의 연설을 필기했다)

- People were beginning to **take** <u>note</u> **of her** talents as a writer.
  (사람들은 그녀의 재능에 주목하기 시작했다)

- I **want** <u>nothing</u> **to do with him**.
  (나는 그와는 상관하고 싶지 않다)

- My private life **has** <u>nothing</u> **to do with you**.
  (내 사생활은 네가 상관할 바가 아니다)

Part Ⅱ 동사의 종류와 그에 따른 문장패턴

- The patients **preferred** the side effect of having erections.
  (환자들은 발기효과가 생기는 부작용을 더 좋아했다)

- The hotel **has** a good command of the lake.
  (그 호텔은 호수를 바라볼 수 있는 좋은 위치에 있다)
  cf: The hotel **commands** a distant view of Mt. Dobong.
  (그 호텔은 멀리 도봉산을 바라볼 수 있는 위치에 있다)

- I've **heard** enough/much of your excuses.
  (나는 당신의 핑계/변명은 많이 들었다)

- The boy **made** a dog's dinner of his bedroom.
  (그 남자아이는 자기 방을 엉망으로 어질러 놓았다)

- He **took** a deep/big breath of fresh air.
  (그는 신선한 공기를 깊이/흠뻑 들이마셨다)

- We **had** a devil of a job opening the door.
  (우리는 그 문을 여는 일에 끔찍이도 애를 먹었다)

- They finally **made** it to the railroad station safely and timely.
  (그들은 드디어 철도역에 무사히 적시에 도착했다)

- She **had** the impudence to **answer** her teacher **back**.
  (그녀는 건방지게도 선생님에게 말대꾸를 했다)

- He **had** almost an impudence to **insult** her.
  (그는 거의 뻔뻔스러울 정도로 그녀를 모욕했다)

- They **took** my story for a lie.
  (그들은 내 얘기를 거짓말이라고 생각했다/여겼다)

- I'll **take** him down a notch or two. (그의 교만한 콧대를 꺾어 주겠다)

- She **hold** her umbrella over my head.
  (그녀는 나에게 우산을 받쳐 주었다)

4. 제3형식 문장의 유형과 예문

- Some (people) **took** <u>part</u> **with me[rooted for me]**.
  (몇 사람은 나에게 편들었다)

- <u>What</u> **did** you **do with all of your old furniture**?
  (원래 있던 가구들은 어떻게 했어?)

- He **accused** <u>me</u> **of his defeat**, and **accused** <u>me</u> **of envy**.
  (그는 자기가 진 게 내 탓이라고 비난했으며, 나를 시기심이 많다고 비난했다)

- This album **reminds** <u>me</u> **of my happy school days**.
  (이 앨범을 보면 행복했던 학창시절이 생각난다)

- They **accused** <u>the man</u> **that he had taken bribes**.
  (그들은 그 사람이 수뢰했다고 비난했다)

  cf:
  - Don't **blame** <u>it</u> on me.
    (그것을 내 탓이라고 비난하지 마라라)
  - I don't **blame** <u>you</u> for hitting him.
    (그를 때렸다고 해서 너를 비난하지는 않는다)
  - <u>Who</u> is to <u>blame</u> for his death?
    (그가 죽은 것은 누구 탓인가?)

- **Are** you **accusing** <u>me</u> **of lying**? (제가 거짓말 했다고 비난하는 겁니까)

- They **accused** <u>him</u> **of theft[being a spy]**.
  (그들은 그를 절도[간첩]혐의로 고발했다)
  cf: <u>He</u> has been accused of murder. -------- <수동태>

- The Al-Assad regime of Syria **is committing** <u>an indiscriminate slaughter of innocent people</u>. (시리아의 알 아사드 정권은 무고한 양민까지 무차별 살육하고 있다)

- The Al-Assad regime **inflicted** <u>the brutal crack down</u> **on anti-government protesters**.
  (알 아사드 정권은 반(反) 정부 시위자들에게 잔혹한 탄압을 가했다)

Part Ⅱ 동사의 종류와 그에 따른 문장패턴

cf:
- He **inflicted/dealt** <u>a blow</u> **on/upon** me.
  (그는 내게 일격을 가했다)
- The judge **inflicted** <u>the death penalty</u> **on** the criminal.
  (판사는 그 범인에게 사형을 선고했다)
- I **won't inflict** <u>myself</u> **on** you today.
  (오늘은 당신에게 폐를 끼치지 않겠소)

- Don't **intrude** <u>yourself</u> **on** her privacy. (그녀의 사생활에 끼어들지 마라)

- A robber **deprived** <u>him</u> **of** his money. (강도가 그에게서 돈을 빼앗았다)
  cf: If the brain **is deprived** <u>of oxygen</u>, it stops working. -------- <수동태>
  (뇌는 산소가 부족하면 기능을 멈춘다)

- His death **bereaved** <u>her</u> **of** all her hope.
  (그의 죽음은 그녀의 모든 희망을 앗아갔다)

- That song always **reminds** <u>me</u> **of** our first date.
  (저 노래를 들으면 언제나 나는 우리의 첫 데이트가 떠오른다)

- The doctor **cured** <u>him</u> **of** his disease. (의사는 그의 병을 고쳤다)
  ※ 수동태: He <u>was cured</u> of his disease.

- Doctors **are treating** <u>him</u> **for** cancer. (의사들은 그의 암을 치료중이다)

- They **made** <u>fun</u> **of** him. (그들은 그를 조롱했다)

- No one **knows** <u>the fact</u> **of** my having seen him.
  (내가 그를 보았다는 사실을 아무도 모른다)

- Who's **taking** good <u>care</u> **of** the dog while you're away?
  (네가 없는 동안 누가 개를 잘 돌봐 주지?)

- I **took[catch/grab]** <u>hold</u> **of** her hand and gently led her away.
  (나는 그녀의 손을 잡고 조심스럽게 데리고 나왔다)
  cf: She struggled to **get** <u>(a) hold</u> **of** her emotions.
  (그녀는 자신의 감정을 통제하려고 안간힘을 썼다)

- I've **got** <u>the bad habit</u> **of** sleeping late. (늦잠 자는 나쁜 버릇이 붙었다)

4. 제3형식 문장의 유형과 예문

(5) 동사가 다른 품사와 결합⇒새로운 의미의 타동사(구) 형성

1) [자동사+전치사] ⇒ 타동사구가 되는 유형

- **look at** : 「살펴보다, 검토하다」

  - You should get the doctor to look at that cut.
    (의사에게 그 상처를 보이는 게 좋겠어요)
  - I haven't had a chance to look at the report.
    (아직 그 보고서를 훑어볼 기회가 없었어요)
  - He wouldn't look at my proposal.
    (그는 나의 제안을 거들떠보려고 하지도 않았다)
  - Wildlife experts are looking at the problem.
    (야생동물 전문가들이 그 문제를 검토하고 있다)
  - We're looking at moving to a new site.
    (우리는 새 부지로 옮기는 것을 검토 중에 있다)

- **look for** : 「~을 찾다」

  - Tom was looking for you earlier.
    (톰이 아까 너 찾았다)
  - The police are still looking for the killer.
    (경찰은 아직도 그 살인자를 찾고 있다)
  - She's looking for a new job.
    (그녀는 새 일자리를 구하고 있다)
  - We're looking for someone with more experience.
    (우리는 경험이 더 많은 사람을 찾고 있어요)

- **look at** : 「~을 비웃다/경멸하다, 경시하다」

  - He <u>laughed at</u> **my proposal**.
    (그는 나의 제안을 <u>일소에 부쳤다</u>)

  - He is the kind of person who <u>laughs at</u> **people** behind their backs.
    (그는 뒤에서 남들을 <u>흉보는</u> 그런 부류의 사람이다)

  - People <u>laugh at</u> the idea of life on Mars, but it's possible.
    (사람들은 화성에 생명체가 있다는 생각을 <u>비웃지만</u>, 그것은 가능한 일이다)

- **send for** : 「~을 데리러/부르러 보내다」

  - We <u>sent for</u> **a doctor** to cure the wounded.
    (우리는 부상자를 치료하도록 의사를 <u>부르러 보냈다</u>)

- **run over** : 「차로 ~을 치다」

  - The truck <u>ran over</u> **a dog**.
    (그 트럭은 개를 <u>치었다</u>)

  - He **was** <u>run over</u> and killed by a bus.
    (그는 버스에 <u>치어 죽었다</u>)

- **call for** : 「~을 (강력히) 요구/호소하다」

  - The opposition have <u>called for</u> an immediate inquiry into the behavior of the police.
    (야당은 경찰의 행위에 대해 즉각적인 조사를 행할 것을 요구했다)

  - Protesters are calling for an immediate end to the war.
    (시위대는 즉각적인 종전을 <u>요구하고 있다</u>)

4. 제3형식 문장의 유형과 예문

- **abide by : 「~을 따르다/지키다」**

  - <u>abide by</u> **your promise**, and <u>abide by</u> **the event**.
    (자신이 한 약속을 지키고, 일의 되어 감을 <u>따르라</u>)
  - You have to <u>abide by</u> **the referee's decision**.
    (심판에 결정에 <u>따라야 한다</u>)

- **bark at : 「~에게 짖어대다」**

  - A dog <u>barked/snarled at</u> **the beggar/stranger**.
    (개가 거지에게[낯선 사람에게] <u>짖어댔다/으르렁거렸다</u>)
  - <u>Don't bark at/against</u> the moon.
    (공연히 <u>떠들지 마라</u>)

- **go over : 「(재)검토하다, 조사/복습하다」**

  - The prospective buyer <u>went over</u> **the house** very carefully.
    (집 사러 온 사람은 그 집을 신중하게 <u>조사했다</u>)
  - <u>go over</u> **the notes** before the exam.
    (시험 전에 노트를 <u>다시 보아라[복습해라]</u>)
  - We <u>can go over</u> **the papers** at one of the big tables there in the staff lunch room.
    (거기 직원 구내식당의 큰 테이블에서 서류를 <u>검토할 수 있을 거예요</u>)

- **look after : 「~을 돌보다/보살피다, 감독하다」**

  - <u>Look after</u> **young people**.
    (젊은이의 뒤를 <u>돌봐주어라</u>)
  - <u>Look after</u> **yourself**.
    (<u>잘 있어요</u>[헤어질 때의 인사])

- Don't look after your own interests.
  (자기 이익에 집착하지 말라)

- **wait for** : 「~을 기다리다, 준비가 되어 있다」

  - Time and tide wait for no man.
    (세월은 그 누구도 기다려 주지 않는다)
  - Dinner is waiting for us.
    (저녁식사가 준비되어 있다)
    cf: Don't wait dinner for me.
       (나 때문에 식사를 늦추지 말라)

- **wait on** : 「~을 돌보다, ~의 시중을 들다」

  - She waited on her children hand and foot.
    (그녀는 아이들을 정성껏 돌보았다[시중들었다])
  - (점원이 손님에게) Are you waited on?
    (저희 점원 누군가에게 주문하셨습니까?)
    (= 주문 안내 서비스를 받으셨습니까)

2) [타동사+명사+전치사] ⇒ 타동사구가 되는 유형
※ 앞에서 살펴본 불안정형 제3형식 문장이 이에 해당

- take care of : 「~을 돌보다, 챙기다」

  - We will take care of you when you are old.
    (당신이 연로하게 되면 우리가 당신을 돌보겠어요)
  - She asked her secretary to take care of the travel arrangements.
    (그녀는 비서에게 출장/여행 준비를 챙기도록 요청했다)

4. 제3형식 문장의 유형과 예문

- **find fault with** : 「~에 대해 흠을 잡다[불평하다]」

  - He always <u>finds fault with</u> **the way** I do things.
    (그는 언제나 내가 일 처리하는 방식에 대해 <u>흠을 잡는다</u>)
  - She<u>'s</u> always <u>finding fault with</u> **my work**!
    (그녀는 언제나 내 일에 매번 <u>트집을 잡는다</u>니까!)

- **make use of ~** : 「~을 이용하다」

  - He <u>made good use of</u> **his time** there by learning the language.
    (그는 언어를 공부함으로써 그곳에서의 시간을 <u>잘 이용했다</u>)

- **take (full) advantage of ~** : 「~의 이점을 최대로 활용하다」

  - You <u>should take advantage of</u> **the fine weather** to paint the fence.
    (울타리에 페인트칠을 하려면 이 개인 날씨의 이점을 **(잘) 활용해야** 한다)
    cf: You <u>have the advantage of</u> **me**.
       (당신은 나보다 더 유리하다[더 낫다, 장점이 많다])

- **catch[get, lay, seize, take, grab] hold of~** : 「~을 잡다/쥐다, ~을 붙들다,
                                                           파악하다/이해하다, 장악하다/손에 넣다」

  - I <u>caught/got hold of</u> **it** in both hands and lifted it onto the table.
    (나는 그것을 양손으로 꽉 <u>쥐고는</u> 탁자 위로 들어올렸다)

    cf: ┌ He <u>lost hold of</u> **the rope**. (그는 로프를 손에서 <u>놓쳤다</u>)
        └ I <u>lost sight of</u> **her**. (그녀를 시야에서 놓쳤다)

- take/had charge of ~ : 「~의 책임을 떠맡다」

    - She <u>took charge of</u> **the family business** when his father died.
    (그녀는 부친이 사망하자 가족기업의 경영<u>책임을 떠맡았다</u>)

    cf:
    ┌ He **is** <u>in charge of</u> **our class**.
    │ (그는 우리 반 담임이다; 우리 반의 관리를 책임지고 있다)
    ├ Who is **the officer** <u>in charge</u>(OIC) here?
    │ (이곳의 책임장교[담당간부, 담당관]는 누구요?)
    └ They **make** <u>a charge for</u> **admission**.
      (그들은 입장료를 받는다.)

- get rid of ~ : 「~을 버리다/치우다, 처분하다, 없애다/내쫓다」

    - I <u>get rid of</u> all those old toys.
    (나는 그 낡은 장난감들을 모두 **버렸다**)

    - I can't <u>get rid of</u> this cough.
    (이 놈의 감기가 **떨어지지** 않네)

    - We couldn't <u>get rid of</u> him. (우리는 그를 내쫓을 수 없었다)

3) [동사+(부사)+(전치사)] ⇒ 타동사(또는 자동사)가 되는 유형

- catch up with : 「뒤따라가 잡다, 따라가 같은 수준에 서다」

    - I ran to <u>catch up with</u> me.
    (나는 그를 <u>따라 잡으려고</u> 뛰어갔다)

    - At the moment our technology is more advanced than theirs, (but) they <u>are catching up with</u> us fast.
    (우리의 기술이 그들의 것보다 더 발전할 때마다 그들은 우리를 재빨리 <u>추격해 오고 있다</u>)

4. 제3형식 문장의 유형과 예문

- **look up to** :「존경하다/우러러보다, 올려다보다, 감탄하다」

    - They looked up to **their teacher**.
      (그들은 선생님을 존경했다)
      cf: I looked the word up in the dictionary.
          (나는 사전에서 그 단어를 찾아봤다)

- **look forward to** :「~을 기대하다, 기다리다」

    - We look forward to **your early and favorable reply**.
      (우리는 귀사로부터 조속하고 긍정적인 회답이 있을 것을 기대합니다)

    - We are looking forward with interest to **hearing from you**.
      (우리는 당신으로부터 소식이 있을 것을 흥미를 갖고 기대하고/기다리고 있습니다)

    ※ look forward to : to 다음에는 명사·동명사 또는 명사절은 둘 수 있으나, 동사는 둘 수 없다.

- **look down on/upon** :「~을 낮게 평가하다, 낮추어 보다, 경멸하다, 하찮게 여기다, ~에 냉담하다」

    - Don't rashly look down on **others' accomplishment**.
      (남의 업적을 분별없이 낮추어 보지 말라)

    - **put up with** :「~를 참고 견디다」

    - I can't put up with **your rudeness** any more.
      (나는 당신의 무례를 더 이상 참고 견딜 수 없다)

    - I don't know how she puts up with **him**.
      (나는 그녀가 그를 어떻게 참아내는지 모르겠다)

    - We have **a lot** to put up with.
      (우리에게는 참아야[견뎌야] 할 것이 많다)

Part Ⅱ 동사의 종류와 그에 따른 문장패턴

- **call at, call on** :「~를 방문하다」(at는 집, on은 사람을)

  - Do you think we should call at Bob's while in London?
    (우리가 런던에 있는 동안 Bob의 집을 방문해야 한다고 생각하십니까?)
  - Did he call on you on Sunday?
    (그는 일요일에 당신을 방문했던가요?)
  - We called on a friend at his house.
    (우리는 친구를 그의 집으로 방문했다)

- **call by at/on** :「~를 잠시 들르다」(at는 집/사무실, on은 사람을)

  - I called by at a friend's on the way to the station.
    (역에 가는 길에 친구 집에 잠시 들렀다)

- **call on/upon a person for/to~** :「누구에게 ~를 요청하다」

  - We called on/upon him for a song. ---------------- for 뒤에는 명사
    (우리는 그에게 노래를 한 곡조 부탁했다)
  - He called on me to make a speech. ------------- to 뒤에는 동사원형
    (그는 나에게 연설을 부탁했다)
  - He was called upon to make a speech.
    (그는 연설을 해달라는 요청을 받았다)

- **call for** :「~을 요구하다/필요로 하다, ~를 부르러/모시러 가다」

  - This calls for prompt action. (이것은 신속한 행동/조치를 필요로 한다)
  - I'll call for you a little before ten. (10시 조금 전에 모시러 갈게요)
  - The police officer called for help.
    (경찰관이 도움을 요청했다)

4. 제3형식 문장의 유형과 예문

- **call in** : (의사·경찰 등을) 부르다/불러들이다, 조언/원조를 구하다, 철수/회수/철회하다, ~에 (잠깐) 들르다[=call/drop by] (on/at), (배가) 일시 정박하다(at)

  - <u>Call in</u> a doctor[the police].
    (의사를/경찰을 <u>부르시오</u>)

  - We <u>called in</u> professional advice.
    (우리는 전문적 자문을 구했다)

- **get off, get out of ~** : 「~에서 내리다, ~에 들어가지 않다, ~을 떠나다/그만두다」

  ※ ┌ off; 주로 비행기, 열차, 버스, 여객선 등에서 내리다
  　└ out of; 주로 승용차/택시, 보트 등에서 내리다

  - <u>Get off</u> at the next station. (다음 정거장에서 <u>내리시오</u>)

  - What station <u>did</u> you <u>get off</u> **the subway** at?
    (어느 역에서 지하철을 <u>내렸습니까</u>)

  - The men <u>got out of</u> **the car**.
    (남자들은 차에서 <u>내렸다</u>)

  - We <u>got off</u> before daybreak.
    (우리는 날이 새기 전에 <u>떠났다</u>)

  - Let's <u>get off</u> **that topic**. (그 얘기는 <u>그만둡시다</u>)

  - He <u>got off</u> **work** early.
    (그는 회사를/직장을 일찍 <u>그만두었다</u>)

  - <u>Get</u> **your children** <u>off</u> to school early.
    (아이들은 일찍 학교로 <u>떠나보내시오</u>)

- **drop in on/at, drop by/around/round** : 「~에 들르다」

  ※ drop in on은 특정인에게, at는 특정장소에 들르다

  - Jane <u>dropped in on</u> me after supper.
    (저녁식사 후에 제인이 <u>내게 들렸다</u>)

  - We <u>dropped by at</u> his office. ※ drop by는 불시에 들르다
    (우리는 그의 사무실에 <u>우연히/불시에 들렀다</u>)

  - <u>Drop in</u> and see us when you're next in London.
    (런던 부근에 오거든 <u>우리한테 들러서</u> 만나도록 하세요)

  - He often <u>drops in on</u> me [<u>at</u> my house].
    (그는 자주 내게[우리 집에] 들른다)

  - Let's <u>drop in at</u> Tom's.
    (잠시 톰이 있는 데(집/사무실)를 찾아가 보라)

  - He <u>dropped by[=around]</u> to say hello.
    (그는 인사하려고 불쑥 들렀다)

4) 기타 관용적 표현 시 : 동사 + 부사 + (전치사)

- **drop off** : 「(손잡이 등이) 떨어져 나가다/빠지다, 깜빡 잠이 들다/졸다, (차에서 짐·사람 등을) 내려주다, (관심·실적 등이) 줄어들다」

  - She <u>dropped off</u> to sleep.
    (그녀는 깜빡 잠이 <u>들었다</u>)

  - <u>Drop</u> me <u>(off)</u> at the next corner.
    (다음 모퉁이에서 나를 <u>내려 주시오</u>)

  - Sales <u>have dropped off</u> this winter.
    (이번 겨울에는 매출이 크게 <u>감소했다</u>)

4. 제3형식 문장의 유형과 예문

- Our boat started the race well, but soon dropped off/away from/behind the others.
  (우리 보트는 출발은 잘했으나 곧 다른 배들에게 뒤쳐졌다)

- Interest in the new movie soon dropped off.
  (그 신작영화에 대한 관심은 곧 식었다)

- He dropped out in his freshman/sophomore)
  (그는 대학 1/2학년에서 중퇴했다)

- **call out** :「큰 소리로 부르다/말하다/외치다」,「(군대 등을) 출동시키다),(예비역 등을) 소집하다」,「(파업에) 몰아넣다/돌입하다」,「(상대에게) 도전하다, (결투를) 신청하다」

  - Just call out **the answer** if you know it.
    (정답을 알면 크게 말하시오)

  - The on-scene-commander called out **the army**[his men] to restore order. (현장 지휘관은 질서 회복을 위해 군대를 출동시켰다)

  - The labor union called out **on strike**.
    (노동조합은 파업에 돌입했다)

- call up : 「전화 걸다, ~을 상기시키다, 소집/동원하다, (호령 따위를) 불러내다, (잠든 사람을) 깨우다, (컴퓨터 화면에) 나타나게 하다」

  - I'll call you up this evening.
    (오늘 저녁 전화할게)

  - The tomb called up my sorrows afresh.
    (무덤을 보니 슬픔이 새로워졌다)

  - This song called up memories of my childhood.
    (이 노래는 나의 어린 시절에 대한 기억을 일깨운다)

  - Several reserve units were called up.
    (몇몇 예비대가 소집되었다)

  - He called up the full text.
    (그는 전문(全文)을 컴퓨터 화면에 불러냈다[나타나게 했다])

  - The magician says he can call up the spirits of the dead.
    (그 마법사는 말하기를 자신은 죽은 자의 혼령을 불러올 수 있다고 한다)

- call off : 「(약속/계획을) 취소하다/중지하다, (사람/동물을) 불러서 딴 데로 가게 하다, (이름 따위를) 차례로 부르다」

  - The foot ball match was called off because of heavy snow.
    (그 축구시합은 폭설 때문에 취소되었다)

  - Have the fire fighters called off their strike?
    (소방관들이 파업을 중단했습니까)

  - Please call off your dog—it's attacking me.
    (개 좀 쫓아주시오. 개가 저를 공격하고 있어요!)

4. 제3형식 문장의 유형과 예문

- **trot along behind/after** : 「총총걸음으로 뒤따라가다」

  - A little boy <u>was trotting along behind/after</u> her mother.
    (꼬마 소년이 자기 어머니를 총총걸음으로 뒤따라가고 있었다)

- **catch up with** : 뒤지지 않고 따라가다/따라잡다

  - Go on ahead. I'll soon <u>catch up</u> (<u>with</u> you).
    (앞서 가요. 곧 따라잡을 테니)

  - I can't <u>catch up with</u> fast increase in the cost of living.
    (빠르게 치솟는 생활비를 따라갈 수가 없네)

동사구의 유형(요약)	
유 형	대 표 적 " 예 "
자/타동사 + 전치사	• look at(~을 바라보다, 살펴보다) • look for(~을 찾다, 구하다) • put off(~을 연기하다, 변명 따위로 넘어가게 하다)
타동사+명사+전치사	• take care of (~을 돌보다) • make use of (~을 이용하다)
자/타동사+부사+전치사	• catch/come up with (~을 따라잡다) • come up with (~을 공급하다/제안하다) • look forward to (~을 기대하다, 기다리다) • put up at(~에 숙박하다/숙박시키다)

5. 제4형식 문장의 유형과 예문

제4형식 문장이란 완전타동사인 서술동사의 영향대상이 되는 목적어가 2개 있고, 이들 간의 배열순서가 「~에/에게」→「~을/를」 순으로 이루어진 문장을 일컫는다. 문법적인 표현으로는 앞의 목적어를 「간접목적어(제3격)」라 하고 뒤의 목적어를 「직접목적어(제4격)」라고 지칭하는데, 간접목적어는 직접목적어의 궁극적 영향(혜택 또는 손해)이 미치는 수혜자/수용자의 성격이 있다.

한국어에서는 이들 목적어 앞에 「~에/에게」나 「~을/를」이라는 토씨(접사)가 붙으므로 금방 식별이 되며 이들 2개 목적어가 서로 순서를 바꾸어도 혼란이 없다. 그러나 영어에서는 이들 2개 목적어가 원래의 순서(간접목적어·직접목적어)대로 있으면 전치사가 필요 없지만, 서로 순서를 바꾸어(직접목적어·간접목적어) 문형을 달리하면(제4형식→제3형식) 뒤에 오게 되는 목적어(본래의 간접목적어)에는 전치사를 붙여야 한다.

여기에 붙이는 전치사는 한국어에서처럼 「~에/에게」에 해당되는 「to」를 붙이는 게 일반적이지만, 해당 서술동사나 목적어의 특성에 따라 「to」 대신에 「for」나 「of」 (드물게는 from)를 붙여야 할 경우도 있다.

한편 제5형식 문장에서도 서술동사 다음에 오는 구성요소가 「대명사(또는 명사)+명사」로 배열되므로 제4형식 문장과 외형이 같다. 그러나 제4형식 문장에서 서술동사 다음의 두 번째 명사(직접목적어)는 주어의 직접적 영향을 받는 「주어⇒직접목적어」 관계인데 비해, 5형식의 두번째 명사는 첫번째 명사·대명사(목적어)의 성격 또는 그것의 이루어진 결과인 「목적어⇒목적격보어」 관계라는 점에서 근본적으로 차이가 있다. 그리고 직접목적어는 약간의 전치(또는 후치) 한정수식을 가할 수 있으나, 간접목적어에는 혼란을 피하기 위해 관사 외 다른 전치 한정수식을 가하지 않는 게 일반적 원칙이다. 또한 직접목적어는 명사·형용사 외에도 동상당어구(구·절), 그리고 때로는 부사 및 부사구가 될 수도 있다.

한편, 직접 목적어 자리에 대명사(It 포함)는 잘 쓰지 않는다(이유: 대명사가 2개여서 간접목적어와 직접목적어를 얼른 식별키 어렵게 되므로).

5. 제4형식 문장의 유형과 예문

(1) 제4형식 문장에 사용되는 수여성/전달성 동사와 예문

> 영어의 완전타동사들 중에는 give, offer, fetch, get, lend, pass/reach, send, tell 등과 같이 해당 단어의 기본의미 자체에 「~에게 ~를 해주다」식의 의미를 뚜렷하게 나타내고 있는 동사들이 있는가 하면, 얼핏 보아서는 그런 뚜렷한 기본적 의미가 없지만 파생적인 의미에 다소 그런 뜻이 있거나, 아니면 그런 뚜렷한 수여성이 없는데도 화자(話者)가 의도적으로 특정 동사를 수여성/전달성 동사로 삼아 임의로 4형식문장이 되게 사용하기도 한다. 실제 현대영어에서 4형식문장의 서술동사로 자주 쓰인 타동사들과 그 예문을 예거해 보기로 하자.

1) 현대 영어에서 자주 쓰이는 수여성/전달성 완전타동사들

> give, fetch(갖다주다, 불러오다), offer, make, buy, lend, pass/reach, hand, ask, tell, show, read, write, send, bring, mail/post, leave(남겨두다), choose, get, save, award, order, wish, envy, forgive, owe(빚/신세 지다), take, promise, bake(빵 구워주다), play(연주해 주다), sing(노래해 주다), do(해주다, 베풀다), fill/pour(술 따라주다), feed(먹이다), prepare (만들어 주다), call(택시·의사를 불러주다), assign(일 등을 할당해 주다), cost(비용이 들게 하다), fine(벌금을 부과하다), bring(초래하다) 등

2) 수여성/전달성이 뚜렷한 타동사에 의한 제4형식 문장

- I'm afraid we **can't** offer <u>you a high salary</u>.
  (안 됐지만, 당신에게 (지금보다) 더 높은 급여를 드릴 수는 없어요)
  [3형식: I'm afraid we can't offer a higher salary <u>to you</u>)

Part Ⅱ 동사의 종류와 그에 따른 문장패턴

- **Will** you **pass/reach/hand** me (over) the salt/sugar?
  (저에게 그 소금/설탕 좀 건네주시겠습니까)
  [3형식: Will you pass/reach the salt/sugar for me]

- I'll **get/fetch/take** you some fresh water[something to drink].
  (시원한 물[마실 거 뭐] 좀 갖다 드릴게요)
  cf: He **took** her some flowers.
  (그는 그녀에게 꽃을 가져다주었다)
  [3형식: Fetch my umbrella to/for me]
      (내 우산을 갖다 주시오)
  [3형식: She got a camera for me]
      (그녀는 내게 카메라를 갖다 줬다)

- **Bring** me the book. (그 책을 가져다주시오)
  [3형식: Bring the book to me]

- This work **brought** me 10 dollars.
  (이 일은 내게 10달러를 벌게 해주었다)

- He **gave** me a book. **Can** you **give** me a ride/lift?
  (그는 나에게 책을 주었다) (태워주실 수 있겠습니까)
  [3형식: He gave a book to me] [Can you give a ride/lift to me?]

- She **gave** me the cold shoulder on the street.
  (그녀는 길에서 나를 못 본 채했다)
  [=She **cut** me cold] ----- <제5형식 문장>

- I **made/gave** her a promise.
  (나는 그녀에게 한 가지 약속을 했다)
  [3형식: I made/gave a promise to her]

5. 제4형식 문장의 유형과 예문

- Aunt **fed** me apples and cookies.
  (숙모님은 나에게 사과와 쿠키를 먹여 주셨다)

    cf ┌ **Feed** the chicken this grain.
       │   (이 곡식을 닭에게 주어라)
       └ Farmers **feed** their horses with/on oats.
         (농부들은 말에게 귀리를 먹인다)

  [3형식: Farmers feed oats to their horses]

- Kelly **assigned** me all of this work to get done by Friday.
  (켈리가 내게 금요일까지 이 일을 모두 끝내라고 과업을 줬어)

  cf: He **assigned** us the best room of the hotel.
      (그는 우리에게 그 호텔의 제일 좋은 방을 배당해 주었다)

    cf ┌ The president himself assigned me to this job.
       │   (사장 자신이 나를 이 일에 임명했다) ------------ <3형식>
       └ He assigned me to watch the house.
         (그는 나에게 그 집을 지키도록 명했다) ---------- <5형식>

  [3형식: I assigned work to each man]
         (나는 내 일을 각자에게 할당했다)

- **Call** me a taxi.
  (택시를 불러 주시오)
  [3형식: call a taxi for me]
  cf: What do you call this stone? - We call it granite. ------ <5형식>
      (이 돌을 무엇이라고 부릅니까/합니까 - 화강암이라고 합니다)

- The transaction **afforded** him a good profit.
  (그 장사로 그는 큰 이득을 봤다)
  cf: The transaction afforded a good profit to him. ------ <3형식>

- I **bought** my kids new coats. (나는 아이들에게 새 코트들을 사주었다)
  cf: Can I **buy** you a drink? ------------------------------ <4형식>
  (내가 너에게 한 잔 살까?)
  cf: We treated Mom to lunch at the Ritz. ---------------- <3형식>
  (우리는 리츠에서 엄마에게 점심을 대접했다)
  [3형식: I've bought new coats for the kids]

- The businessman **left** his wife $10,000 by/in his will.
  (그 사업가는 유언으로 부인에게 1만 달러를 남겼다)
  cf: Uncle Gene **left** us his house. ---------------------- <4형식>
  (진 숙부님은 우리에게 자기 집을 남겨 주셨다)
  [He had left all his money to charity in his will.
  (그는 유언으로 자신의 모든 돈을 자선단체에 남겼었다)

- I'll have the chef **prepare** you something else.
  (주방장에게 다른 요리를 만들어 드리라고 하겠습니다)
  cf: My aunt **prepared** us a good supper.
  (숙모님은 우리들에게 맛있는 저녁을 차려 주셨다)
  [3형식: They prepared a surprise party for his birthday]
  (그들은 그의 생일을 위해 깜짝 파티를 준비했다)

- He **poured/filled** me a glass of beer.
  (그는 나에게 맥주 한 잔을 따라/가득 채워 주었다)
  cf: ─ [He filled a glass for me]
  (3형식) │ (그는 나에게 한 잔을 따라/채워 주었다)
  └ [Can you fill this bucket for me?]
  (이 양동이 좀 채워줄래요?)

5. 제4형식 문장의 유형과 예문

- He **struck/gave** his opponent a tremendous blow on the jaw.
  (그는 상대선수의 턱에 엄청난 일격을 가했다)
  [3형식: He struck/gave a tremendous blow to his opponent on the jaw]
  cf: The rain struck hard against the window. ------------------ <1형식>
   (비가 창을/창에 세차게 때렸다/부딪쳤다)

- I **asked** him a question.
  (나는 그에게 질문을 했다)
  cf: He **asks** me five dollars for it.
   (그는 나에게 그것에 대해 5달러를 청구/요구하고 있다)
  [3형식: I asked a question of him](나는 그에게 질문을 했다)

- I wish to **ask** you a favor. [=My I **ask** you a favor?]
  (부탁하나 드리고 싶어요)
  [3형식: I wish to ask a favor of you. [=May I **ask** a favor of you?]
  [3형식: I want to ask nothing of you]
   (나는 당신에게는 아무것도 부탁하지 않겠다)

  cf: ┌ I **asked** him how to open the box.
  (구·절 │ (나는 그에게 어떻게 그 상자를 열 수 있는지를 물었다)
  직접목 │
  적어) └ **Ask** him whether/if he knows it.
     (그에게 그걸 알고 있는지 물어 보아라)

- The police **showed** me the way to the Seoul City Office.
  (경찰은 나에게 서울시청으로 가는 길을 가리켜 주었다)
  cf: **Would/Could/Will** you **show** me the way to the Seoul Railroad Station? (서울철도역 가는 길을 좀 가리켜 주시겠습니까)
  cf: She **showed** me where the bank was.
   (그녀는 은행이 있는 곳을 나에게 가리켜 주었다)
  [3형식: She showed the hall to the room for me]
   (그녀는 나에게 그 방으로 가는 복도를 가리켜 주었다)

Part Ⅱ 동사의 종류와 그에 따른 문장패턴

- The clock **tells** us the time, and a man's face **tells** us a great deal about his character?
  (시계는 우리들에게 시간을 알려주고, 사람의 얼굴은 우리들에게 자신의 성격에 관해 많은 것을 말해준다)
  cf: He **told** us his adventure.
      (그는 우리에게 그의 고험담을 얘기해 주었다)
  [3형식: He told his adventure to us]
  cf: (직접목적어가 명사절일 때) I **can't tell** you how happy I am.
      (내가 얼마나 행복한지 말씀드리지 못할 정도예요)
  cf: I am told (that) you were ill/sick. ----------------- <수동태; 3형식>
      (편찮으시다고 들었습니다만)

- Mr. John **lent** me some money, and I soon **paid** him the money.
  (존 군(君)이 내게 약간의 돈을 빌려 주었으며, 나는 곧 그에게 그 돈을 갚았다)
  [3형식: She lent some money to me at five-percent interest]
  (그녀는 나에게 약간의 돈을 5%의 이자로 빌려주었다)

- Professor Ahn **taught** us English grammar (in) last semester.
  (안 교수님은 지난 학기 우리들에게 영문법을 가르치셨다)
  [3형식: He taught English grammar to us]

- She **wrote/mailed** me a letter yesterday.
  (어제 그녀는 나에게 편지를 한 통 (써) 보내왔다)
  cf: She **mailed** me a parcel.
      (그녀는 나에게 소포를 우송했다)

  cf: ┌ She mailed a parcel to me.
  (3형식)   └ She wrote a letter to me yesterday.

5. 제4형식 문장의 유형과 예문

- My father **sent** us a car. The car **saved** us a lot of time and trouble when we moved to the new lodging house. After that, Tom abruptly said to me, "**Won't** you **sell** me your car?"
  (아버지께서는 우리에게 차를 한 대 보내 주셨는데, 그 차는 새 하숙집으로 이사할 때 우리에게 많은 시간과 수고를 덜어 주었다. 그 후 톰이 불쑥 내게 말했다. "그 차를 나한테 팔지 않을래?")
  cf: Please **save** me some of the cake.
    (나에게 케이크를 좀 남겨 주시오)
  [3형식: She sent flowers to me]
    (그녀는 나에게 꽃을 보내 왔다)

3) 수여성/전달성이 미약한 타동사에 의한 제4형식 문장

- I **envy** him (his) going abroad. ------------------ <동명사가 직접목적어>
  (나는 그의 외국행을 부러워한다)
  cf: He **envied** me my success and good fortune.
    (그는 나의 성공과 행운을 부러워했다)
  [2,3형식: He envied(=was envious of] my success and good fortune]

- She still **owes** the grocery 50 dollars, and (owes) the bank more than 2,000 dollars. (그녀는 아직도 식료품점에 50달러의 외상과 은행에 2,000달러가 넘는 빚을 지고 있다)
  [3형식: She owes lots of money to the bank]
    (그녀는 은행의 많은 돈을 빚져 있다)

- He **forgave** her the awful thing she said about him.
  (그는 그녀가 자신에 관해 지껄여댄 지독한/불유쾌한 일을 용서해 주었다)
  cf: She lied to me, and I can't forgive her for that)
    (그녀는 내게 거짓말을 했고, 나는 그 점에 대해서 그녀를 용서할 수 없다)

Part Ⅱ 동사의 종류와 그에 따른 문장패턴

- If you should fail to company with these orders the court **will fine** you $5,000.
  (이 명령에 따르지 않으면 법정은 당신에게 5,000달러의 벌금을 부과할 것이오)

- The nurses all came out to **wave** grandpa good-bye.
  (간호사들이 모두 나와서 할아버지에게 손을 흔들어 작별인사를 했다)
  cf: Are you coming to the station to **wave** me off? ------------ <5형식>
    (나 배웅하러 역에 나올 거야?)

- Can you send it to me in care of my mother? I **will text** you her address. (그걸 우리 어머니 집으로 보내줄래? 주소를 문자로 보낼게)

- The house **cost** him a great deal of money.
  (저 집은 그에게 엄청나게 많은 돈이 들게 했다)   ※cost: 현재, 과거/과거분사 동형
   [=그는 저 집에 매우 많은 돈이 들었다]
  cf: It **cost** us much time and lots of money.
      (그 일에는 많은 시간과 돈이 소요되었다)
  cf: It **may cost** him his life.
      (그것으로 (인해) 그는 생명을 잃을지도 모른다)

- Your conduct **does** you honor.
  (당신의 행동은 당신의 명예가 됩니다)

- She **kissed** me good-bye. (그는 나에게 작별의 키스를 해줬다)
  cf: She **kissed** me goodnight. (그녀는 나에게 잘 자라고 키스했다)

- The doctor **ordered** my aunt a rest, and I **ordered** her a new bed from the furniture store. (의사는 숙모에게 안정을 취하라고 지시했으며, 나는 그녀에게 주려고 새 침대를 가구점에 주문했다)

- I **owe** him a grudge, but I **chose** him a christmas present. After that, I **struck** him a soft blow in fun. (나는 그에게 유감이 있지만, 크리스마스 선물을 골라주었다. 그리고는 장난으로 그에게 부드러운 일격을 가했다)
  [3형식: I owe a grudge to him, but I chose a Christmas present for him)

5. 제4형식 문장의 유형과 예문

- Please **sing** us a song. (우리에게 노래를 들려주시오)
  [3형식: Please sing a song for us]

- Please **play** us chopin. (쇼팽의 곡을 연주해 주세요)
  [3형식: please play chopin for/to us]

- This picture[portrait] **does not do** you justice.
  (이 사진[초상화]은 (실제 당신보다) 잘 나오지 않았다)

- His kindness **gained** him popularity.
  [3형식: His kindness **gained** popularity for him]
  (그는 친절했기에 인망을 얻었다)

- Any way, just **do** me this favor? (아무튼 이 부탁 하나 꼭 좀 들어줘)
  cf: (유사표현으로) Will you **do** me a favor? (부탁 좀 들어주겠나?)

- The last time you **found** me a date// was a disaster.
  (네가 내게 데이트 상대를 구해준 지난 번 일은 완전 실패작이었어)

- He tried hard to **find** me a job. (그는 내게 직장을 구해주려고 무척 애썼다)
※ find는 통상 4형식문장에는 쓰이지 않는 동사인데도 일부러(임의로) 수여동사로 만들어 쓴 문장이다(미국 젊은 층의 구어체).

- Smoking won't **do** you any good?
  (흡연은 당신에게 아무 도움이 되지 않을 겁니다)
  [= 흡연은 몸에 좋지 않을 겁니다]
  cf: What's the good of that? (그게 무슨 소용이 있나?)
  ※ 이때의 'good'은 명사로서 소용/효용의 뜻

- Too much drinking will **do** you harm. The medicine **do** you good.
  (과음은 몸에 해로워요. 그 약을 복용하면 몸에 좋을 거요)

- It **took** me an hour to do the work.
  (내가 그 일을 하는 데 한 시간 걸렸다)

- This picture does not **do** her justice.
  (이 사진은 그 여자의 실물대로 찍히지 않았다)

(2) 4형식 유사문장

> ▶ **4형식 문장을 만들지 못하는 타동사**
> present(선물하다), provide/supply(제공/공급하다), furnish(비치하다), help(도와주다), trust/leave(맡기다), announce(발표하다), introduce/present(소개하다), explain/describe(설명해주다), plead(간청하다)

1) 의미상 4형식 문장 같지만, 4형식이 아닌 문장들

※특징: ─ 의미상의 직접목적어(제4격 명사) 앞에 특정한 전치사가 붙어 있으며
   ─ 때로는 간접목적어(제3격 명사) 앞에 전치사가 붙기도

- He **pleaded** <u>with the judge</u> <u>for mercy</u>. (그는 판사에게 자비를 간청했다)

    cf : I **pleaded** <u>with him</u> <u>to change his mind</u>.
         (나는 그에게 생각을 고쳐 달라고 간청했다)

- I **presented** <u>a friend</u> <u>with a new book</u>.
  (나는 친구에게 새 책을 한 권 선물했다)
  cf:(수동태일 때) The winner will be presented with a check for $1 million.
              (우승자에게는 1백만 달러짜리 수표가 주어집니다)

    cf: ┌ I presented a new book to a friend. (O)
        └ I presented a friend a new book. (X)

- We **provided** <u>North Korea</u> <u>with much grain</u>.
  (우리는 북한에 다량의 곡물을 제공했다)
  cf: We **provided** <u>much grain</u> <u>to/for North Korea</u>.

- Our school **supplies** <u>the children</u> <u>with food</u>.
  (우리 학교에서는 아동들에게 급식을 한다)

5. 제4형식 문장의 유형과 예문

    cf: Our school **supplies** food for/to the children.

- She **furnished** the room with new curtains.
(그녀는 방에 새 커튼을 달았다)

- I **furnished** my house with new furniture.
(나는 우리 집에다 새 가구를 비치했다)
    cf: I **furnished** new furniture to my house.

- My parents **helped** me with the school fees[educational expenses].
(부모님께서는 내게 학비를 도와주셨다)
    cf: Can you **help** me with my homework?
          (내게 숙제를 도와주실 수 있겠습니까)
          Can I **help** you with the cleaning up?
          (제가 청소를 좀 도와드릴까요)

- We **cropped** a field with wheat/potatoes.
(우리는 밭에 밀/감자를 심었다)

- She **figured** the cloth with a floral pattern.
(그녀는 천에 꽃무늬를 넣었다)

- They **informed** me of their decision.
(그들은 나에게 자신들이 내린 결정을 알려 왔다)

2) 주의해야 할 제4형식 유사문장 용례

- They **trusted[entrusted]** me with the money. (O)
  (그들은 그 돈을 내게 맡겼다)
- They **trusted[entrusted]** him with the management of the firm. (O)
  (그들은 회사의 경영을 그에게 맡겼다)
- They trusted[entrusted] me the money. (X)
- They trusted[entrusted] the money to him. (O)

- He **deposited** the papers[valuables] with his lawyer. (O)
  (그는 서류[귀중품]을 변호사에게 맡겼다)
- He **deposited** the papers[valuables] to his lawyer. (X)

- She has **announced** her marriage to us. (O)
  (그는 우리들에게 자신의 결혼(계획)을 발표했다)
- She has announced us her marriage. (X)

- I **introduced/presented** Mr. Kim to them (O)
  (나는 김 군을 그들에 소개했다)
- I introduced/presented them Mr. Kim (X)

- The guide **explained/described** the situation/scene to us. (O)
  (가이드는 우리들에게 상황을 설명해 줬다)
- The guide explained/described us the situation/scen. (X)

- I **left** my trunks with a porter. (O)
  (나는 트렁크를 짐꾼에게 맡겼다)
- We're **leaving** the kids with their grandparents. (O)
  (우리는 아이들을 할머니·할아버지께 맡기고 갈 거야)
- I left a porter my trunks. (X)

5. 제4형식 문장의 유형과 예문

참고 : 영어에서 격(格; case)이란?

격은 명사·대명사(또는 동 상당어구)가 문장내에서 차지하는 역할, 또는 다른 품사(어구 포함)와의 관계를 맺는 품새(자세)를 뜻한다. 어느 언어에서건 명사·대명사의 4가지 격은 다 있다. 한국어에서는 격을 명사·대명사 뒤에 토씨(접사)를 붙여 이들 격을 표시하지만, 토씨가 따로 없는 영어에서는 해당 명사·대명사가 직접 모양을 바꾼다. 그러나 이같은 격변화는 인칭대명사와 의문 관계대명사에만 있고, 명사에는 소유격(제2격)만 있다.

하지만 격변화 규칙이 엄격한 독일어는 상대적으로 4개 격이 뚜렷하여 명사 앞의 관사까지도 격에 맞춰 변화를 한다.

격별 \ 언어	한국어	영어 인칭대명사 1인칭	2인칭	3인칭	의문대명사 / 관계대명사
제1격(주격) • 주어가 될 때	[명사·대명사 +가/는]	I/We (단수/복수)	You/you (단수/복수)	he/she/it (단수)/ they(복수)	who(사람), which/what(사물)
제2격(소유격) • 전치 한정수식시	[명사·대명사 +의]	my/our	You/your	his/her/ its, their	whose, of which (또는 whose)
제3격(간접목적격) • 간접목적어	[명사·대명사 +에/에게]	me	you	them	who, which/what
제4격(직접목적격) • 직접목적어 -타동사의 목적격 -전치사의 목적격	[명사·대명사 +을/를]	me	you	them	whom, which/what

주) · 영어의 명사: 1,3,4격이 동일하며, 2격만 표시(예; man's, sisters')
 · 전치사의 목적격: 전치사 뒤에 오는 명사/대명사는 그 전치사의 목적격으로 간주
   ※ for <u>him</u>=(O), for <u>who</u>=(X)

6. 제5형식 문장의 유형과 예문

> 제5형식 문장은 영어가 지닌 속성이 가장 잘 녹아 있고, 전치사·접속사 등 연결접사 없이 어의(語義)의 확장과 연결을 가능케 하므로 간결하고 완성도가 높은 세련된 문장이다. 그래서 영·미인들은 5형식 문장을 일상적으로 달고 사용하는데도, 한국인 영어 학습자들은 대개 5형식 문장 사용에 아주 어설프며, 그 사용 자체를 기피까지 하는 경향이 있다.
>
> 5형식 문장에 사용되는 서술동사는 목적어 외에, 추가적으로 보어를 필요로 하므로 불완전 타동사라고 한다. 이때의 보어는 목적어가 서술동사(타동사)의 영향을 받아 궁극적으로 변화된 상태나 결과를 나타내므로 목적격 보어이다(즉 「목적어=보어」 관계 성립). 보어 자리에는 명사 및 동 상당어구, 형용사 및 동 상당어구, 그리고 때로는 형용사적 또는 동사적 성격을 띠는 부사 및 동 상당어구(부사구)도 올 수 있다.
>
> 한편 5형식 문장에서 명사·대명사인 목적어 다음에 명사 보어가 오면 4형식 문장과 외견상 구분이 잘 안 된다(특히 수여성이 약한 타동사일 때). 이를 피하기 위해 보어자리의 명사 앞에다 「to be」 또는 「as」를 부가하기도 하는데, as를 넣으면 형태상으로는 3형식 문장이 된다(물론 「as+~」를 형용사구/명사구로 보면 형태상으로도 5형식 문장이 된다)

(1) 제5형식 문장의 세부 유형

> 5형식 문장에도 여러 유형이 있는데 이들 유형은 사용되는 서술동사(타동사)의 종류별로도 구분할 수 있고, 보어 자리에 어떤 종류의 어구가 오는지에 따라서도 분류해볼 수 있다. 이 경우 분사는 형용사 상당어구에 해당되는데, 그중 현재분사(doing 등)는 목적어의 능동성과 진행성을, 과거분사(done 등)는 수동성과 과거성을 내포한다.

6. 제5형식 문장의 유형과 예문

※ 서술동사로 사용되는 타동사군에 의해 분류 시	
사역형, 준사역형 타동사	• have, make, let(고유 사역형) ※have; 고유사역형, 준사역형, 상태유지형 등으로 더 세분가능 • get, keep, help 등 (준 사역형)
명령형, 권유형 타동사	• order, direct, allow등(명령/지시형) • advice, recommend, ask 등(권유형)
지각형 타동사	• see, feel, hear 등 (감각형/오감형) • motive, perceive, find 등(인지형)
·지정형, 인정형, 청탁형 ·기타 유형의 타동사	• elect, choose, call 등(지정형) • think, consider, regard, believe, hold 등 (인정형) • ask, beg, like, want 등(청탁형) • drive, move, cause등(동인형)

※ 보어에 사용되는 어구 종류에 의해 분류 시	
명사 및 동 상당 어구	• 고유명사, 보통명사 • 명사구(동명사, 부정사 등) • 명사절
형용사 및 동 상당 어구	• 형용사 • 분사(현재분사, 과거분사) • 형용사구
부사 및 동 상당 어구	• 형용사적 성격의 부사(또는 부사구) • 동사적 성격의 부사(또는 부사구)

(2) 사역형·준(準) 사역형 타동사에 의한 5형식 문장

1) 사역형 타동사에 의한 5형식 문장

> 사역형 타동사는 타동사 중에서도 보어에 미치는 영향력이 강력한 특성 때문에 보어 자리에 부정사를 사용 시 「to」가 없는 「원형동사(즉 원형부정사)」를 쓴다

① 전형적인 사역형 : 강세형 타동사

- I **had** her type the business letter.
  (나는 그녀에게 상용서한을 치도록 시켰다) ------------ <보어; 원형동사>

- I **had** the letter typed (by her).
  (그 서한을 타자토록 했다) -------------------------- <보어; 과거분사>

- I **had** my hair cut.
  (나는 이발했다; 머리를 깎게 했다, 깎아 받았다) --------- <보어; 과거분사>

- I **had** my composition corrected by our teacher.
  (내 작문을 선생님께서 고쳐 주셨다) -------------------- <보어; 과거분사>

- You **should have** your head examined.
  (네 머리가 어떻게 됐는지 진찰받아야 겠다) -------------- <보어; 과거분사>

- **Have** him come early. (그를 일찍 오도록 해라) --------- <보어; 원형동사>

- What **would** you **have** me do?
  (내게 무엇을 시키고 싶소?) --------------------------- <보어; 원형동사>

- I'll **have** him a good cook before long
  (머지않아 그를 훌륭한 요리사가 되도록 하겠다) --------- <보어; 명사>

6. 제5형식 문장의 유형과 예문

- **Let** me get this straight. ------------------------------ <보어; 원형동사>
  (내가 이것을 똑바로 펴게 해 달라; 이것만은 짚고 넘어갈게요)
  ※ get this straight : 이 자체도 [타동사+목적어+보어(형용사)] → 5형식

- Please **let** me know what to do.
  (무엇을 해야 할지 알려/가르쳐 주시오) ------------------ <보어; 원형동사>

- **Let**'s[Let us] start at once.(곧 떠납시다) ---------------- <보어; 원형동사>

- **Let** the two lines be parallel. **Let** it be.
  (두 선이 평행하다고 치자. 그것을 그대로 뒤라) ------------ <보어; 원형동사>

- I can't afford to **let** a chance like this go by. --------- <보어; 원형동사>
  (이런 기회를 그냥 놓칠 수는 없지)

- **Let** me alone. (나를 혼자 있게 해줘요) ------------------- <보어; 형용사>

- She **let** me (come) into her study.
  (그녀는 나를 서재로 안내했다)

- They **let** another car (go) out
  (그들은 다른 차를 내보냈다).

보어가 동사적 성격을 띤 부사 (come, go가 생략, 또는 의미 내포)

- "Sad movies always **make** me cry." (팝송 제목)
  (슬픈 영화는 언제나 날 울려요) --------------------------- <보어; 원형동사>

- I'll **make** him go there whether he wants or not.-------- <보어; 명사>
  (나는 그가 원하든 원하지 않던 그를 거기에 가게 하겠다[보내겠다])

- He **made** her his wife. (그는 그녀를 자기 아내로 삼았다) --- <보어; 명사>

- He thinks to **make** one of his sons a banker.
  (그는 아들중 하나를 은행가로 만들려고 생각하고 있다) ------ <보어; 명사>

- **Make** yourself at home[comfortable].
  (자아 편히 하세요) --------------------------------------- <보어; 형용사구>

Part Ⅱ 동사의 종류와 그에 따른 문장패턴

- Flowers **make** ou̲r̲ r̲o̲o̲m̲ c̲h̲e̲e̲r̲f̲u̲l̲.
  (꽃을 두면 방이 밝아진다; 꽃은 방을 밝게 한다)   -------- <보어; 형용사>

- Thi̲s̲ portrait **makes** h̲i̲m̲ t̲o̲o̲ o̲l̲d̲.
  (이 초상화 속에서 그는 너무 늙어 보인다) ---------------- <보어; 형용사>

- The spring shower **makes** t̲h̲e̲ g̲r̲a̲s̲s̲ g̲r̲o̲w̲.
  (봄비는 풀을 자라게 한다) ----------------------------- <보어; 원형동사>

- His jokes **made** u̲s̲ a̲l̲l̲ l̲a̲u̲g̲h̲.
  (그의 농담은 우리 모두를 웃겼다) ---------------------- <보어; 원형동사>
  cf: (수동태) I was made t̲o̲ d̲o̲ my duty. ※수동태에서는 to-부정사
      (나는 의무 이행을 강요당했다) ---------------------- <보어; to부정사>

- What **made** y̲o̲u̲ t̲h̲i̲n̲k̲ o̲f̲ coming over here?
  (무슨 마음으로 여기 올 생각을 했니?) ------------------- <보어; 원형동사>

- To **make** s̲c̲i̲e̲n̲c̲e̲ p̲r̲o̲g̲r̲e̲s̲s̲ is to **make** i̲t̲ c̲u̲r̲e̲ social ills.
  (과학을 발전시키는 것은 과학으로 하여금 사회 병폐를 치유토록 하기 위함이다)

- I took pains to **make** m̲y̲s̲e̲l̲f̲ u̲n̲d̲e̲r̲s̲t̲o̲o̲d̲.
  (내 말을 이해시키기 위해 애를 썼다) ------------------- <보어; 과거분사>

② 피해귀속, 상태유지형 문장 : 약세형 사역 타동사

- He **had** h̲i̲s̲ w̲a̲l̲l̲e̲t̲ s̲t̲o̲l̲e̲n̲.
  (그는 돈지갑을 소매치기 당했다) ---------------------- <보어; 과거분사>

- I **had** m̲y̲ h̲a̲i̲r̲ b̲l̲o̲w̲n̲ o̲f̲f̲.
  (바람에 모자를 날려 버렸다) --------------------------- <보어; 과거분사>

- The bullet **had** h̲i̲s̲ a̲r̲m̲ s̲h̲o̲t̲ o̲f̲f̲.
  (그는 총탄에 맞아 팔을 잃었다) ------------------------ <보어; 과거분사>

6. 제5형식 문장의 유형과 예문

- I **won't have** her being so rude. ------------------------- <보어; 동명사>
  (나는 그녀가 그렇게 무례한 태도로 나오는 것을 용납할 수 없다)

- I **can't have** you playing outside with a bad cold. ------- <보어; 현재분사>
  (독감에 걸려 있으면서 밖에서 노는 것을 그냥 둘 수 없다)
  [=독감에 걸려 있으면서 밖에서 노는 것은 안 된다]

- We **won't have** her bullied. ----------------------------- <보어; 과거분사>
  (그녀가 괴롭힘을 당하는 것은 용납 않겠다)

- I **can't have** her talk to me like that. ------------------ <보어; 원형동사>
  (그녀가 나에게 저렇게 말하는 것을 용납할 수는 없다)

- We **can't have** him constantly failing like this. --------- <보어; 현재분사>
  (우린 더 이상 그를 이렇게 부진한 상태로 놔둘 수는 없다)

- I **won't have** you feel miserable.
  (자네로 하여금 비참한 감이 들지 않게 하겠네) -------------- <보어; 원형동사>

- She **won't let** anyone enter the house. ------------------ <보어; 원형동사>
  (그녀는 그 집에 아무도 들여보내지 않으려 한다)

- I can't afford to **have** them idle. ----------------------- <보어; 형용사>
  (그들을 빈둥거리게 내버려둘 수는 없다)

- He **had** his arm around her shoulders.
  (그는 그녀의 어깨에 팔을 두르고 있었다)

- He **had** the sun at his back.
  (그는 해를 등지고 있었다[등에 해를 쬐고 있었다])
  [=He had his back in the sun]

- You **will have** the car in the ditch.
  (주의하지 않으면 차가 도랑에 빠지겠다)

- They **had** their heads out of the window.
  (그들은 창밖으로 머리를 내놓고 있었다)

⎫
⎬ 부사(구)가 보어역할
⎭

Part Ⅱ 동사의 종류와 그에 따른 문장패턴

- He **had** his back to me. (그는 등을 나에게 돌리고 있었다) ─〈보어; 부사구〉
- He **had** nothing on except a pair of shorts. ──────〈보어; 부사〉
  (그는 짧은 팬츠 외엔 아무것도 입지 않았다)
- We **have**[take] two more days off. ──────────〈보어; 부사〉
  (우리는 이틀 더 쉰다)
- She **has** the water running in the bathtub. ────── <보어; 현재분사>
  (그녀는 욕조에 물을 틀어 놓은 채 있다)
- They **have** a chart spread (out) on the table.
  (제도가 테이블 위에 펼쳐져 있었다) ─────────── <보어; 과거분사>
- She **had** little money left in her purse.
  (그녀는 지갑에 돈이 조금밖에 남아 있지 않았다) ───── <보어; 과거분사>
- **Have/Get** your work done by noon.
  (정오까지는 일을 다 끝내 주시오) ─────────── <보어; 과거분사>
- All of the buildings **have** ivy creeping up in their walls.
  (모든 건물의 벽에 담쟁이덩굴이 기어오르고 있었다) ───── <보어; 현재분사>
- All of the houses **have** the flags hung at their fronts/porches.
  (집집마다 문앞/현관에 깃발이 내걸려 있다) ─────── <보어; 과거분사>
- You **shouldn't let** your dog loose. (개를 풀어 놓아선 안돼요) <보어; 형용사>
- I **want** to **have** my room clean and tidy.
  (내 방을 청결하고 말쑥하게 정돈해 두고 싶다) ──────── <보어; 형용사>
- Do you **have** the marketing research data ready?
  (마케팅 조사 자료가 준비돼 있나요?) ─────────── <보어; 형용사>
- We **have** friends saying with us.
  (친구들이 우리와 함께 떠들고 있다) ─────────── <보어; 현재분사>

- I **have** several problems troubling me.
  (몇 가지 문제로 골치가 아프다) ------------------------ <보어: 현재분사>
- While making water on the road[at the roadside], you should **have** your one hand touching the rear of the car. ········<영국의 도로교통법 중에서>
  (노상 방료 시에는 차 뒷부분에 한쪽 손을 댄 채 있어야[볼일을 봐야] 한다)

2) 준(準) 사역형 타동사에 의한 5형식 문장

> get, keep, help가 이 부류에 속하는데, 기능면에서 전술한 사역형 타동사들과 용법상 유사하다. 이들 동사(특히 get)는 다의적(多義的) 동사이므로 그 사용범위가 매우 넓다. 그러나 순수 사역동사가 아니므로 부정사를 보어로 할 때는 「to-부정사」를 쓴다. 다만, help의 경우에는 사역동사처럼 보어에 원형동사를 쓰는 일이 흔하다.

① Get의 용례

- I **got** him to wash my car. (그에게 내 차를 세차토록 시켰다)
- Well, I'm glad you **get** it fixed. (그래도 그걸 고쳤다니 다행이군요)
- I can't **get** this door to shut properly. (이 문은 잘 닫히지 않네)
- I **got** him to prepare for our journey.
  (그에게 우리의 여행준비를 시켰다)
- We **got** the clock/machine working.
  (우리는 그 시계/기계를 작동되게 했다)
- I **must get** my hair cut, and also **have to** get a teeth pulled.
  (이발을 해야겠고, 또한 치아도 하나 뽑아야겠다)
- Where **can** I **get** the computer repaired?
  (어디서 컴퓨터를 수리할 수 있을까)

Part Ⅱ 동사의 종류와 그에 따른 문장패턴

- Get your hands clean.
  (손을 청결하게 하고 있으세요)
- I'll **get** the work finished/done by noon.
  (정오까지 일을 끝낼 작정이다)

상태 유지형 :
[get+대상물+
형용사/분사]

- We **got** our roof blown off in the gale.
  (강풍에 우리집 지붕이 날아갔다)
- I **got** my left arm broken.
  (내 왼쪽 팔이 부러졌다)

피해 귀속형 :
[get+피해대상
+피해상태]

- How **do** you **get** this lid off?
  (이 뚜껑을 어떻게 여느냐?)
- **Get/Have** pencil and paper near you.
  (필기도구를 준비해 있으시오)

부사(구) 보어형:
[get+목적어+
부사(구)]

② Keep의 용례

> keep은 어의 자체가 그렇듯이 '상태유지'형에 속하여 목적격 보어에 「to-부정사」보다는 주로 동사적/형용사적 성격의 부사(on/off, in, out of 등), 또는 형용사(open/shut, closed 등)나 분사를 쓰는 특성이 있다.

- **Keep** the door open/shut. **Keep** the fire burning.
  (문을 열어/닫아 두시오. 불이 꺼지지 않고 계속 타게 하라)
- I had a sandwich to **keep** me going until dinner time.
  (저녁 식사 때까지 버티려고 샌드위치를 먹었다)

6. 제5형식 문장의 유형과 예문

- If there are any changes, **keep** me posted.
  (변동사항이 있으면 그때마다 알려주세요)

- **Keep** the conversation going. He **kept** his men at work.
  (이야기가 끊어지지 않도록 해라. 그는 부하직원들을 계속 일하게 했다)

- **Keep** your hands clear. **Keep** yourself warm.
  (손을 항상 깨끗이 해 두시오. 몸을 따뜻하게 유지하시오)

- I'm sorry to **have kept** you waiting.
  (기다리게 해서 미안합니다)

- They **are keeping** me busy up.
  (일이 많아 정신없어요)

- He asked charity to **keep** the source of their donations secret.
  (그는 자선단체들에게 기부금 출처를 비밀로 해두어 달라고 부탁했다)

※ 부사어구를 보어로 보는 데는 연구자들 간에 이견이 있을 수 있으나, 목적어가 처한 상태·상황을 나타낸다는 측면에서 보어로 보는 게 이해하기 편하므로 여기서는 형용사적 성격을 띠는 보어로 간주

- **Keep** your shirt/hair on. She always **keeps** things in order.
  (진정하세요. 그녀는 언제나 물건을 잘 정리해 둔다)

- The doctor **kept** him off cigarettes. (의사는 그에게 계속 금연토록 했다)

- The kidnappers **kept** him in custody. (유괴범들은 그를 감금해 두었다)

- Mother **keeps** me up every night till twelve.
  (어머니께서는 매일 밤 12시까지 나를 못 자게 하신다)

- He **kept** his children in on account of sandy dust.
  (황사 때문에 그는 아이들을 밖에 내보내지 않았다)

- The heavy rain **kept** us from going out.
  (호우로 우리는 외출하지 못했다)   --------〈 불안정 3형식 문장이기도 함 〉

③ Help의 용례

- She **helped** him (to) choose some new clothes.
  (그녀는 그가 새 옷을 고르는 것을 도와줬다)
  cf: (수동태) I was helped to choose some new ties.
  (나는 새 넥타이를 고를 때 도움을 받았다)

- Trade **helps** nations (to) develop. (무역은 여러 나라의 발전을 촉진한다)

- He **helped** us (to) peel. (그는 우리의 양파 까는 일을 도와주었다)

  cf: That won't[=will not] **help** (to) solve the question at all.
  (그것은 그 문제를 해결하는 데 전혀 도움이 안 된다) …⟨(준) 조동사적 성격⟩

- I **helped** her (to) carry her cases upstairs.
  (나는 그녀가 상자들을 위층으로 옮기는 일을 도왔다)
  cf: Can you **help** me up/down with this case, please?
  (이 상자 들어 올리는/내리는 일을 좀 도와주시겠습니까)

  cf: I **helped** her on/off with her coat.
  (나는 그녀가 코트를 입게/벗게 도와주었다)
  ― up과 on을 단순히 부사로 보면 3형식 문장이지만,
  ― 동사적 성격으로 보면 보어가 되므로 5형식 문장이 된다.

- **Help** her (to) stand on her own feet.
  (그녀를 자립할 수 있도록 도와주시오)
  cf: She **helped** her mother with the work at the kitchen.
  (그녀는 어머니의 부엌일을 도왔다) --------- <3형식 문장>
  ※ with the work을 형용사적 부사구로 간주하면 목적보어(구)로서 5형식 문장
  이 되므로 작문하기에 편리

- A policeman **helped** the blind man across the street.
  (경찰관은 그 맹인이 길 건너는 것을 도와주었다) … <부사구를 보어로 간주>

cf: A policeman **helped** her to her feet. (경관은 그녀를 도와 일으켜 세웠다)

cf:
- Honey **will help** your cough.
  (꿀은 당신의 기침을 완화해 줄 거요)
- Can I **help** (you) with the cleaning up?
  (청소하는 일 도와드릴까요?)
- May I **help** you to some more meat?
  (고기를 좀 더 담아 드릴까요?)
- Will you **help** her to some cake?
  (그녀에게 과자를 좀 집어주시겠습니까)

※ **도와주는 대상** :
- 일에는 「with」를,
- 음식에는 「to」를 사용

3) 명령·권유, 청탁 형 타동사에 의한 5형식 문장

> ※ 다음 동사들이 사용되고, 주로 「to-부정사」를 보어로 취하는 경우가 흔하다.
> - 명령형 : order, direct, tell, allow, urge, force, impel 등
> - 권유형 : advise/recommend, suggest/propose, persuade 등
> - 청탁형 : ask, beg, want, like 등

① 명령(命令) 형 타동사의 용례

- I **ordered** him to wait.(그들에게 기다리라고 명령했다)

- I **told** her to go on. (그녀에게 계속하라고 일렀다)

- I **directed** the room to be put in order.
  (방을 정리하라고 지시했다)

- My father **won't allow** me to ride a motorcycle.
  (아버지는 내가 오토바이 타는 것을 허락하시려 하지 않는다)
  - My mother **urged** me to study law.
    (어머니는 나에게 법률 공부를 하도록 강권했다)

- Hunger **impelled** him to steal. (굶주림이 그를 도둑질하게 했다)

- He **forced** himself to swallow the medicine. (그는 억지로 약을 삼켰다)

Part Ⅱ 동사의 종류와 그에 따른 문장패턴

② 권유(勸誘) 형 타동사의 용례

- I **didn't suggest/tell** him to leave.
  (나는 그에게 떠나라고는 안 했다)

- I **recommend** you to say yes about it.
  (그것을 승낙하시는 게 좋을 겁니다)

- I **recommend** you (to) go to Rome.
  (저는 로마로 가시기를 추천해요)
  ※ 'to go to'가 되는 경우 앞의 to를 생략하기도 함(구어체)

- I **advise** you to be cautious/careful [to take a rest]
  (조심하시도록 [휴식을 취하시도록] 충고 드립니다)

- We couldn't **persuade** him to wait.
  (그에게 기다리도록 권했으나 듣지 않았다)
  cf: He **persuaded** her into[out of] going to the party.
  (그는 그녀가 파티에 가도록[가지 말도록] 설득했다) --------- <부사구를 보아도
  　　　　　　　　　　　　　　　　　　　　　　　　　　　　　　보면 5형식>

③ 청탁(請託) 형 타동사의 용례

- I **asked** him to come here.
  (그에게 여기로 와달라고 부탁했다)

  cf:⎡ Ask him where to go.
  　　　(그에게 어디로 가야 할지를 물어봐라) ---------------- <4형식>
  　　⎣ I asked to be admitted.
  　　　(나는 입회/입학을 요청했다) ------------- <3형식>

- Shall I **ask** him in? (그를 들어오시도록 할까요?)

- 193 -

6. 제5형식 문장의 유형과 예문

- I **beg** you to sit down. (앉으시기 바랍니다)

- I **beg** you to be very attentive. (부디 주의해서 들어주시기 바랍니다)
  cf: I **begged** (of/for) Mary to stay on for another week.
      (메어리에게 1주일만 더 있어달라고 부탁했다)----<of/for가 생략되면 5형식>

- They **begged** us not to punish them.
  (그들은 우리더러 자신들을 처벌하지 말아달라고 애걸했다)

- I **want** you to do it at once.
  (나는 자네가 그것을 곧 해주기를 바라네)

- What **do** you **want** me to do? (내가 뭘 해주기를 바라는가?)

- He **wanted** her just to be happy.
  (그는 단지 그녀가 행복하기만을 바랐다)

- I **don't want** those children ill-treated.
  (나는 그 아이들이 학대받는 걸 바라지 않는다)

- I **don't want** women meddling in my affairs.
  (나의 일이 여자들이 관여하는 것을 바라지 않는다)

- I **want** everything ready by five o'clock.
  (5시까지 만반의 준비가 돼있기를 바란다)

- I **like** it fine/well. (그것이 마음에 듭니다)

- How **do** you **like** your coffee - I **like** my coffee sweet/iced.
  (커피는 어떻게 해드리기를 원하세요? - 달게 해주세요[얼음 채워 주세요])

- How **do** you **like** your meat? - I **like** it[my meat] well done.
  (고기를 어떻게 해드리기를 좋아하세요? - 바짝 구운 게 좋아요)

- **Would** you **like** us to help? (우리가 도와주었으면 싶으냐?)

4) 지각(知覺) 형 타동사에 의한 5형식 문장

> ※ **to 없는 원형부정사, 형용사, 분사(특히 현재분사), 그리고 동사적/형용사적 부사(구)를 보어로 쓰는 경우가 흔하다.**
> - 감각(오감)형 : see/watch/observe, hear/listen, feel/touch 등
> - 인지형 : notice, perceive, find 등

- I **saw** her go out. (나는 그가 외출하는 것을 보았다)

- I **watched** him swim across the river.
  (나는 그가 헤엄쳐 강을 건너는 것을 보았다)

- **Don't** you **hear** me talking to daddy?
  (넌 내가 아빠하고 얘기하는 게 안 들리니?)

- I **heard** him laugh cheerfully.
  (나는 그가 유쾌하게 웃는 것을 들었다)

- I **felt** something creep/creeping on the back.
  (등에 무언가 기어가는 것을 느꼈다)

- I **felt** myself lifted up in my sleep[while asleep]
  (나는 잠결에 내 몸이 들려지는 것을 느꼈다)

- They **perceived** me come in
  (그들은 내가 들어간 것을 알아차렸다)

- I **noticed** her go(ing) out.
  (나는 그녀가 밖으로 나가는 것을 알아차렸다)
  cf: The police **noticed** him to appear.
      (경찰은 그에게 출두하라고 통고했다)

- I **find** him at work. (나는 그가 일하고 있는 것을 보게/알게 된다)

6. 제5형식 문장의 유형과 예문

- I **saw** him off.
  (나는 그가 떠나가는 것을 보았다; 그를 전송/배웅했다)

- I **saw** her home.
  (나는 그가 귀가하는 것을 보았다)

- I **feel** spring (be) in. (봄이 와있음을 느낀다)

- He **left** the blinds down[office lights on].
  (그는 창문 차양을 내린[사무실 전등을 켜둔] 채로 놓아두었다)

> 외형은 전치사적이나, 성격상으로는 동사적 및 형용적인 부사가 목적보어로 된 문장

5) 기타 불완전 타동사에 의한 5형식 문장

- **지정형** : elect/choose, make, appoint, call/name, dub, commission 등
- **인정형** : think/believe/account/make, figure, consider, take, hold, declare 등
- **동인형** : drive, move, cause, induce, will, bring 등
- **위탁형·허용형** : trust/entrust, permit/allow 등
- **기타형** : pull/push/throw, leave, sweep (off), paint, cry, strike, hold, cut/set 등

① 지정(指定)형 타동사의 용례

- We **elected** Mr. Kim the president of the National Federation of Student Association. (우리는 김 군을 전국학생 총 연합회 회장으로 선임했다)

- They **chose** him President. (그들은 그를 대통령으로 뽑았다)

- He **made** her his secretary. (그는 그녀를 자기 비서로 삼았다)

- He thinks to **make** one of his sons a layer.
  (그는 아들 중 하나를 변호사로 만들려고 생각하고 있다)

- You **may call** him a scholar.
  (그를 학자라고 해도[불러도] 좋다)

- **Can** we **call** it a success?
  (그것을 성공이라고 말할 수 있겠나?)

- The umpire **called** him out?②
  (심판은 그에게 아웃을 선언했다)

- We **call/name** him Tom [a fool].
  (우리는 그를 톰이라고[바보라고] 부른다)

- The King **dubbed** his son a knight.
  (국왕은 자기 아들을 기사로 서품했다)
  cf: He was dubbed "Pimple Tom".
  (수동태) (그는 '여드름쟁이 톰'이라는 별명이 붙었다)

- The chairman **appointed** him general manager.
  (회장은 그를 총지배인으로 임명했다)

- The President **commissioned** the graduates of the military academy 2nd lieutenants. (대통령은 사관학교 졸업생들을 소위로 임관했다)
  cf: (수동태로서) He was commissioned a major. (그는 소위로 임관되었다)

② 인정(認定) 형 타동사의 용례

- Do you **think** it likely?
  (당신은 그것이 있을 법하다고 생각하십니까)

- He **thinks** himself a great man.
  (그는 자신을 위대한 사람이라고 여긴다)

6. 제5형식 문장의 유형과 예문

- We **thought/believed** him (to be) an honest man.
  (우리는 그를 정직한 사람이라고 생각했다/믿었다)
  cf: (수동태로서) They were thought to have died.
      (그들이 이미 사망한 것으로 생각하고 있었다)

- I **figured** him to be about fifty.
  (나는 그를 50세쯤으로 보았다/짐작했다)

- I **figure** it like this. **Don't take** it ill
  (나는 이렇게 생각한다. 나쁘게 생각지 말게)
  cf: (수동태로서) He was taken to be wealthy.
      (그는 부자로 간주되었다)

- The umpire **declared** him a winner.
  (심판은 그를 우승자로 선언했다)
  cf: (수동태로서) The accused was declared (to be) guilty.
      (피고는 유죄로 선고되었다)

- They **consider[regard]** his remark as an insult[as insulting].
  (그들은 그의 말을 모욕으로 여기고 있다)

- I **consider** him (to be [as]) a coward.(나는 그를 겁쟁이라고 생각한다)

- He **holds** that person to be incompetent.
  (그는 그 사람이 자격이 없다고 생각한다)

- I **held** her best of all the applicants.
  (나는 그녀를 응모자들 중에서 제일 낫다고 판단했다)

- They **looked** up to him as their leader.
  (그들은 그를 자신들의 지도자로 우러러보았다)

- I **made** his profit one million dollars to say the least.
  (나는 그의 수입이 적어도 100만 달러는 되리라고 추정했다)
  cf: What time **do** you **make** it? (지금 몇 시죠?)

③ 동인(動因)형 타동사의 용례

- The pain nearly **drove** her mad. (고통으로 그녀는 미칠 것 같았다)

- The hypnotist **willed** her to do his bidding.
  (그 최면술사는 그녀를 자기가 시키는 대로 하게 했다)

- That noise **is driving** me out of my mind.
  (저 소음이 나를 미치게 만든다)

- Poverty and hunger **drove** them to steal.
  (가난과 굶주림이 그들로 하여금 도둑질하게 했다)

- This **caused** her to change her mind. (이것 때문에 그녀는 마음이 바뀌었다)

- Nothing shall **induce** me to go.
  (어떤 일이 있어도 난 안 간다; 아무것도 나를 가게 하지 못하리라)

- It **moved** him to anger. What **moved** you to do this?
  (그 일로 그는 성났다. 무슨 마음으로 이런 짓을 했나?)
  cf: (수동태로서) I am/feel moved to do this.
      (나는 이 일을 하고 싶은 생각이 든다)

- What **brought** you to buy the book?
  (어찌하여 그 책을 살 마음이 생겼느냐?)

- She still **can't bring** herself to talk about it.
  (그녀는 아직도 그것에 대해 얘기할 마음이 내키지 않는다)

④ 위탁·허용 형 타동사의 용례

- **Trust** him to take the responsibility. (그에게 책임을 맡기시오)

- I **trusted** her to deliver the news. (그녀에게 그 소식을 전하게 맡겼다)

- (Do you) **Permit** me to ask you a question? (질문 하나 해도 괜찮을까요?)

- Don't **permit** yourself in dissipation. (방탕해서는 안 된다)

- My father won't **allow** me to ride a motorcycle.
  (아버지께서는 내가 오토바이 타는 것을 허락지 않으신다)

⑤ 기타 형(행위의 결과/상태 등) 타동사의 용례

- **Throw/Pull/Push** the door open/shut.
  (급히 밀쳐/당겨서/밀어서 그 문을 열어라/닫아라)

- He **left** the door open. However he **left** me waiting outside.
  (그는 문을 열어 두었으나, 나를 밖에서 기다리게 내버려 두었다)

- **Don't leave** the baby crying. (아기를 울도록 놔두지 마라)

- She **left** the water running in the bathtub[wash basin/stand].
  (그녀는 물이 욕조로[세면대로] 흘러내리게 내버려 두었다)

- I **swept off** the floor clean, and **painted** the ceiling white.
  (나는 바닥을 말끔히 쓸어내고는 천장을 하얗게 칠했다)

- On the Independence Day, the government **set** many prisoners free. They **shaved** their faces smooth, and left the prison. (광복절에 정부는 많은 죄수들을 석방했는데, 그들은 면도를 말끔히 하고는 교도소를 나왔다)

- She **cried** her eyes[heart] out. (그녀는 눈이 퉁퉁 붓도록 울었다)

- She **cried** herself blind. (그녀는 너무 울어서 앞이 안 보였다)

- The boy **cried** himself asleep[to sleep].
  (그 아이는 울다가 잠이 들었다)

- The baby/child **cried/screamed** itself[himself] red in the face.
  (그 아이는 너무 울어서 얼굴이 빨갛게 되었다)

- The sight **struck** me dumb. (그 광경을 보고 나는 말이 안 나왔다)

- He **rendered** her helpless. (그는 그녀를 어쩔 수 없는 상태로 내몰았다)

- **Hold** your head still. **Hold** the head straight.
  (머리를 움직이지 말아라. 고개를 바로 쳐들고 있어라)

- The strong wind **turned[blew]** my umbrella inside out.
  (세찬 바람에 내 우산이 뒤집혔다)

- **Hold** the door open, and **hold** yourself ready to start.
  (문을 열어놓고는 스타트할 자세를 취해라)

- Fear **held[kept]** him from acting. ------ 〈 불안정 3형식 문장이기도 함 〉
  (공포 때문에 그는 행동을 못했다)

- He **bullied** her into[out of] working. ……〈 불안정 3형식 문장이기도 함 〉
  (그는 그녀를 윽박질러서 일을 하게[못하게] 했다)

- God **created** all men equal, but she **cut** me dead/cold.
  (신은 만인을 평등하게 창조하셨지만 그녀는 나를 모른 채했다)

- He **squashed** a cockroach flat. (그는 바퀴벌레를 납작하게 으깨 죽였다)

- She **laid** the map flat on the kitchen table.
  (그녀는 지도를 식탁위에 짝[납작하게] 펼쳐놓았다)

- The sheep **have cropped** the grass very short.
  (양들이 풀을 아주 짧게 뜯어 먹었다)

6. 제5형식 문장의 유형과 예문

> 참고: Beauty Parlor/Shop/Salon(미용실)에서의 5형식문장 대화

- I'd love to **have** <u>my hair</u> <u>dyed</u>. ------------------------ customer
  (저는 머리를 염색하고 싶어요)
  - <u>What color</u> **would** you **dye** <u>it</u>? ---------------------- beautician
  (무슨 컬러로 염색하고 싶으세요?)
- **I'd like** <u>it</u> <u>blonde</u>. ------------------------------------- customer
  (블론드[금발]로 하고 싶어요)
  - How **do** you **want** <u>your hair</u> <u>set</u>? --------------------- beautician
  (머리는 어떻게 세팅하기를 원하세요?)
- You **might set** <u>the waves</u> <u>a little looser</u> than usual. ----- customer
  (웨이브를 평소보다 좀 더 느슨하게[부드럽게] 해 주면 어떨까 해요)
- **I'd like** <u>it</u> <u>curled[combed up stiff</u> in the form of a conch].
  (곱슬곱슬하게 해주세요[고동 모양으로 빳빳하게 빗어 올려 주세요])

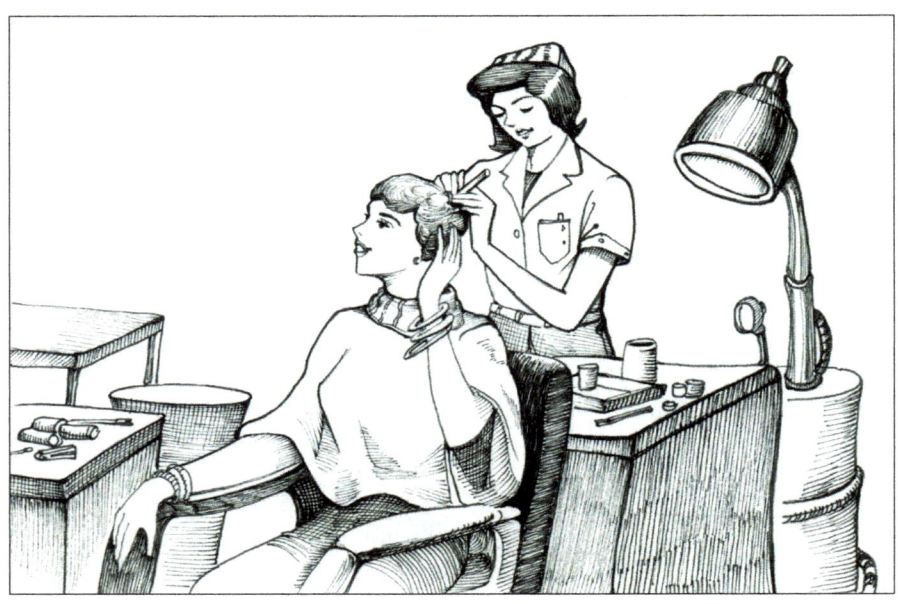

PART III

동사의 시제(Tense)와 서술의 태(Voice)

1. 영어 시제(Tense)의 구성체계
2. 현재형 시제와 과거형 시제
3. 완료형 시제
4. 미래 시제
5. 진행형 시제
6. 수동태 문장의 구성과 시제 적용

III 동사의 시제와 서술의 태

"영어의 시제는 총25개(능동태12, 수동태9, 가정법 4)이며, 그중 과거형은 3개(현재완료형, 과거형, 과거완료)로서 시제구분이 복잡·엄격하다"

"영어에서 진행형을 만들거나 수동태를 만들려면 be동사라는 「조동사」의 도움이 필요한데, 진행형 수동태 문장에서는 결국 be동사가 겹쳐져 복잡하다"

Introduction & Summary

한국어에서는 과거 시제가 하나뿐인데, 영어에서는 평서문 능동태 기준으로 과거시제가 실제로는 현재완료형, 과거형, 과거완료형의 3가지로 세분된다. 이런 식으로 결국 영어의 시제는 기본시제 3개(현재, 과거, 미래)에다 상태시제 4개(단순형, 진행형, 완료형, 완료진행형)를 곱하여 총 12개가 되어 일견 상당히 과학적인 것 같지만, 지나치게 복잡하다.

여기에다 수동태를 만들려면 [be+done(과거분사)]을 12개 시제의 각 칸(cell)에다 섞어 넣어야 한다. 그런데 be동사가 이미 들어가 있는 칸에서는 [been+과거분사] 또는 [being+과거분사]로 넣어야 한다. 그러나 완료진행형에서는 이미 been이 들어가 있으므로 결국 [have/has been being done]이 되어 be동사의 현재분사와 과거분사가 이어 붙어서 모양새가 꽤나 우스꽝스럽다. 그래서 영어의 수동태 시제로 완료진행형은 쓰기가 거북하므로 현실적으로는 9개 시제만 사용된다. 그러나 가정법에서는 그 나름의 독특한 시제체계(4개)가 따로 더 있어서, 결국 영어의 시제는 총 25개(능동태 12개, 수동태 9개, 가정법 4개)가 된다.

Part Ⅲ 동사의 시제와 서술의 태

1. 영어 시제(Tense)의 구성체계

> 영어의 동사 시제는 기본시제 3개(현재, 과거, 미래)와 상태시제 4개(단순형, 진행형, 완료형, 완료진행형)를 결합(3X4=12), 모두 12개의 시제를 만들어 사용한다. 이 밖에, 수동형 시제(9개)와 가정법 시제(4개)가 더 있다.

(1) 시제구성 총괄표

※ 본동사가 'do'라고 간주

기본시제\\상태시제		현재	과거	미래
단순형	능동	<현재형> do: 1,2인칭 단수, 전인칭 복수 does: 3인칭 단수	<과거형> did	<미래형> will/shall do
	수동	is/are done(과거분사)	was/were done	will/shall be done
진행형	능동	<현재진행형> is/are doing(현재분사)	<과거진행형> was/were doing	<미래진행형> will/shall be doing
	수동	is/are being done	was/were being done	will/shall be being done
완료형	능동	<현재완료형> have/has done(과거분사)	<과거완료형> had done	<미래완료형> will/shall have done
	수동	have/has been done	had been done	will/shall have been done
완료진행형 ※혼합시제	능동	<현재완료진행형> have/has been doing	<과거완료진행형> had been doing	<미래완료진행형> will/shall have been doing
	수동 (사용 드묾)	have/has been being done	had been being done	will/shall have been being done
주) 미래시제의 will/shall : 과거형 간접화법에서의 종속절 미래나, 　　　　불확실성이 높은 가정법에서는 would/should가 된다.				

1. 영어 시제(Tense)의 구성 체계

(2) 시제구성을 위한 동사의 변화

> 영어에서 서술동사(본동사)는 현재형에서 주어의 수와 인칭에 따라 변하는 것 외에 (조동사가 있으면 본동사 대신 조동사가 변화), 시제구성을 위하여 과거, 과거분사, 현재분사라는 3가지 방향으로 변화한다. 그리고 수동태를 만들 때는 **be 조동사의 도움을 받아 [be+과거분사]의 형태를 취한다.**

형태 구분	현재분사형	과 거 형	과거분사형
구성 방법	• 동사원형+ing - working - doing	• 규칙변화: 동사원형+(e)d (worked) • 불규칙변화: 단어마다 상이 (**did**)	• 규칙변화: 동사원형+(e)d (worked) • 불규칙변화: 단어마다 상이 (**done**)
용도 (시제 관련)	• 진행형 시제 만들 때 - I **am** working - I **am** doing	• 과거형 시제 만들 때 - I worked - I **did**	• 완료형 시제 만들 때 - I **have** worked - I **have done**

영어동사의 불규칙변화 유형

영어의 시제구성은 복잡하긴 해도 매우 체계적으로 되어 있는 장점이 있는 데 비해, 정작 그것에 적응시킬 동사의 변화(과거형, 과거분사형)는 규칙적인 변화 외에, 상당수의 동사들이 불규칙적 변화를 함으로써 실용상 불필요한 곤란을 초래하고 있다.

이는 영어의 동사가 겔트어, 게르만어, 라틴어 등 각기 어원과 체계를 달리하는 여러 단어가 혼합 생성됨으로써 야기된 역사적 결과로 보인다. 또한 같은 동사라도 과거·과거분사가 2가지로 사용되거나, 영·미식 간에도 달리 쓰이는 경우도 있다. 따라서 평소 문장 속에서 동사의 변화를 눈여겨 둬야 한다.

① A-A-A형(원형 · 과거 · 과거분사가 모두 동형)

cut/hit	cut/hit	cut/hit

cut, put, hit, hurt(다치게 하다/아프다), read, shut, burst(터지다), split(쪼개다)/slit(째다), spread(펴다/퍼지다), cast(던지다) cost(비용이 들게 하다), set, inlet/inset(박아/새겨 넣다), thrust(밀어 넣다) 등

※예외(A-A-B형) : beat(치다, 고동치다)-beat-beaten

② A-B-B형(과거 · 과거분사가 동형)

buy/meet	bought/met	bought/met

meet, think, catch, teach, keep, feel, sit, stand/understand, cling(달라붙다), dig, make, lose(잃다), leave, hold, sleep, pay, ring, swing, send, lend, tell, lay(눕히다/놓다), dwell(살다/서식하다), feed(먹이주다), lead, fight, sling(던지다/걸치다) 등

※lay(눕히다/놓다): lay-laid-laid

※예외(A-B-A형): come-came-come, run-ran-run

③ A-B-C형(원형 · 과거 · 과거분사가 모두 상이)

do/go	did/went	done/gone

go, give/forgive, begin, eat, know, take, drive, fall(떨어지다), write, see, speak, drink, sing, sink, swim, wear(입다), get/forget, break, blow, grow, throw(던지다), fly, lie(눕다), bear(견디다), tear(찢다), show, wake(깨다/깨우다) 등

※lie(눕다): lie-lay-lain(불규칙적 변화)

※lie(거짓말하다): lie-lied-lied (규칙적 변화)

2. 현재형 시제와 과거형 시제

(1) 현재형 시제

> 영어의 현재시제와 과거시제는 대체로 한국어의 그것과 용례가 비슷하다. 즉 현재시제는 현재(서술시점)의 사실, 위치·상태, 존재, 가/부, 소유/귀속, 포함/구성 및 정신적·감각적 행위, 습관·반복행위, 진리, 미래의 대용, 역사적 사실의 현재적 묘사 등을 표현하는 데 사용한다. 이것은 과거시제에서도 똑같은 맥락에서 서술시점만 과거형으로 적용하면 된다. 즉 현재시제와 과거시제는 기본적으로는 용법이 같다.

1) 현재의 사실·습관 및 위치·상태를 나타낼 때

① 현재의 사실 및 행위, 또는 직업을 표현

- Where do you go to school?
  (어느 학교에 다니세요?)

- What time does school begin? The notice says, "No school on Tuesday.
  (수업[학교]은 몇 시에 시작합니까? 게시판에는 화요일은 휴교라고 적혀 있다)

- Shops open till 6 o'clock in the afternoon
  (가게들은 오후 6시까지 영업합니다)

- The bus to the airport runs about every ten minutes.
  (공항행 버스는 약 10분마다 있다)

- He writes a poem.(그는 시를 쓴다[동작]; (또는) 그는 시인이다[직업])

- Today's paper says that we'll have rain tonight.
  (신문에는 오늘밤 비가 올 거라고 보도하고 있다)

② 현재시점에서 주어의 습관, 또는 반복적 동작을 표현

- She **goes** to church every Sunday. (그녀는 일요일마다 교회에 간다)
- Jane **goes** to junior high school.
  (제인은 중학교에 다닌다; 중학생 신분이다)
- She often **swims** in the river in summer.④
  (그녀는 여름이면 종종 강에서 수영을 한다)
- I usually **go** to bed at ten. (나는 보통 10시에 잠자리에 든다)

③ 주어의 위치 또는 출신지를 표현

- Our school **stands** on the hill and **falls** to the river.
  (우리 학교는 언덕 위에 서있으며 강 쪽으로 경사져 있다)
- The village **lies** in a small wooded valley.
  (그 마을은 수목이 우거진 작은 골짜기에 있다)·
- Havard **is** right across the river from Boston.
  (하버드 대학은 보스턴에서 강 바로 건너편에 있다)
- Where **are** you from[Where **do** you **come** from]?
  (당신의 출신지/고향은 어디십니까)

④ 주어의 심리적·생리적 상태를 표현

- She **is angry** with me for forgetting her birthday.
  (그녀는 내가 자기 생일을 깜빡한 것 때문에 화가 나 있다)
- I **am so upset**. I forgot my laptop on the subway.
  (정말 속상해요. 지하철에 노트북을 놔둔 채 내렸거든요)
- Mom, I'**m bored**! And the movie **was** really **boring**, really **sick** of Pizza, and body **hurts**.
  (엄마, 나 심심해요! 영화는 정말 지루했고, 피자는 정말 질렸으며, 몸도 아파요)

- I'm a little **chilly**, **dizzy** and **nauseated**.
  (한기가 좀 들고, 현기증이 나며, 구역질이 난다)

⑤ 주어의 물리적 상태를 표현

- The air-conditioner/refrigerator **doesn't work**.
  (에어컨/냉장고가 작동되지 않는다[고장났다])

- This medicine **doesn't work** on me.
  (이 약은 내게는 듣지 않는다)

- I **am** on the/my way home. I **am/go** on an errand for my mother.
  (나는 집으로 돌아가는 중이다. 어머니 심부름을 가는 중이다)

- She **is surrounded** by her children.
  (그녀는 아이들에게 둘러싸여 있다)

- Stop where the road **branches off**.
  (길이 갈라지는[분기되는] 곳에서 멈추어라)

2) 존재/가부, 소유/귀속, 포함/구성, 정신적·감각적 행위를 나타낼 때

① 주어의 존재 및 보어와의 관계에 대한 가부를 표현

- Where **are** my keys? (내 열쇠는 어디 있지?)

- The wedding **is** next week.
  (결혼식은 다음 주(週)다)

- Spiders **are** not really insects.
  (거미는 사실 곤충이 아니다)

② 주어의 목적어에 대한 소유관계를 나타냄

- I don't/didn't have my passport.
  (나는 여권을 소지하고 있지 않다[않았다])

- Do you have any single room (available)? (1인실 있나요?)

- Jane has black hair and brown eyes.
  (제인은 머리가 검고 눈은 갈색이다)

- Korea has a population of over 45 million.
  (한국은 인구가 4천 5백만이 넘는다)

③ 주어의 귀속관계를 나타냄

- Put the chair back where it belongs.
  (그 의자를 제자리에 갖다 놓아라)

- Who/Whom does this jacket belongs to? (이 재킷 누구 것인가요?)

- A violent man like that//belongs in prison.
  (그처럼 폭력적인 사람이 있어야 할 곳은 교도소이다)

- What grade are you in? - I am in (the) 6th grade.
  (너는 몇 학년이냐? - 난 6학년이야)

- He lives in the village.
  (그는 그 동네에 주소를 두고 있다)

- No problem attaches to me in the affair.
  (그 건으로는 나는 하등 비난받을 일이 없다)
  cf: (과거시제 시) He first attached himself to the Liberals.
   (그는 처음에 자유당 당원이었다)

2. 현재형 시제와 과거형 시제

④ 주어의 포함, 구성, 일치여부 관계 등을 표현

- The museum **contains** a number of original artworks.
  (그 박물관은 미술품을 여러 점 소장하고 있다)

- The box **has/had** books in it. (그 상자에는 책들이 들어 있다/있었다)

- Water **consists** of hydrogen and oxygen.
   (물은 수소와 산소로 이루어져 있다)

- The book **contains** some useful materials.
  (그 책에는 유용한 자료가 제법 실려 있다)

- This product **may contains** nuts.
  (이 제품에는 견과류가 포함되어 있을 수 있다)

- True education **doesn't consist** in studying only what you want to.
  (진정한 교육은 하고 싶은 공부만 하는 데 있지 않다)

- Happiness **consists** in contentment. (행복은 만족에 있다)

- Learning **does not** always **consist** with sociability.
  (학식이 언제나[반드시] 사교성과 양립한다고는 볼 수 없다)

- Your password **should consist** of at least 5 characters.
  (비밀번호는 5개 이상의 문자로 구성되어야 한다)

⑤ 주어의 정신적 행위를 표현

- Who **knows** the answer? (누구 답 아는 사람 있어요?)

- Do you **know** what time it is? - I **make** it 6 o'clock.
  (지금 몇 시인지 아세요? - 6시로 압니다)

- I **remember** my grandmother baking us cookies.
  (할머니께서 우리를 위해 쿠키를 구워 주시던 일이 기억난다)

- He **don't/didn't** even **remember** getting home.
  (그는 집에 들어간 것조차 기억 못하고 있다/있었다)

- I **think** you're right. (네 말이 맞다고 생각한다)

- What **do** you **think** has happened?
  (무슨 일이 일어났다고 생각하느냐?)

- She **loves/loved** her father and **misses/missed** him when he is/was away. (그녀는 아버지를 사랑하고/사랑했고 안 계실 때는 보고 싶어 한다/했다)

- Katie **loves/likes** playing tennis.
  (케이티는 테니스 치는 것을 좋아한다)

⑥ 주어의 감각적 행위를 표현

- How **does** it **feel** to be home?
  (집에 오니 기분이 어때?)

- Mom, this **tastes** really good.
  (엄마, 이거 정말 맛이 좋은데)

- This soup **tastes/tasted** of onion.
  (이 수프는 양파 맛이 난다/났다)

- He **feels/felt** nerves about speaking in public.
  (그는 사람들 앞에서 연설하는 것에 초조해져 있다/있었다)

- He **feels/felt** as if he had been hit.
  (그는 뭔가에 얻어맞은 것 같다/같았다)

- They **make/made** me feel like a criminal.
  (그들은 나를 범죄자 같은 느낌이 들게 한다/했다)

- He **doesn't/didn't** feel like going to work.
  (그는 출근할 마음이 나지 않는다/않았다)

- She **feels/felt** a hand on his shoulder.
  (그녀는 누군가의 손이 자신의 어깨에 닿는 것을 느낀다/느꼈다)

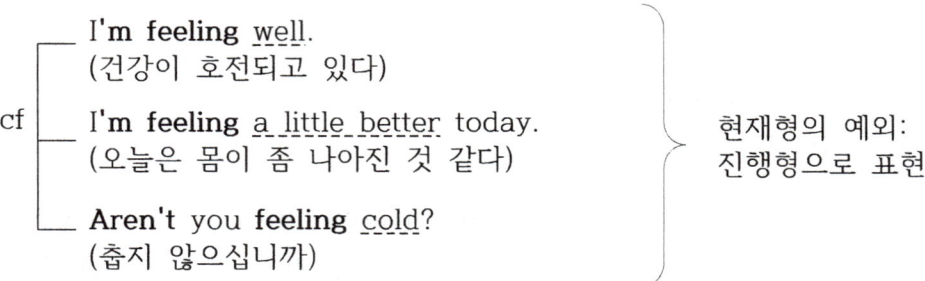

현재형의 예외: 진행형으로 표현

cf
- I'm **feeling** well.
  (건강이 호전되고 있다)
- I'm **feeling** a little better today.
  (오늘은 몸이 좀 나아진 것 같다)
- **Aren't** you **feeling** cold?
  (춥지 않으십니까)

3) 불변진리·사물본성의 표현, 사실의 생동적 묘사

① 불변진리, 사물본성을 표현

- The earth **goes/moves/turns** round the sun.
  (지구는 태양의 주위를 돈다)

- The sun **rises** in the east and **sets** in the west.
  (해는 동쪽에서 떠서 서쪽으로 진다)

- Two and three **is/equals** five.
  (2 더하기 3의 합은 5이다)

- Heaven **helps** those[=them] who **help** themselves.
  (하늘은 스스로 돕는 자를 돕는다)

- She **is** very diligent. (그녀는 무척 부지런하다)

- The early bird **catches** the worm.
  (일찍 일어나는 새가 벌레를 잡는다)

- Dysentery **is** highly infectious[contagious, catching].
  (이질은 전염이 잘 된다)

- Yawning **is** infectious[catching] too. (하품도 전염된다)

- Dogs usually **bark** at strangers. (개들은 으레 낯선 사람을 보면 짖는다)

- The jeep **moves** faster than the cargo, the jet-plane **flies** faster than the helicopter, and light **travels/passes** faster than sound.
  (지프차는 화물차보다 빠르고, 제트기는 헬리콥터보다 빠르며, 빛은 소리보다 빠르다)

② 역사적 사실이나 목격되는 동작을 생생하게 묘사, 역사적 기원

- At last Caesar **crosses** the Rubicon.
  (마침내 카이사르는 루비콘 강을 건넌다)

- In 334 B.C. Alexander **crosses** into Asia, **defeats** Persian Army at the battle of the Granieus and **captures** a number of cities in Asia Minor.
  (서기전 334년 알렉산더는 아시아로 건너가 그라니우스 전투에서 페르시아 육군을 격파하고 소아시아의 수많은 도시들을 공취한다)

- Here **comes** the teacher. The practice **dates** from Choseoun Dynasty.
  (야, 선생님이 오신다. 이 풍습은 조선왕조 때부터 시작된 거다)

4) 미래시제에의 대용

① 시간과 조건 표시 부사절 속에서는 통상 현재형 동사를 사용

※ 시간을 나타내는 부사절(when, till/until, before 등이 유도)과 if/unless 등이 인도하는 조건 부사절 속에서는 현재형을 사용

- I will tell him about it when he comes.
  (그가 오면 그에게 그것에 관해 말해 주겠다)

2. 현재형 시제와 과거형 시제

- If it **rains** tomorrow, I'll stay home.
 (내일 비가 오면 나는 집에 있겠다)

- I'll be there at six, unless the train **is** late.
 (열차가 늦지 않으면 6시에 거기에 가게 될 것이다)

② 시간 표시 부사가 있는 경우의 서술동사는 현재형 동사를 사용

- It **is** Sunday tomorrow. (내일은 일요일이다)

- He **leaves** for Paris next Monday.
 (그는 다음 주 월요일에 파리로 떠난다)

- My birthday **falls** on a Friday this year. (올해 내 생일은 금요일이다)

참고 : 현재형이 현재진행형과 다른 점

※ 현재진행형은 현재 특정 행위가 실제로 이루어지고 있음을 의미한다.

※ 현재형은 실제행위를 나타내기도 하지만, 습관·직업·능력·진리·제도 등을 나타낼 때는 현재의 특정행위가 반드시 실제로 이루어지고 있음을 의미하지는 않는다.

- He **reads** on Sunday(s). (그는 일요일이면 독서를 한다) ----- <습관>

- She **reads** Hebrew. (그녀는 헤브라이어를 읽을 줄 안다) ----- <능력>

- Her father **writes** a drama. (그녀의 아버지는 드라마 작가이다) --- <직업>

- A good beginning **makes** a good ending.
  (시작이 좋으면 끝도 좋다) ----- <진리>

- Our noon recess **is** from 13:00 till 13:00.
  (우리 회사의 점심시간은 12시부터 1시까지다) ----- <제도>

(2) 과거형 시제

> 과거시제는 과거시점의 현재용법과 거의 같다. 다만, 과거의 습관이나 존재를 나타내는 특별한 용법이 있다. 한국인에게 유의할 점은 직설법이나 간접화법을 사용하여 과거형으로 서술시 종속적 구·절의 시제도 과거(또는 그 이전)으로 일치시켜야 하는 점, 그리고 한국어에서는 과거를 크게 뭉뚱그려 그냥 하나의 시제로만 표현하는 데 비해, 영어에서는 아주 가까운(방금 완료된) 과거는 현재완료형으로, 좀 더 지난(예컨대 몇 시간 전, 어제, 그저께 및 오래 전) 시제는 과거형으로, 그리고 더 먼 과거(과거시점에서의[과거속의] 과거)는 과거완료형으로 표현한다.

1) 「과거」 개념에 대한 한국어·영어 간 사물인식 및 언어표현 상의 차이

▶ 한국어에서는 「과거」라는 개념을 물리적 시간 기준으로 본다. 즉 화자가 서술하는 현재시점보다 1분 1초라도 지났으면 경과기간의 장 단에 상관없이 무조건 모두 뭉뚱그려 과거로 간주한다.

▶ 이에 비해 영어에서는 「과거」라는 개념을 물리적 시간보다는 화자의 느낌을 기준으로 보기 때문에 지금 막 완료(종료)되었거나 조금 전까지 줄곧 진행해 왔던 일은 물리적 시간상으로는 과거이지만 이를 현재완료형으로 표현한다. 그리고 과거에 일어났던 일이라도 선·후행을 가려서 선행사건은 과거완료형으로 하고, 후행사건은 과거형으로 표현하는 경우가 흔하다. 그래서 한국어에서의 「과거」는 영어에서는 3가지, 즉 현재완료형, 과거형, 과거완료형으로 표현되는 것이다.

▶ 한국인 영어 학습자들은 흔히 현재완료형을 「현재」라는 시제명칭에 현혹되어 그것을 좀처럼 과거로 인식하지 않으려 하며, 현재완료형 사용 자체를 아예 기피해 버리는 경향이 있지만, 영어권 국민들은 현재완료형을 일상생활에서 달고 산다.

2. 현재형 시제와 과거형 시제

[과거시제에 대한 한국어·영어 간 인식차이]

영 어		한 국 어	
현재완료 (가까운 과거)	• I have just read the novel through. • We have had a lot of rain this year. • Spring has come before we know it.	• 나는 방금 그 소설을 다 **읽었다**. • 올해는 비가 많이 **왔다**. • 어느 새 봄이 **왔다**.	
과거(제법 /상당히 지난 과거)	• We went (out) on/for a picnic yesterday. • I took a walk in the morning before last.	• 우리는 어제 소풍을 **갔다**. • 나는 그저께 아침에 산책을 **했다**.	과거
과거완료 (과거시점 보다 더 먼 과거; 과거속의 과거)	• When I got to the station, the train had left already. • I had scarcely said the word when he entered.	• 내가 역에 도착했을 때는 열차가 이미 **떠나 버렸다**. • 내가 그 말을 **하자마자** 그가 **들어왔다**. ※최근에는 한국인들도 영어시제를 의식해서 과거에는 「~했다」로, 과거완료에는 「~했었다」라고 구분하려고 애쓰고 있다. 그러나 본래 한국어에서는 「~했었다」라는 표현은 없다.	

2) 과거형 시제의 용법

현재형 시제와의 공통용법	과거형 시제만의 특별용법
• 과거의 행위 • 과거의 상태 • 과거의 사실 • 과거의 반복행위	• 과거의 습관(규칙적, 불규칙적) • 과거에만 있었던 행위, 사안 • 유사 완료형 과거 • 주절이 과거이면, 종절도 과거·과거완료로

Part Ⅲ 동사의 시제와 서술의 태

① 현재형과의 공통적인 용법

「과거시제」의 경우에도 그 용법은 앞서 살펴본 「현재시제」의 용법과 서술 시점만 달리할 뿐 같은 맥락에서 이해하면 된다. 다만, 과거형에서는 어제(yesterday), 어제 아침(yesterday morning), 어젯밤(last night), 그저께(the day before yesterday), 그저께 저녁/밤/아침(the evening/night/morning before last), 지난 주(last week), 작년(last year), 몇년전(a few years ago) 등 과거를 나타내는 부사어구를 함께 쓰는 일이 많다. 그리고 과거의 습관을 과거의 단순 반복행위와 좀 더 명백히 구분하기 위해서는 「would」나 「used to」를 사용한다. 한편 과거시점에서의 미래시제나, 시제와는 별 상관 없이 의지·필연·가정 및 완곡한 표현을 할 때 조동사 will/shall의 과거형 would/should, may의 과거형 might, can의 과거형 could를 흔히 쓴다.

ⓐ 본동사만 있는 과거형

- I **get up** at six yesterday/this morning, **took** a shower, and **had/ate** breakfast. --------- <동작>
  (나는 어제/오늘 아침 6시에 일어나 샤워를 하고는 아침밥을 먹었다)

- We **met** two years ago in New York. ----------------- <행위>
  (우리는 2년전에 뉴욕에서 만났다)

- I **was** tired, but happy then. ------------------------ <상태>
  (나는 그때에는 (몸은) 피곤했으나 행복했다)

- The ship **started** every Monday morning. ------------ <사실>
  (그 배는 매주 월요일 아침에 출항했다)

- It usually **took** me an hour to get there.
  (내가 거기까지 가는 데는 보통 한 시간이 걸렸다)

2. 현재형 시제와 과거형 시제

- He <u>often</u> **came** <u>to see</u> me on Sundays. ---------- <반복>
  (그는 일요일이면 종종 나를 만나러 왔다)
- I **took up** the story where I **left off**.
  (그 이야기를 중단했던 곳에서부터 다시 시작했다)
- The 1st World War **broke out** <u>in 1914</u> and **ended** <u>in 1918</u>.
  (제1차 세계대전은 1914년에 발발하여 1918년에 종전되었다)

ⓑ 조동사가 있는 과거형

- I **could hear** Gerald's voice speaking the words he had written.
  (나는 편지에 쓴 사연을 말하고 있는 제럴드의 음성을 들을 수 있었다)
- I **shouldn't wonder** if he fails in the exam.
  (그가 시험에 실패한다 해도 난 놀라지 않을 게다)
- I **would not open** the letter until he[the postman] was gone.
  (나는 우체 집배원이 가고 없을 때까지는 그 편지를 뜯으려 하지 않았다)
- She **didn't leave** him anything but an empty house and a Dear John letter (그녀는 빈집과 이별통보 편지 빼고는 그에게 아무것도 남기지 않았어요)

② 과거형 시제만의 특별한 용법

ⓐ 과거의 습관 또는 반복적 행위

- He **would** <u>often</u> **come** to see me. ------------------ <불규칙적 습관>
  (그는 종종 나를 찾아오곤 했다)
- She **would sit** for hours doing nothing.
  (그녀는 몇 시간이나 아무것도 하지 않고 앉아 있곤 했다)

- He **used to take** a walk every morning. --------------- <규칙적 습관>
 (그는 매일 아침 산책을 하곤 했다)

- It **used to be said** that he was diligent. --------------- <반복적 행위>
 (그가 부지런하다는 말을 늘 들어왔다)

ⓑ 지금은 없어나 과거에는 있었던 행위나 사안

- It **used to be believed** that the sun moved round the earth.
 (옛날에는 태양이 지구를 돈다고 믿고 있었다)

- He came earlier than **used** (to).
 (그는 여느 때보다 일찍 왔다)

- There **used to be** a grocery store over there[on/around the corner].
 (옛날에는 저기에[모퉁이에] 식료품 가게가 하나 있었다)

- He **used to be** in my class.
 (그는 예전에는 우리 반이었다)

- They never **used to come** and see us much.
 (예전에는 그들이 우릴 만나러 오는 일이 많지 않았다)

- Do you play golf? - No, but I **used to**.
 (골프를 치세요? - 아뇨, 하지만 전에는 쳤어요)

- He **didn't use(d) to play** golf, did he?
 [=He **used not to play** golf, did he?] (영국식)
 (그는 전에는 골프를 치지 않았죠?)

- **Did** you **use(d) to fight** with your brother?
 [=Used you to fight~] (영국식)
 (전에는 형과 싸우곤 했나요?)

2. 현재형 시제와 과거형 시제

※ 「**be/get+used+to-명사/동명사**」(~에 익숙해 있다)와 혼동하지 말아야

- He **is used to** driving a car.(그는 차 운전에 익숙해져 있다)

- You'll soon **get used to** his way of bulling.
  (그의 위협적인 태도에 곧 익숙해 질 게다)

- He **was used to** sleeping late.(그는 늦잠 자는 버릇이 있었다)

③ 현재완료형 기분을 낸 과거시제 문장

> 과거형 시제에서도 ever · never 등 현재완료형 문장에서 흔히 쓰는 부사를 써서 한 단계 늦은 시제인 현재완료형의 대용으로 사용하기도 한다.

- Did you **ever** see a fox?
  [=Have you ever seen …?]
  (당신은 여우를 본 적이 있습니까)

- I **never** dreamed of such a thing?
  [=I have never dreamed of …]
  (나는 그런 것은 꿈에도 생각해본 적이 없다)

- I was (only) **just** in time for school/work.
  [I've just been in time …]
  (나는 간신히 막 학교/직장 시간에 대어 갔다)

- He **just** missed being run over by a car.
  [=He has just missed …]
  (그는 차에 치이는 것을 가까스로 면했다)

- His hands were **yet** red with blood.
  [=His hands have yet been red …]
  (그의 손은 아직도 피로 물들어 있었다)

3) 주·종절 간 시제일치(Sequence of Tenses) 문제

① 시제일치의 규칙

> 복문(複文; complex sentence)에서는 주절과 종속절 시제간에 밀접한 관계가 있다. 일반적으로 주절의 시제에 따라 종속절 시제가 결정되는데, 이러한 규칙은 한국어에서는 없어서 적응이 잘 안 되므로 주의를 요한다. 소설·기사 등 대부분의 글에서 기조문체(즉 지문 서술시제)는 과거형으로 서술되고 있으므로 결국 주절의 시제가 과거일 때 종속절의 시제를 어떻게 하느냐가 주요 관심사이다. 결론적으로 말해, 주절시제가 과거이면 종속절 시제는 그것과 같은 시제인 과거, 또는 그보다 더 이전인 과거완료로 전환되어야 한다(주절의 시제가 현재-현재완료형인 경우에는 직접화법 때의 인용부호내(피전달부) 시제를 그대로 사용).

ⓐ 주절의 동사가 현재형 또는 현재완료형일 때의 시제문제

※ 이 경우 종속절에는 상황내용에 따라 어떤 시제가 와도 된다.

주절 시제	⇨	종절 시제
▶ 현재/현재완료	⇨	모든 시제 가능
▶ 과거	⇨	과거 또는 과거완료
▶ 과거완료	⇨	과거 또는 과거완료 ⓑ

2. 현재형 시제와 과거형 시제

주 절	종 속 절
He often **tells** me (현재) (그는 종종 내게 말한다)	ⓐ that he **is** busy. (현재) (그는 바쁘다고) ⓑ that he **was** busy. (과거) (그는 바빴다고) ⓒ that he **has been** busy. (현재완료) (그는 바빴다고) ⓓ that he **will be** busy. (미래; 가정법 현재) (그는 바쁠 것이라고)

ⓑ 주절 동사가 과거형일 때의 시제문제

※ 종속절의 시제는 최소한 과거가 되고, 주절의 시제보다 먼저 일어난 일은 과거완료로 되며, 미래시제는 조동사 will/shall이 would/should로 된다. 아래 예문은 이미 간접화법화된 직설법 문장들이지만, 직접화법을 간접화법으로 바꾸는 화법전환 경우에도 종속절 시제변동 규칙은 똑같다.

주 절	종 속 절
He often **told** me (과거) (그는 종종 내게 말했다)	ⓐ that he **was** busy. (과거) (그는 바쁘다고) ⓑ, ⓒ that he **had been** busy. (과거완료) (그는 바빴었다고) ⓓ that he **would be** busy. (미래: 가정법 미래) (그는 바쁠 것이라고)

Part Ⅲ 동사의 시제와 서술의 태

※ 주절(전달부)의 동사 시제가 과거 또는 과거완료일 때
종속절(피 전달부)의 시제변화(종합)

<주절(전달부)>   <종속절(피 전달부)>

주절A	주절B
현재 또는 현재완료	과거 또는 과거완료

A: 직접화법 시제 (주절A때의 종속절)		B: 간접화법 시제 (주절B때의 종속절)
현 재	→	과 거
현재완료	→	과거완료
과 거	→	과거완료
will/shall	→	would/should
can, may	→	could, might
must	→	must

ⓒ 시제일치의 경우별 예문

- He **knows** that he **is** <u>weak</u>.
     (현재)   (현재)
  (그는 자기가 **약하다는** 걸 **안다**)

- He **knew** that he **was** <u>weak</u>.
     (과거)   (과거)
  (그는 자기가 **약하다는** 걸 **알았다**)

2. 현재형 시제와 과거형 시제

- He <u>says</u> that he <u>**helped**</u> her.
  　(현재)　　　　(과거)
  (그는 그가 그녀를 **도왔다고** 말한다)

- He <u>said</u> that he <u>**had helped**</u> her.
  　(과거)　　　　(과거완료)
  (그는 그가 그녀를 **도왔었다고** 말했다)

- He <u>says</u> that he <u>**saw**</u> her.
  　(현재)　　　　(과거)
  (그는 그곳에서 그녀를 **보았다고** 말한다)

- He <u>said</u> that he <u>**had seen**</u> her there.
  　(과거)　　　　(과거완료)
  (그는 그곳에서 그녀를 **보았었다고** 말했다)

- He <u>says</u> that he <u>**has never seen**</u> a tiger.
  　(현재)　　　　　(현재완료)
  (그는 호랑이를 **본 적이 없다고** 말한다)

- He <u>said</u> that he <u>**had never seen**</u> a tiger.
  　(과거)　　　　(과거완료)
  (그는 호랑이를 **본 적이 없다고** 말했다)

② 시제일치의 예외

※ 종속절의 내용이 다음과 같을 때에는 전술한 「시제일치의 규칙」이 적용되지 않는다.

ⓐ 불변의 진리나 사물의 본성 : 항상 현재로 표현

- We **learned** that the earth **goes/moves** round the sun. --------<불변진리>
  (우리는 지구가 태양의 주위를 돈다는 것을 배웠다)

- Mother **said** that wool **shrinks** in hot water. ------------------<물질본성>
  (모직은 더운 물에 넣으면 줄어든다고 어머니께서 말씀하셨다)

- Our teacher **said** frogs **come** out of hibernation in the spring.
  (개구리들은 봄이면 동면에서 깨어난다고 선생님께서 말씀하셨다) ---<자연현상>

ⓑ 현재의 사실·습관 : 현재로 나타내며, 현재도 시행되고 있음을 암시

- He **said** that the first train **leaves** at five. ----------------------<사실>
  (첫 열차는 5시에 떠난다고 그가 말했다)

- The guide **said** spring **enters** Korea through Jeju Island.
  (한국의 봄은 제주도에서 비롯된다고 안내원이 말했다)

- He **said** that he **takes** a walk every morning. --------------------<습관>
  (그는 매일 아침 산책한다고 말했다)

ⓒ 역사적 사실 : 주절 시제에 상관없이 항상 과거로 표현

- The teacher **said** that America **was discovered** in 1492.
  (선생님께서는 미국이 1492년에 발견되었다고 말씀하셨다)

- Grandfather **said** that The French Revolution **took place** in 1789.
  (할아버지께서는 프랑스혁명이 1789년에 일어났다고 말씀하셨다)

2. 현재형 시제와 과거형 시제

> ⓓ 가정법 : 「가정법 현재」 외의, 나머지 유형 가정법 고유시제는 불변

※ 조건절·귀결절 모두 동사의 시제가 이미 should/would, could/might로 되어 있는 유형은 그대로 두되, 그렇지 않은 경우에는 should/would, could/might 가 되게 바꿔야 한다.

- She **says** that she **would be** happy if she **were** pretty.
  (그녀는 예쁘다면 행복할 텐데라고 말한다)-----<현재사실의 반대; 가정법 과거>

  ⬇

- She **said** that she **would be** happy if she **were** pretty.
  (그녀는 예쁘다면 행복할 텐데라고 말했다)

- They **says** that it **could/might be** true. ------------<가정법미래의 귀결절>
  (그들은 어쩌면 그것이 정말일 수도 있다고 말한다)

  ⬇

- They **said** that it **could/might be** true. --------------<could/might; 불변>
  (그들은 어쩌면 그것이 정말일지도 모른다고 말했다)

- He **says** (that) he wishes he **could help** me.
  (그는 자기가 나를 도와줄 수 있다면 좋겠다고 말한다)

  ⬇

- He **said** (that) he wished he **could help** me. ---------<could help; 불변>
  (그는 자기가 나를 도와줄 수 있다면 좋겠다고 말했다)

Part Ⅲ 동사의 시제와 서술의 태

> ※ 주절이 현재→과거로 바뀌면 종절(조건절)의 「가정법 현재」는 「가정법 미래」로 바꾼다.
> ※ 즉 조건절의 현재형 동사는 [should+동사원형]로, 귀결절의 will/shall은 would/ should로 대체해야 한다.
> - 다만, 화법전환이 있은 경우에는 인칭변화에 따라 would/should간에 서로 뒤바뀔 수도 있다.

• He **says** that if it **rain(s)** tomorrow, he **will stay** home.
  (만일 내일 비가 오면, 그는 집에 머물 것이라고 말한다) ---------<가정법 현재>

• He **said** that if it **should rain** next day, he **would stay** home.
  (그는 다음날 비가 오면 집에 머물 것이라고 말했다) -----------<가정법 미래>

■ My father **says**, "I shall be back on Monday."
         (현재) (나는)(귀결절의 단순미래)
  (아버지는 말씀하신다, "월요일에 돌아올 게다"))

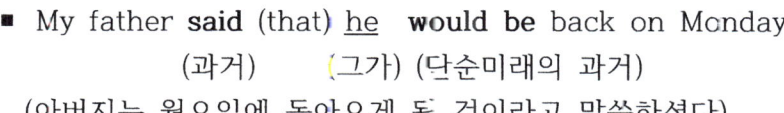

■ My father **said** (that) he **would be** back on Monday.
         (과거)   (그가) (단순미래의 과거)
  (아버지는 월요일에 돌아오게 될 것이라고 말씀하셨다)

※ 위의 경우는 화법전환과 주절(전달부)의 시제변화가 혼합된 상황이다.
※ shall 은 1인칭(I)의 단순미래, would는 3인칭(he) 단순미래(will)의 과거형

3. 완료형 시제

(1) 현재완료형 시제

현재완료란 과거의 어느 때부터 현재에 걸쳐 발생했거나 방금 이루어진, 또는 현재 계속 발생하고 있는 동작이나 상태를 나타내는 시제인데 그 기준은 현재에 두고 있으며, 형태는 [have/has+done(과거분사)]이다.

그러나 물리적 시간개념으로는 「과거」의 범주에 속한다고 볼 수 있다. 한국인의 시각에서는 「과거」와 「현재완료」간 구분이 모호하고 한국어에는 현재완료라는 시제 자체가 없다. 한국인의 시간인식 구조로는 현재의 서술시점에서 1초만 경과해도 과거이고, 영어의 현재완료형·과거형·과거완료형 문장을 해석(번역)해 보면 3개 시제 모두 결국 「~했다」로 된다. 최근에는 이를 애써 구분하려고 현재완료형은 「방금 막 ~했다」나 「지금까지 ~를 해왔다」, 또는 「~한 적이 있다」, 과거형은 「~했다」로, 과거완료형은 「~했었다」라고 표현해 보기도 하지만 역시 모두 과거일 수밖에 없다. 다만, 화법전환이나 시제일치 규칙 적용 문제에서는 현재완료형이 현재형과 같은 그룹으로 취급된다.

한 국 어	영 어
봄이 **왔다**. (과거형)	Spring **has come**. (현재완료형)

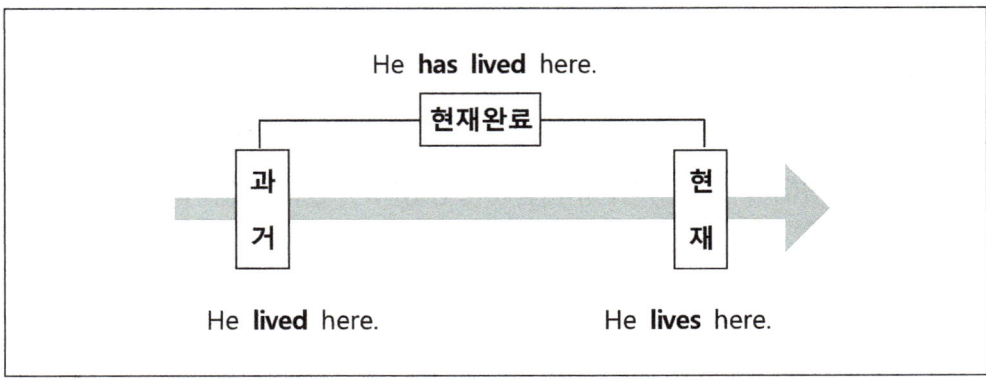

1) 동작의 완료나 결과를 나타낼 때

① 동작의 완료를 나타낼 때

※ 과거에 시작된 동작이 지금 끝났음을 나타낸다. 그래서 just(방금), already(이미), yet(벌써/아직), now(지금) 따위의 부사를 동반하는 일이 흔하다.

- I **have** just read the book through. ---------------------- <동작의 완료>
  (나는 이제 막 그 책을 다 읽었다)

- She **has** already **fallen** asleep.
  (그녀는 이미 잠이 들어 버렸다)

- We **have finished/drained** up every bit of liquor in the house.
  (우리는 집에 있는 술을 깡그리 다 마셔버렸다)

- Most of our gold reserves **have drained** away to foreign countries.
  (우리나라의 금(金) 준비의 대부분이 해외로 유출되었다)

- I **have** just finished my homework.
  (나는 방금 숙제를 끝냈다)

cf:
(yet와 already)
- The bell **has not rung** yet. ------------- <부정문에>
  (종은 아직 치지/울리지 않았다)
- **Has** she **come** home yet? -------------- <의문문에>
  (그녀는 이미 집에 돌아왔나요?)
- **Has** she **come** already? ------------ <놀람표현 의문문에>
  (그녀가 벌써 왔나요?)

cf:
※ just now
(좀전에)
- (O)What was I saying just now?
  (조금 전에 내가 무슨 이야기를 하고 있었지?)
- (O)He arrived just now.
  (그는 조금 전에 도착했다)
- (X)He **has** just now **arrived**.
  (그는 조금 전에 도착했다)

} 과거시제에만 사용하는 부사

3. 완료형 시제

② 동작/행위의 결과를 나타낼 때

※ 과거에 있었던 동작이나 행위의 결과가 현재도 남아 있음을 나타낸다. lose(분실), go/come(왕래), become/grow/turn(변화) 따위의 동사에서 흔히 볼 수 있다.

- I **have lost** my purse somewhere. ---------------------- <동작의 결과>
  (어디선가 돈 지갑을 잃어버렸다[그래서 현재도 아직 지갑을 갖고 있지 않다])

  ※ 만약 분실 사실을 단순히 과거에 일어났던 일로 치부한다든지, 이미 새로운 지갑을 사서 사용하고 있다면 아래와 같이 「과거형」 문장으로 한다.
  cf: I **lost** my purse yesterday, and I **have** a new one now.
   (나는 어제 지갑을 분실했고, 지금은 새 것을 갖고 있다)

- Winter is over[**has gone**], spring **has come**, and the time **has come** to scheme out a new airline.
  (겨울이 끝나고 봄이 왔으며 새 항공노선을 계획할 때가 되었다)

- Jane **has gone** to Canada, and Sarah **(has) come** to Seoul.
  (제인은 캐나다에 가 있고, 세라는 서울에 와 있다.)

- He **has become** a eminent/prominent scientist.
  (그는 저명한 과학자가 되었다)

- She **has grown** her hair long. (그녀는 머리를 길게 길렀다)

- She **has grown** in experience. He **has grown** into a robust young man.
  (그녀는 경험이 풍부해졌다, 그는 씩씩한 젊은이로 성장했다)

- She **has grown** out of all her clothes.
  (그녀는 (너무) 자라서 (입던 옷을) 아무것도 입을 수 없었다)

- The tide **has** quickly **turned**, and he **has slipped** away.
  (조수가 금방 바뀌었고, 그는 어느새 가버렸다)

2) 현재까지의 경험이나 행위/상태의 계속

> **유 의 점**
>
> ◆ 과거와 현재완료의 의미상 차이
> - 과거시제는 과거의 사실/행위를 나타낼 뿐 현재와의 관계는 알 수 없지만,
> - 현재완료는 과거에 시작된 동작이 현재 완료되었거나 그 결과가 아직 남아 있음을 의미한다.
>
> ◆ [be+자동사의 과거분사-]와 현재완료형간 차이
> - [be+과거분사]는 현재완료형과 유사하지만, 완료된 후의 상태에 더 중점을 둔다. 예; Spring **is** come/in.(봄이 되었다/와있다)

① 현재에 있어서의 또는 현재까지의 경험

※ 흔히 ever, never, often, once, before 등의 부사를 동반한다.

- **Have** you <u>ever</u> **met** such a <u>funny creature</u>?
  (이런 재미있는 사람을 본[만난] 적이 있느냐?)

- **Have** you <u>ever</u> **tasted** <u>Danish cheese</u>?
  (덴마크 식 치즈를 맛본 적이 있습니까?)

- I **have** <u>never</u> **seen** <u>it</u>, and **have** <u>nor yet</u> **been** <u>there</u>.
  (나는 그것을 본 적이 없으며, 거기에 가본 적도 없다)

- I **have** <u>never</u> **seen** the report, <u>much less</u> read it
  (나는 그 보고서를 읽어보기는커녕 본 적도 없다)

- I've <u>never</u> **read** <u>nor yet</u> **intended** to.
  (그건 아직 읽지 않았으며 읽을 생각도 없다)

- Nothing **has been heard** <u>of him</u> since. ------------ <수동태 현재완료>
  (그 후로는 그에 관한 소식을 전혀 들은 적이 없다)

3. 완료형 시제

cf:
- I **have seen** her <u>before</u>.
  (<u>전에</u> 그녀를 본 적이 있다)
- You <u>should</u> **have come** <u>before</u>.
  (넌 <u>일찍</u> 왔어야 했다)
- I **have** <u>once</u> **seen** her.
  (<u>한때/일찍이</u> 그녀를 본 적이 있다)
- I **haven't seen** her <u>once</u>.
  (그녀를 <u>한 번도</u> 본 적이 없다)
- I **have seen** her <u>once</u>.
  (그녀를 <u>한번</u> 본 적이 있다)

- **Have** you ever **been** <u>to</u> New York?
  (뉴욕에 가보신 적이 있습니까)

  cf:
  - **Have** you <u>ever</u> **been** <u>in New York</u>?
    (뉴욕에 살아보신 적이 있습니까)
  - **Has** he **gone** <u>to New York</u>?
    (뉴욕으로 가버렸느냐?)

- **Have** you **been** <u>to the station</u>? - I **have been** <u>to see him off</u>.
  (역에 갔다 왔느냐? - 그를 배웅하러 갔다 왔다)

- Where **have** you **been**? - I **have been** <u>to the station</u>.
  (어디 갔다 오느냐? - 정거장에 갔다 오는 길이다)

- **Have** you **been** <u>at a funeral</u>? - I've **attended** a funeral.
  (장례식에 참가하신 적이 있습니까? - 참석한 적이 있어요)

- I **have been** <u>to see the play/movie</u> three times.
  (그 연극/영화를 이제까지 세 번이나 가서 봤다)

- She **has had** a heart attack. (그녀는 심장발작을 일으킨/겪은 적이 있다)

참고 : 영·미인의 현재완료형 사랑

현대영어(특히 미국식 구어체)에서 현재완료형을 얼마나 즐겨 사용하는가는 시간적으로나 문법적으로는 분명히 과거나 과거완료형에 해당되는 시점의 일인데도 현재완료형을 써버리는 경우가 종종 있는 데서도 엿볼 수 있다(하물며 간접화법에서 「시제일치」의 원칙까지 위배해 가면서). '돌아가신지 오래다'라는 말도 '죽어있는 상태가 계속되다'라고 현재완료형으로 표현할 정도다. 거듭 말씀드리지만 영어에서 '완료형'은 실제 시점보다는 말하는 이의 느낌에 의해 좌우되는 일이 흔하다.

- What **did** he **say**? - Did he finally **admit** he's **taken** it?
 (뭐라고 말하던가요? - 자기가 가져갔다고 결국 시인했나요?)
  - 위 문장에서 시제규칙상으로는 he has taken은 [he took] 또는 [he had taken]으로 해야 맞을 것임

- We**'ve got** more than two hours before the connecting flight home.
 (집에 가는 연결 비행기 타기까지는 두 시간도 넘게 남았다)

- I**'ve got**[=I have] a cold now. (나는 지금 감기가 들었다)

  - **have got** : 외견상으로 완료형이지만 got은 단언적 느낌이나 운율을 맞출 뿐, have만 있는 것과 같은 의미를 띤다(have got=have, have got to=have to).
  - **got**은 현대영어(특히 구어)에서 수동태 느낌을 주기 위해서도 종종 쓰인다.

② 과거에 시작된 동작·상태가 현재까지 계속되고 있음을 표현

※ 「지금까지 ~하고 있다」, 「죽 ~해오고 있다」라고 과거에 시작된 움직임이나 상태가 지금까지 계속되고 있음을 나타낸다. 그래서 for(동안), since(이래로), how long(얼마나 오래) 따위의 기간을 표시하는 부사어구와 함께 쓰이는 경우가 흔하다.

- He **has lived** here for ten years. (그는 이곳에 10년간 살아오고 있다)

3. 완료형 시제

- I'm sorry to **have kept** you waiting.
  (계속 기다리시게 해드려서 미안합니다)

- She **has been** sick since last Monday.
  (그녀는 지난 월요일부터 줄곧 앓고 있다)

- My father **has been** dead (for) five years.
  (아버지가 돌아가신 지 5년이 된다)

- He **hasn't heard** from his wife for a long time.
  (그는 오래도록 아내로부터 소식을 듣지 못했다)

- I (must) apologize to you for **having not written** to you for so long.
  (오랫동안 편지 못 드려 죄송합니다)

- How long **have** you **gone**? (자네는 얼마나 오랫동안 나가 있었느냐?)

- It **has been** a long time since I saw him last.
  (지난 번 본이래 그를 본 적이 오래다)

- Through the years of our marriage, I **have learned** to go late to bed.
  (우리들의 결혼생활 동안 내내 나는 늦게 잠자리에 드는 것에 익숙해지게 되었다)

3) 동명사 · 부정사 · 분사구문 등에서의 현재완료형 해석방법

> 동명사 · 부정사 · 분사구문 등에서의 현재완료형을 해석시에는 그것을 단순히 외견상의 형태 그대로 볼 것이 아니라, 주절의 서술동사보다 한 단계 앞선 시제로 보아야 한다. 즉 주절동사의 시제에 따라 현재완료는 물론이고, 과거, 과거완료를 의미할 수도 있다.

Part Ⅲ 동사의 시제와 서술의 태

① 「동명사」에서의 현재완료형 해석방법

- I regrets **having said** such things.
  (나는 그런 말을 한 걸 뉘우치고 있다)
  - 이때의 having said는 현재완료 또는 과거

- I regretted **having said** such things.
  (나는 그런 말을 했었던 걸 뉘우쳤다)
  - 이때의 having said는 과거완료

- There is a rumor of a flying saucer **having been seen**. <현재완료 수동태>
  (비행접시가 목격되었다는 소문이 있다)
  - 이때의 having been seen은 현재완료 또는 과거

- There was a rumor of a flying saucer **having been seen**.
  (비행접시가 목격되었다는 소문이 있다)
  - 이때의 having been seen은 과거완료

② 「to-부정사」에서의 현재완료형 해석방법

ⓐ 「조건」을 나타내는 부정사의 경우

- I am happy to **have had** this talk with you.
  (당신과 이렇게 얘기를 나눈 것이 기쁩니다)
  - 이때의 to have had는 현재완료 또는 과거

- I was happy to **have had** this talk with you.
  (당신과 이렇게 얘기를 나눴었던 것이 기뻤습니다)
  - 이때의 to have had는 과거완료

- 237 -

3. 완료형 시제

ⓑ 판단 동사 다음에 오는 부정사의 경우

- He <u>seems</u> to **have been** <u>diligent</u>.
  [=It seems he has been[was] diligent]
  (그는 부지런했던 것처럼 보인다)
  - 이때의 to have been diligent는 현재완료 또는 과거

- He <u>seemed</u> to **have been** <u>diligent</u>.
  [=It seemed he had been diligent]
  (그는 부지런했었던 것 같이 보였다)
  - 이때의 have been diligent는 과거완료

ⓒ 희망/기대 동사의 다음에 오는 부정사의 경우

- He <u>hopes</u> to **succeed**. (그는 성공하기를 바라고 있다)
  - 이때의 to succeed는 미래를 나타냄

- He <u>hoped</u> to **succeed**. (그는 성공하기를 바랐다)
  - 이때의 to succeed는 과거에서 바라본 미래

- He <u>hoped</u> to **have succeed**. (그는 성공하기를 바랐었다)
  - 이때의 to have succeeded는 성공하지 못한 것을 암시

ⓓ 타동사에 수반되는 부정사의 경우

- He <u>ordered</u> <u>the troops</u> **to attack**. (그는 부대에 공격을 명령했다)
  - 이때의 to attack는 미래를 나타냄

- I <u>suppose</u> <u>him</u> **to be guilty**. (나는 그가 유죄라고 생각한다)
  - 이때의 to be guilty는 현재를 나타냄

- We know him to have been a partisan.
  (우리는 그가 당원이었다는 사실을 알고 있다)
  - 이때의 to have been은 현재완료 또는 과거를 나타냄

- I found him to have aged shockingly.
  (그가 놀랄 만큼 나이 먹었음을 나는 알았다)
  - 이때의 to have aged는 과거완료에 해당

- We expect them to have finished by the time we arrive.
  (우리가 도착할 때까지는 그것들이 끝나 있을 게다)
  - 이때의 to have finished는 미래완료에 해당

③ 완료분사 등 분사문장의 시제 표현

※ 분사중 현재분사는 보통 주문(主文)의 동사와 같은 시제를 나타낸다. 그렇지만, 과거분사와 완료분사는 주문 동사의 시제보다 앞선 시제를 나타낸다.

※ 그러나 분사에서는 대체로 문맥상 주문·종문 간 선·후 관계가 뚜렷하므로 완료분사는 그냥 현재분사로, 완료진행형분사는 완료분사나 현재분사로 표현해도 가능

ⓐ 현재분사의 시제1   <주문시제와 같은 경우>

- He spends hours, reading books.
  (그는 책을 읽으며 시간을 보낸다)
  - 이때의 reading의 시제는 spends와 같이 현재

- The girl, peeling the onions, smiled shyly.
  (양파를 까고 있던 소녀는 수줍은 듯이 미소 지었다)

3. 완료형 시제

  - 이때의 peeling은 smiled와 같이 과거

- Students **wearing** slacks tomorrow will be cautioned.
  (내일 슬랙스를 입고 오는 학생들은 주의를 받을 게다)
  - 이때의 wearing은 will be와 같이 미래

ⓑ 현재분사의 시제2 ----------- <주문시제와 상관없이 현재인 경우>

- The man **wearing** the blue shirt used to be a Socialist.
  (청 셔츠를 입고 있는 사나이는 본래 사회주의자였다)
  - 이때의 wearing은 주문 동사(used to)의 시제(과거)와는 상관없이 현재

- The house now **being built** probably will be rendered.
  (지금 지어지고 있는 집은 아마 세를 줄 것이다)
  - 이때의 being built는 주문 동사(will be)의 시제(미래)와는 상관없이 현재진행형

ⓒ 과거분사의 시제

- **Struck** by Edgar, Stanley fell dead.
  (에드가의 칼을 맞고 스탠리는 쓰러져 죽었다)
  - 이때의 Struck는 주절동사(fell dead)의 시제(과거)보다 앞선 시제인 과거완료

- The trees **knocked down** by the wind were chopped for firewood.
  (바람에 쓰러진 나무는 장작용으로 쪼개졌다)
  - 이때의 knocked down은 주절 동사(were chopped)의 시제(과거)보다 앞선 시제인 과거완료

ⓓ 완료분사의 시제

- The dear, **having summoned** Tom, waited impatiently.
  (학생감은 톰에게 출두를 명한 후 안타까이 기다렸다)

Part Ⅲ 동사의 시제와 서술의 태

- 이때의 having summoned는 주문 동사(waited)의 시제(과거)보다 앞선 시제인 과거완료(능동태)

- Tom, **having been summoned** by the dear, prepared his defense.
  (톰은 학장에게서 출두명령을 받고는 답변을 준비했다)
  - 이때의 having been summoned도 주문 동사(prepared)의 시제(과거)보다 앞선 시제인 과거완료(수동태)

- **Having written** the letter, he mailed it at once.
  (그는 편지를 써 즉시 부쳤다)
  - 이때의 having written도 주문 동사(mailed)의 시제(과거)보다 앞선 시제인 과거완료(능동태)

- **Having failed** twice, he didn't want to try again.
  (그는 두 번이나 실패했기 때문에 더 이상 시도할 생각은 없었다)
  - 이때의 having failed도 주문 동사(didn't want)의 시제(과거)보다 앞선 시제인 과거완료(능동태)

- The clock **having struck** ten, we shook hands and parted.
  (시계가 10시를 쳤기 때문에[치자] 우리는 악수를 하고 헤어졌다)
  - 이때의 having struck도 주문 동사(shook and parted)의 시제(과거)보다 앞선 시제인 과거완료(능동태)

ⓔ 완료진행 분사의 시제

- **Having been driving** all day, we were rather tired.
  (우리는 종일 운전을 했으므로 꽤 피곤했다)
  - 이때의 having been driving은 주절 동사(were tired)의 시제(과거)보다 앞선 시제인 과거완료진행(능동태)

- **Having been sitting[=staying] up** all night, she was dead tired.
  (그녀는 꼬박 밤을 지새웠기 때문에 몹시 피곤했다) …〈분사 구문 = 과거완료형〉

3. 완료형 시제

(2) 과거완료형과 미래완료형 시제

1) 과거완료형

> 현재완료가 현재를 기준으로 하는 데 비해, 과거완료는 과거 어느 때까지의 시점을 기준으로 그때까지의 동작의 완료·결과·경험·계속을 나타낼 뿐, 용법은 서로 같다. 형태는 [had+done(과거분사)]이다.

한 국 어	영 어
내가 역에 <u>도착했을</u> 때는, 열차가 이미 **떠나버렸(었)다**	When I <u>got</u> to the station, the train **had left/started** already.

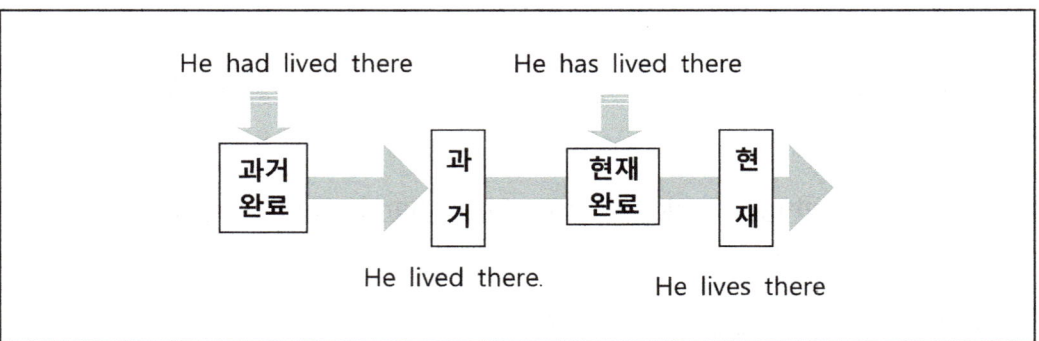

① 과거에 이미 완료된 동작/행위

- <u>By</u> the time a police officer **rushed to** the spot/scene, the thief/larcenist **had** already **run away**.
  (경관이 현장으로 급히 달려 왔을 무렵엔 그 절도범은 이미 도망갔(었)다)

- We **had** all **arrived** <u>by</u> the time he <u>came</u>.
  (그가 오기 전에 우리는 모두 도착했(었)다)
  cf: The year <u>before</u> they **were/got married**//he often **sent** her flowers.
  (결혼하기 전에 그는 그녀에게 자주 꽃을 보냈다)

- I **had** not **gone** a mile <u>before</u> I **felt** tired.
  (1마일도 못 가서 나는 피곤해졌다)

- We **had** <u>no sooner</u> **sat down** <u>than</u> the curtain **rose**.
  (우리가 착석하자마자 막이 올랐다)

- He **had** <u>scarcely</u> **gone** out <u>when[before]</u> it **began** to snow.
  [=Scarcely **had** he **gone out** <u>when[before~]</u>
  (그가 외출을 하자마자 눈이 내리기 시작했다)

- I **had** <u>hardly</u> **reached** there <u>when[before]</u> it **began** to rain.
  [Hardly **had** I **reached** there <u>when[before~]</u>]
  (내가 거기에 도착하자마자 비가 오기 시작했다)
  ※ 위 예문에서 보는 것처럼 분리접속사 「no sooner ~ than」이나 「scarcely/hardly~when/before」가 양절에 흩어져 있는 문장에서는 「than/when/before」를 기준으로 앞 절의 시제가 뒷 절 시제보다 항상 앞선다.

cf:
— <u>As soon as</u> I **walked** into the room, I **knew** there was something wrong.
(나는 방에 들어서자마자 뭔가 잘못됐다는 것을 알았다)
— A few minutes <u>after</u> he **finished**[had finished], he **went** to bed.
— I'll **go** to bed <u>after</u> I **finish**[have finish] studying.
(공부가 끝나면 자러 가겠다)

※ 위 예문들에서 보는 것처럼 접속사 「as soon as」가 이끄는 종속절의 동사 시제는 주절의 시제와 항상 일치한다. 한편 접속사 「after」나 「before」가 이끄는 종속절의 동사 시제는 주절의 시제와 같아도 되고 한 단계 앞서도 된다(다만, 주절의 시제가 미래인 경우에는 종속절 시제가 현재 또는 현재완료라야 한다).

3. 완료형 시제

② 과거에 이루어진 동작/행위의 결과 또는 그 영향의 계속

- The news **had left** us all in a stale of shock.
  (그 소식은 우리 모두를 충격에 빠뜨렸다)

- I <u>lost</u> my mother <u>when</u> my father **had been dead** three years.
  (아버지를 잃은 지 3년 만에 어머니를 여의었다)

- He **had become** <u>a famous musician</u> by them.
  (그때쯤에는 그는 유명한 음악가가 되어 있었다)

③ 더 먼 과거에 겪어서 과거 특정 시점까지 지각하고 있는 경험

- I **had heard** of him once <u>before I met him</u>.
  (그를 만나기 이전에 한 번 그에 관하여 들은 적이 있었다)

- <u>The man claimed</u> (that) he **had seen** a ghost.
  (그는 도깨비를 본 적이 있다고 주장했다)

④ 가정법상의 과거완료 : 「과거사실의 반대상황」 가정

- If we **had lived** in America, our daughter <u>would not have died</u>.
  (우리가 미국에 살았더라면, 우리 딸은 죽지 않았을 것이오)

- If you **had worked** harder, you <u>would have passed the exams</u>.
  (네가 좀 더 열심히 공부했더라면, 시험에 합격했을 텐데)

※ 위 예문에서 if가 이끄는 조건절(종속절)의 시제는 외견상으로는 과거완료형이지만, 의미상으로는 이루어지지 못한 「과거」의 사실을 반대로 가정한 것이다.

2) 미래완료형

> 미래완료는 미래의 어느 때를 기준으로 하여 그때까지의 동작의 완료·결과·경험 및 계속을 추정하여 나타낸다. 형태는 [will/shall have+done(과거분사)]로 이루어진다.

① 미래 특정시점에서의 동작/상태의 완료를 나타낼 때

- I **will have finished** it by next Friday.
 (나는 다음 금요일까지는 그 일을 다 끝내겠다)

- I **shall have finished** this work by five o'clock.
 (나는 5시까지는 이 일을 끝내고 있을 게다)

- By this next year he **will have taken** his university degree.
 (내년 이맘때까지는 그는 (이미) 대학을 마칠 게다)

② 미래 특정시점에서의 동작/상태의 결과를 나타낼 때

- I **shall have recovered** when you returns from America.
 (네가 미국에서 돌아올 무렵에는 나의 건강이 회복되어 있을 게다)

- He **will have become** a doctor by then.
 (그는 그때까지는 의사가 되어 있을 것이다)

- They **will have arrived** by now.
 (지금쯤 이미 그들은 도착했을[도착해 있을] 게다)

③ 미래 특정시점에서 이루어질 예상되는 경험을 나타낼 때

- If I read the novel, I will[shall]] **have read** it three times.
 (한 번 더 그 소설을 읽으면 세 번 읽은 셈이 될 것이다)

3. 완료형 시제

- You **will have read** <u>about it</u>. (그것에 관해 읽게 되는 적이 있을 테지요)
- <u>By the time(when) summer comes</u>, I **shall have studied** abroad two years. ------------------ <미래완료형>
  cf: By the time summer <u>comes</u>, I **shall have been studying** abroad two years. ------------- <미래완료진행형>
  (여름이 될 무렵이면 나는 2년간 유학하고 있는 셈이 된다)

참고

주·종절이 있는 복문에서 귀결절(주절)이 미래완료형(will/shall+have+과거분사)이거나 미래시제(will/shall+동사원형), 또는 명령문일 때, 종속부사절(특히 조건절) 속에서의 시제는 현재형 또는 현재완료형 시제로서 미래시제를 대신하는 경우가 흔하다

- <u>By the time</u> summer **comes**. <u>When you</u> **return** from America
  (여름이 될 무렵/까지에는. 미국에서 돌아올 때에는)
- <u>Tell me when</u> you **have finished**. (일이 끝나는 대로 내게 알려 주게)
- I <u>will forget it</u> <u>until</u> numbness **has gone** from my heart.
  (멍한 기분이 내 마음에서 가실 때까지는 그것을 잊고 싶다)

※ 그러나 귀결절(주절)이 미래속의 과거형일 때는 조건절(종속절)의 시제도 과거형으로 일치시키는 경우가 흔하다.

- I **would not open** it until he <u>was gone</u>.
  (그가 가고 없을 때까지는 나는 그것(편지)를 개봉하지 않을 생각이었다)
- If he <u>should be given</u> another chance, he **will/would do** his best.
  (그에게 또 한 번의 기회가 주어진다면, 그는 자신의 최선을 다할 것이다)

4. 미래 시제

영어의 미래시제는 미래의 예정·예상 및 화자나 상대방의 의지를 나타내는 시제이며 [조동사 will/shall+원형동사]의 형태를 띤다. 미래시제에는 미래표시 조동사로서 'will'과 'shall'중 어느 것을 쓰느냐 하는 것이 관건인데, 이는 인칭에 따라 다르고, 평서문이냐 의문문이냐에 따라, 그리고 단순성 미래이냐 의지가 내포된 미래냐에 따라 달라지므로 한국인 영어학습자들에게는 헷갈리기 쉬운 난제중의 하나이며, 과거 속 미래는 would/should로 쓴다. will/shall과 would/should는 미래시제의 의미 외에 다른 특별한 용법이 더 있다(이에 대해서는 조동사 편에서 자세히 다룰 것임).

(1) 단순미래

「~할 것이다」또는 「~하게 될까요?」라고 단순히 미래에 발생될 행위나 사안의 예정·예상을 나타내는 미래로서 화자(話者; speaker)의 의지는 전혀 개입되지 않는 경우이다. 다음과 같이 문형과 인칭에 따라 will/shall이 구분 사용된다.

인칭 \ 문형	평서문	의문문
1인칭 (I, We)	• I/We shall do (영국식)√ • I/We will do (미국식)	Shall I/we do?
2인칭 (you, you)	You will do	Will you do? (미국식) Shall you do? (영국식)√
3인칭 (He/She, They)	He/She They } will do	Will { he/she do? they do?

4. 미래 시제

> **요점**
>
> - 회화체에서는 흔히 평서문은 I will→I'll, You will→You'll, He will→He'll로 줄여 쓰고, 의문문은 will not→won't, shall not→shan't로 줄여 쓴다.
> - 1인칭에서 shall을 쓰는 것과 2인칭 의문문에서 shall을 쓰는 것을 제외하고는, 나머지 모든 인칭에서는 will을 쓰는 경향이 있다.
> - 원래는 1인칭에서는 영국식으로 shall을 사용했으며, 그럴 경우 의지미래 조동사인 will과의 구분이 명확해지는 이점이 있다. 그래서 아직도 문어체에서는 이 전통을 지키는 문장이 적지 않다.

1) 1인칭의 단순미래

① 평서문 단순미래 : 「~하게 될 것이다」

- If I am late, I shall lose the job. (늦으면 나는 일자리를 잃게 될 것이다)

- I hope I **shall see** you again. Ask doctor if I **shall/will recover**.
  (다시 만나 뵙고 싶습니다. 내가 회복될 수 있겠는지 의사에게 물어봐라)

- I **shall be** happy to take your invitation.
  (기꺼이 초대/초청에 응할 것입니다)

- I **shall be glad/pleased** to go if you will accompany me.
  (당신이 동행해 주신다면 기꺼이 갈 것입니다)

- I **will have finished** this work by 5 o'clock. ----------------- <미국식>
  (5시까지는 이 일을 끝마칠 것입니다)

- I **shall be** twenty in August. (8월이면 스무 살이 된다)
  cf:(미국식) I **will be** sixteen years old next year.(내년이면 나는 16세가 된다)

- We **shall miss** you badly. (네가 없으면 우리는 참 섭섭해 여길 게다)

- By August, I **shall have left** college.
  (나는 8월이면 대학을 졸업해 있을 것이다)

- I **shall have come** home by seven.
  (7시까지는 집에 돌아와 있을 테죠)

- I **shall arrive** by the first train tomorrow.
  (내일 첫차로 도착합니다)

② 의문문 단순미래 : 「~하게 될까요?」

- **Shall**(Will) I/we **be** in time for the train?
  (열차 시간에 댈 수 있을까요?) ---------- <미국에서도 흔히 shall>

- **Shall** I **be** there in time if I start at once.
  (곧 떠난다면 거기에 시간 내에 닿을까요?)

- When **shall** we **see** you again?
  (우리는 언제 또 당신을 뵐 수 있을까요?)

- **Shall** we **see** you again next semester?
  (다음 학기에도 다시 여러분을 만나 뵐 수 있을까요?)

2) 2인칭의 단순미래

① 평서문 단순미래

- You **will** soon **get** well. (너는 곧 완쾌될 것이다)

- You'**ll feel** better if you take this medicine.
  (이 약을 먹으면 기분이 좋아질 거야)

- Look out, or You'**ll be run over**.
  (조심해라, 그렇지 않으면 차에 치인다)

- I am afraid you **will catch** cold.
  (자네가 감기 걸릴까봐 걱정이다)

4. 미래 시제

- I shall be glad if you **will accompany** me.
  (당신이 동행해 주신다면 기꺼이 가겠습니다)

- Say that you **will be** glad to see him.
  (그를 만나면 자네는 즐거울 거라고 말하게)
  cf: Say, "I shall be glad to see you."
  (너를 만나면 나는 즐거울 거다라고 말하게)

  ※ 위 문장은 직접화법→간접화법으로 전환 시 미래시제가 인칭에 따라 바뀐 용례

- You **will be** Mr. Brown, I think.
  (브라운 선생님이시죠)
- You **will have heard** of it.
  (그것은 관해 들으셨을 테죠)

  ⎫ 화자의 상상·추측

② 의문문 단순미래

- **Will[Shall]** you be free this afternoon?
  (오늘 오후에 시간여유가 있습니까)

- How long **shall** you be in London? -------------------- <영국식>
  (런던에는 얼마동안 머무실 예정입니까)

- **Shall** you be home tomorrow?
  (내일은 댁에 계십니까)

- **Shall** you **go** to the meeting on Sunday?
  (일요일 날 회합에 나갈 작정인가?)

- **Shall** you **sell** your house and move into a flat?
  [=Are you going to seel~?]
  (집을 팔고 아파트로 이사하시렵니까)

- When **will** you **be** off?
  (언제 떠나십니까)

- **Will** you **be coming** here this evening?
  (오늘 저녁 여기 오실 겁니까) ------------ <진행형; 구체적 계획>
  cf: **Will** you **come**~? (오 주시겠습니까) ---------- <단순한 의향>

3) 3인칭의 단순미래

① 평서문 단순미래

- It **will become/be** clear/fine tomorrow. The moon **will rise** at eight.
  (내일은 날씨가 갤 것이다. 달은 8시에 뜰 것이다)

- I hope the weather **will be** fine and you **will have** a good time.
  (날씨가 좋아서 여러분들이 즐겁게 지내시기를 바래요)

 The party **will be postponed** if it rains tomorrow.
  (내일 비가 오면 파티는 연기될 거다)

- He **will come** of age next year. School **will begin** on March.
  (그는 내년이면 성년이 된다. 3월이면 학교가 개학한다.)

- They**'ll be pleased** to see you
  (너를 만나면 그들은 기뻐할 거다)

- Coffee **will come** after the meal.
  (식사 후에는 커피가 나올 게다)

- By the year 2020, world population **will have doubled**. ----- <미래완료형>
  (2020년까지면 세계 인구는 2배가 될 게다)

- People **will have forgotten** all about it in a month. ------- <미래완료형>
  (사람들은 한 달만 지나면 그런 건 다 잊어버리고 있을 거야)

4. 미래 시제

- She always says that she **will do** her best.
  (그녀는 항상 자신은 최선을 다 하겠다고 말한다)
  cf: She always says, "I will do my best."
  　　(그녀는 늘 말하기를, "난 최선을 다 하겠어")

※ 위 문장은 직접화법→간접화법으로 전환 시 직접화법 때의 의지미래 시제가 그대로 옮겨간 용례이다.

- I believe he **will be** an Irishman.
  (나는 그가 아일랜드 사람이라고 생각한다)
- That **will be** George at the door.
  (문간에 (와)있는 것은 조지일 게다)
- How far is it to the wood? - It **will be** 2 miles, I reckon.
  (숲까지는 거리가 얼마나 되나요? - 2마일쯤 될 테지)
- I'm sure she **will have finished** by now.
  (지금쯤 그녀도 틀림없이 끝났을 것이다)

　　　　　　　　　　　　　　　　　　　　　　　화자의 상상·추측

② 의문문 단순미래

- **Will** he **recover** soon? **Will** the moon **rise** soon?
  (그는 곧 회복될까요? 달이 곧 뜰까요?)
- **Will** he **be able** to hear at such a distance?
  (이렇게 떨어져 있는데(도) 그가 들을 수 있을까요?)
- When[What time] **will** this train **arrive** at Daejeon?
  (이 열차는 몇 시에 대전에 도착하게 됩니까)
- **Will** he **miss** the train? (그는 열차를 놓치게 될까요?)

(2) 의지미래

> 평서문에서는 「~하겠다, ~할 작정이다」 또는 「~하게 하겠다」 등 화자의 의지를 나타내고, 의문문에서는 「~할까요?」라고 상대방의 의지를 묻는 미래의 시제이다. 1인칭 평서문과 2인칭 의문문에서 will을 쓰는 것을 제외하고는 모두 shall을 쓴다.

문형 인칭	평 서 문(화자의 의지)	의 문 문(상대방의 의지)
1인칭 (I, We)	I/We will do ✓	Shall I/we do?
2인칭 (you, you)	You shall do.	Will you do? ✓
3인칭 (He/She, They)	He/She They } shall do	Shall { he/she do? they do? }

1) 1인칭의 의지미래

1인칭 평서문에서

- I **will do** my best, and if I should fail in it, **I'll decide** what to do then.
 (최선을 다해 보겠으며 그 일에 실패한다면 그때 뭘 할 건지 결정하겠다)

- All right, I **will do** so. [No, I **will not**].
 (좋습니다, 그렇게 하죠. [아니오, 싫습니다])

- I **will go** there tomorrow, and **will give** you my address.
 (내일 거기에 가서 내 주소를 가르쳐 드리죠)

- 253 -

4. 미래 시제

- I **will go**, no matter what you say. (네가 뭐라고 하던 나는 가겠다)
- We **will begin** soon, won't we? (곧 시작합니다)
- I **won't go** to such places again, and **will never do** such a thing again.
  (다시는 그런 곳에는 가지 않겠으며, 다시는 그런 일은 않겠다)
- I **won't stand** any nonsense. (사리에 맞지 않는 것은 질색이다)
- I'**ll bet** my bottom dollar. (있는 돈 전부를 걸겠다)
- I'**ll be** hanged if he does. (그가 한다면 내 목을 내놔도 좋다)

1인칭 의문문에서

- **Shall** I **open** the window? - Yes, please[No, thank you].
  (창문을 열까요? - 예, 그렇게 해주세요[아니오, 괜찮습니다])
- **Shall** we **have** lunch here? - Yes, let's do[No, let's not (do)]
  (여기서 점심을 먹을까요? - 예, 그렇게 합시다[아니요, 그러지 맙시다])
- **Shall** I **show** you some photographs? - Yes, do, please.
  (사진을 좀 보여드릴까요? - 예, 부탁드립니다)
- What **shall** I **do** next? What **shall** I **begin** with?
  (다음에는 뭘 하면 좋을까요? 무엇부터 시작할까요)
- I've lost my wallet, what **shall** I **do**? - **Shall** I **help** you?
  (돈 지갑을 잃어버렸어. 어쩐다지? - 제가 도와드릴까요?)
- What **shall** I **do** if I finished my work? (일이 끝나면 무얼 한다지?)
- **Shall** we **go out** for a walk? - Yes, let's. (산책 나가실까요? - 예, 나갑시다)
- **Shall** we **dance** to the piano music?
  (우리 피아노곡에 맞춰 춤을 출까요?)

2) 2, 3인칭의 의지미래

2,3인칭 평서문에서

※ 나/우리는 「~하겠다, ~하려고 한다」, 「너를 ~하게 하겠다」로 해석된다.

- You **shall have** this book. (너에게 이 책을 갖게 하겠다)
  [=I **will give** you this book]

- He **shall go** at once. (그를 즉시 가게 하겠다)
  [=I **will let** him go at once]

- You **shall have** my answer tomorrow. (내일 대답을 드리지요)
  [=I **will give** you~]

- If you are late again, You **shall be** dismissed. (또다시 지각하면 해고하겠다)
  [=If ~ I'll dismiss you]

- You **shall not have** any. (자네에겐 아무것도 주지 않겠네)

- He **shall pay** for that. (나는 그 보복을 하고 말 테다)

- He **shall not die**. (그를 죽게 하진 않겠다)

2인칭 의문문에서

- **Will** you **buy** this hat? (이 모자를 사시겠습니까)

- **Will** you **lend** me your dictionary? (사전 좀 빌려 주시겠습니까)

- **Will** you **go** there tomorrow? (내일 거기에 가시겠습니까)

- When **will** you **be seeing** your brother next week?
  (내주 언제쯤 동생을 만나실 작정이십니까?)

- **Will** you **come** to the dance tonight?
  (오늘 밤 댄스파티에 오시지 않겠습니까)

4. 미래 시제

- **Will** you **have** some more? (좀 더 드시지 않겠습니까)
- **Will** you **pass** me the sugar? (그 설탕을 이쪽으로 좀 건네주시겠습니까)
  [=**Pass** me the sugar, **will** you?]
- **Will** you kindly **tell** me the way to the city hall?
  (시청으로 가는 길을 좀 가르쳐 주시겠습니까)
- How **will** you **have** your steak? - I'll it rare.
  (스테이크를 어떻게 해서 드시겠습니까? - 저는 살짝 익힌/구운 것으로 해주세요)
- You'll try it, **won't** you? (그거 해보시지 않겠습니까)
- **Won't** you **come** with me? (나와 함께 가시지 않겠습니까)
- Come and sit there, **won't** you? (이리 와서 좀 앉지 않겠나?)

3인칭 의문문에서

- **Shall** he **come in**? - Yes, let him come in.
  [=**Do you want** him **to come in**? -?]
  (그를 들어오게 할까요?)
- **Shall** the boy **go out** first? (소년을 먼저 내보낼까요?)
- **Shall** he **wait** for you till you come back?
  (당신이 돌아올 때까지 그를 기다리게 할까요?)
- What **shall** Tom **do** next? (다음엔 톰에게 무엇을 시킬까요?)
- Who **shall** ever **unravel** the mysteries of the sea?
  (바다의 신비를 누가 풀 수 있겠는가?)

5. 진행형 시제

> 동작이나 상태가 진행 또는 계속중에 있음을 나타내는 시제이며 [be+~ing (현재분사)]를 기본형으로 하여 「~하고 있다」는 뜻을 나타낸다. 진행형에는 서술시점을 기준으로 현재진행형, 과거진행형, 미래진행형에 더하여 완료형과의 혼합진행형인 현재완료진행형, 과거완료진행, 미태완료진행형이 있다. 진행형은 성격상 왕래·발착 등 동작성 동사(come/go, leave/arrive 등)에 많이 쓰이지만 최근에는 인지적·감각적 동사(think·feel 등)에도 흔히 쓰인다.

(1) 현재진행형

> 「be 조동사(am, is are)+doing(현재분사)」의 형태를 띠는데, 현재 진행중인 동작을 나타내는 본래의 용법과 그렇지 않은 특별용법이 있다.

1) 본래의 용법 :「~하고 있다」라고 실제로 현재진행중인 동작을 나타냄

※ 반드시 습관을 나타내는 것은 아니며, 현재 실제 전개되고 있는 고립적 항위를 표현

- They **are skating** on the pond (그들은 연못에서 스케이트를 타고 있다)

- The train **is coming** in now, and she **is going** to the station.
  (열차가 지금 들어오고 있으며, 그녀는 역으로 가는 중이다)

- He **is staying** in Paris now, and his sight **is going**.
  (그는 지금 파리에 머물고 있는데, 시력을 잃어가고 있다)

- I **am thinking** about going on a package tour to Japan.
  (나는 일본으로 패키지여행을 갈까 생각중이다)

- The thunder[gun-fire] **is rumbling**.
  (뇌성[포성]이 우르르 울리고 있다)

5. 진행형 시제

- We **are hoping** the house will sell quickly.
  (우리는 집이 빨리 팔리기를 바라고 있다)

- I **am** simply **melting/burning/boiling** over here.
  (여기는 더워서 그저 몸이 녹을/구울/삶길 지경이다)

- She **is getting/feeling** well, but her husband's wits **are wandering**.
  (그녀는 건강이 좋아지고 있지만, 남편은 정신이 이상하다)

- It's **getting** warmer and warmer. It **is raining** on and off.
  (날씨가 점점 따뜻해지고 있다. 비가 오다 그치다 한다)

- The work **is marching/going** on well. (일이 착착 잘 진행되고 있다)

- I'm **having** trouble with the computer. (나는 컴퓨터에 애를 먹고 있다)

- I'm **wondering** if you have any vacancies for this week.
  (이번 주말에 빈 방이 있겠는지 궁금해요; 좀 알고 싶어요)

- The end of the semester is fast **approaching**[=**drawing near**].
  (학기말이 눈앞에 다가오고 있다)

- It's **going on** four o'clock. (지금 4시가 가까워온다)

- We **are planning** to visit Europe this summer.
  (이번 여름에는 유럽 여행을 할 작정이다[마음먹고 있다])

- I'**ve been meaning** to ask you if you'd like to come over for a drink?
  ------------------ <현재완료진행형>
  (차 한 잔 하러 오겠느냐고 당신한테 물어볼 생각이었어요)

- The musical "Cats" **is** still **playing** on Broadway.
  (뮤지컬 '캐츠'는 브로드웨이에서 여전히 공연되고 있다)

- The country **is drowning** in debt. (그 나라는 부채에 빠져 허덕이고 있다)
  cf: A boy **is drowning** in the lake.
     (어떤 소년이 호수에 빠져 허우적거리고 있다)

- They **are building** new houses for local people.
  (지역 주민들을 위해 새 주택들을 건설하고 있다)
  cf: Many new houses **are building** for local people.
  (많은 새 주택들이 지역주민들을 위해 건설중이다)
- The car **is selling** well in India.
  (그 차는 인도에서 잘 팔리고 있다)

※ play, drown, build, sell등은 자등사로서 진행형을 취하면 수동태 진행형의 뜻을 나타낸다.

- Despite rather a slow start, the business **is** now **doing** well.
  (초반 출발이 부진했으나, 지금은 사업이 잘 되고 있다)
- How **are** you **getting** along with your French?
  (프랑스어 공부는 잘 되어 가고 있느냐?)
  cf: How **is** he **getting** along with his wife?
  (그는 부인과의 사이가 어떤가?)

※ 위의 3개 문장은 「관계」나 「상태」의 진전 상태를 나타내는 진행형이다.

2) 현재진행형의 특별용법

- 현재진행형은 동작/행위가 실제 진행중임을 나타내는 본래의 용도 외에, 몇 가지 특별한 경우에도 사용된다. 즉

- 가까운 미래에 구체적인 행위/사안이 있을 예정을 나타내거나, 반복적인 동작이나 습관을 나타내는 경우이다. 그중에서 go/come, start/leave/arrive 따위의 왕래·발착을 나타내는 동사의 현재진행은 가까운 미래의 예정을 나타내는 데 가장 흔히 쓰인다.

5. 진행형 시제

① 현재진행형 특별용도(1) : 「가까운 미래의 예정사항」을 나타낼 때

- Who else **is coming** tonight?
  (오늘밤에 그 외 또 누가 오나요?)

- Uncle **is coming** soon. What time **are** you **starting**?
  (숙부께서 곧 오신다. 당신은 몇 시에 떠나십니까)

- A new version of the software **is coming** soon.
  (그 소프트웨어의 새 버전이 곧 나올 것이다)

- **Are** you **leaving** tonight? Mary **is leaving** tomorrow for America.
  (오늘 저녁에 떠날 예정이냐? 메어리는 내일 미국으로 떠날 예정이다)

- I'**m having** an operation next week, and so I'**m not having** singing here.
  (다음 주에는 수술을 받을 예정이어서 노래하는 걸 용납할 수 없다)

- Who'**s playing** James Bond in the new movie?
  (새 영화에서는 제임스 본드 역을 누가 맡나요?)

- (편지말미에서) We **are sending** you our brochure "Korea Trade" as requested. (요청하신대로 저희 측의 브로셔 「한국무역」을 보내드립니다)

② 현재진행형 특별용도(2) :「반복적 동작이나 습관」을 나타낼 때

※ 대개 always, constantly, continually 따위의 부사와 함께 쓰인다.

- He **is** always **smoking**.
  (그는 항상 담배를 피워댄다)

- A squirrel **is turning** the sieve (net) round and round.
  (다람쥐는 쳇바퀴를 끊임없이 돌린다))

- English language **is** constantly **changing**.
  (영어는 끊임없이 변화한다)

③ 현재진행형 특별용도(3) :「사물의 상태를 생생하게 표현」하려 할 때

- You **are looking** fine. (건강해 뵈는군요)

※ 상태표현 자동사에 주로 쓰이며, 현재형인 "You look fine"과 의미상 차이는 없으나 좀 더 생동감 있는 느낌을 준다.

④ 현재진행형 특별용도(4) : 미래 또는 현재진행의 준(準)조동사 역할

> 다른 동사의 뜻을 도와주는 준 조동사의 역할을 하는 경우이며,「be going to(~하려고 한다)」가 대표적이다.

- I **am** (just) **going** to write a letter. I'**m going** to invite Helen to a party.
  (나는 지금 편지를 쓰려 하고 있다. 헬렌을 파티에 초대할 작정이다)

- I **am going** to see him tomorrow.
  (나는 내일 그와 만날 예정이다)

- You **are going** to see a lot[much] of me.
  [=You will see~]
  (당신은 앞으로 나와 자주 만나게 될 것이오)

- What **are** you **going** to be when you grow up?
  (크면 무엇이 되려느냐?)

- She **was beginning** to feel tired.
  (그녀는 피곤해지기 시작했다)

- It'**s beginning** to snow.
  (눈이 내리기 시작하고 있다)

5. 진행형 시제

- We **are planning** to visit the northern Europe this summer.
  (이번 여름에는 북유럽을 여행할 작정이다)
  cf: We**'re planning** on getting married some time.
  　　(우리는 언젠가 결혼하려고 하고 있다)

- Her attitude **is getting** to be a problem.
  (그녀의 태도가 문제가 되고 있다)

3) 통상 진행형을 쓰지 않는 동사들

① 진행형을 잘 안 쓰는 경우1 : 소유/귀속, 존재/구성 관련 동사들

> 한국어로는 「~하고 있다」로 표현되어도 영어로는 통상 진행형으로 잘 쓰지 않은 동사들이 꽤 많이 있는데, 이는 그 자체에 의미상 행위·상태의 계속성을 내포하고 있기 때문이다

be, exist, have, belong, consist, contain 등

- God **exists**. salt **exists** in the sea water, not in the fresh water.
  (신은 존재한다. 소금은 민물에서가 아니라 바닷물 속에 있다)

- While superstitions were wide spread in ancient time, they **are** still in existence. (고대에는 미신이 만연했지만 그것은 지금도 존재하고 있다)

- Those characters **have no place/existence** in history.
  (그런 인물들은 역사상 존재하지 않는다)
  cf: They are history. (그것들은 먼 옛날 일이다)

- She **has** a sweet voice.
  (그녀는 아름다운 목소리를 갖고 있다)

- Such things **exist/occur** only in cities.
  (그런 일들은 도시에서만 나타난다/일어난다)

- She **has** a large room <u>to himself</u>.
  (그녀는 큰 방을 독차지 하고 있다)

- The store **has** antique furniture <u>for sale</u>.
  (그 가게는 골동 가구를 팔고 있다)

- The college **has** <u>a faculty staff</u> of ninety.
  (그 대학은 90명의 교수진을 확보하고 있다)

- **Have** <u>a smell</u> **of** this rose[Take a smell **at** this rose].
  (이 장미꽃 냄새 한 번 맡아봐요)

- She **has/had** a red scarf **around** her neck.
  (그녀는 목에 빨간 스카프를 두르고 있다/있었다)

- She **has/had** a white new dress **on**.
  (그녀는 하얀 새 드레스를 입고 있다/있었다)

- He **has** the water **running** in the washing stand.
  (그는 세면대에 물을 털어 놓은 채 있다)

- He **had** his right hand **touching** the car to relieve his natural call.
  (그는 차에 오른 손을 댄 채 소변 마려움을 해결했다)

- She **has/had** little money **on** deposit.
  (그녀는 예금을 거의 해두지 않고 있다/있었다)

- She **had** little money <u>left</u> in her purse.
  (그녀의 지갑에는 돈이 거의 남아 있지 않았다)

5. 진행형 시제

- They **have/had** a bible spread out on the desk.
  (책상 위에는 성경이 한 권 펼쳐져 있다/있었다)

- All of the houses **have** kidney beans[morning glories] creeping up in their fences. (집집마다 울타리에는 강낭콩[나팔꽃]들이 기어오르고 있었다)

- Please **have** your room clean and tidy.
  (제발 좀 네 방을 청결하고 말쑥하게 정돈해 두어라)

- She **has** a grudge against him. I **have** it by heart.
  (그녀는 그에게 원한을 품고 있다. 나는 그것을 외워 있다)

- I **have**[I've got] a cold now.
  (나는 지금 감기에 걸려 있어)

- She **has** a pained look on her face.
  (그녀는 고통스러운 표정을 짓고 있다)

- He **belongs** to the Boy Scouts. He **belongs** to Seoul.
  (그는 소년단에 속해 있다; 소년단원이다. 그는 서울 사람이다)

- Some members felt they no longer **belonged** in the party.
  (몇몇 당원들은 더 이상 당에 소속되어 있다고 느끼지 못했다)

- Water **consists** of hydrogen and oxygen.
  (물은 수소와 산소로 구성되어 있다)

- Happiness **consists** in contentment.
  (행복은 족함을 아는 데 있다)

- Health **does not consist** with intemperance.
  (건강은 무절제와 양립하지 않는다)

- The rock **contains** a high percentage of iron.
  (이 광석은 철 함유율이 높다)

- A pound **contains** 16 ounces.
  (1파운드는 16온스이다)

- I **cannot contain** my anger.
  (화가 나서 견딜 수 없다)

② 진행형을 잘 안 쓰는 경우2 : 인지(認知) 동사들

> know, remember, think, believe, love, like, hate 등

- I **know** how to drive a car.
  (나는 차 운전법을 알고 있다)

- I **know** him to be honest.
  (그가 정직하다는 것을 알고 있다)

- We **knew** (that) they were innocent.
  (그들이 무죄라는 것을 우리는 알고 있었다)

- We **know** what it is to be poor.
  (우리는 빈곤이 어떤 것이라는 것을 (체험으로) 알고 있다)

- They are so alike that you hardly **know** one from another.
  (두 사람은 아주 닮아서 거의 구별할 수 없다)

- I **remember** him singing beautifully.
  (나는 그가 훌륭하게 노래 부른 것을 기억하고 있다)

- I **remember** her as very vivacious.
  (나는 그녀가 무척 발랄했던 것으로 기억하고 있다)

5. 진행형 시제

- I **remember** meeting her once at the dance.
  (나는 그녀를 댄스파티에서 한 번 만난 적이 있다)

- I **remember** my grandmother baking us cookies.
  (할머니께서 우리들에게 쿠키를 구워 주시던 일이 기억난다)

- **Remember** to get the letter mailed.
  (그 편지를 잊지 말고 우편으로 발송해 주시오)

- I **love** you, Sarah. I **shall miss** you badly.
  (사랑해, 사라. 난 네가 없으면 참 섭섭해질 거야)
  cf: Tom **was/fell** in love with Alice.
  　　(톰은 앨리스에게 반해 있다; 앨리스와의 사랑에 빠져 있다)

- Katie **loves** playing tennis. Father **likes** apples.
  (케이티는 테니스 치는 것을 좋아한다. 아버지는 사과를 좋아하신다)

- We all **love** to talk about ourselves.
  (우리는 모두 자기 얘기하기를 좋아한다)

- Children **love** nothing more than a good story.
  (아이들은 무엇보다도 재미있는 이야기를 좋아한다)

- I **would love** to meet her. I'**d love** (to have) a cup of coffee.
  (그를 정말 만나보고 싶어. 커피 한 잔 했으면 좋겠다)

- The sunflower **loves** sunlight and turns its head toward it.
  (해바라기는 햇빛을 좋아해서 그 쪽으로 고개를 돌려요)

- **Would** you **like** to go out to dinner? - I'd love to.
  (저녁 식사하러 나가지 않을래요? - 좋아요)

- I **don't like** anything smelling of politics.
  (정치 냄새를 풍기는 건 뭐든지 싫어요)

③ 진형형을 잘 안 쓰는 경우3 : 지각(知覺) 동사들

> **see, hear, sound, smell, taste, feel 등**

- **Can** you **hear** (me) at the back? - No, I **can't hear** you.
  (저 뒤에 (내 목소리) 들려요? - 아니오, 안 들려요)

- **Have** you **heard** the news of his resignation?
  (그의 사임 뉴스를 들었습니까)

- I **have heard** nothing of him since.
  (그 이후로는 그의 소식을 못 듣고 지냈어요)

- I **hear** from him now and then.
  (그에게서 때때로 소식을 듣고 있습니다)

- I **saw** her go out.
  [=She **was seen** to go out]
  (그녀가 외출하는 걸 보았다)

- I **saw** her knitting wool into stockings.
  (그녀가 털실로 양말을 뜨고 있는 걸 보았다)

- I **saw** your appointment in the newspaper.
  (신문에서 너의 임명기사를 보았다)

- It'll take a whole day to **see** the town.
  (시내 구경에 꼬박 하루가 걸릴 것이다)

- I never **saw** him before.
  (이전에 그를 한 번도 만나본 적이 없다)

- You'd better **see** a doctor at once.
  (즉시 의사의 진찰을 받는 게 좋겠습니다)

5. 진행형 시제

- He **has seen** a lot of life.
  (그는 많은 인생의 경험을 쌓았다/겪었다)

- I **saw** charming traits in not-so-charming people.
  (별로 매력이 없어 뵈는 사람들에게서 호감이 가는 특성을 찾았다)

- He didn't **see** her to be foolish.
  (그는 그녀가 어리석음을 알아채지 못했다)

- I'll **see** whether it gets done right away.
  (곧 해낼 수 있을지 조사해 볼 게요)

- I **can't see** him as a president.
  (그가 사장이 된다는 따위는 상상도 할 수 없네요)

- He **saw** it right to do so.
  (그는 그렇게 하는 것이 옳다고 여겼다)

- May I **see** you home?
  (댁까지 바래다 드릴까요?)

- She **saw** her brother through college.
  (그녀는 남동생을 도와[돌봐] 주어서 대학을 졸업시켰다)

- I'll **see** the work done in time.
  (일이 기한 내 끝나도록 신경을 쓰겠다)

- I **can't see** him making use of me.
  (나는 그에게 이용당하고만 있을 수 없다)

- I'd **see** the house burnt down before I part with it.
  (집을 내주느니 차라리 불타 없어지는 게 낫겠다)

- **Let** me **see**~, what was I saying.
  (그런데, 내가 무슨 말을 했더라)

④ 진행형을 잘 안 쓰는 경우4 : 위치·상태 표현 동사들

> **stand/lie, run, go/suit, resemble 등**

- London **stands** on the Thames, and Harvard **is/stands** right across the river from Boston.
  (런던은 템즈 강가에 있고, 하버드 대학은 보스턴에서 바로 강 건너편에 있다)

- Near the railway station, **stands/stood** a hoary[time-hono(u)red] hotel.
  (역 근처에 고색창연한 호텔이 하나 있다/있었다)

- The boy **stands** first in the class.
  (이 아이는 반에서 제일 잘 한다; 수석의 위치에 있다)

- He **stands** 6 feet and 3 inches.
  (그는 키가 6피트 3인치이다)

- The old building **stands** up well, the clothes **will stand** another year, and the agreement still **stands** as signed.
  (저 낡은 건물은 잘 지탱하고 있고, 그 옷은 더 입을 수 있겠으며, 그 협정은 조인 당시처럼 아직 유효하다[변함없다])

cf:
- Some parts of the original house **are still standing**.
  (원래 집의 일부가 여전히 남아 있다)
- Within a week not a tree **was left standing**.
  (1주일도 안 되어 나무 한 그루도 남아 있지 않았다)
- A bus **was standing** at the bus stop.
  (버스 한 대가 정류소에 서 있었다)

- Some books **lie/lay** on the floor.
  (책 몇 권이 방바닥에 놓여 있다/있었다)

5. 진행형 시제

- His ancestors **lie** in the cemetery. Suwon **lies** south of Seoul.
  (그의 조상은 공동묘지에 묻혀 있다. 수원은 서울의 남쪽에 있다)

- The valley **lies** at our feet, a village **lies** across the mountain.
  (우리들의 발아래에는 골짜기가 펼쳐져 있고, 산 너머에는 마을이 하나 있다)

- The path **lies** along a stream[through the woods].
  (길은 시내를 따라[숲을 통과해서] 뻗어 있다)

- The pond **doesn't go** very deep.
  (그 연못은 그리 깊지 않다)

- The lid[The last piece] **won't go** (on).
  (그 뚜껑[마지막 조각]이 잘 맞지 않는다)

- **Does** this road **go/lead** to the station?
  (이 길로 가면 역이 나오나요?)

- Her skirt **goes/went** down to the ground?
  (그녀의 스커트는 땅바닥까지 내려온다/내려왔다)

- Their cries **went** unheard.
  (그들의 외침은 아무도 듣지 못했다)

- **Does** the red wine **go** (well) with chicken?
  (적포도주는 닭고기와 (잘) 어울리나요?)

- The bright tie **doesn't/won't go** with the dark suit.
  (그 밝은 색 넥타이는 짙은 색 양복과는 어울리지 않는다)

- The shirt really **suits** you.
  (그 셔츠는 정말 당신에게 잘 어울려요)

- The coat **won't go** round him.
  (그 상의는 크기(둘레)가 작아서 그에게 맞지 않는다)

- The belt **won't go** around my waist.
  (그 허리띠는 짧아서 내 허리에 다 둘러치지 않는다)

- Everyone says (that) he **resembles** his father.
  [=Everyone says he **looks like** his father]
  [=Everyone says he **takes after** his father]
  (모두들 말하기를 그는 자기 아버지를 닮았다고 해요)

- My head **hurts** me. ------------------- <타동사>
  (머리가 아프다)

- My finger still **hurts**. ------------------- <자동사>
  (손가락이 아프다)

- He is badly/seriously hurt. ---------------------- <과거분사/형용사>
  (그는 중상을 입었다)

- Dirty oil **can hurt** a car's engine. ------------------------ <타동사>
  (더러운 오일은 엔진을 손상시킬 수 있다)

- This **will hurt** me more than it hurts you. --------------- <타동사>
  (이것은 너보다 내 쪽이 더 괴롭다)

- Another glass **won't hurt** you. ------------------------- <타동사>
  (한 잔 더 해도 탈은 없을 거요)

- He **went running** to meet them.
  (그는 그들을 만나려고 달려갔다)

5. 진행형 시제

- I'll **run over** to see you after dinner.
  (식후에 너한테 잠깐 들를게)

- The buses **run** every ten minutes.
  (그 버스는 10분마다 다닌다)

- The traffic **runs** day and night.
  (교통편은 주야로 있다)

- This bus **runs** between Seoul and Daegu.
  (이 버스는 서울과 대구 구간을 오간다)

- This road **runs** north to Munsan.
  (이 길은 북쪽으로 문산까지 나 있다)

- The road **runs** through the woods.
  (이 길은 숲을 통과한다)

- The account **ran** in all papers, and the news **ran** all over the town.
  (그 기사는 모든 신문에 실렸고, 그 뉴스는 온 읍내에 퍼졌다)

- The horse **ran in** the Dorby, **ran second**, and he **ran for** the major.
  (그 말은 더비 경마에 출전하여 2등을 했으며, 그는 시장에 출마했다)

- The stream **runs** clear/thick.
  (시냇물이 맑게/흐리게 흐른다; 맑다/흐리다)

- A thought **ran through** my mind.
  (어떤 생각이 문득 떠올랐다)

- The engine **runs** on gasoline.
  (엔진은 휘발유로 작동한다)

- His tongue **ran** on and on.
  (그는 마구 지껄여댔다)

Part Ⅲ 동사의 시제와 서술의 태

- His business **runs** smoothly.
  (그의 사업은 순조롭다)

- The contract **runs** for twenty-six weeks.
  (그 계약은 26주간 유효하다)

- **Will** the color **run** if the dress is washed?
  (이 옷은 빨면 변색하나요?)

- His eyes **ran over** the pages.
  (그는 대충 몇 페이지를 읽어 보았다)

- Silk stockings **run** more easily than nylons.
  (실크 양말은 나일론 양말보다 올이 잘 풀린다)

⑤ 예외적으로 진행형을 사용하는 경우 : 특별한 의미부여나 강조 시

- have
  - He **is having** lunch.(o)
    (그는 점심 식사중이다)
  - I'm **having** a good time.(o)
    (나는 즐겁게 지내고 있어)
  - We're been **having** trouble with our teenage son.(o)
    (10대 아들 때문에 애를 먹고 있어요)
  - I **have** trouble[no trouble] staying awake in class.(o)
    (수업시간에 졸지 않고 있기가 어렵다[별 문제 없다])
  - He is having a book.(x)
  - He **has** a book.(c)

5. 진행형 시제

- feel
  - She **is feeling** well(o)
    (그녀는 건강/기분이 좋아지고 있다)
  - How **are** you **feeling** now?(o)
    (지금은 건강/기분이 어떠세요?)
  - Velvet **is feeling** soft(x)
  - Velvet **feels** smooth(o)
    (벨벳은 촉감이 부드럽다)
  - What **do** you **feel** about his suggestion?(o)
    (그의 제안을 어떻게 생각하세요?)

- taste
  - The cook **is tasting** soup to see whether he had enough salt in it. (o) (요리사는 간을 보기 위해 수프를 시음하고 있다)
  - The food **tastes** a little salty(o)
    (그 음식은 약간 짜다)
  - The food **is tasting** a little salty(x)

- smell
  - The milk **is smelling** a little sour.(x)
  - The milk **smells** a little sour.(o)
    (그 우유는 약간 쉰 냄새가 난다)
  - I **can smell** something burning(o)
    (무엇인가 타는 냄새가 난다)
  - Dogs **are smelling/sniffing out** drugs.(o)
    (개들이 마약을 냄새로 탐지하고 있다)

- see: **I'm seeing** her tomorrow.
  (내일 그녀를 만날 예정이다)

- hurt: **Is** that tight shoe **hurting** you[your foot]?
  (신이 꼭 끼어서 발이 아프냐?)

- run: Time **is running** out, so we must hurry.
  (시간이 소진되고 있으므로 서둘러야 해)
  Tears **were running** down her cheeks.
  (눈물이 그녀의 뺨으로 흘러내리고 있었다)

(2) 과거진행형과 미래진행형

> 과거진행형은 과거 어느 때에 진행 중이거나 반복되는 동작을, 미래진행형은 미래 어느 때의 진행 중인 동작을 나타내는데, 기본적인 용법은 현재진행형과 같다.

1) 과거진행형 : [Was/Were+동사원형-ing]

- He **was making** the story up as he went along.
  (그는 말해 나가면서 얘기를 지어내고 있었다)

- It **was raining**[**was getting dark**] when we arrived at the entrance of the village.
  (우리가 동네 입구에 도착했을 때는 비가 내리고 있었다[어두워지고 있었다])

- Evening **was falling** fast in Milan.
  (밀라노에서는 밤이 빨리 내리깔리고 있었다)

- Unfortunately, my brain **wasn't working** well on that day.
  (공교롭게도 그날은 내 머리가 잘 돌지 않았다)

- Things **were going** along nicely/well.
  (매사가 잘 돼가고 있었다)

- Many people **were busily coming and going** on the street.
  (거리에는 많은 사람들이 분주하게 오가고 있었다)

5. 진행형 시제

- Emotions **were running** high during all the trial.
  (재판 동안 내내 긴박한 분위기가 흐르고 있었다)

- Federal funds **were running** dry.
  (연방기금이 고갈되고 있었다)

- Tears **were running** down her cheeks, and his nose **was running**.
  (눈물이 그녀의 뺨으로 흘러내리고 있었으며, 그는 콧물을 흘리고 있었다)

- There **were** white curtains **hanging** over the window.
  (창문에는 하얀 커튼이 걸려 있었다)

※ 소설에서는 장면/상황 묘사를 과거진행형 문장으로 쓰는 예가 흔하다.

- The great Pullman **was whirling** onward with such dignity of motion at a glance from the window seemed simply to prove that the plains of Texas **were pouring/sweeping** eastward.
  - "The bride Comes to Yellow Sky" by Stephen Crane

(멋진 풀먼 열차(호화 침대차)가 그 이름에 걸맞게 무척 기품 있게 곡선을 그리며 앞으로 내닫고 있었는데, 창밖으로 흘끗 내다보는 것만으로도 텍사스 평원이 곧장 앞쪽으로 흘러 [휩쓸며] 들어오는 게 그냥 증명되는 것 같았다)
  - 스티븐 크레인의 단편소설 "신부가 옐로우 스카이에 오다"의 첫 장면 묘사문장

2) 미래진행형 : [Will/Shall+동사원형-ing]

- He **will be working** at work[the office] this time tomorrow
  (그는 내일 이맘때는 직장에서 일하고 있을 것이다)
  cf: I'm not in the office this time tomorrow.
  (내일 이맘때는 나는 사무실에 없을 것이다)

- The ship **will be sailing/cruising** the Caribbean Sea by now.
  (지금쯤 그 배는 카리브 해를 항해중일 것이다)

- Everything **will be going** well by the end of this year.
  (금년 말 쯤에는 매사가 잘 되어가고 있을 게다)

- I **shall be feeling** fine/well this time next year.
  (내년 이맘때면 나는 건강이 좋아지고 있을 게다)

(3) 혼합 진행형(완료 진행형)

> 혼합진행형은 말 그대로 현재·과거·미래의 각 완료형에다 진행형이 혼합된 형태의 시제를 말하는데, 현재완료진행형·과거완료진행형·미래완료진행형의 3가지 종류가 있다.
>
> 즉 현재완료진행형은 '과거 어느 때부터 시작된 동작이 현재까지 죽 계속하여 진행되고 있음'을 뜻하고, 과거완료 진행형은 과거 어느 때까지 동작의 계속을, 미래완료 진행형은 미래 어느 때까지 동작의 계속을 나타낸다

1) 현재완료 진행형 : [Have/Has been+동사원형-ing]

She **began to play** the piano	She **is still playing** the piano

⬇

She **has been playing** the piano since this morning
(그녀는 오늘 아침부터 계속 피아노를 쳐오고 있다)

5. 진행형 시제

- It **has been raining** since last night.
  (간밤부터 비가 계속 내리고 있다)

- I **have been coming** here regularly since 2010.
  (나는 2010년부터 이곳을 규칙적으로 방문해 오고 있다)

- I **have been waiting** for the bus for twenty minutes.
  (20분 동안[20분 전부터] 버스를 기다리고 있다)

- He **has been singing** two hours.
  (그는 2시간 동안 계속 노래하고 있었다)

- Why do you have such a long face? - You**'ve been looking** a bit blue this week.
  (너 왜 그렇게 시무룩한 얼굴이냐? - 너 이번 주 내내 좀 우울해 보였어)

2) 과거완료 진행형 : [Had been+동사원형-ing]

- The baby **had been crying** till her mother came.
  (아기는 어머니가 올 때까지 계속 울었다)

- I **had been waiting** about an hour when she came.
  (나는 그녀가 올 때까지 1시간이나 기다리고 있었다)

3) 미래완료 진행형 : [Will/Shall have been+동사원형-ing]

- It **will have been raining** for a week (on) if it rains[if it does not stop] tomorrow.
  (내일도 비가 오면[비가 그치지 않으면] 1주일 동안 계속 오는 셈이 된다)

- I **shall have been studying** English literature for 6 years by the time I leave the college.
  (대학을 그만둘 때쯤이면 나는 영문학을 6년 동안 공부한 셈이 될 게다)

6. 수동태 문장의 구성과 시제 적용

(1) 영어 수동태의 역사와 실상

수동태(passive voice) 문장이란 타동사가 서술동사로 되는 제3, 4, 5형식 문장의 목적어를 주어로 삼아 구성한 문장을 말한다. 능동태로 표현할 것인가, 수동태로 표현할 것인가의 선택은 궁극적으로 화자/필자의 표현의도에 달렸다. 한국어에서는 동사-원형의 어미를 「~해졌다, 되었다」로 변형하면 되지만, 어미변화가 극히 제한적인 영어에서는 또 다른 조동사(be동사)의 힘을 빌려 [be+done(과거분사)]의 형태로 재조립하는 형식을 취한다.

19세기 이후 근대영어에서 오늘날의 수동태 형식이 갖춰지고 크게 발달·활용되었다고 하는데, 현대에 이르러서는 자동사(특히 get 동사)의 활용이 활발해지면서 다소 사용빈도가 퇴색해지는 경향이 있지만, 아직도 논문·기사·문서 등 격식을 갖춘 글에서는 수동태 문장이 광범하게 사용되고 있다.

다만, 시제적용에 있어서는 진행형 시제에서 이미 [be+동사원형-ing]의 형태를 가지는데 여기에다 [be+과거분사]라는 수동태 형태를 섞게 되면 be동사가 겹쳐져서 식별과 사용에 상당한 애로와 혼란을 겪게 되게 마련이다. 특히 be동사와 과거분사가 동시에 겹쳐지는 「완료진행형 수동태」 문장은 영어권 사람들에게조차 복잡성이 가중되어 사용을 꺼림으로써 사실상 지금은 완료진행형 3개 시제의 수동태는 자주 사용되지 않는 실정이다.

(2) 수동태 문장 만들기 연습

※ 능동태 -> 수동태로 전환시키는 요령을 먼저 터득하되,
그 이후에는 수동태 문장 그대로 바로 표현하는 습관을 길러보도록 하세요.

6. 수동태 문장의 구성과 시제 적용

1) 능동태 문장과 수동태 문장 간 구성형식과 전환방법

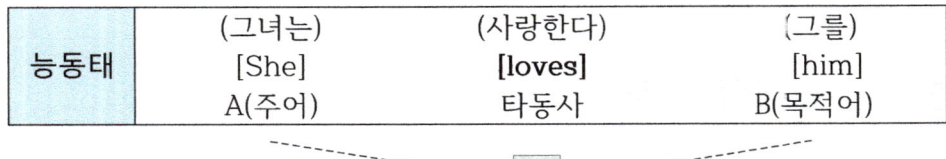

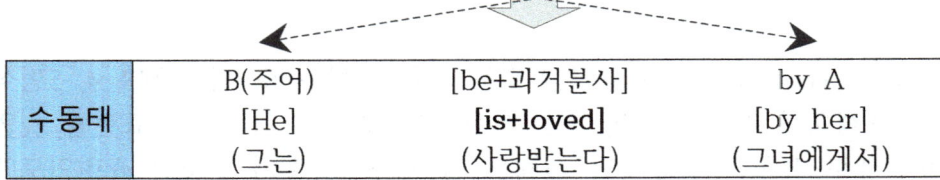

전환규칙	• 능동태의 목적어(him)를 주격(He)로 하여 주어로 삼는다. • 능동태의 타동사(loves)를 「be(is)+과거분사(loved)」로 바꾼다 (이때 시제는 be동사가 떠맡는다). • 능동태의 주어를 by 뒤에 두어 「~에 의하여」라는 뜻이 되게 한다 (전치사인 by 뒤에 인칭대명사가 오면 목적격으로 바꾼다).

2) 기본시제(현재·과거·미래)의 수동태

형태\시제	능 동 태	수 동 태
현재형	She **makes** a doll. (그녀는 인형을 만든다)	A doll **is made** by her. (인형이 그녀에 의해 만들어진다)
과거형	She **made** a doll. (그녀는 인형을 만들었다)	A doll **was made** by her. (인형이 그녀에 의해 만들어졌다)
미래형	She **will make** a doll. (그녀는 인형을 만들 것이다)	A doll **will be made** by her. (인형이 그녀에 의해 만들어질 것이다)

3) 완료시제(현재완료·과거완료·미래완료)의 수동태

형태\시제	능동태	수동태
현재완료형	She **has made** a doll. (그녀가 인형을 막 만들었다)	A doll **has been made** by her. (인형이 그녀에 의해 (방금) 만들어졌다)
과거완료형	She **had made** a doll. (그녀는 인형을 만들었었다)	A doll **had been made** by her. (인형이 그녀에 의해 만들어졌었다)
미래완료형	She **will have made** a doll. (그녀는 인형을 만들어 있을 것이다)	A doll **will have been made** by her. (인형이 그녀에 의해 만들어져 있을 것이다)

4) 진행시제(현재진행·과거진행·미래진행)의 수동태

형태\시제	능동태	수동태
현재진행형	She **is making** a doll. (그녀는 인형을 만들고 있다)	A doll **is being made** by her. (인형이 그녀에 의해 만들어지고 있다)
과거진행형	She **was making** a doll. (그녀는 인형을 만들고 있었다)	A doll **was being made** by her. (인형이 그녀에 의해 만들어지고 있었다)
미래진행형	She **will be making** a doll. (그녀는 인형을 만들고 있을 것이다)	A doll **will be being made** by her. (인형이 그녀에 의해 만들어지고 있을 것이다)

6. 수동태 문장의 구성과 시제 적용

5) 완료진행(현재·과거·미래완료진행)의 수동태 : 자주 사용되지 않음

형태 시제	능동태	수동태
현재완료 진행형	She **has been making** a doll. (그녀는 인형을 죽 만들고 있었다)	A doll **has been being made** by her. (인형이 그녀에 의해 죽 만들어지고 있다)
과거완료 진행형	She **had been making** a doll. (그녀는 인형을 죽 만들고 있었다)	A doll **had been being made** by her. (인형이 그녀에 의해 죽 만들어지고 있었다)
미래완료 진행형	She **will have been making** a doll. (그녀는 인형을 죽 만들고 있을 것이다)	A doll **will have been being made** by her. (인형이 그녀에 의해 죽 만들어지고 있을 것이다)

(3) 수동태 문장의 응용예문

1) 동사의 종류에 따른 수동태

① 제3형식(S+V+O) 문장의 수동태

- <u>He</u> **helped** <u>me</u> <u>(to) find</u> my purse. ------------------------<능동태>
  (그는 내가 지갑 찾는 일을 도와주었다)

- I **was helped** <u>to find</u> my purse <u>by him</u>. ------------------ <수동태>
  (나는 지갑 찾는 일을 그녀에게서 도움을 받았다)

  ※ 능동태에서 「원형부정사」로 된 보어는 수동태에서는 「to-부정사」로 복귀시켜 줘야 어구들 간 관계가 명확해진다. 동사에 딸린 전치사/부사는 수동태 동사에 그대로 따라간다.

- They laughed at him. ------------------------------------ <능동태>
  (그들은 그를 조롱했다)

- He was laughed at by them. ---------------------------- <수동태>
  (그는 그들에게 조롱받았다)

- A school bus ran over the boy. -------------------------- <능동태>
  (학교 버스가 소년을 치었다)

- The boy was run over by a school bus. ------------------ <수동태>
  (소년이 학교 버스에 치였다)

- We must send for a doctor at once. -------------------- <능동태>
  ((우리는) 즉시 의사를 부르러 사람을 보내야 한다)

- A doctor must be sent for at once.----------------------<수동태>
  (의사를 부르러 즉시 사람이 보내져야 한다)
  ※ We · They 등 막연한 불특정 주어(인칭대명사)는 수동태에서는 생략한다)

② 제4형식(S+V+Oi+Od) 문장의 수동태

- Mr. Baker teaches us English. -------------------------------- <능동태>
  (베이커 선생님이 우리에게 영어를 가르쳐 주신다)

  <수동태> ┌ We are taught English by Mr. Baker.
          │ (우리는 베이커 선생님에게서 영어를 배운다)
          │ English is taught us by Mr. Baker.
          └ (영어는 베이커 선생님이 우리에게 가르쳐 주셨다)

6. 수동태 문장의 구성과 시제 적용

- She made me a dress. ------------------------------------ <능동태>
  (그녀는 내게 옷을 만들어/맞춰 주었다)

<수동태>
  A dress was made (for) me by her. (O)
  (그녀에 의해 나에게 옷이 만들어졌다)
  I was made a dress by her. (X)

  ※ make(만들어 주다), buy/sell(사주다/팔아주다), get/bring(가져다주다) 따위의 동사는 성격상 직접목적어만이 수동태의 주어가 될 수 있다.

③ 제5형식(S+V+O+C) 문장의 수동태

- He made his son an artist. ------------------------------ <능동태>
  (그는 아들을 화가로 만들었다)

<수동태>
  His son was made an artist by him. (O)
  (그의 아들은 그에 의해 화가로 만들어졌다)
  An artist was made his son by him (X)

  ※ 제5형식 문장은 수동태에서는 제2형식 문장이 된다. 즉 5형식 능동태의 목적격 보어는 수동태에서는 주격보어가 될 뿐, 주어는 되지 못한다.

- His wife found him dead. -------------------------------- <능동태>
  (그의 아내는 그가 죽어 있는 것을 발견했다)

- He was found dead by his wife. -------------------------- <수동태>
  (그가 죽어 있는 것이 그의 아내에 의해 발견되었다)

- We **heard** her sing alone. ------------------------------- <능동태>
  (우리는 그녀가 혼자서 노래하는 것을 들었다)

  ※ sing; 목적격 보어(원형 부정사)

- She **was heard** to sing alone by us. ---------------------- <수동태>
  (그녀가 혼자 노래하는 것이 우리에게 들렸다)
  ※ hear는 지각동사이므로 능동태일 때는 보어가 「원형부정사」로 되어 있으나, 수동태 문장에서는 「to-부정사」로 복귀돼야 어구들 간 관계가 명확해진다.

- I **saw** her knitting wool into stockings. ················ 〈능동태〉
  (나는 그녀가 털실로 양말을 뜨고 있는 것을 보았다)

  ※ knitting; 목적격 보어(현재분사)

- She **was seen** knitting wool into stockings to me[to my sight]. 〈수동태〉
  (그녀가 털실로 양말을 뜨고 있는 것이 내 눈에 뜨였다)

2) 문장의 종류에 따른 수동태

① 부정문의 수동태 : [Be not+과거분사]로

- He **did not write** the letter. ----------------------------- <능동태>
  (그는 그 편지를 쓰지 않았다)

- A letter **was not written** by him. ------------------------ <수동태>
  (편지는 그에 의해 쓰이지 않았다)

② 의문문의 수동태 : [Be+주어+과거분사~?]로

<선택적 의문문; 의문사가 없는 의문문>

- **Does** he love her. --------------------------------------- <능동태>
  (그는 그녀를 사랑하는가?)

- **Is** she loved by him? ----------------------------------- <수동태>
  (그녀는 그에게서 사랑받는가?)

6. 수동태 문장의 구성과 시제 적용

<원천적 의문문: 의문사가 있는 의문문>

※ 의문사가 있는 의문문에서는 의문사를 일단 문두에 내어 놓고, 그 뒤는 보통의 의문문과 같이 한다.

- <u>Who</u> invented <u>the radio</u>? ---------------------- <능동태; 의문사가 주어>
  (누가 라디오를 발명했는가?)

- <u>By whom</u> was <u>the radio</u> invented? ------------------------- <수동태>

- <u>When</u> did <u>he</u> make <u>it</u>? ----------------------- <능동태; 의문사가 부사>
  (그가 언제 그것을 만들었는가?)

- <u>When</u> was <u>it</u> made <u>by him</u>? ------------------------------ <수동태>

※ 의문사가 목적어인 경우 : [의문사+be+과거분사~?]로 한다.

- <u>What</u> did <u>he</u> make? ----------------------- <능동태; 의문사가 목적어>
  (그가 무엇을 만들었는가?)

- <u>What</u> was made <u>by him</u>? ---------------------------------- <수동태>
  (무엇이 그에 의해 만들어졌는가?)

③ 명령문의 수동태

<긍정 명령문 : [Let+목적어+be+과거분사]로>

- Do <u>the work</u> at once. ---------------------------------- <능동태>
  (즉시 그 일을 하여라)

- Let <u>the work</u> be done at once. ------------------------------ <수동태>

<부정 명령문 : [Don't let+목적어+be+과거분사], 또는
[Let+목적어+not be+과거분사]>

- Don't forget his advice.   <능동태>
  (그의 충고를 잊지 말아라)

- Don't let his advice be forgotten. (O)   ⎤
- Let his advice not be forgotten. (O)   ⎦ <수동태>

3) 진행형 시제에 따른 수동태(추가)

> 전술한 바와 같이 수동태 진행형은 주로 현재·과거·미래 진행형(특히 현재·과거 진행형)에 국한되어 쓰이며, 완료진행형은 실제로는 사용되지 않는다. 그리고 관념(의미)상 수동태 의미를 내포하고 있는 일부 자동사와 상태를 나타내는 2형식 문장은 수동태를 사용하지 않아도 된다.

	수 동 태 문 장 ('예')
현재진행형	■ Preparations **are** just now **being completed**. (준비는 이제 막 끝나간다) ■ The house **is being built**. (그 집은 건축 중이다) cf: Nails **are making** in this factory. (이 공장에서는 못이 제조된다)
과거진행형	■ The cat **was being chased**. (고양이는 쫓기고 있었다) ■ The house **was being built**. (그 집은 건축되고 있었다)
미래진행형	■ Many people **will be being worked** on this Sunday. (이번 일요일어는 많은 사람들이 근무하고 있을 게다) ■ The house **will be being** built. (그 집은 건축되고 있을 것이다)

6. 수동태 문장의 구성과 시제 적용

① 수동태의 뜻을 내포한 자동사 진행형

- The house is building. (그 집은 건축 중이다)
  [=The house is being built]

- The book is now printing. (그 책은 인쇄 중이다)
  [=The book is now being printed]

- The movie is playing at Picadilly. (그 영화는 피카딜리에서 상영 중이다)
  [=The movie is being played~]

- Corn is selling well. (옥수수는 잘 팔리고 있다)
  [=Corn is being sold well]

- A boy is drowning in the pond. (사내아이가 연못에 빠지고 있다)
  [=A boy is being drowned~]

- The coat is hanging on the[a] hook[peg]. (코트가 고리에 걸려 있다)
  [= The coat is (being) hung on the hook]
  cf : There were curtains hanging over the window.
      (창문에는 커튼이 걸려 있었다)

② 수동태의 뜻을 지닌 상태표현 2형식 문장들
※ [get+과거분사]를 쓰면 외견상 능동태이지만, 수동태의 뜻을 지닌다.

- The weather is/was[will be] getting colder. ---- <현재/과거/미래 진행형>
  (날씨는 점점 추워지고 있다/있었다/있을 게다)

- The weather has been getting warmer. -------------- <현재완료 진행형>
  (날씨는 점점 따뜻해져 왔고 지금도 따뜻해지고 있다)

- We have got caught in the rain.   ------------ <현재완료형>
  [=We have been caught~] (우리는 비를 만났다)

- He got injured[killed] in a car crash. --------------------- <과거형>
  [=He was injured/killed ~] (그는 자동차 충돌사고로 다쳤다/죽었다)

Part Ⅲ 동사의 시제와 서술의 태

(4) 유의해야 할 몇 가지 수동태 용법
1) 부사구 「By+목적격」의 생략, 또는 By 이외의 전치사 사용
① 「By」를 생략한 수동태

> 수동태 문장의 끝에 두는 「by+목적격」 형태의 부사구는 실질적 동작주체 (행위자)가 누구인가를 나타내지만, 그 행위자가 we, you, they, people 따위의 막연히 「일반사람」을 나타낼 때는 「by us(you, them, people)」의 어구는 생략한다. <u>이 유형에서는 대부분 수동태 대신에 능동태로 표현한다</u>.

- I **see** you. ⇨ You **are seen**. (너희들이 보인다)
  -----⟨ 영화 「여로(The Journey)」 중에서 ⟩

- We **can see** hundreds of stars at night.
  (밤에는 수많은 별을 볼 수 있다)
  ⇨ Hundreds of stars **can bee seen** at night.
  (밤에는 수많은 별들이 보인다)

- They[People] **speak** English in Canada.
  (캐나다에서는 사람들이 영어로 말한다)
  ⇨ English **is spoken** in Canada.
  (캐나다에서는 영어가 사용된다)

- You **can see** a lot of negroes in New York.
  (당신[여러분들]은 뉴욕에서 많은 흑인들을 볼 수 있다)
  ⇨ A lot of negroes **can bee seen** in New York.
  (뉴욕에서는 많은 흑인들이 눈에 띈다)

- They **say** we'll have heavy snow tonight.
  (오늘 밤에는 눈이 많이 올 거라고 예보한다)
  ⇨ It **is said** (that) we'll have heavy snow tonight.
  (오늘 밤에는 눈이 많이 올 거라고 예보된다/전해진다)

6. 수동태 문장의 구성과 시제 적용

② 「By」 이외의 다른 전치사를 쓰는 수동태

> 수동태의 기본형인 「be+과거분사+by~」에서 동사의 특성에 따라 by 이외의 다른 전치사들(with, to, from, of 등)을 쓰는 경우가 있다.

- Snow **covers[blankets]** all over the ground.
  (눈이 온통 땅을 덮고 있다)
  ⇨ The ground **is covered[blanketed]** all over <u>with</u> snow.
    (땅은 온통 눈으로 덮여 있다)

- Every body **knows** him.
  (모든 사람이 그를 알고 있다)
  ⇨ He **is known** <u>to</u> every body.
    (그는 모든 사람에게 알려져 있다)

- <u>The audience</u> **filled** the hall.
  (청중이 회관을 가득 메웠다)
  ⇨ The hall **was filled** <u>with</u> the audience.
    (회관은 청중으로 가득 찼다)

- Music much **interests** me.
  (음악은 나에게 무척 흥미/관심을 불러일으킨다)
  ⇨ I**'m** very[much] **interested** <u>in</u> music.
    (나는 음악에 많은 흥미/관심을 갖고 있다)

 - He addicted himself to gambling. ⇨ He **was/is addicted** <u>to</u> gambling.
   (그는 도박에 중독되었다/중독돼 있다)

 - 기타의 경우 : 투입된 「재료」 표현법

    - Wine **is made** <u>from</u> <u>grapes</u>. -------------------- <화학적 과정>
      (포도주는 포도로 만들어진다)

- Bread **is made** from flour, water, and yeast.
  (빵은 밀가루, 물, 이스트로 만들어진다)

- This table/house **is made** of wood. ------------ <물리적 과정>
  (이 탁자/집은 나무로 만들어져 있다)

- This statue **is carved** out of a single stone.
  (이 조각상은 한 덩어리의 돌로 깎아 만들어져 있다)

- The over-quilt/coverlet **is made** out of cotton.
  (그 이불은 솜으로 지어졌다)

  ※ out of ~ : 주로 가공과정이 복수(복합공정)인 물리적 과정의 재료를 격식체로 나타내지만, 화학과정의 재료를 표현하기도 함.

- We **make** wine with these grapes.
  (우리는 이 포도들을 수확·이용해서 포도주를 만든다)

  ※ 가공과정 자체를 의미하지 않고 일반적인 표현으로 쓴 경우

2) 관용적 수동태

> 「기뻐하다」, 「실망하다」, 「만족하다」, 「태어나다」, 「입원하다」 따위는 한국어로는 능동태로 표현되지만, 영어에서는 관용적으로 수동태로 나타낸다.

- I **was surprised** at the news.
  (나는 그 소식을 듣고 놀랐다)

- She **was pleased** with my present.
  (그녀는 내 선물을 받고 기뻐했다)

- I **am pleased** that you have consented.
  (승낙해 주셔서 기쁩니다)

6. 수동태 문장의 구성과 시제 적용

- We **are pleased** to inform you that the gist of your said letter will be inserted in forth-coming issue of our monthly bulletin, "Era of Commerce & Industry", for circulation to our members.
(귀사의 상기 서한 요지가 우리 회원사들에게 배부되도록 우리의 월간 회보지 「상공시대」의 다음 호에 게재되리라는 사실을 귀사에 알려드리게 되어 기쁩니다)

- If you find our terms reasonable, we **shall be pleased** to have your orders. (저희가 제시한 조건이 합당하다고 보신다면 주문을 해주시면[저희가 귀측의 주문을 받게 된다면] 좋겠습니다)

- **I'm not satisfied** with the way I do my hair. I'd really love to change the way this time.
(저는 제가 하는 머리손질 방법에 만족하지 않고 있어요. (그래서) 이번에는 정말 그 방식을 바꾸고 싶어요)

- He **was hospitalized**[admitted to hospital] for treatment cf heart failure.
(그는 심장마비 치료를 위해 입원했다)

- I **was** very **disappointed** at hearing[to hear] the test result.
(나는 시험결과를 듣고는 몹시 낙담했다)

- She **was disappointed** with her performance.
(그녀는 자신의 연주가 실망스러웠다)

- Naturally **I'm disappointed** about missing the trip.
(당연히 나는 여행을 가지 못해서 실망하고 있다)

  ※ **be disappointed+전치사+명사** : 이때의 전치사는 at, with, about가 같은 용법으로 쓰인다.

- I'm really **worried** about my son these days.   ……〈타동사 수동태〉
(요즘 저는 아들 때문에 정말 걱정이에요)
  cf①: He **is worrying** that he may have made a mistake.〈자동사 능동태〉
  (그는 자신이 무슨 실수라도 저질렀지 않았나 하고 걱정하고 있다)
  cf②: Don't **worry** yourself about such a thing.   ……〈타동사 능동태〉
  (그런 일로 걱정하지 마라)

- Where and when **were** you **born**? (당신은 언제 어디서 태어나셨죠?)
  - I **was born** in Seoul on October 24, 1980
    (저는 1980년 10월 24일 서울에서 출생했습니다)
- She **was delivered** of a boy[=She **gave birth** to a baby].
  (그녀는 사내아이를 분만/출산했다)
- His brother **was drowned** while swimming last year.
  (그의 동생은 작년에 수영하다가 익사했다)
  cf: He **was** almost[nearby, nearly, barely, narrowly] **drowned**.
     (그는 하마터면 익사할 뻔했다)
  cf: He narrowly missed being run over. (그는 하마터면 차에 치일 뻔했다)
- My father **is engaged** in foreign trade.　　………〈 타동사 수동태 〉
  (아버지께서는 해외무역에 종사하고 계신다)
  cf: After graduating from college, he **engaged** in business. …〈 자동사 〉
     (대학을 졸업 후 그는 사업에 종사했다)
- I'm **engaged** for tomorrow. (내일은 약속/예약이 (되어) 있다)〈 타동사 수동태 〉
  cf ┌ He engaged himself to pay the money by the end of the month.
     │　(그는 월말까지는 돈을 지불하겠다고 약속했다) ……〈 타동사 능동태 〉
     └ She engaged to visit me tomorrow.
     　(그녀는 내일 나를 방문한다고 약속했다)　　………〈 자동사 〉
- My sister **was engaged** to him.　……〈 타동사 수동태 〉
  (내 누이는 그와 약혼한 상태였다)
- He **get engaged[married]** to a girl called Jane.
  (그는 제인이라는 여자애랑 약혼했다/결혼했다)〈 불완전자동사+형용사적 과거분사 〉
  cf: He engaged two seats at a theater. …〈 engage; 이하 예문 모두 타동사 〉
     (그는 극장 좌석 2개를 예약했다)
  cf: You'll have to engage a lawyer to negotiate on your behalf.
     (당신을 대신해 협상할 변호사를 고용해야 할 겁니다)

6. 수동태 문장의 구성과 시제 적용

　　cf: The toy **didn't engage** her interest for long.
　　　　(그 장난감은 그녀[그 여자아이]의 관심을 오래 끌지 못했다)

- Mr Smith **is survived** by his wife Jane and (his) two children.
  (스미스 씨는 유족으로 아내 제인과 두 자녀를 남기고 죽었다)

- The school **is located** on a hill[in the heart/center of the city].
  (그 학교는 언덕에[시 중심부에] 위치하고 있다)

- The hotel **is** ideally **situated** close to the beach.
  (그 호텔은 해변 가까이에 이상적으로 위치하고 있다)

- Our eyes **are dimmed** with age.　　……〈타동사 수동태〉
  [=Our sight **grows dim/misty** with age] ……〈불완전 자동사+형용사(dim)〉
  (우리는 나이를 먹으면 눈이 흐려진다)

- A road leading to the next town// **will be opened** to traffic in a few days. (다음 마을로 연결되는 도로가 수일 내에 개통된다) …〈타동사 수동태〉
  cf①: The door **was flung** open. (문이 홱 열렸다) …〈open; 형용사적 부사〉
  cf②: School **opens** today. (오늘 개학한다)　……〈open; 자동사〉
  　　The buds **were beginning to** open. (봉오리가 피기 시작했다)

3) 동작의 수동태와 상태적 수동태

> 「be+과거분사」의 수동태는 「~되다」라고 동작을 나타내는 경우와
> 「~로 되어져 있다」라고 상태나 동작의 결과를 나타내는 경우가 있다.

　The store **is closed** at eight.
　　(그 상점은 8시에 닫힌다) ------------ <동작>
　The store **is closed** now.
　　(그 상점은 지금 닫혀 있다) ---------- <상태>

4) Be동사 대신에 Get나 Become을 쓰는 경우

> 수동태의 기본형은 [be동사+과거분사]인데, 현대 영어에서는 be대신에 be 동사에 버금갈 정도로 연결성이 강한 get이나 become 등을 쓰는 경향이 늘고 있다. 이 경우, 의미상으로는 분명 수동태이지만 형태상으로는 순수한 (기본적인) 수동태 형태가 아니다. 특히 get을 이러한 용도로 흔히 쓰게 됨에 따라 순수한 수동태 용법은 점차 제한적이거나 감퇴되는 추세이다.

- Mike and Jane **get[were] engaged/married**. (마이크와 제인은 약혼/결혼했다)
- we've suddenly **got[been] caught** in a (rain) shower.
  (우리는 갑자기 소나기를 만났다) -------------- <현재완료 수동태>
- A butterfly **got[was] entangled** in a spider's net.
  (나비 한 마리가 거미줄에 걸렸다)
- He **get[was] tired** with work. (그는 일을 하여 지쳤다)
- I **became[was] interested** in French. A baby gets sick easily.
  (나는 프랑스어에 흥미를 갖게 되었다. 아기는 병에 걸리기 쉽다))
- She had not gone 2km before she **felt[was] tired**.
  (그녀는 2킬로도 못가서 피곤해졌다)
- He **has been[got] divorced** <u>from</u> her for years.
  (그는 그녀와 이혼한 지 몇 년 되었다) ----------- <타동사>
- You'll also **get[be] used to** his way of bulling.
  (당신도 곧 그의 위협적 태도에 익숙해질 거요)

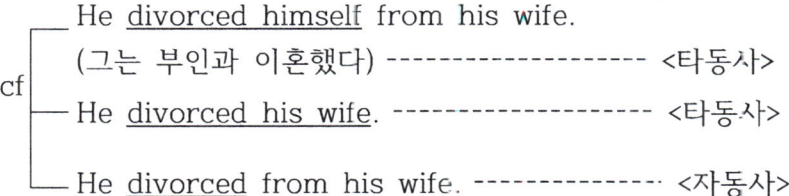

6. 수동태 문장의 구성과 시제 적용

■ hurt, wound, injure, pinch 등에 연계되어 쓰일 때

※ 자·타동사 겸용 동사로서 타동사로 쓰일 때는 be·get에 의한 수동태 형태를 취하거나 능동태로는 재귀동사 형태를 취한다(재귀동사의 경우 자신의 책임이 다소 있거나 신체의 일부를 명시할 때 주로 쓰임).

▸ **hurt의 타동사·자동사 용례**

타동사
(수동태,
능동태)
 	
※ 원형·과거·
과거분사가
동형임
	- He <u>got hurt</u> in an accident. (그는 사고로 다쳤다)
	- He <u>was</u> badly/seriously <u>hurt</u>.
	  (그는 중상을 입었다)
	- He <u>hurt himself</u> in a fight.
	  (그는 싸움에서 상처를 입었다)
	- <u>Is</u> that tight shoe <u>hurting</u> you?
	  (신이 꼭 끼어서 발을 아프게 하느냐?)

자동사 (능동태)	- My fingers still <u>hurt</u>. (손가락이 아직 아프다

▸ **wound의 타동사 용례**

타동사
(수동태,
능동태)
	- <u>He was wounded</u> in the war.
	  (그는 전쟁에서 부상당했다)
	- The bullet <u>wounded</u> <u>h</u>im in the shoulder.
	  (탄환이 그의 어깨에 상처를 입혔다)

▸ **injure의 타동사 용례**

타동사
(수동태,
능동태)
	- Two people <u>were[got] injured</u> in the car accident.
	  (그 자동차 사고로 두 사람이 다쳤다)
	- He <u>injured himself</u> in the leg (while) playing soccer.
	  (그는 축구를 하다가 다리를 다쳤다)

▶ pinch의 타동사·자동사 용례	

타동사
(수동태,
능동태)
	- He pinched the boy's cheek. (그는 소년의 뺨을 꼬집었다)
	- I pinched my finger in the door way.
	  (문틈에 내 손가락이 끼었다)
	- These shoes pinch my toes. (구두가 꽉 끼어 발이 아프다)
	- A heavy frost pinched the flowers.
	  (된 서리로 꽃이 시들었다)
	- I am pinched for money. (나는 돈이 없어 곤란을 받고 있다)
	- The flowers are pinched with cold.
	  (추위로 꽃들이 오그라들었다)
	- He has a face pinched with hungry.
	  (그는 굶어서 여윈 얼굴을 하고 있다)
	- He got pinched for parking violation.
	  (그는 주차위반으로 걸려들었다)

자동사 (능동태)	- He even pinches on necessities. (그는 필수품을 사는 데도 인색하다) - The vein of iron ore pinched out. (광맥이 소진되었다)

■ mad, angry, excited, nervous(초조한), anxious 등에 연계되어 쓰일 때

- Look at this mess! My mother will **get[go, be] mad**!
  (이 어질러진 꼴 좀 봐! 어머님이 펄펄 뛰실 거야)
- He **is[got] very angry** about/at/over the new parking charges.
  (그는 새로 생긴 주차요금 때문에 화가 많이 나있다)
- He **was[got] excited** at the thought of appearing on TV.
  (그는 텔레비전에 출연한다는 생각에 들떠 있었다)
- I've got to give[make, deliver] a speech/lecture, and I **am[get, feel]**
  a bit **nervous** about it.
  (연설/강연을 해야 하는데, 그것에 관해 좀 신경이 쓰인다[떨린다])

조동사에 의한 동사의 기능확장

1. 영어 조동사의 특성
2. 조동사의 분류체계 및 용례 일람표
3. 조동사의 종류별 예문 세부검토
4. Will/Shall, Would/Should의 특별용법과 준(準) 조동사들

Ⅳ 조동사에 의한 동사의 기능확장

"영어의 본동사는 시제와 수(數)에 따른 변화 외에는 어미변화가 극히 제한적이어서 어의(語義) 확장과 의미전달의 원활을 위해서는 추가적 조력기능의 조동사 도움이 불가피하다."

"이에 비해 한국어에서는 본동사의 어미변화만으로도 어의확장을 위한 연용(連用)이 가능하므로 아예 조동사란 것이 없다."

Introduction & Summary

한국어·일본어 등 교착 언어에서는 단어들이 토씨와 다양한 어미변화를 통해 별도의 단어들 간 조합이 없이도 상황과 필요 및 화자의 의도에 따라 자유자재로 의사표시를 할 수 있다. 그러나 영어의 서술동사(본동사)는 어미변화가 극히 제한적이고 품사(단어군)들 간에도 독립성이 강하여 본동사 혼자로서는 상황에 맞게 갖가지 표현을 해내기가 벅차다.

즉 시제 면에서도 미래형을 만들기 위해서는 「will/shall」이, 완료형을 만들려면 「have동사」가, 그리고 진행형이나 수동태를 만들려면 「be동사」가 필요하다. 또한 가정문을 만들 때나 부정문·의문문을 만들 때, 그리고 더 나아가 능력/가능, 추측, 필요 등을 비롯하여 각종 이성적·감성적 의미와 느낌을 서술동사에 실어주기 위해서는 추가적으로 조력하는 기능의 품사, 즉 각종 조동사를 만들어 본동사 앞에 선치할 수밖에 없다.

1. 영어 조동사의 특성

※ 미래시제에서는 will/shall을 다른 조동사보다 선치

문형분류		동사파트의 구성형태
기본형	능동태	• 조동사 + 본동사 원형 ---------------- <긍정 평서문> • 조동사 + not + 본동사원형 ---------- <부정 평서문> • 조동사 + 주어 + 본동사원형 --------- <긍정 의문문> • 조동사 + not + 주어 + 본동사원형 ---- <부정 의문문>
	수동태	• 조동사 + be동사 + 본동사의 과거분사
완료형		• 능동: 조동사 + have + 본동사의 과거분사 • 수동: 조동사 + have been + 본동사의 과거분사
진행형		• 능동: 조동사 + be동사 + [본동사원형 + ing] • 수동: 조동사 + be + being + 본동사의 과거분사
완료진행형		• 능동: 조동사 + have been + [본동사원형 + ing] • 수동: 조동사 + have been + being + 본동사의 과거분사

(1) 조동사인 Do와 Have 자체가 본동사일 때의 동사파트 구성

1) Do가 본동사일 때

- **Did** you **do** all of it? (그것 모두를 자네가 다 했는가?)
- What **do** you **do** on Sunday? (일요일에는 무엇을 하느냐?)

1. 영어 조동사의 특성

- If you quit your job, what **will** you **do** for money?
  (일을 그만두면 뭘 해서 돈을 벌 거야?)

- What **did** you **do** yesterday? (어제는 무엇을 했느냐?)

- These shoes **won't do** for us to mountaineer.
  (이 신으로는 등산하기에 무리다)

- What **will** you **do** with yourself over the[this] summer?
  (이번 여름에는 뭘 하며 시간을 보낼 건가요?)

- I **can't be doing** with all this right now.
  (지금 당장에는 이 모든 것을 생각하기도 싫다)

- What **have** you **done** with the scissors?
  (대체 가위를[가위에 대해] 어떻게 한 거야?)
  cf: (유사표현으로서) What **has** she **done** with her hair?
  　　　　　　　　　(그녀는 머리에 도대체 무슨 짓을 한 거야?)

- We **can do** without a cell(ular) phone for a few days.
  (우리는 며칠 동안 휴대폰 없이도 지낼 수 있다)

- Shall we order some more wine, or **can** you **do** without?
  (와인 좀 더 주문할까요, 아니면 없어도 괜찮나요?)

2) Have가 본동사일 때

Have가 본동사일 때의 부정문

I **don't**[=do not] **have** the faintest idea. ------ <미국식>
(난 전혀 모르겠다; 아무 생각이 없다)
I **haven't**[=have not] the faintest idea. ------- <영국식>

Have가 본동사일 때의 의문문

　　Do/Did you **have** any questions? --------- <미국식>
　　(질문이 있습니까/있었습니까)
　　Have/Had you (got) any questions? ------- <영국식>

　　※ 의문문에서는 최근 영국에서도 종종 미국식을 사용(특히 과거형일 때는)

(2) 조동사와 본동사가 다를 때의 동사파트 구성

- He **doesn't**[does not] **go** to school tomorrow.
  (그는 내일은 학교에 가지 않는다)

- **Does** he **go** to school tomorrow? (그는 내일 등교합니까)

- **Did** she **go** to church yesterday?
  (그녀는 어제 교회에 다녀왔습니까)

- **Should** I **go** there, too? (나도 거기에 가야 합니까)

- **Where did go** in the evening before last?
  (그저께 저녁에는 어디 가셨습니까)

- I **would** like to have some coffee. (커피를 좀 마시고 싶습니다)

- We **must hurry** if we're to arrive on time?
  (제시간에 도착하려면 서둘러야 합니다)

- But we **didn't have[need] to** hurry.
  (그러나 우리는 서두를 필요가 없었다)

- You **must not tell** a lie, and **must keep** your word.
  (거짓말을 해서는 안 되고, 언약을 지켜야 합니다)

1. 영어 조동사의 특성

- **Must** I **stay** here? - No, you **don't have to** (stay). ----- <have to의 부정>
  (여기에 있어야 합니까? — 아니오, 그럴 필요는 없어요)

- **Dare** he **admit** it? - Perhaps he **daren't do** it.
  (그가 그걸 (감히) 인정해줄까 - 아마도 그는 그렇게 할 용기가 없을 게다)

- I met him, but I **dared not tell** him the truth.
  (그를 만났지만, 차마 사실을 말할 수 없었다)

- **How dare** you **speak** like that?
  (어찌 감히 그런 말을 할 수 있단 말인가?)

- **What can** I **do** for you? [=**May** I **help** you?]
  (무엇을 도와드릴까요?)

- **Can[Could]** you **give** me a ride? --------- (Could; 정중한 표현)
  (차에 태워주실 수 있겠습니까)

- **Can't** you **see** I'm busy?
  (내가 바쁜 걸 모르겠느냐?)

- I **could do** it with my eyes closed.
  (난 눈 감고도 그걸 할 수 있겠다)

- He **cannot have told** such a lie. -------- <Can의 위치에 유의>
  (그가 그런 거짓말을 했을 리가 없다)

- I **can have got** the dinner **ready** by 10 o'clock.
  (10시까지는 만찬(식사) 준비를 다 끝내고 있을 거다)

2. 조동사의 분류체계 및 용례 일람표

> 조동사의 종류는 기능과 특성에 따라 여러 가지로 분류할 수 있다. 전형적인 조동사로서는 ①강조·부정·의문 등을 나타낼 때 쓰이는 조동사(do), ②시제·의지나 문장의 형태를 나타내는 조동사(will/would, shall/should, be동사, have), ③능력·가능·허가·추측·의무·필요·용기 등 실질내용을 부가하는 조동사(can/could, may/might, must, have/ought to, need, dare)가 있다. dare와 need는 준조동사적인 일반동사로도 흔히 쓰인다. 그 밖에 조동사와 유사한 기능을 수행하면서 문장연결에 쓰이는 각종 준(準) 조동사들(quasi-auxiliary verbs)이 있으며, 그 사용이 늘어나는 추세이다.

(1) 강조·부정·의문을 나타내는 조동사

Do/Does (과거; did)	• I still **do** <u>remember</u> her tripping down the garden path. ---------------- <강조> (나는 아직도 그녀가 정원 오솔길을 가볍게 걸어내려 오던 모습을 기억하고 있다) • How **do** you <u>like</u> your hair done? -------- <원천의문> (머리 손질을 어떻게 하기를 좋아하세요?) • I **do** not <u>like</u> my hair curled. ------------- <부정> (저는 머리 모양을 곱슬하게 다듬는 걸 좋아하지 않아요) • **Does** he <u>like</u> roses? --------------------- <선택의문> (그녀는 장미를 좋아하나요?) • Why **don't** you <u>like</u> that man? ---------- <의문부정> (당신은 왜 그런 남자를 좋아하지 않나요?)

2. 조동사의 분류 체계 및 용례 일람표

(2) 시제·의지, 문장의 형태를 나타내는 조동사

Will
(과거;
would)
	<단순미래>
	• He **will** come[be] soon.
	  (그는 곧 돌아올 거예요)
	• They say that it **will** rain tomorrow.
	  (내일은 비가 올 거라고 하네요)
	• What time **will** she arrive[be arriving]?
	  (그녀는 몇 시에 도착할까요?)
	
	<의지미래>
	• **Will** you go there tomorrow?
	  (내일 거기 가시겠습니까)
	• **Will[Would]** you have some tea?
	  (차를 좀 드시겠습니까)
	• The door **won't** shut. …… 〈사물 자체의 속성이기도 함〉
	  (문이 닫히지 않네요)

Shall
(과거:
should)
	<단순미래>
	• We **shall** be away next week.
	  (다음 주에는 우린 밖에 나가 없을 거예요)
	• I **shall** be twenty years next month.
	  (다음 달이면 저는 스무 살이 돼요)
	• I **shall** have completed my report by Friday.
	  (금요일까지는[쯤에는] 레포트를 모두 끝내게 될 거예요)
	• **Shall** you be home tomorrow?
	  (내일 댁에 계십니까?)
	• When **shall** we see you again?
	  (우린 언제 다시 당신을 만나뵙게 될까요?)

Shall
(과거:
should)
	<의지 미래>
	• What **shall** I <u>do</u> about it?
	  (그것에 관해 제가 어떻게 하면 될까요?)
	• **Shall** I <u>open</u> the window?
	  (창문을 열까요?)

Be동사
(현재:
am/are)
(과거:
was/were)
(미래: will/
shall be)
	• I **am/was** <u>reading</u> now. ----------------- <현재/과거 진행형>
	  (난 지금 독서를 하고 있다/있었다)
	• **Are** you <u>leaving</u> tonight? ----------------- <가까운 미래>
	  (오늘 저녁에 떠날 예정이냐?)
	• He **will be** <u>working</u> this time tomorrow. --- <미래진행형>
	  (그는 내일 이맘 때는 일하고 있을 것이다)
	• This magazine **is** <u>published</u> twice a month.---<수동태; 동작>
	  (이 잡지는 한 달에 두 번 발행된다)
	• Spring **is** <u>come</u>. ----------------------------- <수동태; 상태>
	  (봄이 왔다; 와있다)

Have동사
(현재:
have/has)
(과거: had)
	• I **have** just <u>written</u> it. ------------- <현재완료형; 동작>
	  (나는 그것을 방금 다 썼다)
	• She **hasn't** <u>seen</u> a koala. --------- <현재완료형; 경험>
	  (그녀는 코알라를 본 적이 없다)
	• He **has** <u>been dead</u> for five years. ---- <현재완료형: 상태>
	  (그는 돌아가신 지가 5년이 된다)
	• I've <u>been learning</u> English for five years.
	  --------------------------------- <현재완료진행형: 동작> 	
	  (나는 영어를 배우기 시작한지 5년이 되었다)

2. 조동사의 분류 체계 및 용례 일람표

(3) 능력·가능, 허가, 추측, 의무, 필요, 용기를 나타내는 조동사

Can (과거; could)	• **Can**/Do you <u>speak</u> Germany? --------- <능력> (독일어를 할 수 있습니까) • The child **can't** <u>walk</u> yet. (그 아직 걸을 수 없다) • **Can**/Do you <u>hear</u> me? ---------------- <가능> (내 목소리 들립니까)
May (과거; might)	• You **may** go home. -------------------- <허가> (너는 집에 가도 좋다) • **May** I <u>use</u> your telephone for a moment? (잠깐 전화를 사용해도 되겠습니까) • **May** I <u>leave</u> this with you? (이것을 당신에 맡겨 두어도 되겠습니까) • It **may** <u>rain</u> this evening. --------------- <추측> (오늘 밤에 비가 올지도 모른다) • He **may** <u>come</u>, or he **may** not. (그가 올지도 모르겠고 안 올지도 모르겠다) • Let's talk it over, <u>so that</u> we **may** <u>come</u> to a decision. -- <목적·소망> (결정에 도달하도록 그걸 거듭 논의하시죠) • <u>Gather</u> roses while you **may** (gather). ------- <능력> (할 수 있을 때 장미꽃을 모아라) • His appearance has changed <u>so much</u> <u>that</u> we **may** well **not** recognize him. ---------------- <가능> (그의 모습은 우리가 알아보지 못할 만큼 무척 변했다)

Part IV 조동사에 의한 동사의 기능확장

Must	• I **must** <u>leave</u> at six. -------------- <의무> (나는 6시에(는) 떠나야 한다) • **Must** I <u>take</u> this horrible medicine? (이 끔찍한 약을 복용해야 합니까) • You **must** <u>go and see</u> that new film-you'd really enjoy it. ------------------------------------<필요> (그 새 영화를 가보시면 좋을 것이오-정말 재미있을 거요)
Have (got) to	• You've (got) to <u>eat</u> more vegetables. -------- <의무·필요> (야채를 더 많이 먹어야 한다) • **Do** you **have to** <u>leave</u> for canada? -------- <의무·필요> (캐나다로 곧 떠나야 합니까) [=Have you to leave~?) -------- (영국식) ※Answer ┌ No, I **don't have to** <u>leave</u>. ------ (미국식) └ No, I **haven't to** <u>leave</u> ----------(영국식)
Ought to	• You **ought to** <u>do</u> it at once. -------- <의무·필요> (그것을 당장 해야 한다) • She **ought to** <u>look after</u> her children better. (그녀는 아이들을 더 잘 돌봐야 한다) • You **ought to** <u>be ashamed</u> of yourself. (자네는 자기 자신을 부끄럽게 생각해야 돼) • We really **ought to** <u>buy</u> a new car, oughtn't we? ------------------------------------- <필요·당연> (우리는 정말 새 차를 사야 해. 안 그런가?)

2. 조동사의 분류 체계 및 용례 일람표

	• This old coat **ought to** <u>have been thrown</u> away years ago. --- <당연> (이 낡은 코트는 (벌써) 수년 전에 내버렸어야 했어) • Prices **ought to** <u>come down</u> soon. -------- <강한 추측> (물가는 틀림없이 곧 내릴 거야) • They **ought to** <u>win</u> easily this time. (그들은 이번에는 쉽게 우승할 거야)
Need	• Do you think I **need** <u>go</u> to the meeting? -------- <필요> (그 모임에 내가 꼭 가야 한다고 생각하십니까) • You **needn't** <u>talk</u> so loud. (그렇게 큰 소리로 얘기할 필요가 없다) • **Need** I <u>study</u> it? (내가 그것을 공부할 필요가 있습니까) [=**Does** he <u>need to study</u>?] ---------- <준조동사적 용법> ※Answer ⎡ No, you needn't. 　　　　　 ⎣ No, you don't need. ---- (준조동사적 용법)
Dare	• How **dare** you <u>accuse</u> me of lying? (어떻게 당신이 감히 나를 거짓말 했다고 비난할 수 있단 말인가?) • This is as much as I **dare** <u>tell</u> you. (이것이 내가 당신에게 감히 말해줄 수 있는 전부이다) • We all knew she was wrong, but none of us **dared** (to) <u>tell</u> her. (우리는 모두 그녀가 그르다는 것을 알고 있었지만, 아무도 감히 그녀에게 말해줄 수 없었다) • They **dared** me <u>to spend</u> a night in the graveyard. (그들은 나더러 묘지에서 하룻 밤을 용기 있게 지내보도록 부추겼다; (또는) 부추겨서 하게 했다)

(4) 각종 준 조동사

Used to (과거의 규칙적 습관, 과거에 국한된 존재/행위)	**<과거에 국한된 존재 또는 행위>** • It **used** be thought that the Earth was flat. (옛날에는 지구가 평평하다고 생각되고 있었다) • I **used to** go to the cinema a lot, but I never get the time now. (예전에는 영화관에 자주 갔지만, 지금은 결코 안 간다) • I'm surprised to see you smoking. - You **didn't use to**[=used not to]. (네가 담배 피우는 걸 보고 놀랐다. - 과거에는 피우지 않았잖아) • This **used to** be a state school, but it's gone independent. (이곳은 전에는 국립/주립 학교였으나, 지금은 독립해 있다) **<과거의 규칙적 습관, 반복적 행위>** • We **used to** swim every day when we were children. (우리가 어린이였을 때는 매일 수영을 하곤 했다) • He never **used to** express the same idea. (그는 결코 똑같은 생각을 표현하는 법이 없었다)
Be going to (~하려고 한다, ~할 예정이다) (과거; was/were going to)	• He's **going to** buy her some shoes. ---------- <예정> (그는 그녀에게 구두를 몇 켤레 사줄 작정이다) • She **is going to** ring us from the station. (그녀는 역에서 우리에게 벨을 울려 마중할 예정이다) • Is it **going to** rain? (비가 올 것 같으냐? ------ <예상 · 기대> • Had I known you **were going to** be late, I would have taken the next train. (네가 늦으리라는 걸 내가 알았었더라면, 다음 열차를 탔을 텐데)

2. 조동사의 분류 체계 및 용례 일람표

	• I'm going to be sick. (몸이 아플 것[병이 날 것] 같다) • She is going to have a baby. (그녀는 출산을 앞두고 있다)
Had better/best (~하는 편이 더/가장 좋다/낫다)	• I'd[=I had] better tell him before he goes home. (그가 가기 전에 말해 주는 게 좋겠다) • We'd better not go until your sister arrives, or she'll angry. (너의 누나가 오기 전에 떠나는 편이 좋겠다. 그렇지 않으면 그녀가 화를 낼 것이니까) • You'd better not tell anyone about it. (그것에 관해서 너는 아무에게도 말하지 않는 게 좋겠다)
be willing to (would) like to be supposed to	• How much are they willing to pay? (그들이 돈을 얼마나 내려고 하나요?) • I would like to see you run that fast. (네가 그렇게 빨리 달리는 것을 좀 봤으면 좋겠어) • We are supposed to check out of the hotel by 11:00. (11시까지는 호텔에서 체크아웃을 해야 한다)

3. 조동사의 종류별 예문 세부검토

(1) 강조 · 부정 · 의문 등을 나타낼 때 쓰이는 조동사 : Do

1) 긍정문에서 조동사 「Do」의 활용 예문

> **강조할 때 : 본동사 앞에, 또는 목적어 · 보어 뒤에**

- I **do** remember you, and **do** know it.
  (나는 당신을 확실히 기억하고 있고, 그 사실을 정말로 알고 있어요)

- **Come** in, **do** come in. And **do** sit down, please.
  (들어와요, 들어오라니까요. 어서 앉으세요)

- So you **did** see her.(그래서 그녀를 만났군요)

- Be quiet. **Do** be quiet. Tell me do[do tell me].
  (조용히 해. 조용하라니까. 말씀해 줘요, 부탁이에요)

- I **did** go, but didn't see her. (실제로 갔지만, 그녀를 만나지는 못했다)

- I have loved him, I **do** love him and shall always love him.
  (그를 사랑해 왔고, 지금도 사랑하고 있으며, 앞으로도 언제나 그를 사랑할 게다)

> **도치법 : 부사어구가 문두에 올 때 주어 앞에**

- Little[Nothing] **did** she eat all day long.
  (그녀는 종일 거의/아무것도 먹지 않았다)

- Never **did** I dreamed of seeing you again. But well **do** I remember you.
  (자네를 다시 만나리라고는 꿈에도 생각지 못했네. 하지만 난 자넬 잘 기억하고 있다네)

- 313 -

3. 조동사의 종류별 예문 세부검토

- Not only **did** he understand it, but (also) he remembered it.
  (그는 그것을 이해했을 뿐 아니라 기억하기도 했다)

> **대(代)동사: 앞에 나온 동사(구)의 반복을 피하기 위해**

- If you want to see her, **do** her now. [=see her now]
  (당신이 그녀를 만나고 싶다면 지금 만나시오)

- I speak French as well as she **does**[=speaks French].
  (그 여자만큼 나도 프랑스어를 할 수 있다)

- I want to enjoy reading as I used to (**do**)[=used to enjoy].
  (전처럼 독서를 즐기고 싶다)

- I wanted to go to bed, and I **did**[=went] so[=so I did].
  (나는 잠자리에 들고 싶었는데, 그래서 곧 잤다)

- **Does** she play tennis? - Yes, I've seen her **doing**[=playing] so[=that].
  (그녀는 테니스를 치나? - 응, 치는 걸 본 적이 있어)

2) 부정문에서 조동사 「Do」의 활용 예문

※ **본동사를 대신하여 조동사가 앞서서 부정한다.**

- Tom **does not** learn French now, but he used to do.
  (톰은 전에는 프랑스어를 배웠으나 지금은 배우지 않는다)

- Dark colors **don't** do anything for her.
  (어두운 색은 그녀에게 전혀 어울리지 않는다)

- It **doesn't** do you any harm to do so.
  (그렇게 한다고 해서 당신에게 해될 건 없다[없을 게다])

cf ┌ The picture **does not** suit/fit the room.
   │ (그 그림은 방에 어울리지 않는다)
   └ The dress **doesn't** look nice on you.
     (그 옷은 너한테 어울리지 않는다)

- They **didn't** have a drink, and **did not** have a good time, too.
  (그들은 술을 한 잔도 마시지 않았고, 즐겁게 놀지도 못했다)

- I **don't** have any money with me.
  [=I haven't any money with me] ----------------- <영국식>

- **Don't** worry. **Don't** be afraid too.
  (걱정하지 말라. 두려워하지도 말라)
  ※ be동사도 조동사이지만, 명령문의 부정에 한해서는 do 조동사의 힘을 빌린다.

- Hands up[=Put your hands up]! **Don't** anybody move!
  (손들엇! 아무도 움직이지 마라!)

- I **don't** think (that) I can let it slide this time.
  (이번에는 그냥 넘어갈 수 없을 것 같아)
  ※ think, suppose, say 등은 완곡한 표현을 위해 관행상 종속절 속의 부정(I think that I can't let; 단정적인 부정)을 대신하는 경향이 있다.

3) 의문문에서 조동사 「Do」의 활용 예문

> **선택적 의문문[일반 의문문]에서 : Do를 문두에 선치**

- Do you have any brothers?
  [=**Have** you any brothers?] -------------------- <영국식>
  (형제분이 있습니까)

- Do[Can] you hear me at the back?(그 뒤에서(도) 내 말 들립니까)

3. 조동사의 종류별 예문 세부검토

- **Does** she still live in Tokyo? (그녀는 아직도 도쿄에 사느냐?)
- **Did** you hear your name called?
  (네 이름 부르는 것을[소리를] 들었느냐?)
- **Didn't**[Did not] your father still come here?
  (자네 아버지는 아직 여기 안 오셨나?)

> **원천적 의문문[특수 의문문]에서 : 의문사를 문두에 선치**

  ※ 어순배열 일반원칙: [**의문사+조동사+주어+본동사**]
  — 다만, 의문사 자체가 주어인 경우에는 : [**의문사+의문사의 서술본동사**]

- What **do** you think of this picture?
  (이 그림을 어떻게 생각하느냐?)
- What do you mean by the word. (그 말은 무슨 뜻이죠?)
- When **do** you usually have tea?
  (당신은 통상 언제 차를 드십니까)

  cf ┌ **Who** is there? **Who** came?
  │   (거기 누구요? 누가 왔어요?)   ⎫ 의문사가 주어인 의문문
  │   ⎬ (조동사 불요)
  └ **What** made you come here?   ⎭
      (무슨 연유로 여기 왔지?)

- Why **didn't** you come yesterday? (어제는 왜 오지 않았느냐?)
- What **do** you usually have for breakfast?
  (당신은 보통 아침식사로 뭘 드세요?)
- Where **do** you want to go first? (어디에 먼저 가고 싶으세요?)
- Who **do** you think came? ---------------------- <특수 의문문>
       └-(삽입주절)-┘
  (누가 왔다고 생각하느냐?)

Part IV 조동사에 의한 동사의 기능확장

부가적 의문문에서 : 「~이죠, 안 그래요?」

※ **부가문절 붙이는 요령** : 앞 절에서 긍정이면 뒷 절에서는 부정형으로,
　　　　　　　　　　　　앞 절에서 부정했으면 뒷 절에서는 긍정형으로 되묻는다.

- He <u>works</u> in a bank, **doesn't** he? (그는 은행에 근무하고 있죠?)
- You **didn't** <u>read</u> that book, **did** you? (자넨 그 책을 읽지 않았지, 안 그래?)
- The store <u>sells</u> high-class clothes, **doesn't** it[don't they]?
  (그 가게에서는 고급 의류를 팔고 있죠?) ※ it=가게, they=가게사람

상대편의 말에 맞장구 칠 때 : 「아, 그렇습니까」 등

※ 영어에서는 상대편이 긍정했으면 자신도 긍정형으로,
　상대편이 부정했으면 자신도 부정형으로 물어야 한다.
　cf: 한국어에서는 상대편의 긍정·부정 모두에 긍정으로 묻는다.

- I <u>bought</u> a new car. - Oh, **did** you?
  (새 차를 샀습니다. - 아, 그러십니까)
- I **don't** <u>like</u> coffee. - **Don't** you?
  (저는 커피를 안 좋아합니다. - 아, 그러세요?)

특수구문에서 : [as + 주어 + do]

- <u>Living</u> as I **do**[As I am living] in a rural area, I rarely have visitors.
  (시골에 살고 있어서 제게는 좀처럼 방문객이 없어요)
  cf: <u>Careless as she was</u>, she could never pass the exam.
  　(그녀는 주의력이 부족해서 그 시험에는 도저히 합격할 수 없었다)

※ 「~이므로」의 뜻을 지닌 접속사 as는 종속절의 문두에 위치하는 것이 일반적이지만, 핵심내용을 부각시키기 위해 형용사 또는 동 상당어구인 분사(현재분사, 과거분사)를 문두에 선치하고 as는 그 바로 뒤에 오기도 한다. 본동사가 분사로

3. 조동사의 종류별 예문 세부검토

문두에 와버리면 그 뒤는 「as+주어+조동사(do)」의 형태를 취한다(단, be동사가 본동사이면 다른 조동사는 불필요).

참고 : 부가적 의문문의 유형별 조동사·주어 사용법

▶ **주절에 본동사만 있을 때**

- She <u>saw</u> you, **didn't** she?
- Mary <u>knows</u> you, **doesn't** she?

　　주절 본동사가 일반동사일 때

- John <u>has</u> a book, **doesn't** he?
- You <u>have</u> no brother, **do** you?

　　주절 본동사가 have일 때

- It <u>was</u> important, **wasn't** it?
- We <u>are</u> late for work, **aren't** we?

　　주절 본동사가 be 동사일 때

▶ **주절에 조동사가 있을 때**

- She <u>can speak</u> English, **can't** she?
- They <u>won't take</u> the book, **will** they?

　　단일 조동사일 때

- He <u>has</u> always <u>had</u> his hair cut on Sunday, **hasn't** he?
- Alice <u>hadn't been writhing</u> letters, **had** she?
- You <u>had better go</u> at once, **hadn't** you?
  (너는 당장 가야 해. 그렇잖니?)

　　복합 조동사일 때

▶ **조동사가 have to, used to 일 때**

- You <u>have to study</u> English, **don't** you?
  (너는 영어를 공부해야 돼. 그렇잖니?)

Part IV 조동사에 의한 동사의 기능확장

- They used to live there, **didn't[=use(d)n't]** they?
  (그들은 전에는 거기 살았지. 그렇잖니?)

▶ 주절에 부정(否定)의 뜻이 담긴 어휘(no, seldom, hardly, scarcely, nothing 등)가 올 때 : 긍정으로 되물어야

- We have no time, **do** we? (우린 시간이 없어. 그렇지?)
- She scarcely seems to care, **does** she?
  (그녀는 거의 신경을 쓰지 않는 것 같아. 그렇지?)
- He seldom came to see his wife, **did** he?
  (그는 좀체 자기 아내를 만나러 오지 않았어. 그렇지?)

▶ 주절의 전달부에 I suppose, I don't think가 있어서 that절을 받을 때 : 종절(피전달부)을 기준으로 하되, 긍정으로 되물어야

- I suppose (that) you're not serious, **are** you?
  (넌 심각하지 않다고 짐작되는데. 그렇지?)
- I don't think (that) he's serious, **is** he?
  ※ I think that he is not serous의 뜻이므로
- I don't think (that) anyone was at home, **is** he?
  (아무도 집에 없었다고 생각되는데. 그렇지?)
  ※ I think that anyone was not at home의 뜻이므로

▶ 중문(重文; Compound Sentence)일 때 : 끝절을 기준으로

- I am reading English and you are writing French, **aren't you**?
  (난 영어를 읽고 넌 불어를 쓰고 있지. 그렇잖니?)
- You are a teacher, but your sister is a student, **isn't she**?
  (너는 선생이고, 네 누이는 학생이지. 그렇잖니?)

- 319 -

3. 조동사의 종류별 예문 세부검토

▶ 복문(複文; Complex Sentence)일 때 : <u>주절을 기준</u>으로
  - <u>We arrived</u> there after <u>the sun had set</u>, **didn't we**?
    (우리는 해가 진 뒤에 당도했다. 그렇잖니?)
  - <u>He is not</u> a man who <u>tells a lie</u>, **is he**?
    (그는 거짓말하는 사람이 아니야. 그렇지?)

▶ 주절 주어가 This/That나 These/Those인 경우 :
  단수는 **it**를, 복수는 **they**를 주어로
  - <u>That's</u> a good item, **isn't it**?
  - <u>These are</u> love stories, **aren't they**?

▶ 주절이 유도부사 There로 시작되는 경우 : There를 그대로 받는다
  - <u>There were</u> too many cars on the street, **weren't there**?

▶ 명령문 · 권유문의 경우 : Shall, Will, Won't 등으로 받는다
  ※ 주절의 긍정 · 부정에 상관없이 긍정으로 되묻는다
     (단, 권유형 긍정 명령문은 won't로).

  - <u>Let's play</u> tennis, **shall we**?
  - <u>Let's not</u>, **shall we**?   ---- <Let~ 형>
  - <u>Let me[him, them] go</u>, **will you**?

  - <u>Do</u> it at once, **will you**?
  - <u>Don't close</u> the door, **will you**?   ---- <명령형>

  - Have a cup of tea, **won't you**? ------------ <권유형>
    (차 한잔 하지 않을래?)

(2) 능력·가능, 허가·금지 등을 나타낼 때 쓰이는 조동사: Can/Could, Be able to

※ 부정을 나타낼 때는 관행적으로 「can not」 대신에, 「cannot」로 붙여 쓴다

※ could는 can의 과거시제로서 주·종절 간 시제일치를 위해 쓰이는 외에, 그 나름의 몇 가지 특별한 용법으로 쓰인다(특히 가정법에서).
  · 비(非)가정문에서 could는 종종 「was/were able to」로도 쓰여, 가정법에서의 could와 구분 사용하기도 한다.

※ can이 다음과 같은 경우에는 같은 뜻을 지닌 「be able to」로 대체해서 쓰인다.
  · 미래시제와 과거완료 시제에서 : will can do (x), can/could had done (x)
     (단, 능력을 나타낼 때는 모든 완료형 시제에서 「be able to」로)
  · may, should 등의 조동사 뒤나 분사/to부정사와 연계하여 사용될 때
  · 지속적 능력이 아니고 단순히 일과성 행위일 때

1) 능력·가능을 나타낼 때 : 「~할 수 있다/없다」

- She told me that she **could** go alone.
  (그녀는 혼자 갈 수 있다고 내게 말했다)

- I will do what[whatever/anything] I **can** (do).
  (할 수 있는 일이라면 무엇이든 하겠습니다)

- I'm sure we **can** win the game.
  (우린 그 경기에서 반드시 이길 수 있어)

- With what **can** you help mom? - I **can** do with peering the onions.
  (너는 엄마가 뭘 하시는 일을 도와줄 수 있겠니? - 양파 껍질 까는 일요)

3. 조동사의 종류별 예문 세부검토

- Computers **can** store huge amounts of information.
  (컴퓨터는 방대한 양의 정보를 저장할 수 있다)

- This room **can** hold[contain] eighty people.
  (이 방에는 80명이 들어갈 수 있다)

- I **can** still remember it well.
  (나는 그 일을 아직도 잘 기억하고 있소)

- You **can** buy the dictionary in any book store[=book-seller's].
  (그 사전은 아무 서점에서나 구입할 수 있다)

- I **can** speak English, but **cannot** speak French.
  (영어는 할 수 있지만, 프랑스어는 말하지 못한다)

- There **cannot** be any doubt that he is guilty.
  (그가 유죄라는 것에는 의심의 여지가 있을 수 없다)

- **Can** you hear that noise? (저 (시끄러운) 소리가 들립니까)

- You **can** swim, **can't** you? (수영 할 줄 아시죠?)

- **Can't** you see (that) you've already fallen behind in your work?
  (너는 네 일이 예정보다 뒤처졌음을 모르겠느냐?)

- Wow, the food is magnificent. But I **can't** eat another bite.
  (와, 음식이 정말 훌륭해요. 하지만, 더는 못 먹겠어요)

- What **can** I do for you? (무엇을 해드릴/도와드릴까요?)

can 대신 늘 「be able to」가 쓰이는 경우

※ 완료형 시제의 경우 능력·가능 표현시는 항상 be able to를 쓰지만, 발생 가능성이나 추측 등 다른 용법에서는 과거완료형 외에는 can/could도 쓰인다

- You **will be able to** speak English soon.
  (당신은 곧 영어를 말할 수 있을 거예요)
- **Shall** you **be able to** come here tomorrow?
  (내일 여기로 오실 수 있겠어요?)
- You **will** never **be able to** swim if you don't try.
  (시도해 보지 않으면 절대 수영은 배우지 못할 거야)

〉 미래시제

- They **should be able to** offer you the support you need.
  (그들은 당신이 필요로 하는 지원을 해드릴 수 있을 거예요) --- <should 다음에>
- Thomas **is expected to be able to** play again next weekend.
  (토마스는 다음 주말에 다시 경기에 뛸 수 있을 것으로 보인다) -<to-부정사 연계>

- I **haven't been able to** read that report.
  (그 보고서를 아직 읽지 못했어요)
- I **haven't been able to** come all this while.
  (나는 지금까지 내내 올 수 없었다)
- No one **has** ever **been able to** solve the problem.
  (지금까지 그 문제를 풀 수 있었던 사람은 아무도 없었소)

〉 완료형 시제

2) 허가/금지, 가벼운 명령을 표현 시 :
「~해도 좋다」, 「~하면 안 된다」, 「~하시오」

허가의 뜻을 나타낼 때

- You **can** <u>use</u> this pen. (이 펜을 사용해도 됩니다)

- You **can** <u>smoke</u> here.(여기서는 담배를 피워도 괜찮습니다)

- You **can** <u>go</u> home now. (이제 집으로 가도 좋습니다)

- Pencils[Ball point pens] **can** <u>be</u> red.
  (연필/볼펜은 빨강색도 좋습니다)

- Anyone **can** <u>join</u> the club.
  (누구나 클럽에 가입할 수 있습니다)

- If you like, we **can** <u>go</u> fishing.
  (네가 좋다면 우린 낚시하러 갈 수도 있어)

- In those days, anyone **could** <u>enroll</u> for the course.
  (당시에는 누구나 이 과정에 등록하는 게 인정되고 있었다)

- Tonight you **can** <u>dance</u> if you wish, but you **could** <u>have danced</u> last night as well. (원한다면 오늘 밤 춤을 출 수 있다. 하지만 어제도 마찬가지로 춤출 수 있었어[그런데 추지 않았다])

- **Can** I <u>look at</u> it?　┌─Yes, you can. (됩니다)
  (그것 구경해도 됩니까?)　└─No, you can't[=must not] (안 됩니다)

- **Can** I <u>talk</u> to you for a few minutes.
  (잠깐만 얘기 좀 할 수 없을까요?)

금지의 뜻을 나타낼 때

- You **can't** run here or (**can't**) make a noise[uproar/disturbance].
  (여기서는 뛰거나 떠들어서는 안 됩니다)

- You **can't** go in there. (거기에는 들어갈 수 없어요)

- Mother often says I **can't** do that sort of thing.
  (어머니는 종종 나에게 그런 짓을 해서는 안 된다고 말씀하신다)

- No visitor **can** remain in the hospital after nine p.m.
  (오후 9시 이후에는 어떤 면회자라도 본 병원 내에 머물러 있을 수 없습니다)

- You **can't** leave the kids by themselves.
  (아이들을 저희들대로 내버려 두면 안 됩니다)

- No one **can** blame her for being angry.
  (그녀가 화내는 걸 아무도 나무랄 수 없다; 화내는 게 당연하다)

가벼운 명령, 권고 또는 비난/원망

- You **can** go. (나가시오)

- You **can** forget about it. (그 일은 이제 잊어버리게)

- If you won't keep quite, you **can** get out.
  (조용히 있지 않으려면 나가시오)

- He **can** go to prison/hell.
  (감옥/지옥에나 가라; 그런 곳에 가는 게 맞겠다)

3. 조동사의 종류별 예문 세부검토

3) 발생 가능성, 추측을 나타낼 때

```
┌─ 「그렇게 할 수 있다, ~이 있을 수 있다」 ------------------ <긍정문에서>
├─ 「~할/일 리가 없다」, 「~이면 곤란하다」 ------------------ <부정문에서>
└─ 「~할/일 리가 있을까」, 「도대체 ~일 수가 있을까」 -------- <의문문에서>
```

긍정문에서 : 「할/있을 수 있다」

- Anybody **can** make mistakes. (누구나 실수할 수가 있다)

- Dogs **can** sometimes be a nuisance.
  (개도 때로는 성가실 때가 있다)

- He **can** be rude enough to do so.
  (그 사람이라면 능히 그런 일을 할 만큼 무례하다)

- I **can** have got the dinner ready by 10 o'clock.
  (10시까지는 만찬[또는 오찬] 준비를 다 끝내고 있을 거다)

- It **can** be true. (그게 어쩌면 사실일 수도 있다)

부정문에서 : 「~할/일 리가 없다」

- It **cannot** be true. (그게 사실일 리가 없다)

- He **cannot** have done so. (그가 그렇게 했을 리가 없다)

- He **cannot** have told such a lie.
  (그가 그런 거짓말을 했을 리가 없다)

- This **can't** happen again. (이런 일이 다시 있으면 곤란하다)

- This **can't** be the right road. - We should have taken the other one.
  (이 길이 맞을 리가 없어. 다른 길을 택했어야 했다)

Part IV 조동사에 의한 동사의 기능확장

- Working so hard **cannot** be good for you.
  (그렇게 과로하는 게 네 몸에 좋을 리가 없어)

- You **can't** have been paying attention.
  (주의를 집중하지 않고[잘 안 듣고] 있었죠?)

- You **can't** be serious! How **can** you be so stupid!
  (농담이겠지! (네가) 어쩜 그렇게 멍청할 수 있어!)

> 의문문에서 : 「~할/일 수가 있을까」」

- **Could** such things be tolerated? - Never!
  (이런 일이 과연 용서 받을 수 있을까 - 말도 안 되는 소리!)

- **Can** the news be true? (그 소식은 과연 사실일까)

- **Can** he have said so? (과연 그가 그런 말을 했을까)

- What **can** he be doing? (대체 그가 뭘 하고 있다는 거야?)

- Who **can** he be? (대체 그 사람은 누구일까)

- Do you think he **can** yet be living?
  (그가 아직 살아 있으리라고 생각하니?)

4) 제의·의뢰 등을 공손하게 나타낼 때 : 「~해 주시겠습니까」, 「~해드릴까요?」

- **Can/Could** you tell what floor the restaurant is on?
  (식당은 몇 층에 있는지 좀 알려 주시겠습니까)

- **Can/Could** you tell/show me how to get to the Youth Hostel?
  (유스호스텔 가는 길 좀 알려 주시겠습니까)

- **Can** you help me move this table?
  (이 테이블 옮기는 일 좀 도와주시겠습니까)

- 327 -

3. 조동사의 종류별 예문 세부검토

cf ┌ **Can** you <u>help</u> me <u>up</u> with this case?
   │ (이 상자 들어 올리는 일 좀 도와주시겠어요?)
   └ **Can[Will]** you <u>help</u> her <u>to some cake</u>?
      (그녀에게 케이크를 좀 집어주시겠습니까)

- **Can** I <u>get</u> you <u>something</u> to drink?
  (뭐 마실 것 좀 갖다 드릴까요?)

- **Can** I <u>have</u> <u>the check</u>, please?
  (계산서 좀 주시겠어요)

- **Can** I <u>help</u>[Let me help] you <u>on/off</u> <u>with your coat</u>?
  (코트 입는/벗는 것 제가 도와드릴까요?)

- Okay, but what **can** you <u>bring</u> on the (deal) table?
  (좋습니다. 하지만 (거래협상) 테이블에 어떤 조건(제안)을 내놓으실 건가요?)

- **Can/Could** you <u>pick</u> us <u>up</u> at the hotel?
  (호텔로 저희를 차로 마중 나와 주실 수 있겠습니까)

- **Could** I <u>get</u> the 4th room on the fourth floor?
  (4층의 4호실을 주실 수 있나요?)

5) 지각·인지 등을 분명히 나타내려 할 때 :「~하다/되다」

> see, hear, feel, smell 등의 지각동사나, understand, know, remember, believe 등 인지동사와 함께 쓰여 그것을 분명히 나타낸다.

- Here they are. I **can** <u>see</u> their car.
  (여기 왔네요. 그들의 차가 보여요)

- I **can't** <u>see</u> <u>that far</u> with the naked eye.
  (육안으로는 그렇게 멀리는 보이지 않는다)

- I **can** hear someone knocking (누가 노크하는 소리가 들린다)

- I **can** smell (something) burning. ((뭔가) 타는 냄새가 난다)

- I **could** smell the milk wasn't fresh.
  (우유가 신선하지 않다는 냄새가 났다)

- I **could** smell some trouble/danger coming.
  (어떤 문제/위험이 다가오고 있음을 감지하게 되었다)

- I **can't** understand why you're so upset?
  (당신이 왜 그렇게 기분이 안 좋은지 모르겠네요)

- I **can't** believe[=I'm extremely surprised] he's getting married after all these months.
  (그는 고작 근래 몇 달 사귄 뒤 결혼한다니 믿어지지 않아)

6) 기타 용법 : 간헐적인 발생 가능성 등

> (때로는) ~하기도/이기도 하다

- The sun here **can** be very hot.
  (이곳의 햇살은 몹시 뜨거울 때가 있다)

- It **can** get pretty cold here at night.
  (여기는 밤이 되면 제법 추워지기도 한다)

- It **can** take years to learn a new language.
  (새 언어를 배우는 데 몇 년씩 걸리기도 한다)

- Beside, it[the shot] **can't** hurt, right?
  (게다가 주사는 아프지도 않잖아요. 그렇죠?)

3. 조동사의 종류별 예문 세부검토

더 없이 ~하다, 절대 안 될 것 같다

- She is happy as she can (be).
  (그녀는 지금 더 없이[한껏] 행복하다)

- Will you lend me the money? - Sorry, no can do.
  (돈 좀 빌려 줄래요? - 미안하지만 도저히 안 될 것 같아요)

7) Cannot help 등에 연계된 관용적 표현

cannot (help) but + 원형부정사 : 「~하지 않을 수 없다」

- We cannot but[=can but] wait a little longer.
  (우리는 좀 더 기다릴 수밖에 없다)

- We cannot but protest against injustice.
  (우리는 부정에 대해서는 항의하지 않을 수 없다)

- We couldn't help but laugh cheerfully at his joke.
  (우리는 그의 농담을 듣고 깔깔대고 웃지 않을 수 없었다)

cannot help + 동사원형-ing : 「~하지 않을 수 없다」

- I cannot help thinking[feeling] that I've made a very big mistake.
  (내가 정말 큰 실수를 저질렀다는 생각을 안 할 수가 없네)

- I couldn't help her doing that.
  (나는 그녀가 그렇게 하는 것을 막을 수 없었다)

cannot help + it[myself] : 「~나로서도 어쩔 수 없다」

- I can't help it. I hear that song and I have to dance.
  (나도 어쩔 수 없어. 그 노래만 들으면 춤을 추게 돼)

- I **can't help** it if Bill doesn't like me.
  (빌이 날 좋아하지 않는다 해도 어쩔 수 없다)

- I fell in love. - I **couldn't help** myself.
  (나 사랑에 빠졌어요. 어쩔 수 없었어요)

  cf ┌ Help yourself to a drink.
     │ (음료수 마음껏 가져다 드세요)
     └ She helped herself to my wallet.
       (그녀는 내 지갑의 돈을 마음대로 가져갔다)

can't wait + to-부정사 (또는 for 명사) : 「기다릴 수 없을 지경이다」, 「어서 빨리 ~하고 싶다」

- I **can't wait to** tell her the good news.
  (당장 그녀에게 이 희소식을 전해야겠다)

- I **can't wait for** the football season to start.
  (축구시즌이 빨리 시작되었으면 좋겠다)

- I **can't wait for** my summer vacation.
  (나는 여름휴가가 너무나 기다려진다)

cannot ~ too[enough]~ : 「아무리 ~해도 지나치지 않다」

- You **cannot** be too careful in choosing friends.
  (친구를 선택함에 있어서는 아무리 주의해도 지나치다 할 수 없다)

- It **cannot** be too late in correcting[to correct] one's shortcomings.
  [It is never too late to mend]
  (결점을 고침에 있어서는 너무 늦는 법 없다)

- We **cannot** estimate his spirit of self-sacrifice too much.
  (우리는 그의 희생정신을 아무리 높이 평가해도 지나치지 않다)

- We **cannot** speak too severely of his behavior.
  (그의 처신에 대해서는 아무리 혹평을 해도 지나치지 않다)
- I **cannot** thank you enough. (무어라 감사드릴 말씀이 없습니다)
  [=무어라 감사드려야 할지 모르겠습니다]

> **cannot ~ without -ing** : 「~하면 반드시 ~하게 된다」

- I **cannot** hear the song without thinking of my mother.
  (나는 그 노래를 들으면 반드시 어머니 생각이 난다)
- I **cannot** eat anything without worrying about calories.
  (나는 무엇을 먹거나 꼭 칼로리를 생각한다)
  cf: He **reminds** me of his brother. (그를 보니 그의 동생 생각이 난다)

8) Could의 용법

① 능력·가능, 사실 및 허가 등에서 'can의 과거형'으로 사용

> ※ 주로 일상화된 능력, 상습적 사실, 그리고 hear·see 등 지각동사에 연관되어 쓰인다.
> ※ 가정법상의 could와 의도적으로 구분하기 위해 때로는 「was/were able to」, 「managed to~」, 「succeeded in~」 따위로 대용하기도 한다.
> - 예; I **was able[managed] to** catch the bird.
>   (나는 그 새를 잡을 수 있었다)

- **Could** you already speak English before you came to England?
  (영국에 오기 전에 벌써 영어를 할 줄 알았나요?)
- He was so angry that he **could not** speak.
  (그는 너무 화가 나서 말문이 열리지 않았다)

- We helped him as much as we could.
  (우리는 할 수 있는 한까지 그를 도왔다)

- I could run faster in those days. Try as I may, I can't solve it
  (당시에 나는 더 빨리 달릴 수 있었다. 아무리 해보아도 그것을 해결하지 못하겠다)

- In those days you could buy a car for a hundred dollars.
  (당시에는 100달러면 차를 살 수 있었다)

- When I lived by the station, I could always reach the office on time.
  (역 근처에 살고 있을 때에는 언제나 제시간에 회사에 도착할 수 있었다)

  cf: (일과성 사실이었으면) I was able to reach the office on time this morning.

- When she was 15, she could only stay out until 9 o'clock.
  -------------- <과거 속의 허가>

  [~she was allowed only to stay out until~]
  (15살 때, 그녀는 외출이 9시까지밖에 허락되지 않았다)
  [=9시까지만 외출해 있을 수 있었다]

- She could be very unkind.   -------------- <과거의 가능한 경향>
  (그녀는 아주 불친절한 적도 있었다)

- I could hear the door slamming.
  (문이 쾅하고 닫히는 소리가 들렸다)
- I listened carefully but could not hear any sound.
  (주의 깊게 귀를 기울였으나 아무런 소리도 듣지 못했다)
- I couldn't hear what he was saying.
  (나는 그가 뭐라고 하는지 들리지 않았다)

  } 한동안 들어 보았음을 의미

3. 조동사의 종류별 예문 세부검토

② 시제일치를 위한 'can의 과거형'으로 사용

- I thought he **could** drive a car.
  (나는 그가 차 운전을 할 수 있는 줄로 알았다)

- He thought he **could** swim across the river.
  (그는 자신이 그 강을 헤엄쳐 건널 수 있을 것이라고 생각했다)

- He said (that) he **could** go there. (그는 거기에 갈 수 있다고 말했다)
  cf: (직접화법시) He said, "I **can** go"

- He asked me if he **could** go home.
  (그는 집에 돌아가도 되느냐고 내게 물었다)
  cf: (직접화법시) He said to me, "**Can** I go home?"

③ 공손함·기분 등 심정적인 표현 시

- **Could** you spare me a copy?
  (한 권만 주실 수 있겠습니까?)

- **Could** you come and see me?
  (내일 와서 저를 만나 주시겠습니까)

- **Could** you pass me that knife, please?
  (그 나이프를 좀 건네주시겠습니까)

- I wonder if I **could** use your phone.
  (전화를 좀 빌려 써도 될까요?)

- How are you feeling? - Fine. **Couldn't** be better.
  (기분이 어때? - 좋아. 더 이상 좋을 수 없어[최고야])

- The system **couldn't** be simple.
  (그 시스템은 더 없이 간단해)

- I **could** do with a cold drink.
  (차가운 음료 한 잔 마셨으면 좋겠다)

- This room **could** do with some new furniture.
  (이 방에는 새 가구가 필요하다 ; 새 가구가 있었으면 좋겠다)

- Your clothes **could** do with being washed.
  (네 옷은 세탁을 좀 해야겠다)

- I **could** smack his face!
  (얼굴을 한 대 갈겼으면 하는 심정이다)

- I **could** have danced for joy.   ------ 〈 have+과거분사 ; 과거를 나타냄 〉
  (기뻐서 덩실덩실 춤을 추고 싶었다 : 추고 싶은 심정이었다)

- I **could** eat a horse!
  (너무 배가 고파서 말이라도 잡아먹을 수 있을 것 같은 심정이다)

- I **could** be drinking water. (마치 물을 마시고 있는 것 같다)

- He **could** have been speaking to a large audience.
  (그는 많은 청중에게 이야기하고 있는 것 같았다)
  ※ 위 예문에서처럼 [could+have+과거분사]는 과거시제로 해석한다.

- I **couldn't** sew it. (나는 그것을 꿰멜 수 있을 것 같지 않다)

- I **couldn't** think of that. (그런 일은 생각할 수조차 없을 것 같아)

④ 가정법 및 동 유사용법

과거의 가능성 · 추측

- She **could** sometimes be annoying as a child.
  (어렸을 때 그는 가끔 속을 태웠을 게다)
  ※ annoying은 형용사 : 「귀찮은, 성가신」

- You figure the blow **could** <u>have killed</u> him? - **Could have**(killed).
  (그 일격이 그를 죽게 했다고 보십니까? - 그러했을 수도 있죠)

- It seemed like hours, but it **couldn't** <u>have been</u> more than three or four minutes. (몇 시간 지난 것처럼 생각되었으나, 실은 3, 4분 이상은 되지 않았다)

가정법 미래 : 미래에 대한 매우 불확실한 가정

※ 조건절(if~)이나 귀결절 모두 [should/would/could+동사원형]의 형태를 취한다.
※ 조건절에 could가 올 때는 현재사실의 반대상황을 가정하기도 한다.
※ 그러나 조건절(if~)의 내용이 현재사실의 반대가정이라도 동사부에 could가 오면 본동사는 원형이 와야 한다
  - 이유 : could 자체가 과거형이므로 본동사를 과거로 할 수 없기 때문

- It is <u>so</u> quiet there <u>that</u> you **couldn't** <u>hear</u> a pin drop.
  [=Even if a pin **should** <u>drop</u>, you **couldn't** <u>hear</u> it'
  (그곳은 핀 떨어지는 소리도 들을 수 없을 만큼 조용하다)
  cf: (실제시제가 과거라면 [could have+과거분사]로)
      It was <u>so</u> quiet there <u>that</u> you **couldn't** <u>have heard</u> a pin drop.

- If I **could** <u>get</u> inside track, I **could** <u>win</u> the contract.
  (내게 혹시 연줄이 생기면 그 계약을 따낼 수 있을 게다)

- If I **could** <u>play</u> by ear, I **couldn't** <u>have to</u> take lessons or practice.
  (만일 내가 귀 동냥으로 (악기를) 연주할 수 있다면, 레슨이나 연습을 받지 않아도 될 거야)

- If he **could** <u>come</u>, I **should** be glad. ------------- <오는 게 불확실>
  (그가 올 수 있다면 나는 기쁠 텐데)
  cf: (실제시제가 과거라면 가정법 과거완료의 형태로 하여)
      If he **had been able to** <u>come</u>, I <u>should have been</u> glad.
      (그가 올 수 있었더라면 나는 기뻤을 거다)

- We **could[might]** get along without his help.
  [=we **could** get along, even if his help **shouldn't** be]
  (그의 도움이 없다고 해도 잘 해낼 수 있을 것 같다)

- How I wish (that) I **could** see her! -------------- <감탄문; 단남이 불확실>
  (그녀를 만날 수 있다면 얼마나 좋으랴!)
  cf: (실제시제가 과거라면)
         How I wished (that) I **could** see her! --------- <가정문 고유시제 불변>
         (그녀를 만날 수 있었더라면 얼마나 좋았을까!)

- How I wish I **could** go! (정말 가고 싶은데!)

가정법 과거 : 조건문이 현재사실의 반대상황을 가정

※ 조건절(if~)의 동사는 과거형이며,
   귀결절의 동사부는 [could/should/would+동사원형]이 된다.

- You **could** do it if you tried.
  (해보면 할 수 있을 텐데) ---------------------- <실제는 하지 않음>

- I **could** do it if I wanted[would].
  (마음만 먹으면 할 수 있을 텐데) ---------------- <실제는 하지 않음>

- If I knew your address, I **could** often send letter to you.
  (네 주소를 알고 있다면 종종 편지를 네게 보낼 텐데)

- If I were born in America, I **could** speak English fluently.
  (내가 미국에서 출생했더라면 영어를 유창하게 말할 수 있을 텐데)

- Unless he were a genius, he **couldn't** have got 100 point in that test.
  ※ have got = have의 강조
  (그가 천재가 아니라면 시험에서 100점은 받을 수 없었을 게다)

3. 조동사의 종류별 예문 세부검토

> **가정법 과거완료 : 조건문이 과거사실의 반대상황 가정**

※ 조건절(if~)이 과거완료형이므로, 귀결절은 [could have+과거분사]가 된다.
※ could가 있는 조건절에서는 과거완료형 대신에 [could+현재완료형]으로 한다.
　예: If I could had done(x) → If I **could** have done(o)

- I **could** have come last evening (if you had asked me to come).
  (오라고 했더라면 갔을 텐데)

- If you had got up earlier, you **could** have caught the plane.
  (당신이 좀 더 일찍 일어났더라면 그 비행기를 탈 수 있었을 것이다)

- If he had run a little faster, he **could**[**might**] have won the race.
  (그가 조금만 더 빨리 뛰었더라면 그 경주에서 우승했을 것이다)

- If you had been there, you **could** have seen the scene of that accident.
  (당신이 그곳에 있었더라면 사고현장을 목격할 수 있었을 텐데)

- I **could** have done if I had wanted[wished] to.
  (하려고 마음만 먹었더라면 할 수 있었을 텐데)

- If I **could** have find him, I **would** have told him that.
  (그를 볼 수 있었다면 그에게 그것을 말해 주었을 텐데)

- You **could**[**should**] have told me about it.
  (그것에 관해 나한테 말해 줬으면 좋았을 텐데)
  [그것에 관해 내게 말해 줬어야 했다]

(3) 추측 · 허가 · 가능 · 양보 등을 나타낼 때 쓰이는 조동사 : May/Might

> ※ may/might는 불확실한(약한) 추측, 허가 · 허용 및 가벼운 명령, 가능 · 능력, 소망 · 기원, 양보, 목적 등을 나타낼 때 쓴다.
> ※ 추측의 확신도(약→강)는 might→may→could→should→ought→would→will→must순으로 점점 강해진다.
> ※ may와 might는 모두 추측이나 가능을 나타내지만 might는 가정성이 더 진하므로(불확실성이 강한) 추측 의문문에서는 주로 might가 쓰인다.
> ※ 과거에 일어났을지도 모르는 일을 추측하여 말할 때에도 [may have+과거분사]나 [might have+과거분사]를 모두 쓸 수 있지만, 실제 일어나지 않은 과거사를 반대로 가정해서 말할 때는 가정(의구)성이 더 강한 might를 쓴다.
> ※ might는 may의 과거형이므로 시제일치가 필요한 문장에서 주절이 과거시제일 때는 종절은 [might+동사원형]이나 [might have+과거분사]의 형태를 취한다.

1) 불확실한 추측을 나타낼 때 : 「~할/일지도 모른다」, 「~할 수도 있다」

- I **may** be late, so don't wait for me.
  (내가 늦을지도 모르니 날 기다리지 말게)

- It **may** be that they're lost.
  (그들은 길을 잃었을지도 모른다)

- It **may** be that our team will win this time.
  (이번에는 우리 팀이 이길지도 모른다)

- It **may** be my imagination, but I think someone is following me.
  (느낌일지도 모르지만, 누군가가 뒤따라오는 것 같다)

- The rains **may** yet come.
  (비는 아직 올지도 모른다)

3. 조동사의 종류별 예문 세부검토

- I must find his daughter. She **may** be penniless now.
  (나는 그의 딸을 찾아야 해. 그 애는 지금 돈이 한 푼도 없는 처지일 거야)

- We **may never** know what really happened.
  (실제 무슨 일이 일어났는지 영원히 모를 수도 있다)

- It **may** be true, or **may not** be true.
  (그건 사실일지도 모르지만, 사실이 아닐 수도 있다)

- He **may not** like it.
  (그는 그것을 좋아하지 않을지도 모른다)

- This task **may not** be easy.
  (이 일은 쉽지 않을 수도 있다)

- They **may not** be able to come.
  (그들은 올 수 없을지도 모른다)

> 불확실성을 더 나타내어 완곡하게 추측 시 : might 사용

- Be careful. You **might** hurt yourself.
  (조심해. 다칠지도 모르니까)

- Mother is afraid that I **might** catch a cold.
  (어머니는 내가 혹시 감기나 걸릴까봐 걱정하고 계신다)

- I **might** be wrong, but I think he's French.
  (틀릴수도 있겠지만, 내 생각에 그는 프랑스인 같아)

- As you **might** expect[imagine/guess], she is very poor.
  (짐작하고 계실지도 모르겠으나 그녀는 매우 가난합니다)

- She **might not** want to come with us.
  (그녀는 우리와 함께 가고 싶지 않을지도 모른다)

- There **might** be some truth in what she says.
  (그녀의 말에 어느 정도 진실이 있을지도 모른다)

- You **might** fail if you were lazy. (게으르면 실패할지도 모른다)

- She said (that) she **might** be late.
  (그녀는 자기가 늦을지도 모른다고 말했다)
  cf: (직접화법에서) She said, "I **may** be late."

- I thought it **might** rain, so I brought an umbrella.
  (비가 올지도 모른다는 생각에 나는 우산을 들고 나갔다)

정중하게 충고나 제안을 할 때

- It **might** be a good idea to write a list.
  (목록을 작성하는 것도 좋은 생각일 것 같습니다)

- I thought we **might** try the new Chinese restaurant.
  (새로 생긴 중국 식당에 한번 가보면 어떨까 하는 생각이 들었습니다만)

과거에 대한 추측 시 : [may have + 과거분사]

- He **may** have seen me last night.
  (어제밤 그는 나를 보았을지도 모른다)

- I **may** have been wrong about the date.
  (내가 날짜를 잘못 알고 있었는지도 모른다)

- He **may** not have been so rude as they assert he was.
  (그는 그들이 주장하듯 그렇게 무례하지는 않았는지도 모른다)

3. 조동사의 종류별 예문 세부검토

- He **may** have decided not to come.
  (그는 오지 않기로 작정했는지도 모른다)
- Bill **may** have left for London yesterday.
  (빌은 어제 런던으로 떠났을 테죠)
- It **may** have been true. (그것은 사실이었을지도 모른다)
- It **may** not have been he[him] who did it.
  (그렇게 한 것은 그가 아니었을지도 모른다)
- She **might** have been happier.
  (그녀는 어쩌면 더 행복했었을 지도 모른다)

현재의 반대상황 가정 시 : might가 있는 조건절은 [might + 동사원형]

- I would go if I **might** (go). (가도 좋다면 가겠는데)
  ※ 현재사실의 반대상황을 가정시 if절의 동사는 과거형이라야 하지만, might가 과거이므로 went가 올 수 없음
- I **might** do if I wanted to go. (가고 싶으면 갈 수도 있겠는데)
- It **might** be dangerous if you pushed the button.
  (그 버튼을 누르면 위험할 텐데)

과거의 반대상황 가정 시(귀결절) : [might have + 과거분사]

- We **might** have been killed (if we had stayed there longer).
  ((거기에 더 오래 머물렀더라면) 우린 죽임을 당했을지도 모른다)
- If you'd[you had] warned us in time, we **might** not have made that mistake.
  (네가 적시에 경고를 해줬더라면 우리는 그런 실수를 안 했을지도 모른다)

- I **might** have done it if I had wanted to. (하고 싶었더라면 할 수 있었겠지)
- I **might** have been a rich man. ((마음만 먹었으면) 난 부자가 되었을 텐데)
- It's no use dreaming about what **might** have been.
  (있었을지도 모르는 일을 이제 와서 꿈꾸는 것은 아무 소용이 없다)
- You **might** first have apologized! (네가 먼저 사과할 수도 있었잖아)
- Had I been more perceptive, I **might** have noticed that she was not happy.
  [=If I had been more perceptive, I might have noticed~]
  (내가 눈치가 좀 더 빨랐더라면, 그녀가 행복하지 않다는 것을 알아차렸을 텐데)

2) 허가·허용 및 가벼운 명령 : 「~해도 좋다/괜찮다」, 「(하려면) 하시오」
※ 부정문(may not)은 '불허가(금지)'를 나타낸다.

- You **may** go now. You **may** go wherever you like.
  (이제 가도 좋다. 어디로든 너 좋아하는 곳으로 가도 좋다)
- I'll have another biscuit, if I **may**.
  (괜찮으시다면 비스킷을 하나 더 먹겠습니다)
- Visitors **may not** take photographs.
  (관람객께서는 사진 촬영을 삼가 주십시오)
- **May/Might** I smoke here? **May/Might** I ask your name?
  (여기서 담배를 피어도 좋습니까. 성함을 좀 여쭤 봐도 될까요?)
  ※ might가 더 공손한 표현
- **May** I see your passport, please. - Here you are.
  (여권을 보여 주시기 바랍니다 - 여기 있습니다)
  ※ 명령성이 있으면 please 다음에 마침표를 찍을 수도 있음

3. 조동사의 종류별 예문 세부검토

- Anyone over the age of 18 **may** join the club.
  (18세 이상이면 클럽에 가입할 수 있습니다; 가입해도 됩니다)

- **May/Might** I come in and wait for a while? - Yes, certainly[또는 You may]
  (잠깐 들어가 기다려도 될까요? - 그럼요) ------- <Yes, you might (x)>

- **May** I ask you a rather personal question?
  (좀 개인적인 질문을 해도 될까요?)

  cf ┌ **Might** I see your list? 　　　　　　　　　　※ 좀 더
     │ (리스트 좀 봐도 되는지요?)　　　　　　　　　　　공손한 표현
     └ **Might** I ask how old you are?
        (선생님의 연세를 좀 여쭈어 봐도 될까요?)

- **May** I say, how much I admire your works.
  (이런 말씀 드려도 괜찮을지 모르겠으나 제가 선생님의 작품을 얼마나 좋아하는지 모릅니다)

- I **might** interrupt for a moment, there's a phone call for you.
  (말씀 도중에 잠깐 끼어들게 되어 죄송합니다만, 선생님을 찾는 전화가 와 있습니다)

- **May** I suggest that we take a short break?
  (잠깐 쉬면 어떨까 합니다만)

- I'd like to stay here longer if I **may**.
  (괜찮으시다면 여기 좀더 머물고 싶습니다만)

- Your action was, if I **may** say so, rather unwise.
  (이런 말도 해도 될지 모르겠지만, 당신 행동은 좀 어리석었어요)

- He asked if he **might** leave earlier.
  (그는 좀 더 일찍 떠나도 될지를 물었다)

3) 가능·능력을 나타낼 때 :「~할 수(도) 있다」

- You **may** call him a scholar, but you **cannot[may not]** call him a genius.
  (그를 학자라고는 불러도 좋지만, 천재라고는 할 수 없어요)

- You **may** say that Korea is a beautiful country.
  (한국은 아름다운 나라라고 말할 수 있다)

- Gather roses while you **may**. -------------------------------- <속담>
  (장미꽃은 딸 수 있는 동안 흠씬 따거라)

- The bill **may be paid** by cash, check, or credit card.
  (계산은 현금이나 수표 또는 신용카드 모두 지급 가능합니다)

- It is possible that he **may** come tomorrow.
  (어쩌면 내일 그가 올 수도 있다)

- You **may** get this at that store. (저 상점에서 이 물건을 살 수 있다)

- I'll help you as best (as) I **may**[can/could].
  (할 수 있는 데까지 힘껏 도와주겠소)

- We **might** go to the concert.
  (우리는 콘서트에 갈 수(도) 있다)

- What you say **might** be true.
  (당신이 말씀하시는 게 사실일 수 있다)

4) 소망·기원을 나타낼 때 :「~하기를 (빈다)」

※ [May + 주어 + 동사원형] 순으로, 핵심부사(long 등)를 may 앞에 선치하기도

- **May** you never worry. **May** you be happy!
  (근심걱정 마시고 행복하시기를 빕니다)

3. 조동사의 종류별 예문 세부검토

- **May** you succeed! <u>Long</u> **may** you live!
  (성공하시기를 빕니다! 그리고 장수하시기를…!)

- **May** we <u>never</u> <u>have to</u> <u>fight</u> another war!
  (다시는 전쟁을 치르지 않아도 되기를 (소망합니다))

- **May** the present moment <u>be</u> the worst of our lives!
  (이런 순간이 우리 생애에서 다시 없기를!; 이 순간이 우리 생애에서 겪는 최악의 상황이기를!)

- It's a fine tradition and <u>long</u> **may** it <u>continue</u>!
  ※ [long may it continue]는 도치법: [부사+조동사+주어+동사] 순으로
  (이것은 훌륭한 전통이니 오랫동안 지속되기를!)

- **May** heaven <u>protect</u> thee[you]! (하느님의 가호가 있으시기를!)
  ※ 격조 높은 종교적인 표현 : thou(1격; 당신은), thy(2격; 당신의),
  　　　　　　　　　　　　thee(3~4격; 당신에게/당신을)

- **May** he[his soul] <u>rest/repose</u> in peace. (그의 영혼이여 고이 잠드소서)
  cf: <u>God</u> <u>forgive</u> me[May god <u>forgive</u> me]!
  ※ 위와 같이 may를 생략해도 본동사는 동사원형을 쓴다.

- I only pray <u>that</u> she **may** <u>be</u> in time.
  (그녀가 시간에 대어주도록 빌 따름이다)

- We heartedly <u>hoped</u> he **might** <u>succeed</u>.
  (우리는 그가 성공하기를 진심으로 바랐다)

5) 양보를 나타낼 때 :「비록 ~일지라도」,「~라 할지라도」
　　※ 흔히 특수의문사(의문사+ever)나 but를 수반

- <u>Wherever</u> you **may** <u>go</u>, you <u>will be welcomed</u>.
  (당신은 어디를 간다 해도 환영받을 겁니다)

- The salary **may** <u>be</u> poor, but the work is enjoyable.
  (월급이 적을지는 모르겠으나 일은 재미있다)

- Try as I might, I couldn't figure out the answer/solution.
  (아무리 노력해 보아도 그 답/해결책을 찾을 수 없었다)

- However tired you may be, you must do it.
  (아무리 지쳤더라도 너는 그것을 해야 한다)

- Come/Happen what may, do what you may, I won't care.
  (무슨 일이 일어나든, 네가 무엇을 하든, 나는 아랑곳하지 않겠다)

- Whoever might have said so, you needn't have believed him.
  [=No matter who might have said so, you needn't have believe him]
  (누가 그런 말을 했던 간에 너는 그 말을 믿을 필요가 없었다)

- No matter how busy he may be, he never fails to send his best regards to his parents.
  (그는 아무리 바쁘더라도 부모님께는 반드시 극진한 안부를 전해 드린다)

- No matter where you may go, I'll follow you.
  (당신이 어디를 가든 저는 따라 가겠어요)

- Strange as it may seem, I actually prefer cold weather.
  (이상하게 보일 수도 있겠지만, 사실 난 추운 날씨가 더 좋다)

- Times may change, but human nature stays the same.
  (세월은 변할지언정 사람의 본성은 변하지 않는다)

- He may be rich, but he is not refined.
  (그는 부자인지는 몰라도 세련되지는 않았다)

6) 목적을 나타내는 That 절에서 : 「~하기 위해」, 「~을 할 수 있도록」

※ so that 절에서 may/might 대신에 should가 쓰이기도 한다.

- He is working hard (so) that [=in order that] he may pass the examination. (그는 시험에 합격하고자 열심히 공부하고 있다)

3. 조동사의 종류별 예문 세부검토

- Great men often sacrifice their lives (so) that people **may** prosper.
  (위인들은 종종 사람들이 번영할 수 있도록 자신의 [생애]을 희생한다)

- Let us meet so that we **may** discuss the matter fully.
  (이 문제를 더 충분하게 논의하게 한번 만납시다)

- Come home early, so that we **may** eat dinner together.
  (함께 식사를 할 수 있도록 일찍 들어오세요)

- I moved forward so that I **might** have a better view.
  (나는 좀 더 잘 볼 수 있게 앞쪽으로 이동했다)

- I lent her the book so that she **should[might]** study deep into the subject.
  (나는 그녀가 그 주제로 깊이 연구해 들어갈 수 있도록 그 책을 빌려 주었다)

- We don't live so that we **may** eat, but eat so that we **may** live.
  (우리는 먹기 위해 사는 게 아니라, 살기 위해 먹는다)

- We gave them bread and meat, lest they **should[might]** starve.
  (우리는 그들이 굶어죽지 않도록 빵과 고기를 주었다)

7) 의문사를 수반하여 불확실성을 강조할 때 : 「도대체 무엇/누구/어떻게 ~일까」

- I wonder what **may** be the cause[reason]?
  (그 원인은 대체 무엇일까) ---------------------------- <의문사가 주어>

- I wonder who[whom] he **may** be?
  (저 분은 대체 누구일까)
- Who[Whom] **may/might** you be?
  (대체 누구신지요?)
  <의문사가 명사적 주격보어>

- How old **may** she be? ------------------- <의문사가 형용사적 주격보어>
  (그녀는 대체 몇 살이나 됐을까)

- What **may** I do for you? ------------------------------ <의문사가 목적어>
  [=What **can** I do for you?]
  (무슨 일로 오셨죠[뭘 도와드릴까요]?)

8) 「May well」, 또는 「May as well」에 연계된 특별한 관용적 표현

| may well[=may easily] do/be | 「~하는 것은 당연하다」, 「하기 쉽다」, 「~할 가능성이 있다」 |

- You **may well** be proud of your son.
  (당신이 아들 자랑하는 것도 당연하다)

- He **might well** ask that.
  (그가 그렇게 묻는 것도 당연할 터지)

- He **may well** change his mind.
  (그는 충분히 마음을 바꿀 수도 있다)

- Such a mistake **may well**[easily] result in serious damage.
  (그런 실수는 심각한 손실을 초래하기 십상이다)

| may as well do/be | 「~하는 편이 좋다[=had better~]」, 「~한 것이나 마찬가지다」 |

- You **may as well** begin at once.
  [=You would do well to begin at once]
  (자네는 곧 시작하는 게 좋겠다)

- There's nothing happening, so we **may as well** go home.
  (아무 일도 없으니 우리는 집에 가는 게 좋겠다)

- Australia **may** just **as well** have been an different planet.
  (오스트레일리아는 (너무 떨어져 있어서) 다른 행성이었던 것이나 마찬가지다)

3. 조동사의 종류별 예문 세부검토

- I **might as well** I <u>have been talking</u> to a brick wall.
  (나는 담벼락에다 대고 말하고 있던 것이나 마찬가지였다)

may/might as well A as B	「B할 바에는 A하는 게 낫다」, 「A할 수 없듯이 B할 수 없다」

- You **might as well** <u>throw</u> your money into the sea **as** <u>lend</u> it to him.
  (그에게 돈을 빌려줄 바에는 차라리 그걸 바다에 집어던지는 게 낫다)
- You **might as well** <u>call a horse</u> a fish **as** <u>call a whale</u> the one.
  (말을 물고기라고 부를 수 없듯이 고래도 물고기라고 부를 수 없다)

(4) 강한 의무·강제, 주장·의지 등을 나타낼 때 쓰이는 조동사: Must, Have/Ought to

※ 「must」와 「must not(부정)」는 이 부류의 조동사들중 가장 격식적이고 강한 어감을 주는 조동사이다.

※ must보다 어감은 약하지만 평서문 긍정시에는 「have (got) to」, 「ought to」, 「should」, 또는 「be bound/obliged/compelled/forced to」로도 나타낼 수 있고, 부정시에는 「do not have to」, 「haven't got to」, 「oughtn't to」, 「need not」, 「cannot」를 쓸 수 있다.

※ 「must」와 「ought to」는 현재형으로 고정되어 있기 때문에 과거·미래·완료 시제를 나타내려면 먼저 기본형을 「have to」로 바꾼 다음에, 이를 각 시제에 맞게 변형해서 써야 한다.
  - 다만, 간접화법(전달식) 문장에서는 must를 그대로 사용할 수도 있다.

※ 「have to」의 경우 의문문에서는 Do를 주어 앞에 선치한다(미국식).
  - 그러나 영국식으로는 have도 조동사이므로 'Have you to go?'로도 쓴다.

1) 강한 의무나 강제를 나타낼 때

- 「~하지 않으면 안 된다」, 「해야(만) 된다」 ------------------ <긍정 시>
- 「~해서는 안 된다」, 「~하는 것은 금지다」 ------------------ <부정 시>

| 긍정 시 | Must do : 「~해야(만) 한다/된다」 |

- You **must** do it right now. (너는 지금 당장 그것을 하지 않으면 안 된다)

- We **must** hurry if we are to arrive on time.
  (제시간에 도착하려면 우린 서둘러야 해요)

- **Must** I do it? - Yes, you **must**[No, you **need not**].
  (그것을 하지 않으면 안 됩니까? - 예, 하지 않으면 안 됩니다
  　　　　　　　　　　　　　　[=아니오, 그럴 필요가 없습니다]

- Animals **must** eat to live. (동물은 생존하기 위해서는 먹어야 한다)

- He **must** be told[=We **must** tell him]. (그에게 말하지 않으면 안 된다)

- I **must** be going now. (저는 이제 가봐야겠습니다)

- **Must** I stay here? - No, you **don't have to**.
  (여기에 있어야 합니까? - 아니오, 그럴 필요는 없습니다)

- All passengers **must** wear seat belts[life jackets/vests].
  (승객들은 모두 안전벨트/구명조끼를 착용해야 합니다)

- It's getting late. I really **must** go[=be going] now.
  (벌써 늦어졌어요. 이젠 가봐야 해요)

- You **must** do as you are told. (당신은 들은 대로[지시받은 대로] 해야 합니다)

- **Must** I take this horrible medicine? (이 끔찍한/지독한 약을 먹으라고요?

3. 조동사의 종류별 예문 세부검토

- You **must** <u>keep</u> your word/promise.
  (당신은 언약/약속을 지켜야 한다)

- I **must** <u>leave</u> at six today. (오늘 6시에는 떠나야 한다)

부정 시	■ must not[mustn't] : 하면 안 된다 ⇨본동사를 부정 ■ don't have to : 하지 않아도 된다 ⇨조동사를 부정

- This information **mustn't**, <u>in no circumstances</u>, <u>be given</u> to the general public. (이 정보는 일반대중에게는 어떤 여건 하에서도 제공해서는 안 된다)

- You **mustn't[must not]** <u>tell</u> anyone about this. It's a secret.
  (당신은 이에 관해서는 누구에게도 발설해서는 안돼요. 이건 비밀이에요)

- The notice says, "Prams **must not** <u>be left</u> outside the shop."
  (게시판에는 "가게 밖에 수레를 놔둬서는 안 된다"고 적혀 있다)

- You **mustn't** <u>smoke</u> in here. (이 안에서는 금연입니다)

- We **mustn't** <u>be late.</u> (우리는 늦어서는 안 된다)

- You **must not** <u>tell</u> a lie, and **must** <u>obey</u> your parents.
  (거짓말해서는 안 되고, 부모님 말씀에 따라야 한다)
  cf: You <u>don't</u> <u>have to come</u> to the office tomorrow.
     (내일은 사무실에 나오지 않아도 된다)

- **Do** I **have to** <u>go</u> with you?[=**Must** I <u>go</u> with you?]
  (함께 가지 않으면 안 됩니까) ········ <의문문에서>

- I **had to** <u>do</u> it myself. ----------------------------------- <과거시제에서>
  (나는 그것을 직접 하지 않으면 안 되었다)

- They **will have to** build their own house
  (그들은 자기 집을 손수 짓지 않으면 안될 것이다)
- We'll **have to** run some more tests.
  (몇 가지 검사를 더 해봐야 할 것 같아요)

-----<미래시제에서>
※ 「will/shall have to」 사용

- He said that he **must**[had to] go.
  (그는 가지 않으면 안 된다고 말했다)
- She said she **must**[had to] find a new job by summer.
  (그는 여름까지는 새 일자리를 찾아야 한다고 말했다)

-----<간접화법에서>
※ 주절시제가 과거라도 must는 그냥 사용

2) 주장, 강한 의지 및 간청·요망·충고를 나타낼 때

- 「꼭 ~하고 싶다, 해야 한다」 -------------- <주어의 주장, 강한 의지>
  ※ 강한 의무·강제가 약간 누그러진 여건이나 심리상태를 표현
     (이 경우 must를 강하게 발음해야)
- 「(부디) ~해주기 바란다, (부디) ~해주세요」 - <주어에게 간청/요망, 충고>

주어의 주장, 강한 의지

- We **must** ask your name and address.
  (선생님의 존함과 주소를 꼭 좀 알았으면 싶습니다)

- He **must** always have his own way.
  (그는 늘 자기 뜻/방식대로 하지 않고는 직성이 안 풀린다)

- If you **must**, you **must**.
  (꼭 해야만 한다면 하는 수밖에 없죠)

3. 조동사의 종류별 예문 세부검토

- She said the she **must** see the manager.
  (그녀는 지배인을 꼭 만나야 된다고 말했다)

화자(話者)가 주어에게 간청·요망, 충고

- You **must** stay to dinner.
  (부디 남아서 식사를 하고 가 주세요)

- You **must** know he is quite shrewd about money.
  (당신은 그가 돈(벌이)에는 조금도 빈틈이 없음을 알아 두는 게 좋다)

3) 단정적·논리적 추정/추측

■ 「~임에/했음에 틀림없다」, 「틀림없이 ~이다/하다」
■ 「틀림없이 ~일/할 게다」
※ 부정문은 「cannot(~일 리 없다)」로 한다.
※ 맞장구 칠 때는 의문사 없이 "Are you sure?" 정도로 응대

현재에 대한 추정 : 「틀림없이 ~일/할 게다」

- It **must** be true. He **mustn't** be there.
  (그건 정말임에 틀림없어. 그는 거기에 없음이 틀림없어)

- He **must** be over sixty. - No, he **cannot** be so old.
  (그는 60이 넘었음에 틀림없어. - 아니야, 그렇게 나이 먹었을 리 없어)

- Don't bet on horse races; you **must** loose in the long term.
  (경마도박을 하지 마시오; 결국 손해 볼 것이 뻔하니까요)

- You **must** know this, **mustn't** you? - **Must** I?
  (자네는 틀림없이 이것을 알고 있을 테지, 안 그런가? - 제가요?)

- All men **must** die. (인간은 모두 반드시 죽게 마련이오)

- War **must** follow if we take all the circumstances into consideration.
  (제반 여건을 감안할 때 필연코 전쟁이 일어날 것이다)

- You **must** feel tired after your long walk.
  (먼 길을 걸은 뒤라 피곤한 느낌이 드는 게 틀림없을 거예요)

- She **must** be the new teacher. (그녀는 틀림없이 신임 교사 같아요)

- I heard you skipped lunch. You **must** be starving.
  (점심을 걸렀다면서요. 배고파 죽을 지경이겠어요)

- Just when I was busiest, he **must** come for a chat.
  (하필이면 내가 가장 바쁠 때 그가 와서 잡담까지 하다니)

- I though that it **must** be true ------ <현재추측>
  (나는 그것이 사실임에 틀림없다고 생각했다)
- I thought (that) you **must** have lost your way.
  --<과거추측>
  (나는 당신이 틀림없이 길을 잃었을 거라고 생각했어요)

간접화법
※ 시제에 관계없이 must를 그대로 사용 가능

과거에 대한 추정 : 「~했음/였음에 틀림없다」

- He **mustn't** have known it.
  (그는 그것을 모르고 있었음에 틀림없어요)

- He **must** have forgotten all about it.
  (그는 그 일을 까맣게 잊어버리고 있었음에 틀림없어)

- You look very tired. You **must have been working** too hard.
  (몹시 피곤하신 것 같군요. 아마 틀림없이 계속 과로했기 때문일 겁니다)
- You **must** have caught the train if you had hurried.
  (서둘렀다면 틀림없이 열차 시간에 댔을 터인데) ---- <과거사실의 반대상황 가정>
- What a sight it **must** have been.
  (아마 틀림없이 장관(壯觀)이었을 테죠)
- How you **must** have hated me!
  (얼마나 나를 증오했을는지; 틀림없이 나를 증오했을 테죠)
- The man **must** have stolen it – No, that man **cannot** have stolen it.
  (틀림없이 저 사람이 그걸 훔쳤을 테지 – 아니오, 그가 훔쳤을 리가 없어요)
- I **must** have called the switchboard five times by mistake.
  (아마 틀림없이 제가 실수로 교환대에 다섯 번이나 전화했었던가 봐요)
- There's nobody here – they **must** have all gone home.
  (지금 아무도 없네요 – 모두 집으로 가버린 게 틀림없어요)

4) 「Have to」, 「Have got to」, 「Ought to」에 대한 추가적 이해

① Have to의 용례

> ※ 「have to」는 앞에서 살펴본 must와 거의 같은 의미와 기능을 가진다.
>
> ※ have 자체가 본래 시제와 관련된 조동사이기도 하므로 현재는 물론이고 과거·미래 및 완료형 시제를 원활하게 나타낼 수 있어서 must와 ought to가 만들 수 없는 시제관련 역할을 대행하기도 한다.
>
> ※ 「would have to」는 고질적 습관을 표현: 으레/꼭 ~하다
>
> ※ 「have to」는 의문문과 부정문을 만들 때는 조동사 do의 도움을 받아야
>   - **Do** I **have to** sing, too? (저도 노래를 꼭 해야 하나요?)
>   - No, you **don't have** to do so. (아니오, 그러지 않아도 돼요)

Part IV 조동사에 의한 동사의 기능확장

> 강한 의무나 강제 : 「반드시 ~해야 한다」, 「안 해도 된다」

- I **have to** go to work now.
  (지금 일하러[직장에] 가야 한다) ------------- <to-부정사 주어>

- All you **have to** do // is (to) wait patiently.
  (당신은 오로지 참을성 있게 기다리기만 하면 된다)

- I hate **having to** get up so early. ---------------- <동명사 목적어>
  (나는 그렇게 일찍 일어나야 하는 게 싫다)

- Do you **have to** go to the gym today?
  (오늘 헬스클럽에 나가야 하느냐?)
  cf: **Have** you to go to the gym today? ------------------ <영국식>

- I **don't have to** go to work today. ------------- <부정문>
  (오늘은 직장에 안나가도 된다)

- You **don't have to** answer all the questions.
  (모든 질문에 다 답할 필요는 없습니다. -------------------- <부분 부정>

- You **don't have to** go if you don't want to. ------------- <부정문>
  (원하지 않으면 가지 않아도 돼요)
  [=You **haven't got to** go if~] ------------------------------ <영국식>

- You can come if you want, but you **don't have to**
  (원한다면 와도 되지만, 꼭 와야 하는 건 아니다)

- I **had to** see him.   <과거시제>
  (나는 그를 만나봐야 했(었)다.

3. 조동사의 종류별 예문 세부검토

- We're snowed in! We'**ll have to** dig a tunnel to the car. I'll get the shovel. (우린 눈 속에 갇혔어요. 차 있는 데까지 길을 터야 할 것 같아요. 삽을 가져올 게요) ------------- <미래시제>

- We'**ll have to** get approval from him. He signs checks. ------<미래시제>
  (그의 승인을 받아야 할 거예요. 그가 수표에 서명하잖아요)

- He **will have to** do it himself. ------<미래시제>
  (그는 스스로 하지 않을 수 없을 게다)

주어의 주장, 강한 의지 및 짜증

- It **has to** be champagne - no other wine will do.
  (꼭 샴페인이어야 합니다. 다른 와인은 안 돼요)

- There **has to** be an end to the violence.
  (폭력사태에 종지부를 찍어야 한다)   > 주어가 사물

- It **has to** be done by tomorrow.
  (그 일은 내일까지 끝내야 한다)

- I **have to** admit/say/confess, I didn't understand the question.
  (솔직히 말하면 나는 그 질문을 이해하지 못했다)

- Why **does** it always **have to** be me that gets blamed?
  (어째서 비난받는 건 항상 나란 말인가?)

- She **would have to** call when I'm taking a bath.
  (그녀는 으레/꼭 내가 목욕하고 있을 때 전화를 한다니까)

Part IV 조동사에 의한 동사의 기능확장

> 간청·요망, 충고, 또는 자기 확약 :「~해줘요」,「~하겠소」

- You **have to** mix the butter and flour together.
  (버터와 밀가루를 함께 섞어 주세요)

- You'll **have to** come for a meal with us some time.
  (언제 한 번 꼭 우리 집에 오셔서 함께 식사하도록 해요)

- I'll have to phone you later.
  (나중에 전화하겠소)

> 단정적 추정 :「~임이 분명하다」

- This **has to** be a mistake. (이건 실수임이 분명해)
- That **has to** be the stupidest idea I've ever heard.
  (그건 내가 들어본 것 중 가장 어리석은 생각임이 분명해)

② Have got to의 용례

> ※ 현대 영어에서는 must 대신에「have got to」를 쓰는 경우가 흔하다
> ※「have got to」는 외견상 완료형이지만「have to」와 기본적으로 같은 뜻으로서 단정적인 어감이 강하며 구어체에서 주로 쓴다.

> 의무·강제, 또는 주어의 주장·의견:「~해야 해」

- You've **got to** believe me.
  (너는 내 말을 믿어야 해)

3. 조동사의 종류별 예문 세부검토

- We **have got to** win this game.
  (우리는 이번 경기에서 꼭 우승해야 한다)

- I**'ve got to** go now.
  (이제 가봐야 한다)

- I**'ve got to** write a letter now
  (나는 지금 편지를 써야 해요)

- You**'ve got to** eat more vegetables.
  (당신은 야채를 더 많이 먹어야 해요)

> 단정적 추측 : 「~하는 거죠?」, 「~하단 말예요」

- You**'ve got to** be kidding!
  [=You're kidding (me)!]의 강조
  [=I can't believe you just said that]
  ((놀람·짜증 등을 나타내어) 농담하는 거죠?)

- with the wind chill factor, it**'s got to** be much colder.
  (찬 바람 때문에 체감온도는 훨씬 더 춥단 말이예요)

③ Ought to의 용례

> ※ must와 유사하게 의무·당연·필요·추측 등을 나타내며, should보다 의무 관념이 더 강하다.
>
> ※ 항상 to-부정사를 수반하며, 과거형을 나타내려면 보통 완료형 부정사를 쓴다.
>
> ※ 시제는 현재형만 있고 과거형이 없으며, 주어가 3인칭 단수라도 어미에 s를 붙이지 않는다(즉 인칭에 따른 어미변화 불요).
>
> ※ 부정문은 ought not[=oughtn't]로, 의문문은 「ought 주어 to do」의 형태를 취한다

현재 및 가까운 장래의 의무·당연·필요

- You **ought to** start at once. You **ought to** pay your debt.
  (즉시 출발해야 한다. 빚을 갚아야 한다)

- You **ought to** be shamed of yourself.
  (너는 부끄러운 줄을 알아야 해)

- Such things **ought not to** be allowed.
  (그런 일이 허용되어서는 안된다)

- We **ought to** call the doctor at once.
  (즉시 의사를 부르는 게 좋겠어요)

- **Oughtn't** we **to** phone for the police?
  (경찰에 연락해야 되지 않겠는가?)

- **Ought** we **to** teach them good manners, too?
  (우리가 그들에게 예의범절도 가르쳐야 하나요?)

- **Oughtn't** we **to** think about it before we decide?
  (우린 결정을 내리기 전에 그 점에 대해 생각해 봐야 하지 않을까요?)

과거사실에 대한 반대적 당연성(질책/후회조로)

- I **ought to** have listened to your advice.
  (네 충고를 들을 걸 그랬어; 듣지 않은 것이 잘못이다)

- You **ought to** have consulted with me.
  (넌 나와 의논했어야 했어; 하지 않은 것이 나쁘다)

- You **ought to** have told the truth.
  (너는 사실대로 말했어야 했다)

3. 조동사의 종류별 예문 세부검토

- They **ought not to** have spent all that money.
 (그들은 그 돈을 다 쓰지 말았어야 했다)

- You **ought not to** have taken the car without asking.
 (너는 물어보지도 않고 차를 가지고 나가지 말았어야 했어)

장차의 가망, 당연한 결과

- It **ought to** be rainy tomorrow.
 (내일은 비가 올 것이 틀림없다)

- She **ought to** be there by now.
 (그녀는 지금쯤 도착해 있을 것이다)

- We **ought to** arrive at about seven o'clock.
 (우리는 7시 쯤 도착할 거예요)

- They **ought to** have left the house by now.
 (그들은 지금쯤 집을 나섰을 것이다)

권고/간청, 추측 등

- You **ought to** try sailing.
 (요트 한번 타 보세요)

- Just one more screw - there, that **ought to** do it.
 (딱 한번만 더 조여 - 그래, 그 정도면 될[충분할] 거야)

(5) 기타 조동사 : 준(準)조동사적 기능을 병행하는 Need와 Dare

1) Need : 「~할 필요가 있다/없다」

> - 조동사로서의 기능 외에, 본동사(일반동사)의 기능 및 준조동사적 일반동사 기능을 병행한다.
> - 어감 측면에서 조동사로서는 금후의 행위를 강조하고, 준조동사·본동사로서는 현상을 강조하는 느낌을 준다.
> - need에 대한 의문문에 대한 답(대동사)으로서는 긍정시는 must[=need to~] 부정시에는 need not을 쓴다.
> - 의문문·부정문을 만들 때 조동사로서의 need는 do 조동사의 힘을 빌리지 않는다.

일반 동사(본동사)로서의 need의 용례

- Do you have money on you? - I **need** some money very badly.
  (너, 수중에 돈 가진 것 있니? - 나, 긴급히 돈이 좀 필요해)

- This chapter **needs** rewriting?
  [=**needs** to be rewritten]
  (이 장(章)은 다시 써야겠다)

- It **needs** no accounting for.
  (그건 설명할 필요가 없다)

- I **need** you to do it.
  (네가 그것을 해주었으면 좋겠다)

- I **need** my shoes mending/mended.
  [=My shoes need mending]
  (내 구두는 수선할 필요가 있다)

3. 조동사의 종류별 예문 세부검토

준(準) 조동사적 일반 동사로서의 need의 용례

※ 항상 「to-부정사」를 수반하여 「need to」의 형태로 「have to」나 「ought to」와 비슷한 기능을 수행

- I **need to** call my friend's cell.
  (휴대전화로 친구에게 전화를 걸어야 해요)

- She **did not need to** be told twice.
  (그녀에게는 되풀이하여 말해줄 필요가 없었다)

- You'll **need to** stay in the hospital overnight.
  (당신은 병원에 하루[하룻밤] 입원하셔야 돼요)

- You **need to**[=have to] wax the floor.
  (마루에 왁스를 칠해야 한다)

- Do you always **need to**[=have to] work so late?
  (당신은 늘 그렇게 늦게까지 일해야 합니까)

- We **didn't need to** so hurry.
  (우리는 그렇게 서둘 필요가 없었다)

조동사로서의 need의 용례

- You **needn't** keep awake.
  (계속 깨어 있을 필요가 없다)

- He **needn't** be given[be told].
  (그에게는 주지 않아도[말해주지 않아도] 된다)

- **Need** you go there?
  (너는 그곳에 (꼭) 가야 하느냐?)

※Answer
― Yes, I m**ust**. (예, 가지 않으면 안돼요)
― No, I **need not**. (아니오, 갈 필요가 없어요)

2) Dare : 「감히 ~할 수 없다」, 「감히 ~할 수 있느냐」

> ▶ 조동사로서의 기능 외, 준 조동사적인 일반동사와 순수 일반동사(본동사)로서도 쓰인다.
> ▶ 조동사로서는 부정문과 의문문에만 쓰이며, 항상 원형동사를 수반한다.
>   - 단, 부정명령문에서는 「Don't dare do」의 형태로 쓰인다.
> ▶ 준 조동사적인 일반동사로 쓰일 때는 항상 to-부정사를 수반한다.

조동사로서의 dare의 용례

- I **dared not** say so.
  (나는 감히 그렇게 말하지 못했다; 그렇게 말할 용기가 없었다)

- How **dare** you say/speak it[=like that, such a thing]?
  (네가 어떻게 감히 그런 말을 하느냐?)

- **Dare** he do it?
  (그가 감히 그걸 할 수 있을까?)

- I met him, but I **dared not** tell him the truth.
  (그를 만났지만 차마 사실을 말할 수 없었다)

- **Dare** he admit it?
  (그가 그걸 인정해 줄까)

- How **dare** you steal my roses?
  (그대는 어떻게 감히 나의 장미를 훔친단 말인가)

3. 조동사의 종류별 예문 세부검토

- I **dare** <u>say</u> (that) you are right.
  (당신 말이 옳을 것이오)

- I **dare** <u>swear</u> (that) you will win.
  (나는 자네가 반드시 승리하리라고 확신/장담하네)

- **Don't dare** <u>go/come</u> into my room.
  (뻔뻔스럽게/감히 내 방에 들어오지 말라) -------<부정 명령문>

준 조동사적 일반 동사로서의 dare의 용례

※ 항상 「dare+to-부정사」를 취하며, to부정사 대신에 동사원형이 오면 dare는 조동사로 쓰인 것으로 볼 수 있다.

- He **dared to** <u>doubt</u> my sincerity.
  (무례하게도 그는 나의 성의/진심을 의심했다)

- He **doesn't dare to** <u>do</u> it.
  (감히 그가 그것을 할 수 있을까)

- I **have never dared (to)** <u>speak</u> to him.
  (그와는 감히 말을 나누어 본 적이 없다)

- I wonder how he **dared (to)** <u>say</u> that?
  (그가 어떻게 감히 그런 말을 했을까)

- Don't (that) you **dare to** <u>touch</u> me. -------- <that~; do의 목적어절>
  (나한테 건방지게 손을 대서는 안 된다)

Part IV 조동사에 의한 동사의 기능확장

순수한 일반동사(본동사)로서의 dare의 용례

※ **dare** 다음에 바로 목적어로서 명사·대명사가 오고, 그 뒤에 목적보어로서 명사 또는 동 상당 어구(**to**-부정사 등)가 온다.

- He was ready to **dare** <u>any danger</u>.
 (그는 어떤 위험도 무릅쓸 각오가 되어 있었다)

- I will **dare** <u>your anger</u> and (will) say.
 (네가 화낼 것을 각오하고 말하겠다)

- I **dare** <u>you</u> <u>to jump</u> this wall.
      (목적어) (목적보어)
 (이 담에서 뛰어내릴 수 있으면 뛰어내려 봐)

- He **dared** <u>me</u> to a fight.
 (그는 나에게 덤빌 테면 덤비라고 도전했다)

- You **wouldn't dare**! ------------------- <자동사로 쓰임>
 (너는 도저히 못할 거다)

- I <u>would do</u> it if I **dared** ------------ <현재사실의 반대가정>
 (할 수만 있다면 하겠는데; 용기가 없어서 못하겠다)

- 367 -

4. will/shall, would/should의 특별용법과 준(準) 조동사들

- will/shall과 would/should는 앞에서 살펴본 시제관련 조동사로서의 기본적 기능 외에, 각자 나름의 독특한 의미를 지닌 용법이 있다. 그러나 이 특별용법이란 것도 어원 측면에서 본다면 인칭에 관계없이 본래는 shall이 개연성·필연성을, will이 의향/의지·속성을 나타내는 데 쓰였던 데서 파생된 것이라 볼 수 있다.

- 준조동사 용법이란 앞에서 need와 dare에서 보았듯이 「need to」와 「dare to」처럼 온전한 조동사는 아니지만, 그렇다고 일반 본동사로 보기에도 애매한 기능을 말한다. 이 부류로서는 「need to」와 「dare to」외에도 대표적인 예로서는 「used to」가 있다.

- 준조동사 기법은 현대 영어에서 늘어나는 추세로서 「used to」 외에도 「be going to(~하려 한다)」, 「seem to」, 「like/want to」, 「tend to」 등, 그리고 「~하는 게 좋다」는 뜻을 지닌 「had better」와 「would/had liefer」 등이 흔히 쓰인다.

(1) Will/Shall

1) Will의 특별용법

> will의 특수용법이란 결국 will이 본래는 인칭에 관계없이 의지·의향을 나타내던 특성에서 파생된 것이다. 따라서 시제편에서 설명된 인칭별 단순·의지미래 규칙이 잘 안 맞는 결과로 나타나서 한국인 영어학습자들에게 혼란을 가중시킨다. 영어에서는 기본규칙은 이해해 놓되, 반드시 필요한 문장을 통해 익히지 않으면 안 되는 이유가 여기 있다.

Part IV 조동사에 의한 동사의 기능확장

일반동사(본동사)로서의 기능

- We cannot achieve success merely by **willing**.
  (바라기만 해서는 성공하지 못한다)

- He **willed** to keep awake. (그는 자지 말아야겠다고 결심했다)

- He **wills** himself into contentment.
  (그는 스스로 만족하고 있다)

- The hypnotist **willed** her to do his bidding.
  (최면술사는 그녀를 자기가 시키는 대로 하게 했다)

- She **willed** most of her money to the workhouse.
  (그녀는 유언으로 돈을 거의 모두 구빈원에 기증했다)

- He **willed** his property away from his natural heir.
  (그는 (법적) 상속인 이외의 사람에게 자기 재산을 유증했다)

- She **willed** me this diamond.
  (그녀는 유언으로 이 다이아몬드를 나에게 남겨 주었다)

2인칭 주어에게 촉구/설득조로 명령·지시할 때

- You **will do** as I tell you. (내 말대로 하는 거다)

- You **will take** this medicine three times a day.
  (하루에 세 번씩 이 약을 복용하시오)

- You are a good boy, so you **will behave** yourself.
  (너는 착한 애니까 얌전하게 구는 거다)

- You **will wait** here till I come back.
  (내가 돌아올 때까지 여기서 기다리는 거다)

4. will/shall, would/should의 특별용법과 준(準) 조동사들

조건절(if~)에서 상대편의 호의를 구할 때

- I shall be glad[pleased] to go if you **will accompany** me.
  (당신이 동행해 주신다면 나는 기꺼이 가겠습니다)

※ 단순미래를 나타내는 가정법 조건절에서는 통상 현재형을 쓰지만 위와 같이 will을 쓰면 주어의 의지·습관·경향 따위를 나타낸다.

cf: ┌ I will be glad if he'll come. (주어의 의지·습관·경향)
     └ I will tell if he comes. (단순미래)

(인칭에 관계없이) 주어의 바람·주장·완고성을 나타낼 때

- This boy **will not**[=won't] **work**.
  (이 아이는 도무지 공부를 하려 하지 않는다; 아예 공부를 싫어한다)

- Let him do what he **will**. (그가 원하는 것을 하게 하시오)

- I've asked Bill to come, but he **won't** (come).
  (빌에게 오라고 청했는데, 그는 오려고 하지 않는다)

- The door **will not open**. (문이 도무지 열리지 않는다)

- The butter **will not come**. (아무래도 버터가 숙성되지 않는다)

습관·습성·경향을 나타낼 때

- He'**ll talk** for hours, if you let him.
  (그는 내버려 두면 몇 시간이라도 지껄여댄다)

- He **will** always **have** his own way. (그는 늘 제멋대로 하려고 한다)

- Oil **will float** on water. (기름은 물에 뜨는 법이다; 물에 뜨는 속성이 있다)

- Water **will run** downwards. (물은 낮은 곳으로 흐르게 마련이다)

- Why **will** you **arrive** late for every class?
(너는 어째서 이렇게 늘 수업에 늦게 오느냐; 늦지 않으면 직성이 안 풀리느냐)

- Dogs **will bark** at a stranger. (개는 낯선 사람을 보면 짖는다)

가능성·능력을 나타낼 때

- The back seat **will hold** three passengers.
(뒷 좌석에는 세 사람이 (능히) 탈 수 있다)

- **Will** the ice[icy/frozen road] **bear**? (이 얼음판은 밟다도 안전할까)

간접화법에서 종종 인칭에 관계없이 will을 사용; 특히 현대 미국식 영어

- You say (that) you **will do** your best. (당신은 최선을 다하겠다고 말한다)

- He says (that) he **will** his best. (그는 최선을 다하겠다고 말한다)
cf: (직접화법) He says[you say]. "I will do my best"

- He hopes (that) he **will succeed**. (그는 자신이 성공하게 되기를 바란다)

「적당하다」, 「어울리다/맞다」의 뜻으로 쓰일 때

- That **will do**.(그것이면 됐다/되겠다)

- This box **will do** for a seat. (이 상자는 걸상으로 쓰기에 알맞다)

- Any time **will do**. (아무 때고 좋아요)

- The bright tie **won't**[will not] **go** with the dark suit.
(그 밝은 색 넥타이는 짙은 색 양복과는 어울리지 않는다)

- The coat **won't go** round him. (그 코트는 둘레가 작아서 그에게 맞지 않다)

4. will/shall, would/should의 특별용법과 준(準) 조동사들

- The belt **won't go** around my waist.
  (그 허리띠는 내 허리에 다 둘러치지 않는다)

2) Shall의 특별용법

> 시제 조동사로서의 shall이 주로 단순히 미래에 이루어져 있을 상황을 나타내는 데 비해, 특별용법으로서의 shall은 will의 의지·의향보다 더 강력한 결의(맹세)·요구, 금지·명령, 필연 등을 나타낸다.

결의를 객관적으로 표현할 때

> 1인칭 의지미래 조동사인 「will」보다 더 강렬한 결의를 표명하여 「기필코 ~ 하겠다/하련다」의 뜻으로 쓰인다(즉 자신의 결의를 객관적(대외적)으로 확약).

- I **shall do** everything I can. (할 수 있는 일은 무엇이든 하겠다)

- I **shall go**, come what may. (무슨 일이 있어도 나는 꼭 가련다)

- I **shall never forget** your kindness.
  (당신의 친절을 결코 잊지 않겠습니다)

- I **shall never betray** your confidence.
  (귀하의 신뢰에 배반하는 일이 결코 없을 것입니다)

- We **shall return** to the problem in the next chapter.
  (다음 장에서 이 문제로 되돌아 오도록 하자)

운명적인 필연·예언을 나타낼 때

> 「~반드시 …하리라」 등의 단언/예언적인 주장을 펼 때의 어투로서, 주로 성경이나 예언서, 또는 철학자·사상가들의 글에서 흔히 쓰인다.

- All men **shall** die. All life **shall** one day be extinct.
  (모든 사람은 죽으리라. 모든 생명은 언젠가 사멸하리라)

- Heaven and earth **shall pass** away, but my words **shall not pass** away.
  (천지는 없어지겠으나 내 말은 없어지지 아니하리라) --- <성서 마태복음 24:35>

- Ask, and it **shall be given** you. (구하라, 그러면 얻을 것이다)

- East is East, and West is West, and **never** the twain **shall** meet.
  ---------------<Kipling의 말>
  (동(東)은 동, 서(西)는 서, 양자가 서로 만나는 일은 없으리라)

명령·금지, 요구·제안 및 규정을 나타낼 때: 「must」의 의미로 사용

> 「~하라[해야 한다]」, 「해서는 안된다」의 뜻으로서 명령·금지적 요구나 제안을 하는 문장 스타일로서 성경이나 법규·협정문 등에서 자주 쓴다.

- Thou(=You) **shalt[=shall] not kill** (men). (사람을 죽이지 말지어다)

- Thou **shalt love** thy[=your] neighbor as thyself.
  (이웃을 네 몸같이 사랑하라)

- All payments **shall be made** by the end of the month.
  (모든 지불은 월말까지 끝내야 합니다)

4. will/shall, would/should의 특별용법과 준(準) 조동사들

- Payments **shall be made** by cheque[check] and the prices **shall be** as follows. (지불은 수표로 해야 하며, 가격은 다음과 같습니다.)

- The law demands that the money **shall be paid** immediately.
  (법률은 즉시로 그 돈을 지불해야 할 것을 요구하고 있다)

- Our civilization demands that we **shall be** social creatures.
  (문명은 우리에게 사회적 동물이기를 요구한다)

- The umpires have agreed that the race **shall[should] be rowed** again.
  (심판들은 보트레이스를 다시 할 것에 합의했다)

- My aunt intends that you **shall accompany**.
  [My aunt intends you to accompany]
  (숙모님은 너를 우리와 동행시킬 예정이다)

- The fine **shall not exceed** $400 for each separate offense.
  (벌금은 위반건당 400달러를 넘지 않는 것으로 한다)

Part IV 조동사에 의한 동사의 기능확장

> 참고: Shall을 집중적으로 사용한 미국의 환경보호 법령문('예')

ⓐ A person who knowingly, willfully or recklessly performs or reports an accurate test or analysis of an environmental sample//commits a misdemeanor of the third degree and **shall**, upon conviction, **be subject to** a fine of not less than $1,250 nor more than $12,500 or imprisonment for a period of not more than one year, or both, for each separate offense.
(환경관련 표본에 대하여 부정확한 시험 또는 분석을 고의적·계획적 또는 무모하게 시행하거나 보고하는 자는// 제3급 경범죄를 범하는 것이 되며, 유죄로 입증될 경우 위반건당 1,250달러 이상 12,500달러 이하의 벌금형, 또는 1년 이하의 징역형, 또는 그 두 가지 형벌 모두에 처한다)

ⓑ All vehicles used for the collection and transportation of solid waste(or materials which have been separated for the purpose of recycling) // **shall be closed** or adequate provisions **shall be made** for suitable cover, so that while in transit there **can be no spillage**.
(고형 폐기물(또는 재활용 목적으로 분리된 물질)의 수집 및 운반에 사용되는 모든 차량은 운송중에 흩뿌려지는 사고가 일어날 수 없도록 밀폐시키거나 적절한 차폐가 되기에 충분한 설비를 갖추어야 한다)

ⓒ The equipment used in the compaction, collection and transportation of solid waste// **shall be constructed, operated, and maintained** in such a manner as minimize health and safety hazards to solid waste management personnel and the public. This equipment **shall be maintained** in good condition and kept clean to prevent the propagation or attraction of vectors and the creation of nuisance.
(고형폐기물을 채워넣고 수집하고 운반하는 데 사용되는 장비는 고형 폐기물 관리업무 종사자 및 일반대중에게 미치는 보건 및 안전상의 위해를 최소화하는 방식으로 제작·운영 및 정비되어야 한다. 이들 장비는 해충의 번식이나 유인 및 그로 인한 폐해를 방지하기에 양호한 조건으로 정비되어야 하며 항상 청결하게 유지되어야 한다)

4. will/shall, would/should의 특별용법과 준(準) 조동사들

(2) Would/Should

1) Would의 용법

> ▸ would는 will의 과거형이므로 미래표시 조동사로서 직설법에도 쓰이지만, 이것은 주로 시제의 일치 및 과거의 습관에 한정된다.
> ▸ would는 가정법(특히 귀결절)에 광범하게 쓰이는데, 이러한 경향은 다른 조동사의 과거형(should, could, might)에서도 볼 수 있다.
> ▸ would는 결국 시제일치의 도모 외에도, 과거의 의지, 과거의 습관, 과거 속의 추측, 현재의 소망, 정중(공손)한 표현 등의 특별한 용법으로도 널리 쓰인다.

① 시제일치를 위해 will의 과거형으로 쓰일 때

2·3인칭 단순미래의 과거형;「~할 것이다」

「~할 것이다」의 뜻으로서 종절 속에서 2,3인칭의 단순미래 will의 과거형으로 쓰인다. 미국식 영어에서는 1인칭인데도 would를 쓰기도 한다.

- She believed that her husband **would** soon **get along**.
  (그녀는 남편의 병이 곧 나(을 것이라고 믿었다)

- I hoped we **wouldn't be** late. (나는 우리가 늦지 않기를 바랐다)
  ※ 미국식 영어에서는 1인칭(we)에 will을 단순미래로 사용하기도 한다.

- He said that his brother **would arrive** soon.
  (그는 자기 형이 곧 도착할 것이라고 말했다)

- He told me that he **would be** free in a few minutes.
  (그는 곧 틈이 난다고 내게 말했다)

- I asked her if she **would go** to the party.
  (나는 그녀에게 파티에 갈 것인지를 물어보았다)

- She said she **would be** very pleased.
  (매우 기쁘게 생각할 것이라고 그녀는 말했다)

- I thought you **would have finished** it by then.
  (그때까지는 네가 일을 마쳤을 것이라고 생각했다)

- I knew that the old man **would have preferred** me to her.
  (나는 그 노인이 그녀보다 나를 택했을 것으로 알고 있었다)
  ※ [would have+과거분사]는 과거 어느 시점까지 완료되었으리라고 생각하는 동작이나 일을 나타낸다.

의지미래의 과거형; 「~하겠다」

「~하겠다」, 「~해주겠는지」의 뜻으로서 주로 간접화법의 종절에서 많이 쓰인다. 간접화법의 종절이나 가정문의 조건절에서도 주어의 「의지」임을 분명히 하기 위해서 인칭에 상관없이 would를 쓰는 일이 흔하다. 또한 간접화법 종절내 미래시제 조동사는 직접화법 때의 조동사를 그대로 이기하는 경향이 있어서 결국 오늘날 would로 통일해서 사용하는 현상이 초래되었다.

- He said that he **would do** his best.
  (그는 최선을 다하겠다고 말했다)
  cf: (직접화법) He said, "I will do my best"

- He said (that) he **would come** with me.
  (그는 나와 함께 가겠다고 말했다)
  cf: (직접화법) He said, "I will come with you.'

- He could help us, if only he **would**! ---------- <가정법 조건절에서>
  (그는 마음만 있으면 우리를 도울 수 있을 텐데)

4. will/shall, would/should의 특별용법과 준(準) 조동사들

② 과거의 의지(고집)·걱정·거절을 나타낼 때

> ※ 「굳이/기어이/어떻게든 ~하려 했다」, 「전혀/도무지 ~하지 않으려 했다」 등의 뜻으로 쓰인다.
>
> ※ 고집스러움·단호함을 분명히 하기 위해 인칭에 상관없이 would로 통일해서 사용한다.

- He **would go** despite my warning.
  (그는 내가 경고했음에도 불구하고 가겠다고 우겼다)

- She **would pay** for my meal.
  (그녀는 굳이 내 밥값을 내려고 했다)

- I told you so, but you **wouldn't believe** it.
  (너에게 그렇게 말했는데도 너는 믿으려 하지 않았다)

- I told him not to do it, but he **would do** it.
  (나는 그에게 그것을 하지 말라고 했지만, 그는 그것을 어떻게든 하려고 했다)

- The door/cap/lid **wouldn't open/shut**.
  (그 문/마개/뚜껑은 도무지 열리지/닫히지 않았다)

- The engine **wouldn't start**.
  (엔진이 도무지 시동이 걸리지 않았다)

- He **would not listen** to me.
  (그는 도무지 내 말에 귀를 기울이려고 하지 않았다)

- He **wouldn't listen** to me nor yet to my father.
  (그는 나의 말은 말할 것도 없고 아버지의 말씀조차도 들으려 하지 않았다)

- They **wouldn't accept** my apology. (그들은 내 사과를 받으려 하지 않았다)

- I **would have** nothing to do with it. (나는 그것에 관계하고 싶지 않았다)

- Nobody **would tell** me where Simon was.
(사이먼이 어디 있는지 누구도 내게 말해주려 하지 않았다)

- His income was still small, but she **would marry** him.
(그의 수입은 아직 변변찮았으나, 그녀는 기어이 그와 결혼하겠다고 우겨댔다)

③ 화자(話者)의 짜증·비난을 나타낼 때

> ※ 「~할 때면 으레/꼭 ~한다」, 「기어이 ~해버렸구나」의 뜻으로 쓰인다.
> ※ 상습적인 나쁜 버릇·행위에 대한 짜증·불만을 나타내기 위해 고집·습관의 뜻이 있는 would를 조동사로 쓴다

- He **would be** unavailable when we want him.
(그는 필요할 때면 꼭 없어지거든)

- You **would go** and **spoil** the fun!
(너 기어이 가서 흥을 깼구나)

- That's exactly like him - he **would lose** the key!
(열쇠를 잃어버리다니, 정확히 그 사람답네)

④ 과거의 불규칙적 습관을 나타낼 때

> 「used to」는 규칙적·반복적 습관을 나타내는 데 비해, 「would+본동사」는 불규칙적 습관을 나타내므로 통상 가끔·자주·종종·흔히 등의 부사나 형용사 또는 이들의 상당어구와 같이 문장을 구성한다.

- He **would** often **jog** before breakfast.
(그는 조식 전에 흔히 조깅을 했다)

- He **would** sometimes/often **visit** us. (그는 때때로 우리를 방문하곤 했다)

4. will/shall, would/should의 특별용법과 준(準) 조동사들

- He **would** often **go** fishing in the river when he was a child.
  (어렸을 적에 그는 자주 강에 낚시를 가곤 했다)

- She **would get** mad if we asked her for money.
  (우리가 돈을 달라고 조르면 그녀는 불같이 화를 내곤 했다)

- We **would** often **go** for a long walk in the park.
  (우리는 종종 공원에서 오랫동안 산책하곤 했다)

⑤ 과거의 가능성·상상·추측, 또는
당시에는 미래였으나 지금은 과거가 된 일에 대한 판단

※ 「~됐을/했을 것으로 추측된다」, 「(나중에사) 알게/생각되었다」의 뜻으로 쓰인다.

※ 후술하는 단순미래적 추측과 다른 점은 과거의 사실이나 그때 실제로 이루어진 행위에 대한 추측·판단이라는 데 있다.

- She **would be** 80 when she died.
  (그녀가 죽었을 때 아마 80세는 되었을 것이다)

- It **would be** around/about three o'clock when we arrived.
  (우리가 도착했을 때는 아마 3시쯤이었을 것이다)

- I **would have been** 3 years old when the earthquake occurred.
  (그 지진이 일어났을 때 나는 아마 세 살이었을 게다)

- I **wouldn't have thought** he **would do** a thing like that.
  (그가 설마 그런 짓을 하리라고 생각지도 못했다)

- I **would** later **realize** that this was a mistake.
  (이것이 실수였음을 나중에야 깨닫게 되었다)

⑥ 과거의 수용력·능력을 나타낼 때

> ※ 「~할 능력이 있었다」, 「~할 수(가) 있었다」등의 뜻으로 쓰인다.
> ※ 시설물이나 차량·장비 등의 수용능력을 나타내는 will의 특수용법의 과거형이다.
> ※ 수반하는 본동사로서는 hold, seat, admit 등이 흔히 쓰인다.

- The hall **would seat** 500 people. (그 홀의 수용력은 500명이었다)
- He bought a car that **would hold** six people easily.
  (그는 6명이 편히 탈 수 있는 차를 샀다)
- The theater **would seat[admit]** 2,000 persons.
  (그 극장은 2,000명을 수용할 수 있었다)

⑦ 가정법의 주절(귀결절) 속에서 :
상상을 포함한 의지 또는 단순히 어떤 상황을 상상하는 추측

> ※ 의지가 포함된 추측과 단순미래적 추측이 있으나, 가정법상의 귀결절(주절)에 해당되며, 단순성·의지성과 주어의 인칭여하에 상관없이 would를 쓰는 경향이 있다.
> ※ 문형구조는 조건절(if~)이 과거완료이면 귀결절(주절)은 [would+현재완료], 조건절이 과거이면 귀결절은 [would+동사원형]이 오는 게 원칙이다.
> ※ 가정문에서는 통상 조건절에서는 should가, 귀결절에는 would가 많이 쓰이며, 현재시점에서의 추측은 불확실성이 강한 '가정법 미래형'을 씀으로써 조심스러운 가정을 한다.

4. will/shall, would/should의 특별용법과 준(準) 조동사들

의지미래적 의향·추측

- If I had a chance, I **would try**.
  (기회가 있으면 해볼 텐데) ---------- <가정법 과거; 현재사실의 반대가정>

- I **would come** every day if I could. (할 수만 있다면 매일 오겠는데)

- If I were you, I **would not do** it. (만일 내가 자네라면 난 그것을 안할 거야)

- You could do it if you **would**. (당신은 할 마음이 있다면 할 수 있겠어요)

- If I were to[Were I to] live again, I **would like** to be a musician.
  (내가 만일 다시 한번 인생을 산다면 음악가가 되고 싶다)

- I **would not suffer** the slightest affront if I were you.
  (만일 내가 자네라면 어떤 사소한 모욕도 참고 있지 않겠다; 용서치 않겠다)

  cf ┌ put an affront upon~ ┐ 「누구를 모욕하다」
     └ offer an affront to~ ┘

- I **would talk to**[would see] the doctor if I were you.
  (만일 내가 당신이라면 의사와 상담해 보겠어요)

- If I had been in your place, I **would not have given** him any money.
  (만일 내가 자네 입장이었다면 그에게 한 푼도 주려고 안했을 거야)
  ---------- <가정법 과거완료; 과거사실의 반대가정>

- If she'd[she had] asked me, I **would have said** Yes.
  (그녀가 부탁했더라면 나는 승낙했을 것이다)

- I **would hate** to miss anything. (아무것도 놓치고 싶지 않다) ┐ 선호
- I'd **hate** her to suffer from/for the affair.   │ 표현
  (나는 그녀가 그 일로 괴로워하는 것이 싫다)   ┘

단순미래적 추측

※ 단순미래이니까 귀결절에 should가 와야 될 것이지만,
오늘날 가정법 귀결절에는 거의 would로 쓰고 있다(특히 미국식 영어에서)

- If it hadn't been for him, I **would** have died.
  (만약 그가 없었더라면 나는 아마 죽었을 것이다)

- Do you think it **would be** a good idea to call a staff meeting?
  (직원회의를 소집하는 게 좋을까요?)

- Dad **would be** mad if we crashed the car.
  (우리가 차 사고를 내면 아빠는 불같이 화내실 거야)

- If he won tomorrow, I **would be** amazed.
  (내일 그가 이긴다면 나는 깜짝 놀랄 거예요)

- You **would do** better if you used a dictionary.
  (당신은 사전을 사용하면 좀 더 잘할 것이다)

- It **would be** a great help to me for you to come.
  (당신이 와준다면 내한테는 크게 도움이 되겠는데)

- I'm sure John **would help** you. (분명히 존이 당신을 도와줄 거예요)

- How old is she? - She **would be** about past 30.
  (그녀는 몇 살이죠? - 아마 서른은 지났을 거예요)

- You'**d look like** an idiot in that hat.
  (너, 그 모자를 쓰면 바보같이 보일 거야)

- Everything **would be** different if your father were still alive.
  (너희 아버지가 살아 계신다면 모든 것이 퍽 다를 텐데)

- I **would be** happy if I had a color TV. (컬러 TV가 있으면 행복할 텐데)

- **Would** (that) she were here! (그녀가 여기 있으면 좋을 텐데)

- **Would** that Christmas lasted the whole year through.
  (크리스마스가 1년 내내 계속되어 준다면 좋겠는데)

- Of course you **wouldn't know**. (물론 당신은 모르실 테죠)

- **Would** it be enough? (그것으로 충분할까요?)

- If you **had given** enough food to your little birds, they **would not have died**. (네가 작은 새들에게 충분한 먹이를 주었더라면 죽지 않았을 텐데)

- **Would** that it had been true. (그게 사실이었더라면 좋으련만)

- If it had not rained last week, the river **would** (still) **be** dry.
  (지난 주 비가 오지 않았더라면 강은 말라붙었을 게다)
  ※ 문법상 귀결절은 [would have been dry]로 해야 맞지만, 완료상태가 현재까지 이를 수 있음을 의도적으로 표현한 예외적 문장이다.

⑧ 현재의 조심스러운 소망을 나타낼 때

> ※ 「차라리 ~하고 싶다」, 「정말 ~했으면 좋겠다」의 뜻으로 쓰인다.
> ※ 「rather/sooner/liefer~than」, 「as soon/lief ~as」 따위의 비교부사적 성격을 띤 분리 상관접속사와 함께 쓰일 때가 있다.
> ※ 「would like/love to」는 긍정문에서는 조심스러운 소망을, 의문문에서는 정중한 권유의 뜻을 지닌다.
> ※ 「liefer」는 반드시 than이 있어야 하며, than이 없으면 「lief」로 쓰인다.

- I **would** rather die than submit.(굴복하느니 차라리 죽겠다)
  cf: I wouldn't hold my breath.(난 기대하고 싶지 않아)

Part IV 조동사에 의한 동사의 기능확장

- I'd sooner/lifer be idle than do it.
  (그것을 하느니 차라리 빈둥거리겠다)

- I would as soon die as live in slavery.
  (노예로 사느니 차라리 죽겠다)

- I would as lief go there as anywhere else.
  (딴 곳에 가느니 차라리 그곳으로 가는 편이 좋다)

- My parents would like to meet you.
  (우리 부모님이 당신을 만나고 싶어 하세요)

- I would like to go there. (거기에 가고 싶어요)

- I would love to meet her. (그녀를 정말 만나고 싶어요)

- He would like to go home. (그는 집에 가고 싶어 해요)

- I would rather not to do it. (어느 쪽인가 하면, 그렇게 하고 싶지 않다)

- I would like[love] a cup of tea[a glass of orange juice].
  (차[오렌지 주스] 한 잔 했으면 좋겠다)

- I wish he would come.(그가 와주었으면 싶은데)
  cf: I wish I could remember his name.
     (그의 이름이 기억나면 좋으련만)

- I wish you would give up smoking.
  (당신이 담배를 끊었으면 좋겠는데)

- I wish they wouldn't make so much noise.
  (그들이 저렇게 너무 떠들지 않았으면 좋겠어요)

- Andy wished her mom would stop talking.
  (앤디는 자기 엄마가 그만 좀 말했으면 좋겠다고 생각했다)

4. will/shall, would/should의 특별용법과 준(準) 조동사들

※ 위의 예문에서 보는 것처럼 [I wish I can/will/have]가 아님에 유의해야 하며, 주절이 wish→wished로 바뀌어도 종절은 그냥 [would+동사원형]의 구조가 바뀌지 않음에 유의해야 한다.

- I **wish** I**'d been** a bit more careful.
  (좀 더 조심했어야 했는데)
  cf: I **wish** I **hadn't said** that.
      (그런 말을 하지 말았어야 했는데)

  } 잘못된 과거에 대한 조심스러운 후회

⑨ 의뢰 · 권유 · 제안 등을 정중하게 표현할 때

> ※ 「~해 주시겠습니까」, 「~하시겠습니까」등의 뜻으로서 「will you~?」보다 더 정중·공손한 느낌을 준다.
> ※ 「would you+본동사원형」외에, 「would you like/love+to-부정사」, 「would you mind+동명사」의 형태가 자주 쓰인다.

- **Would** you **tell** me what to say?
  (어떻게 말해야 좋을지 가르쳐 주시겠습니까)

  ※Answer ┌ Certainly, I will. (그러고 말고요)
            └ I'm afraid I can't. (죄송하지만 안되겠어요)

- **Would** you **like** (to have) a cup of tea? - I'd love to (have).
  (차 한 잔 하시겠습니까? - 정말 그러고 싶어요)

- **Would** you **like** (to have) another drink? (한잔 더 하시겠어요?)

  cf: **Can[=Would]** you **manage** another slice? — Sorry, I've had enough.
  ((케이크 등을) 한 조각 더 드실래요? — 됐어요, 많이 먹었습니다)

- **Would** you **like** to go out to dinner?
  (저녁식사 하러 나가지 않으시겠습니까)

- **Would** you **join** us for dinner?
  (저희와 저녁 같이 하시겠어요?)

- **Would** you **help** me with my spelling?
  (제가 철자를 제대로 썼는지 좀 보주시겠어요?)

- **Would** you **mind** opening the door?
  (문 좀 열어 주시겠어요?)

- **Would** you **mind** waiting here?
  (여기서 좀 기다려 주시겠습니까)

- **Would** you **mind** if I opened[open] a window?
  (창문을 좀 열어도 괜찮으시겠어요?)

- **Would** you **mind** if I smoked[smoke]?
  (담배를 좀 피워도 되겠습니까)

  ※Answer
  (승낙시) No, I don't (mind), 또는 No, not at all
  (거절시) Yes, I do, 또는 I'd rather you didn't

※ 주절에서 [will you?] 보다는 [would you?]가 더 정중한 것처럼, 종절에서도 현재형보다 과거형을 쓰는 것이 더 정중하다.

- If **you'd like** to take a seat for a moment.
  (잠시 앉아 주시면 (감사하겠습니다))

- I **would say** it is late.
  (때 늦은 감이 있다고 하겠습니다만)

- I **would like** you to go to a private school.
  (나는 네가 사립학교에 다녔으면 한다)

4. will/shall, would/should의 특별용법과 준(準) 조동사들

⑩ 기타의 관용적 표현들

놀람·뜻밖의 표현: 주로 의문사로 된 의문문에서

※ [why/who would+동사원형] 등의 형태를 취하며 「~하다니」, 「과연 ~할까」의 뜻으로 쓰인다.

- <u>Wh</u>y **would** he **talk** like that? (어째서 그는 그런 식으로 말하는 거지?)
- <u>Wh</u>o **would take on** such hard work?
  (누가 그런 중노동을 떠맡아 주겠다고 하겠는가?)

선호의 표현 :「would rather」

※ 「~하는 편이 좋다」, 「오히려 ~하고 싶다」의 뜻으로 쓰인다.

- I **would rather stay** home tonight. (오늘밤에는 그냥 집에 있을래요)
- **Would** you **rather see** a movie or **go** to a hockey game?
  (영화 보는 게 좋아요? 아니면 하키 경기 보러 가는 게 좋아요?)

2) Should의 용법

- should는 shall의 과거형이지만 현재형 shall에 정확히 대응하여 사용되는 경우는 극히 한정적이다.
- 그 대신 요즈음은 가정법 전용의 조동사, 또는 must나 ought to처럼 시제와 관계없이 독립된 조동사로 쓰이는 예가 늘어나는 추세이다.
- 가정법에서는 조건절에 should, 귀결절에 would가 대칭되게 쓰이는 예가 흔하지만, would 대신에 will이 쓰일 때도 있다.
- 따라서 should는 shall의 과거로 쓰이는 외에, 의무의 표현, 당연·의외·유감·회의 등의 감정 표현, 정중한 표현, 준(準) 가정법 형태의 종속문 등에 사용된다.

① 시제일치를 위해 shall의 과거형으로 쓰일 때

> ※ 아래의 각 경우에 종속절 안에서 시제일치를 위해 shall의 과거형으로 should가 쓰인다.
> ※ 그러나 should 대신에 would로 바꿔 쓰이기도 한다
>   (특히 주어가 2,3인칭일 때)

단순미래의 과거형 : 시제일치

- I promised I **should be** back before 5 o'clock at (the) latest.
  (나는 늦어도 5시 이전에는 돌아온다고 약속했다)
  cf: (직접화법에서) "I shall be back~"

- I thought that I **should** soon be quite well again.
  (나는 병이 곧 나으려니 생각했다)
  cf: (직접화법에서) "I shall soon be quite well again."

- Teacher said that I **should be** a prize winner.
  (선생님은 내가 입상할 것이라고 말씀하셨다)
  cf: (직접화법에서) "You will be a prize winner."
  ※ 통상 직접화법의 조동사가 간접화법으로 그대로 옮겨 가지만, I would로 쓰면 단순미래 느낌이 나지 않을 우려가 있어서 should로 바꿔 쓴 문장이다.

- He was nervous in case anything **should go** wrong.
  (그는 무슨 문제라도 생길까 초조해 하고 있었다)

4. will/shall, would/should의 특별용법과 준(準) 조동사들

<화자의 강한 의향·결의>

- He said he **should never forget** it.
  (그는 그것을 결코 잊지 않겠다고 말했다)
  cf: (직접화법에서) "I shall never forget it."

상대편의 의지를 확인하며

- He asked me if he **should call** a taxi.
  (그는 택시를 부를까요 하고 내게 물었다)
  cf: (직접화법에서) "Shall I call a taxi?"

- He asked half playfully if he **should call** her Eve.
  (그는 그녀에게 당신을 이브라고 부를까요라고 반 장난 삼아 물었다)
  cf: (직접화법에서) "Shall I call you Eve?"

② 가정문, 또는 유사 가정문에서 쓰일 때

조건문(if~)에서

※ 주로 가정법 미래의 형태로서 불확실성이 강한 미래의 일을 가정한다.
※ 대응되는 평서문 귀결절은 주로 would를 쓰지만, 경우에 따라서는 will/shall을 쓸 때도 있다. 영국에서는 should/shall을 사용

- If you **should see** John, give him my best regards/wishes.
  (만일 존을 만나게 되면 안부를 전해 주게)

- **Should** you **need** help, please call me.
  (만일 도움이 필요하면 나에게 전화하세요)

- If I **should live** to a hundred, I would[will] never understand Picasso.

[=Should I live to a hundred, I would[will]~]
(설사 100살까지 산다고 해도 나는 피카소를 이해하지 못할 게다)
※ 귀결절의 I would[will] : 영국에서는 should[shall]로도 사용

- If you **should fail** to keep your word, I would stay away from you.
(만일 네가 약속을 지키지 않으면, 난 널 멀리할 거야)

- If you **should have** a question, just call me.
(혹시 질문[의문]이 있으면 바로 나한테 전화하세요)

- What **will happen**, if the building **should take** fire.
(그 건물에 불이 붙는다면 어떻게 될까)

- If such a thing **should happen**, what **shall** we do?
(혹시라도 그런 일이 일어난다면 우리는 어떻게 하지?)

귀결절에서

※ 주로 would가 사용되지만, 영국에서는 흔히 should를 사용하기도 한다.
※ 화자의 특별한 의지·결의·약속을 나타낼 때는 should를 사용

- If I had a thousand dollars, I **should take** a long holiday.
(만일 1,000달러가 있으면, 장기휴가를 가질 수 있을 텐데)

- I **should be surprised** if many people voted for him.
(그가 많은 표를 얻는다면 난 아마 놀랄 것이다)

- If the book were in the library, it **should be** at your service.
(만약 그 책이 도서실에 있으면 제가 꼭 이용의 편의를 봐드리죠)

- I **shouldn't mind** a cup of tea.
(차 한 잔 하는 것도 괜찮겠다)

4. will/shall, would/should의 특별용법과 준(準) 조동사들

- I **should have been** at a loss without your advice.
  [=It had not been for your advice, I **should have been** at a loss]
  (너의 조언이 없었더라면 나는 어찌할 바를 몰랐을 것이다)

- But for your help, I'**d be** stranded
  [또는 But for your help, I **should have been** stranded]
  (당신의 도움이 없었더라면 나는 궁지에 빠졌을 게다)
  ※ 위의 2개 문장은 현재의 시점에서 과거의 일을 상상(추측)한 것으로서, 조건절이 과거사실의 반대가정을 했을 때의 귀결절에 해당된다.

③ (모든 인칭에서) 의무·당연성(또는 권유)을 나타낼 때

> ※ should가 독립적인 고유의미를 지닌 조동사로서의 전형적인 용례이다.
> ※ 「should do」는 현재시점에서의 당위성을, 「should have done」은 과거에 그렇게 되었어야 할 당위성을 나타낸다.

현재 또는 향후의 의무·당연

- You **should love** your neighbor.
  (사람은 (마땅히) 자기 이웃을 사랑해야 한다)

- Every English sentence **should start** with a capital letter.
  (모든 영문은 대문자로 시작해야 한다)

- You **should obey** your parents.
  (사람은 (마땅히) 자기 부모님에게 순종해야 한다)

- All passengers **should have** their passports ready.
  (모든 승객은 모두 여권을 준비해 주셔야 합니다)

- You **should try** whatever is worth doing at all.
  (적어도 할 가치가 있는 일이라면 해봐야 한다)

- Once you have made a promise, you **should keep** it.
  (일단 약속을 했으면 지켜야 한다)

- You **should not speak** so loud.
  (그렇게 큰 소리로 이야기하는 게 아니다)

- You **should see** a doctor. ------------------ <권유적 당위성>
  (너, 의사에게 진찰을 받아봐야겠다)

- **Should** I **wait** for her? -------------------- <겸손한 물음>
  (그녀를 기다려야 하나요?)

- We **should study** harder, **shouldn't** we?
  (우리는 더욱 열심히 공부해야겠네요. 그렇죠?)

과거에 그렇게 되었어야 할 당위성

※ 「~했어야 했다」의 뜻으로서 과거에 실제 그렇게 하지 않은 일을 질책·후회하는 의도가 담겼다.

- You **should** really **have been** more careful. (자네는 좀 더 조심했어야 했어)

- They **should have called** the police.
  (그들은 경찰에 신고했어야[경찰을 불렀어야] 했다)

- Our team **should have won** this time.
  (이번에는 우리 팀이 우승했어야 하는데)

- I **shouldn't come** then. (그때 난 가지[오지] 말았어야 했는데)

- We **should have been** in chicago, but we're still two hours away.
  (우리는 시카고에 도착했어야 하는데, 아직 2시간이나 더 남았다)

4. will/shall, would/should의 특별용법과 준(準) 조동사들

- **Should** I **have gone** to the party yesterday?   <의구심 표현>
  (어제 나는 과연 그 파티에 가야 하는 것이었을까; 가는 게 옳았을까)

- Oh, no. I **never should have left** you to try to cook all by yourself.
  (이런, 당신 혼자 요리하게 내버려 두는 게 아니었어요)

- I don't think I **should have tried** yoga yesterday. Now I've got a stiff shoulder.
  (어제 요가를 하지 말았어야 했나 봐요. 지금 어깨가 뻐근해요)
  ※ 「~를 안 했어야 한다고 생각된다」; 영어에서는 종속절(try)에 걸릴 부정을 삽입주절인 think, suppose 등에다 부정부사(not)를 갖다 붙이는 관행이 있다.

- We **never should have bought** it in the first place.
  (애시당초 그걸 사는 게 아니었어요)
  ※ never의 위치; not은 should 다음에(shouldn't have bought) 붙이지만, never는 should 앞에 붙인다.

④ 정중·완곡한 표현 시

> ※ 「하고 싶습니다만」, 「~하겠는데」, 「~였을 테죠」 등의 뜻으로 정중·완곡하게 표현할 때 쓰인다.
> ※ 「should+동사원형」, 「should like+to-부정사」의 형태로 쓰인다.
> ※ 영국식 어투이며, 미국식으로는 would가 흔히 쓰인다
>   (그러나 문어체에서는 아직도 should가 종종 쓰인다).

- I **should like** to visit England some day.
  [=I would like to visit ~]   <미국식>
  (나는 언젠가 영국을 방문하고 싶습니다)

- I **should like** to go there with you. (거기에 당신과 함께 가고 싶습니다)

- I **should say** (that) he is over fifty.
  (50세는 더 됐을 테죠; 더 됐을 것으로 봅니다만)

- I **should be** grateful if you could help me. (도와주시면 고맙겠습니다)

- He is a fool, I **should think**. (아무래도 그 작자는 바보인 것 같아요)

- I **should refuse** a bribe. (나라면 뇌물을 사절하겠네)
  ※ 위의 각 예문에서 "만일 누가 묻는다면" 등의 조건절을 강하게 염두에 두고 표현하는 경우에는 should 대신 would를 쓸 수도 있다.

⑤ 강한 상상·기대·가능성·추측을 나타낼 때

> ※ 「~임/함에 틀림없다」, 「~였음/했음에 틀림없다」,
>   「틀림없이 ~일 거다[것 같다]」 「~해버렸을 거다」 등의 뜻으로 쓰인다.
> ※ will/would보다 어감이 더 강하다.

- I guess it **should be** Mr. Brown.
  (그건 틀림없이 브라운 씨일 것으로 생각한다)

- There **should be** some milk in the fridge[=refrigerator].
  (냉장고에 아마도 우유가 좀 있을 거야)

- Our plane **should be landing**.
  (우리가 탄 비행기는 (곧) 착륙할 예정임에 틀림없다)

- It **should have been** a great surprise to him, for he turned pale.
  (새파랗게 질린 것을 보니 그것은 그에게 천만뜻밖이었음에 틀림없는 것 같다)

- He **should have arrived** at the office by now. ------ <미래완료형>
  (그는 지금쯤 회사에 도착해 있을 것이다)
  cf: We **should arrive** by 8 o'clock. ----------------- <미래형>
  (우리는 8시까지는 도착하게 될 것이다)

4. will/shall, would/should의 특별용법과 준(準) 조동사들

- We **should have finished** the job by next week.
  (우리는 아마 다음 주면 그 일을 끝내고 있을 것이다)

- It **should seem** that there's been[there must have been] a misunderstanding.
  (아무래도 어떤 오해가 있었던 것 같다)

- You **should be** proud of yourself.
  (당신은 스스로가 자랑스럽겠다)

⑥ (의문사와 더불어) 강한 의문(또는 어이없음)을 나타낼 때

> ※ 주로 How/why/where 등 의문사를 동반한다.
> ※ 「대체 어디서/어떻게/어째서 ~인가?」, 「~해야(만)하나요?」, 「어떻게 ~해요?」 등의 뜻으로 쓰인다.

- <u>How</u> on earth **should** I **know** it?
  (대체 내가 그것을 어떻게 알겠는가?)

- <u>How</u> **should I know** how to fix it?
  (그것 고치는 법을 내가 어떻게 알아요?)

- <u>Why</u> **should** he **go** for you?
  (어째서 그가 당신 대신 가야하는가?)

- <u>Why</u> **should** they **have destroyed** those buildings?
  (대체 어째서 그들은 저 건물들을 허물어 버렸는가?)

- <u>Where</u> on earth[in the world] **should** you **have lost** the room key?
  (도대체 어디서 그 방 열쇠를 잃어버렸단 말인가?)

- <u>Who</u> on earth **should**[**would**] **live** in a place like that?
  (도대체 누가 저런 곳에 살겠어?)

Part IV 조동사에 의한 동사의 기능확장

⑦ 「who/what~but」의 형식으로 놀라움·우스움을 나타낼 때

> ※ 「대체 ~말고 누가/무엇이 이었을까[그랬을까]」의 뜻으로

- **Who** should be there but Tom?
  (톰 말고는 누가 거기에 있었다고 생각이나 하나요?)
- **What** should happen but (that) my elevator stopped half way.
  (글쎄 어이없게도 내가 탄 승강기가 도중에서 멈춰버렸다니 말이야)

⑧ 「should worry」의 형태로 반어적으로 사용할 때

> ※ 「~을 걱정할 필요가 있을까」 등의 뜻으로 사용

- With his riches, he **should worry** about a penny.
  (그 사람 정도의 부(富)를 갖고서도 1페니를 걱정할 필요가 있을까)

⑨ 놀라움, 당연, 요구 등을 나타내는 주절에 이어서 나오는 that절 속에서

> ※ 주로 「It~ that+주어+should」의 문장구조로서 현재형은 「should do」로, 과거형은 「should have done」의 형태를 취한다.
> ※ that의 앞에 나오는 주절에는 감성, 판단, 제안 등의 내용을 지닌 형용사 또는 동사에 의해 서술된다.

> 주절(앞절)이 놀라움·뜻밖·노여움·유감을 나타낼 때

- It is a pity that he **should** have died so young.
  (그가 그렇게 젊은 채 죽다니 애석하군)
- (It is surprising) **That it should come to this!** (그게 이렇게 되다니!)

4. will/shall, would/should의 특별용법과 준(準) 조동사들

- I <u>wonder</u> that such a brilliant man as he// should commit an error.
  (그와 같은 명석한 사람이 과오를 저지르다니 이상한 일이네)

- It's <u>odd/surprising</u> that you **shouldn't know** it.
  (자네가 그걸 모르고 있다니 이상하군/놀랍군)

- It is <u>lucky</u> that the weather **should be** so fine.
  (날씨가 이렇게 좋다니 운이 좋구나)

- I'm <u>sorry</u> (that) you **should think** I spoke ill of you.
  (내가 자네를 중상한 줄로 생각하다니 유감이다)

- We <u>regret</u> that you **should have been caused** inconvenience.
  (여러분께 불편을 겪게 해드린 것을 유감으로 생각합니다.

- It's <u>strange</u> that he **should have gone** there.
  (그가 그곳에 갔다니 이상한 일이다)

주절이 필요·당연·중요성을 나타낼 때

- It is <u>not necessary</u> that I **should go** there.
  (내가 거기로 갈 필요는 없다) -------------------------------- <미 실현>

- It is <u>important</u> that she **should learn** to control her temper.
  (그녀는 자신의 감정을 다스리는 법을 익히는 것이 중요하다)

- It <u>seemed logical</u> that they **should declare[proclaim]** war.
  (그들이 선전포고를 할 것은 자명하다고 생각되었다)

- It is (quite) <u>natural</u> that he **should have refused** our request.
  (그가 우리의 요구를 거절한 것은 (지극히) 당연하다) --------- <과거의 실현>

주절이 요구·제안·의향·주장·결정 따위를 나타낼 때

- I <u>suggest</u> that you **should join** us. (당신도 가담/합류하실 것을 권합니다)

- I am anxious that the affair **should be settled** down as soon as possible.
  (그 문제가 가능한 한 조속히 해결되기를 (간절히) 바라고 있다)

- The proposal that he **should join** us// way reasonable.
  (그 사람을 우리 측에 끌어들이자는 제안은 타당했다)

- We decided that the apparatus **should be used** as an ironing table.
  (우리는 그 장치를 다림질 탁자용으로 사용되게 하기로 결정했다)

기타 should가 자주 쓰이는 주절(it~)

- It is **alarmed/amaze, annoyed** to find that he **should~**
  (그가 ~하다는 것을 알고는 깜짝 놀랐다, 애를 먹고 있다)

- It is **delighted/pleased** to find that he **should~** . (~을 알게 되어 기쁘다)

- It is **(un)fortunate, horrible, impossible/improbable, inconceivable, marvelous** that he **should[could]~** . (그가 ~을 하다니[할 수 있다니] 다행/불행이다, 끔찍하다, ~을 한다는 건 불가능하다, 생각할 수 없다, 놀랍다)

- It is **proper, unlikely, unlucky** that he **should~**
  (그가 ~을 한다는 것은 온당하다, 있을 법 하지 않다, 불행한 일이다)

⑩ who, lest, so that 등이 이끄는 종속절 속에서: 상황을 추정해서

※ who에 의해 이끌리는 형용사적 관계절에 쓰여 「~하는」의 뜻으로
※ lest에 의해 이끌리는 조건부사절에 쓰여 「~하지 않도록」의 뜻을
※ so that에 의해 이끌리는 목적 부사절에 쓰여 「~하도록」의 뜻을 나타낸다.

who에 의해 이끌리는 형용사적 관계절에서

- He who **should content** himself with what he is//will never be a great man. (현재의 자기에 만족하는 자는 위인은 되지 못한다)

4. will/shall, would/should의 특별용법과 준(準) 조동사들

- I won't marry a man who **shouldn't** whole heartedly **love** me.
  (진심으로 저를 사랑하지 않는 사람하고는 결혼하지 않을 거예요)
- It can be used by anyone who **should want** to try.
  (그것은 해보고 싶은 사람이면 누구나 사용할 수 있습니다)

lest에 의해 이끌리는 조건 부사절에서

- He jotted the name down lest he **should forget** it.
  (그는 잊지 않도록 이름을 적었다)
- She worked harder lest she **should fail**.
  (그녀는 실패하지 않도록[않기 위하여] 더욱 열심히 공부했다[일했다])
  [=She worked harder for fear (that) she should fail.]
  [=She worked harder so that she might not fail.]

so that 등에 의해 이끌리는 목적 부사절에서

- He lent her the book so that she **should study** the subject.
  (그는 그녀가 그 주제를 연구할 수 있도록 책을 빌려 주었다)
- I lowered my voice so (that) she **shouldn't**[wouldn't] hear.
  (나는 그녀가 듣지 못하도록 목소리를 낮췄다)

  cf ┌ Talk louder so that I **may hear** you. ┐ ※ 좀더
      │ (내가 들을 수 있도록 더 큰 소리로 말해 주시오) │ 구체적
      │ He is working hard so that he **may pass** │ 능력을
      └ the examination.   ┘ 표현
        (그는 시험에 합격할 수 있도록 열심히 공부하고 있다)

- He was most anxious to be informed as soon as you **should arrive**.
  (그는 당신이 도착하는 대로 곧 알려주기를 간절히 바라고 있었습니다)
  ※ 위 문장에서의 "as soon as~"는 "shortly[before long] if~"에 가깝다.

(3) 준(準) 조동사들(Quasi Auxiliary-Verbs)

> ※ 영어 조동사의 1차적 조건은 본동사(원형) 앞에 선치되어 본동사의 뜻을 보완해야 하고, 2차적 조건은 의문문 만들 때 다른 조동사의 도움 없이 직접 주어 앞에 선치될 수 있어야 한다.
> ※ 그러나 일견 조동사 같으면서도 그 뒤에 본동사 원형이 오지 못하고 항상 「to-부정사」가 오는 유사 조동사들이 있다.
> ※ 앞에서 살펴본 조동사들 가운데서도 **dare**와 **need**는 일부 이러한 준/유사 조동사적 성격이 있었지만, 그것들은 그래도 어떤 때는 그 뒤에 본동사(원형)를 수반하기도 함으로써 조동사로 간주했다.
> ※ 그러나 「used to」, 「be going to」, 「seem to」, 「afford to」 등은 항상 「to-부정사」를 동반해서 조동사 기능을 수행하므로 이들을 준 조동사로 분류한다.

1) Used to [júːstə]

> ※ 과거의 규칙적(상습적) 습관과 과거의 영속적 상태를 나타내며, 항상 과거 시제로만 사용된다.
> ※ 「늘/으레 ~하곤 했다」, 「~하기가 일쑤였다」, 또는 「(지금은 아니지만) 전에는 ~였다/했다」의 뜻으로 쓰인다.

① 과거의 규칙적 습관을 나타낼 때의 준조동사로서

- She **used to visit** me on Sunday.
  (그녀는 일요일이면 늘 나를 방문하곤 했다)

- We **used to go** fishing every Sunday.
  (우리는 일요일마다 낚시질 가기 일쑤였다)

4. will/shall, would/should의 특별용법과 준(準) 조동사들

- I **used to sleep** in the cold room during my school days.
  (나는 학창시절에 (종종) 찬 방에서 자곤 했다)

- It **used to be said** that the house was haunted by the ghost of a leper.
  (저 집에는 나환자 귀신이 출몰한다고 늘 들어왔다)

② (지금은 없는) 과거의 상태 · 존재를 나타낼 때의 준조동사로서

- She **used to live** in my neighborhood.
  (그녀는 전에는 우리 동네[이웃]에 살았다)

- We live in town now, but we **used to live** in the country.
  (우리는 지금은 도회에 살고 있지만, 원래는 시골에 살았다)

- I **used to go** to the cinema a lot, but I never get time now.
  (전에는 영화관에 자주 갔지만, 지금은 시간을 낼 수 없다)

- He works harder than he **used to**.
  (그는 이전보다 더 열심히 일한다)

- There **used to be** a grocery store over there.
  (예전엔 저기에 식료품 가게[창고]가 있었어)

- There **used to be** owls in the wood.
  (이 숲에 (전에는) 올빼미가 있었다)

- He came earlier than he **used (to)**.
  (그는 어느 때보다 일찍 왔다)

- The bell **used** always **to ring** at one.
  (전에는 언제나 한 시에 벨이 울렸다)

- It **used to be believed** that the sun moved round the earth.
  (옛날에는 태양이 지구를 돈다고 믿고 있었다)

③ 일반동사(본동사)로서 「~에 익숙해져 있다」로 쓰일 때

※ [be/get used to+명사·동명사] 형태를 갖는 경우이다.

- I **was used to** sleeping in the cold room.
  (나는 찬 방에서 자는 데 익숙해져 있었다)

- I'**m not used to** the spicy food.
  (나는 매운 음식에는 익숙해 있지 않다)

- I **never get used to** going to bed so late.
  (나는 그렇게 늦게 취침하는 데는 전혀 익숙해 있지 않다)

- You'll soon **get used to** his way of bulling.
  (그의 위협적인 태도에 곧 익숙해질 것이다)

참고: 「used to」의 부정형과 의문문

	부 정 형	의 문 문
방법	ⓐ He didn't use/used to ⓑ He used not[usedn't] to	ⓐ Did/Didn't he use/used to? ⓑ Used/Usedn't he to? ⓒ Used he not to?
예문	ⓐ He **didn't use(d) to** smoke! (그는 전에는 담배를 피우지 않았어요) ⓑ You **used not to** fuss like this. (너, 전에는 이렇게 법석을 떨지 않았잖아)	ⓐ **Did** you **used to fight** with your brother? (전에 형과 싸우곤 했나요?) ⓐ **Didn't** she **use(d) to** live in convent? (그녀는 전에 수녀원에서 살지 않았어요?) ⓑ **Used/Usedn't** he **to** live~? ⓒ **Used** he **not to** live~?

4. will/shall, would/should의 특별용법과 준(準) 조동사들

2) [Be+to-부정사], 또는 [Be+분사(현재 · 과거)+to-부정사]형

① [Be+to-부정사]형

> ※ 예정/의향, 의무/금지, 가능, 운명, 가정, 목적 등을 나타낸다.

예정·의향을 나타내어

- We **are to** meet at 6. ---------------------------- <단순 예정>
  (여섯시에 모이기로 (예정)되어 있다)

- When **are** you **to** break up for the summer?
  (당신은 언제 하계휴가가 시작됩니까)

- He **was to** have arrived at 5. ------------- <실현 안 된 예정>
  (그는 5시에 도착하도록 (예정)되어 있었다 ; 그런데 도착하지 않았다)

- We **were about to** start, when it rained. (막 출발하려는데 비가 왔다)

- I **am not about to** lend you any money.
  (너에게 더 이상 돈 꾸어줄 마음이 없다)

의무(긍정문)와 금지(부정문)

- I **am to** inform that there is no lecture given today by prof. Kim.
  (금일 김 교수님은 휴강임을 알려드리는 바입니다) ------- <의무>

- You **are to** be congratulated on your splendid achievement.
  (당신의 놀라운 성과에 대해 당신은 마땅히 축하받아야 합니다)

- You **are not to** speak in this room.
  (이 방에서는 말을 해서는 안 됩니다) ------------------ <금지>

운명적 귀결

- He **was** never **to** see[=be back] his home.
  (그는 두 번 다시 고향에 돌아오지 못할 운명이었다)

- She **was to** die two days later. (그녀는 이틀 후에 죽을 운명이었다)

- That discovery **was to** save hundreds of lives.
  (그것은 수백 명의 생명을 구할 발견이었다)

가능/불가능을 강하게 표현 : 수동 부정사를 수반하여

- No one[=Not a soul] **was to** be seen on the shore.
  (해변에는 사람이라고는 한 사람도 보이지[눈에 띄지] 않았다)

- My hat **was** nowhere **to** be found.
  (내 모자는 아무데도 보이지 않았다)

- The watch **was not to** be found anywhere.
  (시계는 아무데서도 찾을 수 없었다)

가정법 : 조건절에서

- If I **am to** be blamed, I shall be impressed with any punishment.
  --------------- <가정법 현재; 가까운 미래의 실현 가능성 가정>
  (내가 꼭 비난받아야 한다면, 어떤 처벌도 감수하겠소) ---- <강한 필요성>

- If I **were to** die tomorrow, what would my children do?
  [Were I to die~] … <가정법 과거; 실현성 희박한 현재사실의 반대가정>
  (내가 내일 죽는다면 내 자식들은 어떻게 할까/될까)

4. will/shall, would/should의 특별용법과 준(準) 조동사들

- If I **were to** live again, I **would like** to be a musician.
  [=**Were I to** live again~]
  (내가 다시 한 번 인생을 산다면 음악가가 되고 싶어)

> 목적 : be 다음에 meant/intended가 생략된 꼴

- The letter **was (intended) to** announce their engagement.
  (그 편지는 그들의 약혼을 알리기 위한 것이었다)
- The whiskey **is (meant) to** put you to sleep.
  (그 위스키는 너를 재우기 위한 것이다)

② [be+자동사의 과거분사]형

> ※ 동작의 결과인 '상태'를 표현한다.
> ※ 주로 come/go, arrive, rise, set/fall, grow의 과거분사를 수반

- Winter **is gone**, and spring **is come**.
  [=Winter has gone, and spring has come]
  [=Winter is over, and spring is in/here]
  (겨울은 가고, (새) 봄이 왔다)
- He **is gone out**. (그는 막 외출하고 없다)
- **Be gone**! (가, 꺼져버려!)
- **Gone are** the days when my heart was young and gay. **Gone are** my friends from the cotton fields away.   -Foster 작, 미국민요 'Old Black Joe' 중에서
  (내 마음이 젊고 환희에 찼던 그 시절은 가고 없어라, 목화밭에서 뛰놀던 내 친구들도 (이제는) 가고 없어라)

③ be going to : 「~하려고 한다」, 「~할 것 같다」

- I'm going to be a woman aviator[pilot].
  (난 여류 비행사가 될 거야)

- What are you going to do this evening?
  (오늘 저녁엔 뭘 할 거예요?)

  cf ┌ will: 말하는 시점에서의 결정 · 의도
     └ be going to: 이전에 세운 계획이나, 이미 갖고 있던 의도

- It's going to rain in a moment. (곧 비가 오겠네)

  cf ┌ will: 정보로서의 일반적인 예상이나 예측
     └ be going to: 현재의 현상을 보고 미래를 예측

- This is going to be a big issue. (이것은 큰 이슈가 될 것 같구나)

④ be bound[compelled, forced] to : 「~할 의무가 있다」, 「~할 수밖에 없다」

- The government is bound by the treat to help.
  (정부는 그 조약에 따라 원조를 할 의무가 있다)

- I am bound to say I don't really like the idea.
  (그 생각이 별로 마음에 들지 않는다고 말할 수밖에 없군요)

- He was compelled to go with them.
  (그는 그들과 함께 가지 않을 수 없었다)

  cf:(직접 본동사로 쓰여) ┌ I compelled him to[into] submission.
                        │ (나는 그를 굴복시켰다)
                        └ Bad weather compelled us to stay another day.
                          (날씨가 나빠 우리는 부득이 하루 더 머물게 되었다)

4. will/shall, would/should의 특별용법과 준(準) 조동사들

- The hostages **were forced to** <u>hand over</u> their passports.
  (인질들은 여권을 넘기라고 강요받았다)

  cf:(직접 본동사로 쓰여)
  ⎡ Bad health <u>forced him</u> into taking early retirement.
  │ (그는 건강이 좋지 않아 조기 퇴직할 수밖에 없었다)
  ⎣ I had to <u>force myself</u> to get up this morning.
  　(오늘 아침 나는 힘겹게 몸을 일으켜야 했다)

⑤ be supposed to : 「~하기로 되어 있다」, 「~해야 한다」, 「~로 인식되다」

- We're **supposed to** <u>check out of the hotel</u> by 11:00 a.m
  (우리는 11시까지 호텔에서 체크아웃을 하게 되어 있다; 해야 한다)

- You **are supposed to** <u>be here</u> at eight every morning.
  (당신은 매일 8시에 여기로 출근하기로 되어 있다; 출근해야 한다)

- Everybody **is supposed to** <u>know</u> the law.
  (누구든 법률은 알고 있어야 할 의무가 있다)

- You **are not supposed to** <u>do</u> that.
  (그런 짓을 하는 게 아니다)

- We **are not supposed to** <u>smoke</u> in the class room.
  (교실에서는 담배를 피우지 않기로 되어 있다)

- These new regulations **are supposed to** <u>protect</u> children.
  (이 새 규정들은 아이들을 보호하게 될 것이다; 될 것으로 인식된다)

- He **was** generally **supposed to** <u>have left</u> the country.
  (그는 그 나라를 떠난 것으로 일반적으로 인식되었다)

- The castle **is supposed to** <u>be haunted</u> (by a phantom).
  [=It is rumored that the castle is haunted by a ghost]
  (그 성(城)에는 유령이 나온다고 한다)

⑥ be expected to: 「~하기로 되어 있다」, 「~하도록 요청되어 있다」, 「~하지 않으면 안 된다」, 「~할 것으로 예상되다」,

- A new edition **is expected to** come out next month.
  (신판이 내달 나오기로 되어 있다)

- The students **are expected to** be present at the lecture.
  (학생들은 그 강의에 출석하지 않으면 안 된다)

<참고 : expect가 직접 본동사로 쓰일 때>

- I will expect you next week. (내주에 (당신이 올 것을) 기다리고 있겠습니다)

- I expected something worse. (더 나쁜 일을 각오하고 있었다)

- I expect nothing from such people.
  (그런 사람들한테서는 아무것도 기대하지 않는다)

- I expected that he would come. (그가 오리라고 생각했었다)

- I expect (that) you have been to Europe.
  (유럽에 갔다 오신 적이 있지요?)

- Paul and Sylvia expect their second right after Christmas.
  (폴과 실비아 사이에는 크리스마스 직후에 둘째아이가 태어난다)

- I expected him to come. (나는 그가 오리라고 생각했었다)

- What time do you expect him home? 〈 home : 동사적 의미를 지닌 부사 〉
  (그가 몇 시에 귀가하리라고 예상하십니까)

4. will/shall, would/should의 특별용법과 준(準) 조동사들

⑦ be willing[delighted] to : 「기꺼이 ~하다」, 「~해서 기쁘다」

- I **am** quite **willing to** do anything for you.
  (당신을 위해서라면 무엇이든 기꺼이 하렵니다)

- How much **are** they **willing to** pay?
  (그들이 돈을 얼마나 내려고 하나요?)

- I told him I **was willing to** help.
  (나는 그에게 기꺼이 돕겠다고 말했다)

- I **was delighted to** undertake the work.
  (나는 그 일을 기꺼이 떠맡았다)
  cf: She **was delighted to** hear the news.
    [=She was delighted at hearing the news]
    (그녀는 그 소식을 듣고 기뻤다)

⑧ be meaning to[mean to] : 「~할 생각이다」, 「~할 마음을 먹고 있다」

- I've **been meaning to** ask you if you'd like to come over for a drink.
  (한잔 하러 오겠느냐고 물어볼 생각이었어요)

- He **didn't mean to** do it.
  (그는 그런 일을 할 생각은 아니었다)

<참고 : mean이 직접 본동사로 쓰일 때>

- What does this word mean? (이 말은 어떤 뜻입니까)

- What do you mean by that (word)? (그건 무슨 뜻입니까)

- This sign <u>means</u> that cars must stop.
  (이 표지는 정차하라는 표시입니다)

- I <u>mean</u> <u>it</u> <u>for/as</u> a joke.
  (농담으로 한 말이다)

- I <u>mean</u> <u>that</u> you are a liar.
  (넌 거짓말쟁이라는 말이다)

⑨ be planning to[plan to] : 「~할 작정[계획]이다」

- I'm **planning to** <u>go</u> <u>to</u> <u>Europe</u> this summer.
  [I'm **planning** <u>on</u> <u>visiting</u> Europe]
  (이번 여름에는 유럽으로 갈 작정이다)

cf:(직접 본동사로서)
  ┌ We <u>planned (out)</u> <u>a new book</u> on chemistry.
  │ (우리는 화학에 관한 새 책을 기획했다)
  └ We <u>planned</u> <u>for</u> a dinner party.
    (우리는 만찬회 계획을 세웠다)

3) 기타 준 조동사들 : [일반동사+to-부정사]형

① tend to : 「~하기 쉽다」, 「~하는 경향이 있다」

- Fruits **tend to** <u>decay</u>.
  (과일은 썩기 쉽다)

- People **tend to** <u>sleep</u> less as they get older.
  (사람은 나이 들수록 잠을 적게 자는 경향이 있다)

4. will/shall, would/should의 특별용법과 준(準) 조동사들

② expect to : 「~할 것으로 예상하다」

- We **didn't expect to** win.
  (우리는 이길 줄을 예상하지 못했다)

- I **expect to** do it.
  (나는 그것을 할 작정이다)

③ like/love to : 「~하기를 좋아하다」, 「~를 하고 싶다」

- I **like to** play tennis.
  (나는 테니스 치기를 좋아하다; 테니스 치고 싶다)

- She **likes to** play piano in front of people.
  (그녀는 사람들 앞에서 피아노 치기를 좋아한다)

  ※ 사람들 앞에서: in the presence[company] of others/strangers, in public

- I **like to** enjoy Saturday evening.
  (나는 토요일 밤을 즐기는 것을 좋아한다)

- I **like to** put mustard on my sausage.
  (나는 소시지에 겨자를 넣어 먹기를 좋아한다)

- She **likes to** watch TV in bed.
  (그녀는 침대에 누워 텔레비전 보는 것을 좋아한다)

- She **loves to** go dancing.
  (그녀는 춤추러 가기를 좋아한다)

- We all **love to** talk about our school days.
  (우리는 모두 학창시절 얘기하기를 좋아한다)

- I **didn't like to** disturb you while you were working.
  (일하시는 동안 당신을 방해하고 싶지 않았어요)

Part IV 조동사에 의한 동사의 기능확장

※ **정중하고 간곡한 소망이나 의뢰·권유 시에는
다음과 같이 would/should를 동반한다.**

- I **should[would] like to** go there.
  (거기에 (꼭) 가고 싶어요)

- **I'd like to** see you run that/so fast.
  (네가 그렇게 빨리 다리는 걸 좀 봤으면 좋겠다)

- **I'd love to** meet him.
  (그를 무척 만나고 싶어요)

- **I'd like to** see her new movie.
  (그녀의 새 영화를 봤으면 좋겠다)

- **I'd like to** think she still love me.
  (그녀가 아직 나를 사랑한다고 생각하고 싶다)

- **I'd like to** think that we offer an excellent service.
  (우리는 탁월한 서비스를 제공하고 있다고 생각합니다)

- **Would** you **like to** go out to dinner? - **I'd love to**.
  (저녁 식사하러 나가지 않을래요? - 좋아요)

- He **would have liked to** come alone. ----------- <완료형=과거>
  (그는 (될 수 있으면) 혼자 오고 싶었다)

④ happen to: 「마침/공교롭게 ~하다」, 「우연히/이따금 ~하다」, 「혹시 ~하다」

- When he dropped in at my office, I **happened to** be out.
  (그가 내 직장(사무실)에 들렀을 때, 공교롭게도 나는 외출 중이었다)

- I **happen to** be his uncle.
  (실은[마침] 내가 그의 삼촌이다)

4. will/shall, would/should의 특별용법과 준(準) 조동사들

- This **happens to** be my house!
  (여긴 내 집이거든요!)

- My friend **happened in to** see me.
  (내 친구가 우연히 들러 나를 만나게 되었다)
  cf: (직접 본동사로 쓰여) It (so) happened that I had no money with me.
  　　　　　　　　　　　(공교롭게도 나는 가진 돈이 한 푼도 없었다)

- I **happened to** see James just yesterday.
  (바로 어제 우연히 제임스와 마주쳤어)

- Do you **happen to** know what time it is?
  (혹시 지금 몇 시(時)인지 아세요?)

⑤ want to: 「~하고 싶다」, 「~하지 않으면 안 된다」, 「~하는 편이 좋다」

- I **want to** go there **to** be rich. (나는 거기 가서 부자가 되고 싶다)

- Do you **want to** take a ride in my new car?
  (너, 내 새 차를 타고 싶니?)

- You **want to** see a doctor at once.
  (너는 곧 의사에게 진찰받도록 해야겠다)

- You **don't want to** be so rude. (그렇게 무례해서는 안 된다)

⑥ afford to : 「~할 여유가 있다」, 「~할 수 있다」

※ can, cannot와 함께 쓰인다.

- I **cannot afford to** buy a new car.
  (나는 새 차를 살 여유가 없다)

Part IV 조동사에 의한 동사의 기능확장

- I **cannot afford to** be generous. (선심 쓸 여유가 없다)

- We **can afford to** sell cheap.
  (헐값으로 팔아치울 수 있다)

- I **can't afford to** let a chance like this go by.
  (이런 기회를 그냥 놓칠 수 없다)
  cf: (직접 본동사로서) I can't afford the rent.
  (나는 집세를 감당할 수 없다)

- She **could not afford to** go there every night.
  (그녀는 매일 밤 거기 갈 수는 없었다)

- I **cannot afford (to** have) holidays.
  (나는 휴가를 가질 여유가 없다)

⑦ hope/wish to : 「~이기를/하기를 바란다」

- I **hope to** see you soon.
  (곧 만나 뵙고 싶습니다)

- Allison is **hoping to** be a high-school teacher.
  (앨리슨은 고등학교 교사가 되고 싶어 한다)

- I **wish to** go abroad. (외국에 나가고 싶다)

- Julie **wishes to** have a child.
  (줄리는 아이를 갖고 싶어 한다)

⑧ pretend to : 「~인 체/척하다」, 「감히[주제넘게] ~하다」

- He **pretended to** be indifferent.
  (그는 무관심한 체했다)

4. will/shall, would/should의 특별용법과 준(準) 조동사들

- He **pretended to** <u>read</u> a newspaper.
  (그는 신문을 읽는 척했다)

- She **pretended not to** <u>notice</u> me.
  (그녀는 나를 못 본 척했다)

- I **cannot pretend to** <u>ask</u> him for money.
  (그에게 감히[주제넘게] 돈 빌려달라고 부탁할 수(는) 없다)

<참고 : pretend가 직접 본동사로 쓰일 때>

- He <u>pretends illness</u>.
  (그는 꾀병을 앓고 있다)

- He <u>pretended</u> (<u>that</u>) he knew nothing about it.
  (그는 그것에 관해 전연 모르는 체했다)

- Let's <u>pretend</u> (<u>that</u>) we are pirates.
  (우리 해적놀이를 하자)

⑨ seem/appear to: 「~인 것처럼 보이다」, 「~인 것 같다[같아 보인다]」

seem to : 「~인 것 같다」

- She **seems to** <u>like</u> study to me.
  (내게는 그녀가 공부를 좋아하는 것으로 생각된다)

- He **seemed to** <u>think</u> so to me.
  (내게는 그가 그렇게 생각하고 있는 같아 보였다)

- Lack of money **seems to** <u>be</u> the main problem.
  (자금 부족이 가장 큰 문제인 것 같다)

- I **seem to** see her still.
  (그녀의 모습이 지금도 눈에 선하다)

- I **seem to** have heard his name.
  (그의 이름을 들어본 일이 있는 것 같다)

- He **seems to** be[have been] ill.
  (그는 아픈[아팠던] 것 같다)

- He **seems to** be an honest man.
  (그는 정직한 사람처럼 보인다)

- There **seems (to** be) no need to so hurry.
  (그렇게 서두를 필요는 없을 것 같다)

- There **seems (to** be) no point in going.
  (간다 해도 아무런 의미[효과]가 없을 것 같다)

<참고 : seem이 직접 본동사로 쓰일 때>

- He seems young. (그는 젊어 보인다)

- She seems glad to see us.
  (그녀는 우리를 만나 기뻐하는 것 같다)

- It seems likely to rain. (비가 올 듯하다)

- It seems that he was not there.
  (그는 거기에 없었던 것 같다)

- It would seem that the weather is improving.
  (날씨가 회복될 것 같다)

4. will/shall, would/should의 특별용법과 준(準) 조동사들

> **appear to :** 「~인 듯하다」

- He **appears to** <u>be</u>[have been] rich.
  (그는 부자인[부자였던] 듯하다)
  cf: (직접 본동사로 쓰여) He <u>appears</u> <u>rich</u>.

- The man **appeared to** <u>be</u> in his late twenties.
  (그 남자는 20대 후반으로 보였다)

- She **appeared to** <u>get better</u> after the treatment.
  (그녀는 그 치료 후 회복되는 것 같아 보였다)

  <참고 : appear가 직접 본동사로 쓰일 때>

  - The orange <u>appears</u> <u>rotten</u> inside.
    (그 오렌지는 속이 썩은 것 같다)

  - <u>Strange</u> as it <u>may appear</u>, it is true for all that.
    (이상하게 보일지 모르지만, 그러나 그건 사실이다)

  - It <u>appeared</u> to me <u>that</u> he was telling a lie.
    (내게는 그가 거짓말을 하고 있음이 틀림없다는 생각이 들었다)

⑩ try to : 「~하려고 시도하다/애쓰다」

- He **tried to** <u>write</u> in pencil. (그녀는 연필로 써 보려고 했다)

- **Try to** <u>behave</u> better. (좀 더 점잖게 행동하도록 노력해라)

- She **tried to** <u>forget</u> about what had happened.
  (그녀는 이전에 일어났었던 그 일을 잊으려고 애썼다)

- She **tried** hard **not to** laugh.
  (그는 웃지 않으려고 몹시 애썼다)

⑪ manage to: 「그럭저럭/가까스로/어떻게든 ~해내다」, 「어쩌다 ~해버리다」

- I **managed to** get out at the right station.
  (나는 간신히 (목적한) 역에 내릴 수 있었다)

- We finally **managed to** get home.
  [=At last we managed to get home]
  (우리는 그럭저럭 마침내 집에 도착했다)

- I'll **manage to** be in time.
  (나는 어떻게 해서든 시간에 대겠다)

- He **has** just **managed to** pass the test.
  (그는 간신히 시험에 합격했다)

- I somehow **managed to** remain calm.
  (나는 간신히 침착함을 유지했다)

- She **had** somehow **managed to** lose keys.
  (그녀는 어쩌다 열쇠를 잃어버렸다)

⑫ begin to[be beginning to] : 「~하기 시작하다」, 「~에 착수하다」

- Suddenly it **has begun to** rain hard with a clap[peal] of thunder.
  (갑자기 천둥소리와 함께 비가 세차게 내리기 시작했다)

- Even his greatest admirers **are beginning to** wonder if he is too old for the job. (그를 가장 격찬하는 사람들조차도 그 직무를 감당하기에는 그가 너무 연로한 것이 아닐까 의심쩍게 생각하기 시작한다)

  <참고 : begin이 직접 본동사로 쓰일 때>
  - The novel began with the death of a reporter.
    (그 소설은 어떤 기자의 죽음으로부터 (스토리가) 시작되었다)

4. will/shall, would/should의 특별용법과 준(準) 조동사들

- We'll begin by dancing[with a story] at the beginning.
  (우리는 처음에는 춤추는 것으로[이야기로] 시작하겠어요)

- She **began** learning English five years ago.
  [= It is five years since she began learning English]
  [= Five years have passed since she began learning English]
  (그녀는 5년 전에 영어를 배우기 시작했다)

- The war **began** in 1939 and ended in 1943.
  (그 전쟁은 1939년에 발발하여 1943년에 끝났다)

- She **began** a club for bird-watchers.
  (그녀는 조류 감사자들을 위한 클럽을 창설했다)

4) 기타 준(準) 조동사들 : [Be+형용사+to-부정사] 형

※ 준 조동사는 원칙적으로 그 자체가 본동사이면서 다른 동사의 의미를 확장하는 데 조력하는 조동사 역할을 의미한다.

※ 또한 [be+형용사+to-부정사]는 제2형식 문장중 주격보어인 형용사만으로 의미가 불명료하여 그 뒤에 to-부정사나 [전치사+명사] 형태의 보완구를 필요로 하는 불안정형 2형식 문장에 속한다.

※ 따라서 일반원칙상으로는 준조동사라고 보기 어렵지만, 그 전체가 상습적으로 다른 동사의 의미 확장에 조력하는데다가, 「be able to」도 엄밀하게는 이 부류와 동일 형태이지만 엄연히 문법책에서 조동사로 분류되고 있는 점을 감안할 때 조동사적 성격으로 자주 쓰이는 몇 개는 준 조동사로 취급해도 무방할 것이다.

Part IV 조동사에 의한 동사의 기능확장

① be likely[unlikely] to : 「~할 것 같다」, 「~할 듯하다」, 「할 것 같지 않다」

- It **is likely to** rain soon.
  (아마도 곧 비가 올 것 같다)

- He **is likely to** come. (그는 올 것 같다)
  [=It is likely that he will come]

- The weather **is unlikely to** improve over the next few days.
  [It is unlikely that the weather will improve~]
  (날씨가 앞으로 며칠 동안 좋아질 것 같지 않다)

<유의점: unlikely와는 다른 unlike의 용법>

※ 아래 2개 문장은 unlike가 형용사로 쓰이는 경우

- The brothers are very unlike in character.
  (그 형제는 성격이 크게 다르다)

- They seemed utterly unlike, despite being twins.
  (그들은 쌍둥이인데도 전혀 닮지 않은 것 같았다)

※ 아래 3개 문장은 unlike가 전치사로 쓰인 경우

- She was unlike any woman I have ever known.
  (그녀는 내가 알고 지낸 어떤 여자와도 같지 않았다)

- Unlike most people in the office, I don't come to work by car.
  (대부분의 사무실 사람들과는 달리, 나는 차로 출근하지 않는다)

- It's unlike him to be late. (늦다니 그답지 않다)
  [=It's unworthy of him to be late]

  cf: It's just like him to be late. (늦다니 꼭 그 사람다운 짓이야)

4. will/shall, would/should의 특별용법과 준(準) 조동사들

② be sure to : 「반드시 ~한다」

- He **is sure to** come. (그는 꼭 온다)

- **Be sure to** close the window before going to bed.
  [=Be sure (that) you close the window~]
  (취침 전에 반드시 창문을 닫도록 해라)

- **Be sure to** read all the directions carefully.
  (모든 지시사항을 반드시 주의깊게 읽으세요)

- He**'s sure to** get nervous and say something wrong.
  (그는 분명 긴장해서 바보 같은 말을 할 거야)
  cf: United must beat Liverpool to be sure of winning the championship.
  (유나이티드팀이 그 선수권대회에서 확실히 우승하려면 리버풀팀을 이겨야 해요)

③ be about to : 「막 ~하려 하다」

- Something unusual **was about to** happen.
  (어떤 예사롭지 않는 일이 일어나려 하고 있었다)

- I **was about to** leave, when the phone rang.
  (막 나가려던 참에 전화벨이 울렸다)

- We **were about to** start, when it rained.
  (막 떠나려는데 비가 왔다)

- I **was** just **about to** say the same thing.
  (나도 지금 막 같은 말을 하려던 참이었다)
  cf: (미국식) I**'m not about to** lend him any more.
      (그에게는 더 이상 돈 꾸어줄 마음이 없다; 내키지 않는다)

- 422 -

Part IV 조동사에 의한 동사의 기능확장

④ be liable to : 「~할 것 같다」, 「자칫 ~하기 쉽다」

※ likely와 비슷한 뜻이지만, liable은 주로 좋지 않은 일에 쓰인다.

- She's **liable to** start crying if you mention her ex-boyfriend.
  (네가 그녀의 전(前) 남자친구 얘기를 꺼내면 그녀는 자칫 울음을 터뜨릴지도 모른다)

- Difficulties **are liable to** occur in succession.
  (곤경은 잇달아 일어나게 마련이다)

- He **is liable to** get angry. (그는 걸핏하면 화를 낸다)

- It **is liable to** rain. (비가 올 것 같다)

< liable의 그 밖의 다른 뜻과 용법 >

- The firm is liable for any damage caused.
  (그 회사는 발생한 모든 손해를 배상할 책임이 있다)

- He may be liable to a fine.
  (그는 벌금을 내야 할지도 모른다)

- You could be liable for income tax.
  (당신은 소득세를 내야 할 수도 있어요)

- Children are liable to infectious diseases.
  (어린이들은 전염병에 걸리기 쉽다)

⑤ be glad[pleased] to : 「기꺼이 ~하겠다」

- We **will be pleased to** offer any assistance you need.
  (우리는 당신에게 필요로 하는 어떠한 지원도 기꺼이 제공하겠습니다)

- I **shall be glad/pleased to** go, if you will accompany me.
  (동행해 주신다면 기꺼이 가겠습니다)

⑥ be apt to : 「~하기 쉽다」

- There are few things of which we **are apt to** be so wasteful as time.
  (시간만큼 낭비하기 쉬운 것은 없다)
- Iron **is apt to** rust, while man **is apt to** forget the past.
  (철은 녹슬기 쉽고, 사람은 과거를 잊기 쉽다)

4) 기타 준조동사들 : 「Had better」, 「Would/Had liefer」 등

① [had better + 동사원형] : 「~하는 편이 좋다」

- You **had better**[=you'd better] **keep** your mouth shut about this.
  (이 일에는 입 다물고 있는 게 좋을 거야)
- You**'d better**[rather] eat breakfast before 9 o'clock.
  (9시 전에 아침식사를 하는 편이 좋다)

  ※ had better는 수동태가 가능하지만, had rather는 수동태 불가

  cf:　　　┌ Breakfast had better be eaten before 9 o'clock. (o)
  (수동태로서)└ Breakfast had rather be eaten before 9 o'clock. (x)

- You**'d better** hurry (up) if you want to catch/take the train.
  (기차를 타려면 서두르는 게 좋겠어)
- You **had better** have visited him then.
  (그때 그를 찾아 가는 편이 나았다)　　<완료형=과거의 일>
- You**'d better** roll up your sleeves and get started.
  (팔을 걷어붙이고 빨리 시작하는 게 좋겠어요)

- You **had better not** go there after dark.
  (어두워진 뒤에는 거기 가지 않는 게 좋겠다)

- I **would rather not** see her tonight.
  (오늘 밤에는 그녀를 만나고 싶지 않다)

② [would rather+동사원형 than~] : 「~하느니[보다는] 차라리 ~하겠다」

※ rather는 would와 붙여 쓸 때도 있고, than과 붙여 쓸 때도 있다.

- I **would rather** die than apologize to her.
  (나는 그녀에게 사과하느니 차라리 죽겠다)

- I **would rather** die than live in this agony.
  (이런 고통 속에서 사느니 차라리 죽는 편이 낫다)

- I **would** stay home **rather than** go out.
  (나는 밖에 나가기보다는 차라리 집에 있고 싶다)

- Which **would** you **rather** do, go to the cinema or stay at home?
  (극장에 가는 것과 집에 있는 것 중 어느 쪽을 더 하고 싶으냐?)

※ would rather 다음에 절(節; clause)이 오면, 절 속의 동사는 '과거형' 시제로

- I **could rather** (that) he came tomorrow **than** today.
  (그는 오늘보다는 내일 오는 게 낫겠다)

- I**'d rather** (that) you didn't go out alone.
  (네가 혼자 나가 돌아다니지 않았으면 좋겠다)

- I**'d rather** (that) you went home now.
  (이젠 집으로 가주었으면 좋겠다)

4. will/shall, would/should의 특별용법과 준(準) 조동사들

<rather의 그 밖의 다른 뜻과 용법>

- ┌ I like peaches <u>rather than</u> apples.
  │ (사과를 좋아하는 게 아니라, 복숭아를 좋아한다)
  └ I like peaches <u>better than</u> apples.
    (복숭아와 사과를 좋아하지만, 복숭아를 더 좋아한다)

- It's a wall closet[cupboard] <u>rather than</u> a room.
  (그것은 방이라기보다는 벽장[찬장]이다)

- It is <u>rather</u> <u>cold</u> (than not/otherwise). (날씨는 추운 편이다)

- I feel <u>rather</u> <u>tired</u>. (나는 다소/좀 피곤하다)

- I'<u>d</u> <u>rather</u> <u>like</u> a cup of coffee. (커피를 무척 마시고 싶다)

③ [would/had as lief+동사원형+as~] : 「~하느니 차라리 ~하는 편이 낫다」

※ lief 대신에 soon으로 대치 가능

- I **would as lief** <u>go</u> there **as** (go) anywhere else.
  (어디 딴 곳에 가느니 차라리 그곳으로 가는 편이 낫다)

- I **would just as lief[=soon]** stay at home **(as go)**.
  ((가는 것보다는) 차라리 집에 있고 싶다)

- I **would as lief** <u>go out</u> **as** <u>stay home</u>.
  (집에 있느니 차라리 외출하는 편이 낫겠다)

- I **had as lief** <u>go</u> **as** <u>not</u> (go). (안 가는 것보다는 가는 편이 낫다)

④ [would/had liefer 동사원형 than 동사원형] : 「~하느니 차라리 ~하는 편이 낫다」

※ liefer 대신에 sooner로 대치 가능

- I **would liefer[=sooner]** <u>die</u> than <u>do</u> it.
  (그런 짓을 하느니 차라리 죽는 편이 낫다)

- I **would liefer** <u>find</u> a new job **than** <u>work</u> in/under this labor conditions.
  (이런 근로조건에서 일하느니 차라리 새 일자리를 찾는 게 낫다)

PART **V**

독특한 문장체계를 이루는 영어 가정법

1. 영어 가정법(Subjunctive/Assumption Mood)의 주요 특징
2. 이공학·계량경제학 등 과학 분야에서 쓰이는 가정문
3. 인문·사회분야 및 일상생활에서 쓰이는 가정문
4. 주의해야 할 가정문과 가정 유사문장

Ⅴ 독특한 문장체계를 이루는 영어 가정법

"영어의 가정문은 일반문장과는 다른 독특한 시제와 구조를 이루고 있다"
"가정형태가 한국어는 2개뿐인데 영어는 4개나 된다"

Introduction & Summary

○ 가정문은 일반적으로 「만약 ~이라면」이라는 조건절(종속절)과 「~일 것이다」라는 귀결절(주절)이 결합된 문장체계이며, 그중 조건절은 전형적으로는 접속사(If)가 이끄는 종속절이다.
  - 그러나 영어의 가정법은 통상 조건절뿐만 아니라 양보절까지 포함하여 다루며 양자 간에는 형태나 용법에서 유사한 측면이 있다.

○ 그러나 영어의 이 조건절은 다른 종속 접속사(when, as 등)이 이끄는 종속절 문장과는 체계 면에서 비교가 안 될 정도로 복잡 미묘하며, 각각의 귀결절과 특별한 짝을 이루고 있다.

○ 또한 영어의 가정법은 시제(時制; Tense)를 쓰는 방법이 일반문의 그것과는 사뭇 다르며, 그 나름의 고유한 시제 4개를 갖고 있다.

○ 또한 영어의 가정문은 be동사 외에도, 미래 및 가능 관련 조동사 4종(will/would, shall/should, can/could, may/might)을 특정한 규칙과 틀에 맞춰 사용하고 있어서 정교한 측면이 있지만 복잡성을 가중시킨다.

○ 즉 한국인의 시각에서 보면 2개밖에 안 되는 가정상황을 영어는 4개 set나 세분하여 갖추고 있는 셈이다

Part Ⅴ 독특한 문장체계를 이루는 영어 가정법

1. 영어 가정법(Subjunctive/Assumption Mood)의 주요 특징

(1) 조건절(종속절)과 귀결절(주절)간의 짝을 이룬 특별한 연계성

> ※ 일반문에서도 종속절·주절 간에는 대응관계에 있기 때문에 내용이나 형식면에서 상호 연계성이 다소간 없지는 않지만,
>
> ※ 가정문에서는 유달리 이 양절 간에 엄격한 틀로 결부되어 있다.

종절(조건절)에서의 어법	주절(귀결절)에서의 어법
▶ If he comes[come] here, (그가 여기에 온다면)	▶ we will go together (우리는 함께 가겠다)
▶ If he should pass the exam, (그가 시험에 합격한다면),	▶ we would give a party. (우리는 파티를 열어 주겠는데)
▶ If I had enough money, (내게 돈이 충분히 있다면)	▶ I could buy a new car. (새 차를 살 수 있을 텐데)
▶ If I had had enough money, (내게 돈이 충분히 있었더라면)	▶ I could have bought a new car. (나는 새 차를 살 수 있었을 텐데)

(2) 한국어에서는 2개뿐인 가정형태를 영어에서는 4개로 세분

> ※ 한국인의 시각에서 보면 현재시점을 기준으로 실현되지 않은 상황과 어떤 결과로든 이미 이루어진 과거사실을 반대로 소급해서 가정하는 방법밖에 없으며, 미실현 상황인 영어의 3개 가정(a, b, c)들을 한국어로 번역해 보면 아무런 차이가 나지 않는다. 특히 a, b간의 구분기준은 애매하기 짝이 없다 (도대체 단순한 미래와 불확실성이 큰 미래란 게 뭐가 다르다는 것인지).

1. 영어 가정법(subjunctive/Assumption Mood)의 주요 특징

한국어와 영어 간 가정법 차이 비교

한국어 ※ 물리적 시점을 기준	영어 ※ 상태/상황, 감성을 기준	
A: 실현되지 않은 장차의 상황을 가정 (만약 ~이라면)	a: 가정법 현재	단순한 미래상황을 가정
	b: 가정법 미래	불확실성/의구심이 큰 미래상황을 가정
	c: 가정법 과거	현재의 사실과 반대되는 상황을 가정
B: 이미 지나간 과거사실에 대하여 그것과 반대되는 상황을 가정 (만약 ~였더라면)	d: 가정법 과거완료 (과거의 사실과 반대상황 가정)	

(3) 조동사 · 동사 용법상의 특이성

1) 일반문과 가정문(귀결절)간 미래시제 조동사 사용법상의 차이

일반문	- will/shall : 현재시점에서의 미래를 표현 - would/should/could/might : 과거속의 미래를 표현
가정문	- will/shall, can/may : 단순미래(가정법 현재)에서만 사용 - would/should, could/might : 현재시점의 미래에 해당 - 가정법 미래(불확실미래)와 가정법 과거(현재사실과 반대상황에서 사용)

2) 일반문과 가정문(조건절)간 본동사 사용법상의 차이

일 반 문	• 현재형 동사 : 현재를 표현 ※ 단, 종속절에서는 미래도 표현 • 과거형 동사 : 과거를 표현 • 과거분사형 : 앞선 과거(과거속의 과거)를 표현
가 정 문	• 현재형 동사 : 단순미래(가정법 현재) ※ 동사원형을 쓰기도 함 • 과거형 동사 : 현재사실의 반대상황 표현 • 과거분사형 : 과거사실의 반대상황 표현

(4) 기타 특징

1) 접속사 f의 다의적 사용 : 「조건・가정」의 부사절 외에도

▶ 「~일지라도」: though처럼 「양보」의 부사절을 이끌고

▶ 「~인지 어떤지」: whether처럼 명사절을 이끈다.

2) If절 안에 포함된 절(節) 속에서는 직설법 동사를 그대로 사용

▶ If I had known **when you were leaving[you would leave]**.
I would have seen you off.
(네가 언제 떠나는지 알았더라면, 너를 배웅했을 텐데)

3) If를 생략하고 주어・술어가 도치된 가정문

▶ If I were you → **Were I you** (내가 너라면)

▶ If he had seen me → **Had he seen me** (그가 나를 만났더라면)

2. 이공학·계량경제학 등 과학분야에서 쓰이는 가정문

(1) 과학분야 가정문의 주요 특징

과학분야 가정문이란 과학적인 실험이나 관찰, 또는 수식 등을 통해 어떤 현상을 설명하거나, 원인·결과 등의 관계를 합리적·논리적으로 추론(reasoning) 할 때 흔히 쓰이는 문형을 말한다. 즉 잡다한 현상들 중에서 어떤 범위나 경우를 해당 분석에 필요한 만큼만 제한하여 그 제한된 조건이나 범위(이를 수학에서는 「제약조건」이라 지칭) 내에서 실험·관찰에 의해 귀납하거나(induct), 수식이나 논리의 전개 등을 통해 연역함(deduct)으로써 어떤 결과를 도출하거나 인과(因果; cause and effect) 관계 등을 설명하게 된다.

이러한 과학분야 가정문의 특징은 우리가 흔히 영문법 책에서 보게 되는 그러한 간단한 대응식 구성체계(If절, 귀결절)가 아니다. 즉 여기서는 if절이 여러 개인데다 수개의 문장이 겹쳐지고 부가·부연되는 방대한 양의 내용이다. 그러나 문장 스타일 면에서는 우리가 영문법 책에서 보는 것 같이 그렇게 정형화(定型化)되어 있지 않고, 평서문 형식도 포함되어 자연스럽고 평이하게 풀어나가고 있다. 또한 가정형식도 기껏해야 「가정법 현재」나 「가정법 미래」정도로 간단하다. 그러나 영문법 책에 나오는 정형화된 가정문 스타일만 대하다가 실제 이공학이나 계량 경제학(Econometrics; Mathematical Economics) 분야의 영미권 원서(原書)를 접하면 도리어 낯설고 어려워 보일 수 있고, 최근에는 국내 주요 입시에서도 통계분석 관련 문제의 출제가 증가되는 추세에 있다.

Part V 독특한 문장체계를 이루는 영어 가정법

1) 이공학 분야 조건절 구성체계 ('예')

① 회귀분석

이공학 분야에서 가장 흔히 쓰이는 통계분석방법은 「$Y=ax_1+bx_2+\cdots$」라고 표시되는 이른바 다중회귀분석법(Multiple Regression Analysis)이다. 그러나 정말로 회귀분석에 의해 과학적이고 의미 있는 결론을 도출하려면, 산식에 사용되는 변수 data가 다음과 같은 5가지 조건(즉 if절)을 먼저 충족해야 한다.

> ⅰ) 관련되는 핵심 구성변수가 모두 포함되었다면 ⅱ) 원인(독립) 변수들(causal/independent variables)간에는 상관관계(correlation)이나 공분산(共分散;covariance)이 없다면 ⅲ) 각 변수에 분류해 넣지 않은 오차항목(error term), 즉 잔차(殘差)가 각 변수에 대해 정규분포를 이루어(normally distributed) 그 영향이 중립적이라면 ⅳ) 독립(원인)변수와 종속(결과)변수(dependent/resulting variables)간에는 시간경과에 따른 변화관계가 비약이 없이 일정하거나(constant) 한정적(finite)이어서 등분산(等分散)을 이룬다면 ⅴ) 시간경과에 따른 각 변수의 시계열(time series) 평균오차가 제로이라면

※ 위에서 보는 것처럼 무려 5가지의 조건절(if절)을 충족해야 '통계적으로 정확하고 유의(有意)한(statistically correct and significant)' 함수식(functional formula)이 성립될 수 있다.

② [1+1=2]가 성립되기 위한 제약조건(if절)

우리가 일상생활에서 무심하게 쓰고 있는 덧셈 산식인 「1+1=2」도 그것이 성립될 수 있는 제약조건(if절)을 논리적으로 전개해 보면 의외로 그렇게 간단히 넘길 문제가 아니다.

2. 이공학·계량경제학 등 과학분야에서 쓰이는 가정문

[1+1=2의 등식이 성립되기 위한 제약조건(if절)]	
제약조건(조건절=If절)	결론부(귀결절=Then절)
ⅰ) 두 변수 간 상호 불가침적(inviolable)이고, 독립적(independent)이라면 - 예; 잉크와 물은 합칠 수 없음 ⅱ) 두 변수간 종류가 일치한다면 　(be coincident in kind) -예; 호랑이와 돼지는 서로 합칠 수 없음 ⅲ) 두 변수간 측정단위나 규격이 같다면 　(be same in measuring units or/and standards) -예; 큰 돼지(성돈)과 새끼 돼지(유돈)은 서로 합칠 수 없음 -예; kg과 km를 서로 합칠 수 없음	※ 좌변의 제약조건 3가지(즉 3개 If절) 모두를 충족할 때라야 ※ 비로소 [1+1=2]의 등식관계가 성립될 수 있음

③「물은 섭씨 100도에서 끓는다」의 조건절(If절)과 귀결절(Then절)

　우리가 일상생활에서 흔히 쓰는 말인「물은 섭씨 100도이면 끓는다」도 항상 맞는 말이 아니며, 과학적인 관점에서는 다음과 같은 암묵적인 조건절이 더 추가되어야 성립된다.

- 즉 전제조건에 "지표면 공기의 압력(기압)이 1, 즉 약 1,013 밀리바 또는 1헥토 파스칼이라면"이라는 if절(If[=On condition that] the atmospheric pressure (on the surface of the earth) indicates 1hpa)이 추가되어야 할 것임

Part V 독특한 문장체계를 이루는 영어 가정법

조건절(If절)	귀결절(Then절)
• The atmospheric/**air pressure indicates 1,013 milibars**(over the surface of the earth) ···< tacit condition(암묵적 조건) > **+** • The temperature of water **rises to 100 degrees** (=The thermometer[mercury] stands at 100°C) ···< exposed condition(드러난 조건) >	The water boils

2) 과학분야 가정문의 스타일 (예)

조건부(조건절/조건문)	귀결부(귀결절/결론문)
i) **만약 ~이라면** : - If~	i) **그러면 ~ 하다** : - Then~
ii) **~일 때[~하면]** : - When~ we~	ii) **그때는/그래서 ~을 얻게 된다** - Then we have/get/obtain here ~
iii) **~가 주어진다면[~라고 가정하면]** : - Given/ Provided (that)~ "Given that no two people speak the same way," (아무도 같은 방식으로 말하지 않는다면) "These facts being given," (이 사실들을 전제로 한다면)	iii) **~하게 나타난다[나타낼 수 있다], 어떻게 ~하겠/되겠는가** - Can show~, expressed, may/can write/describe, can be "Who can write a grammar?" ((그땐) 누가 문법을 기술할 수 있겠는가?) "the arguments makes sense." (그 의논은 납득이 간다 ; 의미가 있다)

2. 이공학·계량경제학 등 과학분야에서 쓰이는 가정문

iv) ~라고 가정하자/가정하면 : - (Let's) Suppose, Supposing - Now (let's) Assume, Assuming "Let angle A equal[be] 45°" (각 A를 45도라고 가정하면)	iv) 그러면 ~와 같은 결과/관계를 가져온다 [나타낸다] - Then, it gives~[=it bears~]
v) ~라고 치자 : - (Let's) Say~ - (Let's) Take, Taking "Let the two lines be parallel." (2개 직선이 평행하다고 치자)	v) 그러면 ~하다, ~라는 결과를 얻는다. - Then~ - We get~ "Then~ expression/formula becomes can be expressed" (그러면 등식/공식은 다음과 같이 된다)
vi) ~라고 간주하자, ~하게 둔다면, ~를 ~라고 표기한다면/나타낸다면 - Let's consider, - Let something be, Letting~ - Let A denote/represent~ - Should something be	vi) 그러면 ~하다, 그러므로 ~이다 - Then~ - We get/obtain ~ - Therefore~
vii) ~한 조건으로, ~하다면 : - Subject to + 명사 및 동 상당어구	vii) 그러면 ~하다 - Then~

※ 위 문장스타일에 부가적으로 조건을 더 설정하거나, 개념을 명확히 하기 위해 자주 쓰이는 어구들은 다음과 같다.

- 각 절의 시작부분에서: here(여기서), where(한편, 여기서), while(한편)
- 중간의 논리전개 부분에서: <u>substituting</u> this into A (이것을 A에 대체하면), <u>combining</u> equation A and B(등식 A와 B를 결합하면)
- 결론 부분에서: since/because/hence(~이므로), thus(그래서), summing(요약하면) 등

(2) 과학분야 가정문의 용례

가정문 예 : A

국문	우리가 관련 이자 지급액을 월간 방식으로 계산하고자 한다면, 7%라는 값을 1/12로 곱해야 하고, 그 결과 산출된 이자율 값을 차입했거나 대출한 금액에다 적용해야(곱해 줘야)한다.
영문	**If one should wish to compute** the amount of interest payments involved on a monthly basis, **one would have to multiply** the 7 percent figure by 1/12 and apply the resulting interest rate figure to the amount borrowed or lent.

※ 상기 문장에 사용된 가정문 형식은 이른바 '가정법 미래'에 해당되지만, 영문법 책에서 정의해 놓은 대로의 '현재나 미래에 대한 강한 의심'이라기보다는 단순히 사실의 가정을 명확히(단정적으로) 표현하기 위해 관행적으로 사용했다고 볼 수 있다.

가정문 예 : B

국문	우리가 공식(formula) 형태로 이러한 조건을 표현하고자 한다면, 그것은 다음과 같이 설정할 수 있다.
영문	**If we want to express** this condition in terms of a formula, **it can be set out** as follows:

※ 위 예문에서 가정문의 형식은 「가정법 현재형」에 해당된다.

2. 이공학·계량경제학 등 과학분야에서 쓰이는 가정문

> **가정문 예 : C**

국문	여기서 dB는 무역균형에서의 변화를, K는 퍼센트로 나타낸 평가절하이고, xf는 외국통화로 표시된 수출품의 가치를, e1m는 수입품에 대한 제1국(평가절하국)의 수요 탄력성이며, e2m은 평가절하국의 수출품에 대한 제2국(세계의 나머지 국가들)의 수요 탄력성이다.
영문	**Where dB is** the change in the trade balance, **k** the devaluation in percentage, **Xf** the value of exports expressed in foreign currency, **e1m** the first (devaluing) country's demand elasticity for imports, and **e2m** the second country's(the rest of the world's) demand elasticity for exports from the devaluing country.

국문	무역균형에 대해 우리는 다음과 같은 등식(equation)을 설정함으로써 (논리전개를) 시작할 수 있다.
영문	We **start by setting out** the following equation for the trade balance.

국문	여기서 B1f는 제 1국(평가절하국)의 외화표시 무역균형을, X1과 M1은 각각 I국의 수출품과 수입품의 양(을), 그리고 P2m과 P2x는 II국의 수입품·수출품에 대한 가격을 나타낸다.
영문	**Where B1f denotes** the first (devaluing) country's trade balance in foreign currency, **where X1 and M1 are country I's volume** of exports and imports, respectively ; **P2m and P2 are the prices of imports and exports** in country II.

- 438 -

Part V 독특한 문장체계를 이루는 영어 가정법

국문	등식 25.3을 미분하면 다음과 같은 도함수(導函數; derivative)를 나타낸다. 그리고 등식 25.21과 25.22를 결합하면 다음과 같이 나타난다.
영문	**Differentiating equation(25.3) gives** the following derivatives. And **combining equation(25.21) and (25.22) gives** :

국문	공식 25.19로부터 공식 25.2에 도달하는 방법은 다음과 같다 : 만약 공급 탄력성이 무한대로 접근하려는 성향이 있다면, 그때는 …하다.
영문	The way to arrive at formula (25.2) from (25.19) is as follows : **if supply elasticities tend to infinity, then** ….

국문	그러나 만약 k가 작고, 무역이 평가절하 이전에 이미 균형되어 있다면 그때 우리는 (다음과 같은 등식을) 얻게 된다.
영문	But **if k is small and if we assume that** trade is balanced before the devaluation, **we get** : dB1f=kM1f(e2m+e1m-1)

국문	▶ 집합 표기법 집합을 나타내는 데는 2가지 대안적 방법-즉 열거에 의한 방법과 기술(記述)에 의한 방법이 있다. 만약 3개 수(數), 즉 2, 3, 4의 집합을 S라고 나타낸다면, 우리는 그 집합의 원소[요소]를 열거식으로 다음과 같이 나타낼 수 있다.
영문	▶ Set Notation There are two alternative ways of writing a set : by *enumeration* and by *description*. **If we let** S **represent** the set of three number 2, 3 and 4, (then) **we can write**, by enumeration of the elements. S={2, 3, 4}

2. 이공학·계량경제학 등 과학분야에서 쓰이는 가정문

국문	그러나 I를 모든 양(陽)의 정수(整數)라고 나타낸다면, 열거는 곤란해진다. 그래서 우리는 그 대신에 그 원소[요소]들을 간단히 다음과 같이 기술하여 나타낼 수 있다. I = {x|x는 각 양(陽)의 정수}
영문	But **if we let I denote[designate]** the set of all positive integers, enumeration becomes difficult, and **we may** instead simply **describe** the elements **and write** I = {x|x a positive integer}

국문	실험A에서 얻어진 측정값을 <그림15>에서 점으로 나타내고, <그림15>의 점(點)들의 로그를 취해 그림을 그리면 <그림16>의 직선을 얻을 수 있다. ※유사표현; "이 곡선의 로그를 취하면, 직선으로 된다."
영문	**When we indicate** values **obtained** in experiment A **as dots** in Fig.15, and **when we draw a figure[=plot a graph]** of the logarithms of the points shown in Fig.15, **we obtain[= will get]** the straight line shown in Fig.16 ※similar expression; "**Transform** this curve **into** logarithm, (and) **you will get** a straight line."
도표	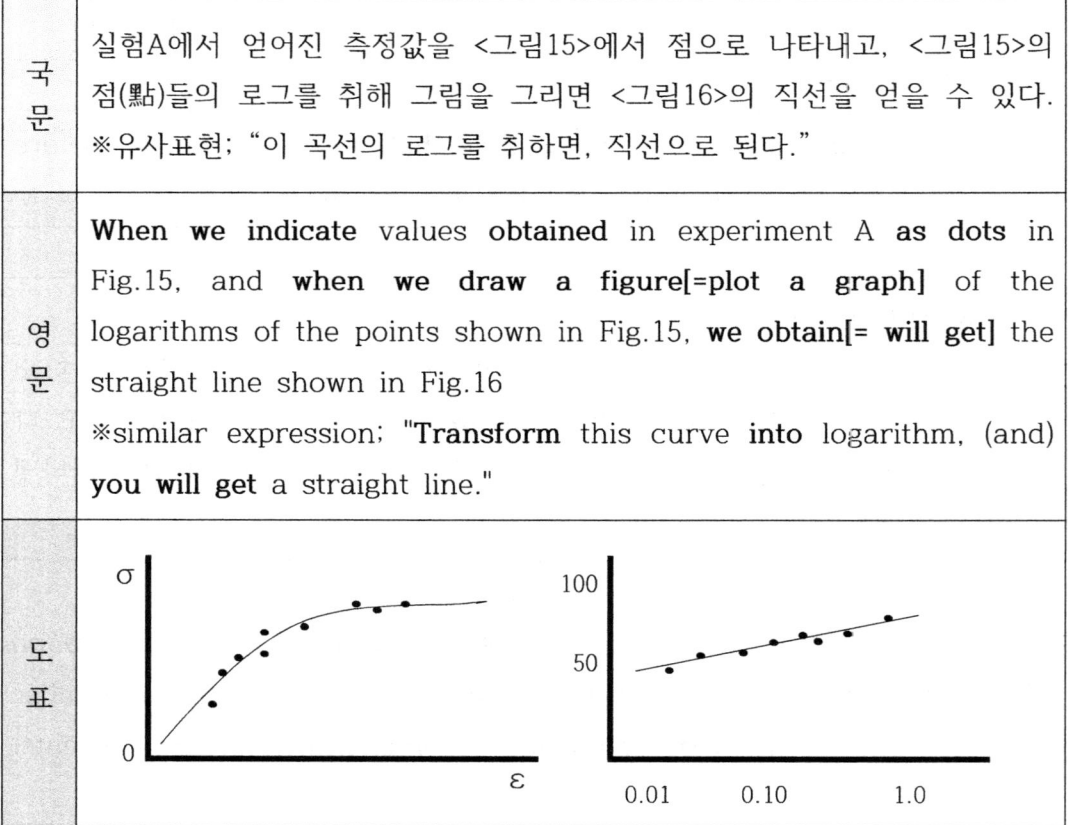

[행렬식(Determinants)]

▶ 만약 계수(係數) 매트릭스가 다음과 같다면
(If the coefficient matrix is)

$$A = \begin{pmatrix} 3 & 4 & 5 \\ 0 & 1 & 2 \\ 6 & 8 & 10 \end{pmatrix} = \begin{pmatrix} v_1 \\ v_2 \\ v_3 \end{pmatrix}$$

▶ 그러면, [6 8 10] = 2[3 4 5]이므로
(then, since [6 8 10] = 2[3 4 5]
우리는 $v_3 = 2v_1 = 2v_1 + 0v_2$의 관계식을 얻는다.
(we have ~)

▶ 그래서 제3행은 앞의 2개 행(行)의 선형적 결합으로 표현할 수 있으며, 각 행은 선형적으로 독립적이지 않다.
(Thus the third row is expressible as a linear combination of the frist two, and the rows are not linearly independent.

▶ 다른 방법으로, 우리는 위의 등식을 다음과 같이 표기할 수도 있다:
(Alternatively, we may write the above equation as :)
$2v_1 + v_2 - v_3$ = [6 8 10] + [0 0 0] - [6 8 10] = [0 0 0]

▶ 공식(5.4)에서 제로 벡터로 귀결된 스칼라 집합이 모든 i에 있어서 '$k_i = 0$'가 아닌 한, 그것은 각 행(行)이 선형적으로(1차함수적으로) 상호 종속적이라는 결론에 도달한다. (In as much as the set of scalars that led to the zero vector of (5.4)// is not $k_i = o$ for all i, it follows that the rows are linearly dependent)

주) · scalar=실수량(實數量), vector= 방향량(方向量)
  · 계수 매트릭스에서 row(행)=가로선, column(열)=세로선

3. 인문 · 사회분야 및 일상생활에서 쓰이는 가정문

(1) 인문 · 사회 및 일상생활 분야 가정문의 주요 특징

　영문법에서 주로 다루는 가정문은 바로 이 분야의 문장을 대상으로 한다. 이 분야의 가정문은 문장 길이가 비교적 짧고, 대부분 조건절(If절)과 귀결절(Then절)이 짝을 이루는 대응식의 직접화법(독백식) 형태를 이루고 있다. 그러나 실제 응용문에서는 조건 · 귀결의 양절이 항상 병존하는 것은 아니며, 어느 한쪽이 생략되어 있는 경우도 있다. 또한 간접화법 속에 가정법 기법이 내포된 경우도 있다.

　이 분야 가정문의 기본적 형태는 문법적 용어로 ①가정법 현재 ②가정법 미래 ③가정법 과거 ④가정법 과거완료로 분류되고 있다. 그러나 한국인의 언어습관에서 본다면 ①~③까지의 3개 종형은 다같이 현재 실현되지 않았거나 실현된 사실의 반대상황을 가정하는 것이지만, 한국어로는 결국 「~한다면, ~할 것이다」라고 동일하게 표현되기 때문에 굳이 종형을 세분하여 사용하는 이유 · 실익을 납득하기 어렵다. 또한 가정법 ④는 과거사실의 반대상황을 가정하는 것으로서 「~했다면, ~했을 것이다」라고 표현할 수 있다.

　그리고 **영어에서의 가정문은 간접화법으로 변경이 되더라도 주절의 시제와 일치시키지 않는, 이른 바 '시제일치 원칙의 예외'가 적용된다.** 또한 'were(현재사실의 반대가정)'와 'were to(실현 불가능한 일의 실현가정)'는 주어의 인칭과 수(數)에 상관없이 일정하게 (그대로) 쓰는 특징이 있다.

Part V 독특한 문장체계를 이루는 영어 가정법

1) 영어 가정문의 4개 기본형태

① 영어 가정문의 특징과 분류

한국어에서는 가정법이 실현되지 않은 상황을 가정하는 것과, 이미 실현된 사실과 반대되는 가정을 하는 것의 2가지로 대별한다. 그러나 영어에서는 전자(前者)의 경우를 3가지로 더 세분함으로써 결국 4개의 가정형태를 취한다. 가정의 전체문장이 논리상 조건절과 귀결절로 구분되는 것은 한국어에서나 영어에서나 똑같다. 하지만 조건절의 경우, 한국어는 서술동사가 맨 뒤에 오며 별도의 접속사라는 품사가 없이 해당동사의 어미만 「~한다면/이라면」으로 변화시켜 주면 되는 데 비해, 영어는 이같은 어미변화가 불가능하므로 「If」라는 접속사를 조건절 맨 앞에 선치하거나 드물거는 동사(또는 형용사)를 주어 앞으로 도치시키는 방법으로 조건절임을 나타낸다.

그러나 **가정법을 광의로 본다면 항상 조건절(If절)과 귀결절(Then절)로 확연히 구분되는 것은 아니며**, 양절 중 어느 하나가 표현상 생략된 경우, If가 when으로 되었거나 아예 없는 경우, 직설법의 종속절 속에 가정의 뜻이 내포되어 있는 경우 등 다양하다. 한편 조건절의 If나 도치법 중에는 문맥에 따라 '조건' 대신 '양보' 등을 의미할 수도 있으므로 주의를 요한다.

영어 가정문의 4개 기본형태라 함은 일반적으로 조건절의 형태나 의미를 기준으로 「가정법 현재」, 「가정법 미래」, 「가정법 과거」, 그리고 「가정법 과거완료」라고 구분한 것을 말한다. 그러나 동일 기본형태내에서도 모양이나 의미가 상이한 문형이 있어서 일률적이지는 않으며, 조건절의 「주어+were+to-부정사」 문형은 연구자에 따라서는 가정법 미래로 분류하기도 하고 가정법 과거로 분류하기도 한다. 한편 「가정법 과거완료」를 「가정법 미래완료」라고 지칭하여 분류하는 연구자도 있다.

3. 인문·사회분야 및 일상생활에서 쓰이는 가정문

② 영어 가정문의 기본형태 요약

한국인 시각의 가정 형태	종류		영미인 시각의 가정형태	
			형 태	용 법
1. 실현되지 않은 현재나 미래의 상황을 가정	① 가정법 현재	조건절 (만일 ~한다면)	if+주어+원형동사 또는 현재동사	현재 또는 미래의 불확실한 일을 가정하는 표현 If it **rains** tomorrow, we **will put off** the game. (내일 비가 온다면, 경기를 연기할 것이다)
		귀결절 (~할 것이다)	주어+ { will / shall / can / may } + { 원형동사 / 현재동사 (단독으로) }	
	② 가정법 미래	조건절 (만일 ~한다면)	if+주어 +should +원형동사	미래의 거의 있을 법 하지 않은, 의구심이 많이 들거나 걱정이 많이 되는 일을 가정·상상 (또는 실현 불가능한 미래를 가정) If he **should** be rich ⋯ (혹시 그가 부자가 된다면⋯)
		귀결절 (~할 것이다)	주어+ { would(will) / should(shall) / could(can) / might(may) } - 원형동사	
	③ 가정법 과거	조건절 (만일 ~한다면)	주어 + 과거동사 ※ 과거동사 : be동사는 인칭·수에 관계없이 'were'를 사용	현재사실의 반대상황이나 현재 실현 불가능한 일을 가정·상상하는 표현 If I **were** a bird, I **would fly** to you. (만일 내가 새라면, 너에게 날아갈 텐데)
		귀결절 (~할 (수 있을)텐데)	주어+ { would / should / could / might } + 원형동사	
2. 이미 반대되는 실현된 사실과 가정	④ 가정법 과거완료	조건절 (만일~ 했더라면)	if+주어+had+과거분사	과거사실의 반대상황을 가정·상상하거나, 과거 이루어지지 못한 일에 대한 질책·후회 등을 표현 (간혹 이미 완료되었을 것을 단순 추측하는 표현) if he **had been** rich⋯ (만일 그가 부자였다면 ⋯)
		귀결절 (~했을 텐데)	주어+ { would / should / could / might } + have+ 과거분사	

Part V 독특한 문장체계를 이루는 영어 가정법

2) 「가정법 현재」의 특징과 예문

① 「가정법 현재」의 특징

> ※ **현재나 가까운(구체적) 미래의 있을 수 있는 불확실한 상황을 가정**한다.
>
> ※ 조건절의 동사는 현재형(또는 동사원형)을 쓰고, 귀결절의 동사파트는 주로 [will(때로는 shall, can/may)+동사원형]이라는 미래형을 쓰지만,
> 습관적 행위나 인과관계에는 현재형을 쓰기도 한다.

② 「가정법 현재」의 용례

조 건 절(If절)	귀 결 절(Then절)
If it **is[be] fine** tomorrow, (만일 내일 날씨가 좋으면)	We **will go** on a picnic. (우리는 소풍을 갈 것이다)

조 건 절(If절)	귀 결 절(Then절)
If it **rains** tomorrow, (내일 비가 온다면)	the parade **will be canceled**. (퍼레이드는 취소될 것이다)

조 건 절(If절)	귀 결 절(Then절)
If it **snows or rains** next Sunday, (다음 일요일에 눈 또는 비가 오면)	the open air[out door] concert **will be put off**. (그 야외음악회는 연기될 것이다)

3. 인문·사회분야 및 일상생활에서 쓰이는 가정문

조 건 절(If절)	귀 결 절(Then절)
If she **has** money, (그녀가 돈이 있다면)	she **will lend** you it. (그걸 너에게 빌려 줄 것이다)

귀 결 절(Then절)	조 건 절(If절)
What **will happen** (어떤 일이 일어날까요?)	if crops **fail** in an important agricultural area? (중요 농업지역에서 흉작이 된다면)

조 건 절(If절)	귀 결 절(Then절)
If Jim **keeps** on throwing his money around like that, (짐이 계속 그런 일에 돈을 흩뿌린다면)	He soon **won't have** any left. (그에게는 머지않아 돈이 한 푼도 남아 있지 않을 게다)

조 건 절(If절)	귀 결 절(Then절)
If I **find** it sooner or later, (그것을 조만간 찾게 되면)	I **will return** it to you without delay. (당신에게 지체 없이 돌려주겠다)

조 건 절(If절)	귀 결 절(Then절)
If you **take** a train, (기차를 타면)	you'**ll have** a more relaxing time. (당신은 더 안락한 시간을 갖게 될 것이오)

Part V 독특한 문장체계를 이루는 영어 가정법

조 건 절(If절)	귀 결 절(Then절)
If you **take** good care of yourself, (자신의 건강을 잘 돌보시면)	you **can** still **live** for a long time. (당신은 아주 오래 사실 수 있어요)
If you **are** Bill Gates. (당신이 빌 게이츠라면)	you **will stand** a chance. [I wish you to buy a ticket] (표 살 기회를 얻을 게다)
If I **meet** her, (내가 그녀를 만난다면)	I **will be** so happy to death. (죽도록 행복할 것이다)
If you **are** tired, (당신이 피곤하다면)	We **can have** a 10 minute break. (10분간 휴식을 취할 수 있어요)
If he **come[comes]**, (만약 그가 오면)	I **will give** him this. (난 이걸 줄 것이다)
If I'm not tired. (피곤하지 않으면)	I **get up** six. --- <습관> (나는 6시에 일어난다)

3. 인문·사회분야 및 일상생활에서 쓰이는 가정문

귀 결 절(Then절)	조 건 절(If절)
My parents **will get** <u>mad</u> (부모님께서는 화를 내실 것이다)	if I **don't come** home by 9 o'clock at latest. (늦어도 9시까지 귀가하지 않으면)
It **shall be** <u>delightful</u> (기쁠 것이다)	if you **show** me some respect. (네가 좀 정중함을 보여준다면)
I **may offer** you a job (나는 직장을 제공할 수도 있다)	if you **be qualified**. (네가 자격을 갖춰 있다면)
He **will work** (그도 일할 테지)	if **need be**. [if there is need = o] [if need is = x] (필요하면)
Our body **will become** dehydrated (우리의 몸은 탈수될 것이다)	if it **doesn't have** enough liquid. (충분한 수분이 없으면)

조 건 절(If절)	귀 결 절(Then절)
If we **don't leave** just now, (지금 떠나지 않으면)	We'll **miss** the show. (우리는 그 쇼/연극/영화를 못보게 될 거다)

Part V 독특한 문장체계를 이루는 영어 가정법

조 건 절(If절)		귀 결 절(Then절)
If this rumor **is**[be] <u>true</u>, (이 소문이 사실이라면)	⇨	any**thing may happen**. (무슨 일이 일어날지 모른다)

귀 결 절(Then절)		조 건 절(If절)
Tony **won't mind** (토니는 신경 쓰지 않을거야-그렇겠지?)	⇦	(even) **if** we **choose** another restaurant, **will** he? (우리가 딴 식당을 선택한다 해도)

귀 결 절(Then절)		조 건 절(If절)
Would you **mind** (괜찮으시겠습니까)	⇦	(even) **if** I **ask** you a personal question? (개인적인 질문을 해도)

조 건 절(If절)		귀 결 절(Then절)
If I **know/hear** the news, (그 소식을 알게/듣게 되면)	⇨	I **will tell** you. (너에게 이야기해줄게)

조 건 절(If절)		귀 결 절(Then절)
If he **is** a gentleman, (그가 신사라면)	⇨	he **will keep** a secret. (그는 비밀을 지킬 것이다)

조 건 절(If절)		귀 결 절(Then절)
If I **drink** too much coffee, (난 커피를 너무 많이 마시면)	⇨	I **can't sleep**. --- <습관> (잠을 못 잔다)

3. 인문·사회분야 및 일상생활에서 쓰이는 가정문

조 건 절(If절)		귀 결 절(Then절)
If I **have** time, (나는 시간이 나면)	⇨	I sometimes **go** to a movie. (가끔 영화관엘 간다) --<습관>
If I **get up** early, (일찍 일어나면)	⇨	I always **go** swimming. --<습관> (나는 언제나 수영하러 간다)
If you **mix** yellow and blue, (노랑과 파랑을 섞으면)	⇨	you **get** green.---<인과관계> (초록이 된다)
If you **are not** careful, (조심하지 않으면)	⇨	you **will drown** into the river. [=you **will be drowned**~] (너는 강물에 빠질 것이다)
If you **block** the road, (그 길을 막으면)	⇨	the villagers **will complain**. (동네사람들이 불평할 것이다)

귀 결 절(Then절)		조 건 절(If절)
Anyone **can succeed** (누구든지 성공할 수 있다)	⇦	if he **carves out** a niche market. (틈새시장을 개척한다면)

조 건 절(If절)	귀 결 절(Then절)
If you **are to succeed** in your new job, --- <강한 필요> (이번 새로운 일에 성공해야만 한다면)	you **must work** hard now. (당신은 지금 열심히 일해야 한다)

③ If절 이외의 용도에 쓰이는 경우

ⓐ 양보절 : 「though~」, 「whether~」
  - It is better to ask **though** he **refuse**[=should refuse].
    (설사 그가 거절하더라도 부탁해 보는 것이 좋다)

ⓑ that절 : 명령/요구, 주장/제안, 의도 따위를 나타낼 때
  - he **suggested** that she **go**[=should go] there.
    (그는 그녀가 거기에 갈 것을 제안했다)

3) 「가정법 미래」의 특징과 예문

① 「가정법 미래」의 특징

> ※ <u>미래의 거의 있을 법 하지 않는 일, 의구심·걱정이 많이 되는 일, 또는 실현 불가능한 미래를 가정·상상</u>한다.
>
> ※ **조건절**에는 미래형인 **[should(드물게는 would)+동사원형]**이 오고, **귀결절**에는 미래형인 **[would(드물게는 will)+동사원형]**이 온다.
>
> ※ **If절 속의 should/would** : 인칭과는 상관이 없다. 즉 「만약 ~이라면」의 뜻으로는 should를, 「만일 ~하고 싶으면」의 뜻으로 의지를 갖는 가정에는 would를 쓴다.

3. 인문·사회분야 및 일상생활에서 쓰이는 가정문

② 「가정법 미래」의 용례

조 건 절(If절)	귀 결 절(Then절)
If you **should fail to keep** (혹시라도 네가 약속을 지키지 않으면)	I **would stay away** from you. (난 너를 멀리할 거야)

조 건 절(If절)	귀 결 절(Then절)
If you **should really succeed**, (네가 정말로 성공하고 싶으면)	you **would have to do** your best in everything. (매사에 최선을 다해야 할 것이다)

조 건 절(If절)	귀 결 절(Then절)
If it **should rain** tomorrow, (혹시라도 내일 비가 오면)	· We **would not start**. (우린 출발하지 않을 것이다) · I **shall not come**. (나는 오지 않을 겁니다)

조 건 절(If절)	귀 결 절(Then절)
If I **should die**, (혹시라도 내가 죽으면)	**offer** my heart to someone who needs it. (제발 내 심장을 누군가 필요로 하는 사람에게 기증해 주게)

조 건 절(If절)	귀 결 절(Then절)
If you **should have** a question, (혹시 의문이 있으면)	just **call** me. (나한테 바로 전화하세요)

Part V 독특한 문장체계를 이루는 영어 가정법

조 건 절(If절)	귀 결 절(Then절)
If I should fail again, (만약 다시 실패한다면/실패할지라도)	I would try again. (나는 또 다시 해볼 것이다)
If such a thing should happen, (혹시 그런 일이 생기면)	What shall we do? (우린 어떻게 하지?)
If anyone should call on me (만약 누구든 나를 찾아오면)	tell him (that) I am not at home. (내가 집에 없다고 말해주시오)
If Mr. Sang should arrive early for the meeting, (혹시 송 선생이 회의에 일찍 도착하면)	please show him to my office. (제 사무실로 안내해 주세요)
• If she should come, (혹시라도 그녀가 오면) • If you, should meet him, (만약 그를 만나면)	• please introduce me to her. (나를 그녀에게 소개해다오) • please give him this letter. (이 편지를 그에게 주게)

3. 인문·사회분야 및 일상생활에서 쓰이는 가정문

조 건 절(If절)	귀 결 절(Then절)
If anyone **should ask** about Gene, (혹시 누가 진에 대한 묻거든)	**tell** him there was a death in his family. (그의 가족중 한 사람이 죽었다고 얘기해 줘)

조 건 절(If절)	귀 결 절(Then절)
If there **should be** a change in the room location, (혹시 방 위치가 변경될 경우)	**I'll call** you. (전화 드리겠습니다)

조 건 절(If절)	귀 결 절(Then절)
If the weather **should change**, (혹시 날씨가 바뀌면)	we **should go out**. (우리는 외출할 것이다)

조 건 절(If절)	귀 결 절(Then절)
If you **should change** your mind, (혹시 마음이 바뀌시면)	please **let me know**. (저에게 알려 주세요)

조 건 절(If절)	귀 결 절(Then절)
If you **would care to leave** your name, (성함을 남겨 주시면)	We'll **contact** you as soon as possible. (우린 가능한한 빨리 연락드리겠습니다)

Part V 독특한 문장체계를 이루는 영어 가정법

조 건 절(If절)	귀 결 절(Then절)
I'd be grateful (고맙겠습니다)	if you would keep it a secret. (그걸 비밀로 해주시면)

조 건 절(If절)	귀 결 절(Then절)
If so, (만약 그렇다면)	could I send you the camera for repairs? (수리할 카메라를 귀사에 보내도 될까요?)

조 건 절(If절)	귀 결 절(Then절)
If you would like to speak to a representative[switch board], (교환과 통화를 원하시면)	press 0. (영번을 누르세요)

조 건 절(If절)	귀 결 절(Then절)
If I could get the inside track, (내게 연줄이 생기면)	I could win the contract. (그 계약을 따낼 수 있을텐데)

조 건 절(If절)	귀 결 절(Then절)
If I could play by ear, (만일 내가 배우지 않고 귀 동냥으로 잘 칠 수 있다면)	I wouldn't have to take lessons or practice! (레슨을 받을 필요도 없고 연습을 하지 않아도 되는데!)

3. 인문·사회분야 및 일상생활에서 쓰이는 가정문

조 건 절(If절)	귀 결 절(Then절)
If you'd **practice** what you preach, (언행을 일치시키면)	you'd be better off. (당신은 더 행복해질 거예요)
If I **should pass** the job interview, (만약 취업면접에 통과한다면)	I **will[would]** be happy. (나는 행복할/기쁠 텐데)
If we **should have** a contract, (만일 계약이 성사되면)	we **would pursue** the rezoning issue with the Planning Board. (폐사는 도시계획국을 상대로 토지용도변경 문제를 추진하겠습니다)
Should you **need** help, (도움이 필요하시면)	please **call** me. (저에게 전화하세요)

귀 결 절(Then절)	조 건 절(If절)
I **should** be grateful. (감사하겠습니다)	if you **could help** me. (저를 도와주실 수 있으면)

Part V 독특한 문장체계를 이루는 영어 가정법

4) 「가정법 과거」의 특징과 예문

① 「가정법 과거」의 특징

※ **현재사실의 반대상황을 가정·상상하는 경우에 쓰인다**
   (그러나 뜻은 현재인 점에 유의해야).

※ **조건절의 동사로서는** 과거형이 오고, **귀결절의 동사부에는** 미래과거형인 **[would(때로는 should/might/could)+동사원형]**이 온다.

※ 실현 불가능한, 강한 의문을 지닌 미래를 가정하는 조건절에서는 「were+to-부정사」를 쓴다.

※ 「were+to-부정사」는 의미상으로는 미래에 관해서 말하는 것이므로 가정법 분류상 연구자에 따라서는 「가정법 미래」에 포함시키기도 하지만, 형태상 분명히 「가정법 과거」에 속하므로 「가정법 과거」로 분류함이 사용에 편리하다.

※ 직설법으로 표현 시: 과거시제→현재시제로, 긍정은→부정으로,
   부정은→긍정으로 된다.

<가정법> **If I were** a bird, I **would/could fly** to you.
　　　　　　(과거)　　　　　　　　(긍정)
   (만일 내가 새라면, 너에게 날아갈[날아갈 수 있을] 텐데)

<직설법> **As I am not** a bird, I **don't[can't] fly** to you.
　　　　　　(현재)　　　　　　　(부정)
   (나는 새가 아니므로 너에게 날아가지 못한다)

② 「가정법 과거」의 용례

조건절의 동사가 일반동사 과거형일 때 : 현재사실의 반대상황 가정

조 건 절(If절)	귀 결 절(Then절)
If I **had** two pencils, (만일 내게 연필 두 자루가 있다면)	I **would give** you one. (네게 한 자루를 줄 텐데)
If I **could skate**, (내가 스케이트를 탈 줄 안다면)	I **would go** with you. (자네와 같이 가겠네)
If I **learned** a lot from my teachers, (내가 선생님께 많은 것을 배웠더라면)	I **would pass** the exam. (그 시험에 합격할 텐데)
If she **had** a job, (그녀가 직업이 있다면)	She **could pay back** the money. (그 돈을 갚을 수 있을 텐데)
If I **knew** your E-mail address, (만약 내가 너의 이메일 주소를 알고 있다면)	I often **could send** E-mail to you. (종종 이메일을 네게 보낼 텐데)

Part V 독특한 문장체계를 이루는 영어 가정법

조 건 절(If절)	⇨	귀 결 절(Then절)
If he **had** the deposit, (그에게 예금이 있다면)		he **would be** happy. (그는 행복할 텐데)

조 건 절(If절)	⇨	귀 결 절(Then절)
If I **had** a million dollars, (만일 내게 100만불이 있다면)		I'd **invest** it and **live off** the fat of the land. (나는 그걸 투자해서 일하지 않고 편안하게 살 텐데)

귀 결 절(Then절)	⇦	조 건 절(If절)
It **might be** very dangerous (매우 위험할 수도 있다)		if you **pushed** the button. (네가 그 버튼을 누른다면)

조 건 절(If절)	⇨	귀 결 절(Then절)
If my daughter **wanted to play** professional sports, (만약 내 딸이 프로 운동선수가 되길 원한다면)		I'd **let** her (**do** it). (나는 그것을 하도록 할 것이다)

조 건 절(If절)	⇨	귀 결 절(Then절)
If I **didn't leave** at noon, [If I were not to leave~] (정오에 떠나지 않으면/못하게 되면)		I **couldn't make/take** my flight on time (저 시간에 비행하지 못할 것이다)

3. 인문·사회분야 및 일상생활에서 쓰이는 가정문

귀 결 절(Then절)	조 건 절(If절)
They'd be offended/hurt [They'd felt bad] (그들은 속이 상할 거야)	⇐ if we didn't go to their wedding. (만일 우리가 그들의 결혼식에 가지 않으면)
What would you do (무엇을/어떻게 하겠니?)	⇐ if you only had 6 months to live. (만일 네가 6개월만 살 수 있다면)

조 건 절(If절)	귀 결 절(Then절)
If I found a lot of money, (만약 내가 거액의 돈을 줍는다면)	⇒ I'd try to return it to its owner. (나는 애써 주인에게 돌려줄 꺼야)
What would you do (넌 뭐 할 거야?)	⇒ If you won the lottery (네가 만약 복권에 당첨되면)

귀 결 절(Then절)	조 건 절(If절)
I think (that) my boss would be surprised (사장님께서는 놀라실 것이라고 생각해)	⇐ if I quit/quitted my job. (내가 직장을 그만둔다면) ※ quit, quitted; 둘다 과거형

Part V 독특한 문장체계를 이루는 영어 가정법

조 건 절(If절)		귀 결 절(Then절)
If you **owned** a company, (네가 만약 회사를 소유한다면)	⇨	What kind of business **would** it be? (어떤 종류의 사업이 될 것 같니?)
If he **improved** his IT skills, (그가 자신의 IT 기술을 향상시킨다면)	⇨	he**'d** easily **get** a job. (직장을 쉽게 구할 텐데)
If an ordinary person **took** such a blow in his face, (보통 사람이 얼굴에 그런 강타를 받는다면)		he**'d be off** to the hospital. (그는 병원으로 실려갈 것이다)

▶ 조건절의 동사가 be동사 과거일 때 : 현재사실의 반대상황 가정

조 건 절(If절)		귀 결 절(Then절)
If I **were born** in America, (내가 미국에서 태어났다면)	⇨	I **could speak** English fluently. (영어를 유창하게 말할 수 있을 텐데)
If I **were** in you place, (내가 만일 네 입장이라면)	⇨	I **would not tolerate** his impudence. (난 그의 무례를 용서하지 않을 텐데)

3. 인문·사회분야 및 일상생활에서 쓰이는 가정문

조 건 절(If절)	귀 결 절(Then절)
If he **were** a man of sense, (그가 양식이 있는 사람이라면)	he **would not do** such a thing. (그런 짓은 하지 않을 겁니다)

조 건 절(If절)	귀 결 절(Then절)
If I **were** you, (만일 내가 너라면)	I don't think that I **would let** him **talk** to me in such wise. (그 사람이 내게 그런 식으로 말하도록 내버려 두지는 않을 거라고 생각해)

조 건 절(If절)	귀 결 절(Then절)
If I **were** an architect, (내가 만약 건축가라면)	I **would design** my own home. (내 집을 나 스스로 설계할 텐데)

조 건 절(If절)	귀 결 절(Then절)
If I **were** in charge, (만일 내가 책임자라면)	I**'d do** things differently. (매사를 달리 처리할 텐데)

조 건 절(If절)	귀 결 절(Then절)
Were I in your position, (내가 만일 너의 입장이라면)	I **would study** civil/architectural engineering. (나는 토목/건축 공학을 공부할 것이다)

Part V 독특한 문장체계를 이루는 영어 가정법

조 건 절(If절)	귀 결 절(Then절)
Were Jodie here, (조디가 여기 있다면) ※ 도치법; If 생략	it **would be** much more fun. (훨씬 더 재미있을 턴데)
Unless he **were** a genius, (천재가 아니라면)	he **couldn't have got** 100point in that test (그는 시험에서 100점을 받을 수는 없었을 것입니다) ※ have got=have (따라서 미래완료형이 아니라 미래과거형)
If it **were not** for water, (만약 물이 없다면)	no creature **would exist**. (어떤 생물도 존재하지 못할 것이다)
If it **were not** for oasises in the desert, (만약 사막에 오아시스가 없다면) ※ it는 가주어, 「for~」가 진주어	the caravan **could not make/take** a long distance business travel/trip across the vast desert. (대상들은 광막한 사막을 횡단하는 장거리 장삿길에 나서지 못할 것이다)

- 463 -

3. 인문·사회분야 및 일상생활에서 쓰이는 가정문

조건절의 동사파트가 「were+to-부정사」일 때 : 불가능한 일의 미래발생을 가정

조 건 절(If절)

If I **were to be** <u>young</u> again,
(만일 내가 다시 젊어진다면)
※ 불가능한 사실의 가정

⇒

귀 결 절(Then절)

I **would go** to America.
(난 미국에 갈 것이다)

조 건 절(If절)

If the sun **were to collide** with the moon,
(만약 해와 달이 충돌한다면)
※ 불가능한 사실의 가정

⇒

귀 결 절(Then절)

What **would become** of us [would happen to us]?
(우리는 어떻게 될까)

조 건 절(If절)

If you **were to die** tomorrow,
(혹시라도 네가 내일 죽는다면)
※ 거의 있을 수 없는 사실을 가정

⇒

귀 결 절(Then절)

What **would** your wife **do**?
(너의 아내는 어떻게 할까)

조 건 절(If절)

If I **were to die** tomorrow,
(설사 내가 내일 죽는다 하더라도)
※ If가 문맥상 '양보'의 절

⇒

귀 결 절(Then절)

I **should never forget** your name.
(당신의 이름은 결코 잊지 않을 것이오)

5) 「가정법 과거완료」의 특징과 예문

① 「가정법 과거완료」의 특징

※ 주로 **과거사실의 반대상황을 가정·상상하거나, 이루어지지 못했던 사실에 대한 질책·후회를 표현**한다.

※ 드물게는 과거에 이루어진 실제행위(조건절)에 대한 결과를 추측하는(귀결절) 표현도 있다.

※ 구성형태로서 조건절(If절)에는 과거완료형인 「had+과거분사」를 쓰고, 귀결절(Then절)에는 과거속의 미래완료형인 「would(때로는 should/could/might)+have+과거분사」를 쓴다.

※ 「만일 ~했더라면, ~했을 터인데」라고 해석됨으로써 과거형 직설법과 비교시 과거완료→과거 시제로, 긍정·부정 면에서는 서로 반대관계가 성립된다.

<가정법> **If I had worked** hard, **I could have succeeded.**
　　　　(만일 열심히 일했더라면, 성공할 수 있었을 터인데)

<직설법> **As I didn't work** hard, **I could not succeeded.**
　　　　(나는 열심히 일하지 않았으므로 성공할 수 없었다)

② 「가정법 과거완료」의 용례

조건절의 동사가 과거완료일 때 : 과거사실의 반대·후회

조 건 절(If절)	귀 결 절(Then절)
If I **had not been** there, (만약 내가 거기 없었더라면)	you **might have been thrown**. (너는 익사했을지도 모른다)
If I **had been** rich, (만약 내가 부자였더라면)	I **would have built** myself a large library. (장서를 굉장히 모았을 텐데)
If I **had learned** hard, (내가 열심히 배웠더라면)	I **could have passed** the test. (그 시험을 통과했을 텐데)
If I **had known** the answer, (내가 그 답을 알았더라면)	I **would have told** it. (그걸 말해줬을 텐데)
If I **had arrived** there by three. (만일 내가 그곳에 3시까지 도착했더라면)	I **could have met** him. (그를 만날 수 있었을 텐데)

Part V 독특한 문장체계를 이루는 영어 가정법

조 건 절(If절)	⇨	귀 결 절(Then절)
If he **had been** there, (만일 그가 그곳에 있었더라면)		he **might have been wounded**. (그는 부상을 당했을지도 모른다)

조 건 절(If절)	⇨	귀 결 절(Then절)
If he **had left** early, (그가 일찍 떠났다면)		he **could have avoided** that accident. (그 사고를 피할 수 있었을 텐데)

조 건 절(If절)	⇨	귀 결 절(Then절)
If the job seeker **had been enterprising**, (그 구직자가 진취적이었다면)		I **would have employed** him. (난 그를 고용했을 텐데)

조 건 절(If절)	⇨	귀 결 절(Then절)
If I **had not gripped** your hand, (내가 네 손을 꽉 붙잡지 않았다면)		you **might have fallen over** the precipice/cliff/bluff. (넌 낭떠러지로 굴러 떨어졌을 게다)

조 건 절(If절)	⇨	귀 결 절(Then절)
If you **had stayed** there, (네가 만약 그곳에 머물렀다면)		you **could have lived** happily with her. (넌 그녀와 행복하게 살 수 있었을 텐데)

조 건 절(If절)	⇨	귀 결 절(Then절)
If they **had arrived** any sooner, (그들이 조금이라도 더 일찍 왔으면)		the surprise (party) **would have been ruined**. (그 깜짝 파티는 망쳤을 거다)

3. 인문·사회분야 및 일상생활에서 쓰이는 가정문

조 건 절(If절)	귀 결 절(Then절)
If he **had finished** it in time, (그가 제시간에 그것을 끝냈다면)	we **wouldn't have been** la<u>te</u>. (우린 늦지 않았을 것이다)
If she **had taken** my advice, (그녀가 내 충고를 받아들였다면)	She **should have been** hap<u>pier</u>. (그녀는 더 행복했을 것이다)
If you **had got up** earlier, (당신이 좀더 일찍 일어났더라면)	you **could have caught** the plane. (비행기를 탈 수 있었을 것이다)
If it **had not snowed**, (눈이 오지 않았다면)	we **could have climbed** the mountain. (우리는 산에 오를 수 있었을 것이다)
If he **had run** a little faster, (그가 조금만 더 빨리 뛰었다면)	he **might have won** the race. (그는 그 경주에서 우승했을 것이다)
If you **had been** there, (당신이 그곳에 있었다면)	you **could have seen** the accident. (그 사고를 목격할 수 있었을 것이다)

Part V 독특한 문장체계를 이루는 영어 가정법

조 건 절(If절)	귀 결 절(Then절)
If he **had done** it. (만일 그가 그것을 했다면)	he **would not have been punished**. (벌 받지 않았을 것이다)

조 건 절(If절)	귀 결 절(Then절)
If you **had not helped** me, (네가 날 돕지 않았다면)	I **would be** in a big trouble now. (난 지금 큰 어려움에 처해 있을 텐데) ※ 혼합가정: 조건절은 「과거완료형」이지만, 귀결절이 「가정법 과거」처럼 과거 속의 미래시제 (주로 상태의 지속을 나타낼 때)

조 건 절(If절)	귀 결 절(Then절)
If I **hadn't taken** his English class, (그의 영어수업을 듣지 않았더라던)	I **would be** poor at English now. (난 지금도 영어를 잘 못하고 있을 거야) ※ 혼합 가정문

조 건 절(If절)	귀 결 절(Then절)
• If I **had planned** things at the start, (당초 매사에 계획을 잘 세워 놓았더라면) • If that **was** the case, (그게 사실이라면) ※혼합 가정문: 「가정법 과거 사용」	• I **wouldn't be** in this mess now. (지금 이렇게 엉망이지는 않을 텐데) ※ 혼합 가정문 • you **might have told** me so beforehand. (그렇다고 내게 미리 말해줬으면 좋았을 텐데)

3. 인문·사회분야 및 일상생활에서 쓰이는 가정문

조 건 절(If절)	귀 결 절(Then절)
If he **had joined** the army then, (그가 그때 입대했더라면)	he **would be** free/discharged from it[=military service] now. (지금쯤 제대를 했을 텐데) ※ 혼합 가정문
It's 6 o'clock. (지금은 6시다) ※ 조건절이라기보다는 단순히 현재 시점을 전제	They **should have arrived** home by now. (지금쯤 그들은 집에 도착했을 게다)
Having left here at 11:00 a.m (오전 11시에 떠났으니) ※ having left: 분사구문상의 시제는 주절시제보다 앞선 시제로 간주 → 과거완료형(As he had left~)	he **should have arrived** in Honolulu by now. (그는 지금쯤은 이미 호노룰루에 도착했을 텐데) ※ 과거행위의 완료(결과)를 단순히 추측
If it **had not been** for your positive support, (당신의 적극적인 지원이 없었더라면) ※ 가주어 it의 진주어격인 내용은 for가 이끄는 구(句)이다.	my business **might have failed**. (내 사업을 실패했을지도 모른다)

Part V 독특한 문장체계를 이루는 영어 가정법

조 건 절(If절)	귀 결 절(Then절)
Had you **not refused** my proposal, (내 제안을 거절하지 않았더라면) ※ 도치법에 의한 가정 조건절 →If가 없음	you **would've**[would have] had fun at the party last night. (넌 지난밤 파티에서 즐거운 시간을 보냈을 텐데)
Had I **realized** you were sick, (네가 아픈 것을 알았더라면) ※ 도치법에 의한 가정 조건절 →If가 없음	I **would have finished** the project by myself. (그 프로젝트를 나 혼자 끝마쳤을 텐데)
Had it **not been** so hot, (그렇게 덥지 않았더라면) ※ 도치법에 의한 가정 조건절 →If가 없음	I **would've gone** hiking today. [I'd have gone~] (오늘 하이킹하러 갔을 텐데)
Had I **thought** of the right words, (적당한 말을 생각해냈더라면) ※ 도치법에 의한 가정 조건절 →If가 없음	I **would have told** him. (내가 생각했던 바를 그에게 말해줬을 텐데)

3. 인문·사회분야 및 일상생활에서 쓰이는 가정문

조 건 절(If절)	귀 결 절(Then절)
Had we **known** what the cost would be, (비용이 얼마인지 알았더라면) ※ 도치법에 의한 가정 조건절 →If가 없음	we **wouldn't have come** to the show. (그 쇼/영화/연극을 보러가지 않았을 텐데)

조 건 절(If절)	귀 결 절(Then절)
Had she **asked** me, [=If she'd asked me,] (그녀가 부탁했더라면)	I **would have said** yes. (나는 승낙했을 것이다)

조 건 절(If절)	귀 결 절(Then절)
Had he **seen** it, [=If he had seen it] (그가 그것을 보았더라면)	he **would have been** <u>astonished</u>. (그는 기절초풍했을 것이다)

4. 주의해야 할 가정문과 가정 유사문장

(1) 주의해야 할 가정문

1) 도치법에 의해 If가 없는 가정문

> ※ 조건절에서 If를 생략하고 「조동사(또는 동사)+주어~」의 형태로 주어·동사 간 어순이 뒤바뀐 형태의 가정문이 있다.
> ※ 도치되는 경우 「가정법현재」의 본동사는 반드시 동사원형이 온다

「조건」을 나타내는 경우

▶ **Were I** a bird, I **would fly** to you. (만일 내가 새라면 너에게 날아갈 텐데)
 [If I were a bird, I would fly~] -------<가정법 과거>

▶ **Were it** not for your help, I **should be lost**.
 [= If it were not for your help, I should be lost]
 (당신의 도움이 없다면 나는 낭패를 볼 것이다)

▶ **Had I known** his address, I **could have written** to him.
 [If I had known his address, I could have written~] -----<가정법 과거완료>
 (만일 내가 그의 주소를 알고 있었더라면 그에게 편지를 쓸 수 있었을 텐데)

▶ **Had it not been** for water then, we **would almost have been/felt** thirsty to death.
 [If it had not been for water then, we almost~] -----<가정법 과거완료>
 (그때 만일 물이 없었더라면 우린 아마도 갈증이 나서 죽을 뻔 했을 것이다)

▶ **Should he come**, **tell** him about it.
 [If he should come, tell him~] -----<가정법 미래>
 (혹시라도 그가 온다면 그에게 그것에 관해 말해 주어라)

- 473 -

4. 주의해야 할 가정문과 가정 유사문장

▶ **Come** summer, we **shall meet** again.
　[If summer come/comes, we shall meet~] -----<가정법 현재>
　(여름이 오면 다시 만나자[만나게 될 것이다])

▶ She **will be** nineteen, **come May**.
　[If May come/comes, she will be~] -----<가정법 현재>
　(5월이 오면 그녀는 열아홉 살이 된다)

「양보」를 나타내는 경우

▶ **Be** the matter what it **may**, (그것이 무슨 일이든)
　[=Let the matter be what it may,]

▶ **Be** it (**may**) even so humble, (비록 그것이 아무리 초라할지라도)
　[=though it may be even so humble,]

▶ **Be** that <u>as</u> it **may**, (그렇다고 해도/해서)
　[One may well say so, but~]

2) 특정 종속절(명사절·부사절) 속에 가정의 뜻을 내포한 문장

> ※ 대체로 특정한 형용사나 동사가 서술부에 올 때 그것과 연계하여 if, though, that, whether, whatever 등의 접속사가 이끄는 종속절 속에서 종종 「가정법 현재」나 「가정법 미래」를 나타낸다.
>
> ※ 「설사 ~한다고/이라고 하더라도」라는 '양보'의 뜻을 나타내는 접속사인 if, even if, though가 이끄는 종속절에서는 대개 동사를 현재시제로 씀으로써 직설법인지 「가정법 현재」인지 구분이 얼른 안 된다. 그래서 불확실성이 있는 미래사실을 가정·추측할 때 [주어+동사원형] 형태를 써서 「가정법 현재」임을 의도적으로 나타내지만, 그보다는 [should+동사] 형태의 「가정법 미래」를 써서 가정법임을 명백히 하는 경우가 흔하다.

특정 동사에 연계된 명사절 속에서

- He <u>ordered</u> <u>that</u> no expense (**should**) **be spared** in the making.
  (그는 그 제작에 있어서는 비용을 아끼지 말라고 지시했다)

- I <u>suggest</u> <u>that</u> everyone of you **should try** for yourself.
  (저는 여러분께서 모두 손수 해보시면 좋으리라고 생각합니다)

- My family doctor <u>suggests</u> (to me) <u>that</u> I (**should**) **take** a walk everyday.
  (우리 집 주치의는 내게 매일 산책할 것을 권고하신다)

- He <u>demanded</u> <u>that</u> I (**should**) **help** him.
  (그는 나에게 도와달라고 요구했다)

- She <u>insisted</u> <u>that</u> he (**should**) **be invited**.
  (그녀는 그를 파티에 초대해야 된다고 주장했다)

- We **do not know** <u>if</u> the rumor **be** <u>true</u>.
  (우리는 그 소문이 사실인지 아닌지를 모르고 있다)

- I <u>move</u> <u>that</u> Mr. Kim **be nominated** chairman.
  (저는 김 선생이 회장에 지명되기를 동의합니다) ----- <동사원형 사용>
  ※ should be nominated도 사용가능

- I <u>propose</u> <u>that</u> we (**should**) **start** earlier.
  (저는 우리가 좀 더 일찍 출발할 것을 제안합니다)

- I <u>desire</u> <u>that</u> action (**should**) **be postponed**.
  (저는 의결이 연기되기를 요망합니다)

- They <u>requested</u> of the manager <u>that</u> he (**should**) **withdraw** the remark.
  (그들은 지배인에게 그 말을 철회할 것을 요청했다)

4. 주의해야 할 가정문과 가정 유사문장

특정 형용사에 연계된 명사절 속에서

- It is <u>natural</u> <u>that</u> he **should be** <u>indignant</u>.
  (그가 분개하는 것도 당연하다)

- I was <u>afraid</u> <u>that</u> I **might would hurt** her pride.
  (나는 그녀의 자존심을 상하게 하지는 않았는지 염려되었다)

- He was <u>afraid</u> <u>lest</u> the secret **(should) leak out**.
  (그는 비밀이 새지 않을까 걱정했다)

- It is <u>necessary</u> <u>that</u> he **attend** the meeting. ----- <동사원형 사용>
  (그는 그 모임에 참석할 필요가 있다)
  ※ should attend도 사용가능

- Is it <u>necessary</u> <u>that</u> I **should go** there, too?
  (나도 거기에 갈 필요가 있을까요?)

특정 접속사·관계사에 의해 이끌리는 부사절 속에서

※ 이 유형의 문장들은 일단 가정 후 가정한 조건을 「그렇다고 하더라도」의 뜻으로 풀어버리는 「양보」형 문장이다. 특히 접속사 이하의 문장구성 방법은 가정문에서 if절을 구성하는 방식과 하등의 다를 바가 없다.

- <u>Whatever</u> excuses he **make**, we **don't believe** him
  (그는 어떠한 변명을 하든 간에 우리는 그의 말을 믿지 않는다)

- <u>Whatever</u> results **may follow**, I'**ll try** again.
  (어떤 결과가 되든, 나는 다시 해볼 것이다)

Part V 독특한 문장체계를 이루는 영어 가정법

cf: ┌ Wherever you **may go**, you cannot succeed without perseverance
　　│ (어디에 가건 인내심 없이는 성공할 수 없다)
　　└ Whoever **may say** so, it is not true.
　　　(누가 그렇게 말하든 그것은 사실이 아니다)

- Though we **fail**, we **shall not regret**.
  (설사 실패하더라도 우린 후회하지는 않겠다)

- Even if I **were to fail** again, I **would not grieve or despair**.
  (만일 또다시 실패하는 일이 있다 해도 나는 슬퍼하거나 절망하지 않겠다)

- Don't **blame** him if he **should fail**.
  (설사 실패한다 하더라도 그를 비난하지 마라)

- I'll **go out** even if it **snows**. (설사 눈이 와도 나는 외출하겠다)

- Even if[Even though] it **was raining**, I **had to go out** to see her.
  (비록 비가 내리고 있었다고 해도 난 그녀를 만나기 위해 외출해야 했다)

- Liberty **is useless** when it does not lead to action.
  (자유란 행동으로 옮겨지지 않으면 소용이 없다)

3) 주부(主部)에 '조건'의 뜻이 내포된 가정문

> ※ 이 경우에는 조건절이 따로 없기 때문에 가정문이라는 표시를 분명히 하기 위해 주절(귀결절)의 조동사를 「가정법 현재」의 will 대신에 「가정법 미래」의 귀결절에 쓰이는 would를 쓰는 일이 흔하다.
>
> ※ 그러나 과거의 일을 추측할 때는 「가정법 과거완료」의 귀결절처럼 [would have+과거분사] 형태의 과거 속 미래완료형을 쓴다.
>
> ※ 주어 자체가 조건절 구실을 해야 하므로 통상 주어인 명사 앞에 주어의 특성을 나타내는 형용사가 붙는 경우가 흔하다.

4. 주의해야 할 가정문과 가정 유사문장

- A gentleman **would/not do** such a thing.

  [If he were a gentleman, he would not do~]

  (신사라면 그런 짓을 하지 않을 텐데)

- An impartial judge **would have pardoned** her.

  [If he had been an impartial judge, he would have pardoned~]

  (공정한 재판관이었다면 그녀를 용서해 주었을 텐데)

- A true friend **would not have left** you alone.

  [If he had been a true friend, he would not have left~]

  (그가 진정한 친구였다면 너를 내버려 두지는 않았을 텐데)

- The abusive use of fossil fuel **would expose** our lives to various environmental dangers.

  [If we were to abuse the fossil fuel, we would expose~]

  [=If we abused the fossil fuel, we would expose~]

  [=If we should abuse the fossil fuel, we would expose~]

  (화석연료를 남용하게 되면 우리의 생명을 여러 환경적 위험에 노출시키게 될 것이다)

- Too much drinking **will only injure** your health.

  [=If you drink too much, you would only injure your health]

  (술을 과음하게 되면 건강을 해치게 될 따름이다)

- Rapid urbanization **will prove destructive** to the fine customs of this district. [=If we [shall] urbanize rapidly, It will prove ~]

  (급속한 도시화는 이 지역의 미풍양속을 해치게 될 것이다)

4) 부사구 속에 조건절이 내재된 가정문

> ※ 부사구의 시제는 주문(귀결절)의 가정법 형태를 보면 알 수 있다.
> ※ 즉 주문(주절)의 동사파트가 [would/could+동사원형]이면 「가정법 과거」나 「가정법 미래」의 조건절을, [would/could+현재완료형]이면 「가정법 과거완료」의 조건절을 구상하면 된다.

- **Without water**, nothing **could grow** on the earth.
  [If it were not for water, nothing~]
  (물이 없다면, 지구상에는 아무것도 자랄 수 없을 것이다)

- **But[Except] for** your help, I **might have failed**.
  [If it had not been for your help, I~]
  (너의 도움이 없었더라면, 나는 실패했을지도 모른다)

- **With his help**, I **would have succeeded**.
  [If I had/received his help, I~]
  (만일 그의 도움이 있었더라면, 나는 성공했을 텐데)

- **Would** it be possible to finish sooner **with more employees**?
  [Would it be possible~ if you had/committed more employees?]
  (직원을 더 투입하면 더 빨리 끝내는 게 가능하지 않을까)

- **With a little more patience** with the less intelligent pupils, he **would have become** a good teacher.
  [If he had had a little more patience with the less intelligent pupils, he~]
  (지능이 낮은 학생들에게 조금만 더 참을성을 가졌더라면 그는 훌륭한 교사가 되었을 텐데)

4. 주의해야 할 가정문과 가정 유사문장

- These are very similar, **with one important difference**.
  (이것들은 한 가지 중요한 점을 제외하면 아주 비슷하다)

- **In your place**, I **would do** so.
  [If I were in your place, I~]
  (내가 당신 위치(입장)에 있다면, 난 그렇게 할 텐데)

- **Short of locking** her in, **he couldn't stop** her from leaving.
  [If he didn't lock her in, he~]
  (그는 그녀를 가두지 않는 한 그녀가 떠나는 걸 막을 수 없을 게다)

5) 「to-부정사」나 「분사구문」 속에 조건절이 내재된 문장

「to-부정사」가 조건절의 의미를 내포한 경우

- **To hear** him **speak** English, you **would take** him **for** an American.   <독립 부정사>
  [If you heard him speak English, you~]
  (그가 영어를 말하는 것을 듣는다면, 당신은 그를 미국인으로 생각할 것이다]

- **To be elected** President **would be** a great honor.   <주격 부정사>
  [If one were elected President, it would be~]
  (누구든 대통령에 당선된다면 그것은 큰 명예가 될 것이다)

- She **will be** deeply grateful **to know** that you have done it for her.   <부사구 부정사>
  [If she knows that you have done it for herself. She will be~]
  (당신이 그녀를 위해 그 일을 해낸 사실을 그녀가 알게 된다면 깊은 감사를 느낄 것이다)

「분사구문」이 조건절의 의미를 내포한 경우

- **Having worked hard** a: that t.me, he **would/could have been** rich.
  [If he had worked hard~, he~]
  (만약 그때 그가 열심히 일했더라면, 그는 부자가 되었을[될 수 있었을] 텐데)

- **Coming tomorrow**, you **will be able to see** him.
  [If you come tomorrow, you~]
  (내일 당신이 온다면, 그를 만나볼 수 있을 것이다)

- **Turning to the right**, you **will come** to a public library.
  [If you turn to the right, you~]
  (오른쪽으로 돌면, 공립 도서관이 나타납니다)

- **Taking 4 from 10//** leaves 6. [If you take 4 from 10, ~]
  (10에서 4를 빼면 6이 남는다)

- **Given/Provided** that one is in good health, he **will/can achieve** anything. (사람은 건강만 주어진다면, 어떤 일이라도 이룰 수 있을 것이다)

- That **shouldn't be** a problem, **weather permitting**.
  (그건 날씨만 괜찮다면 문제가 안 될 거다)

6) 반어적(反語的) 접속사 속에 조건절이 내재된 문장

- He worked hard; **Otherwise** he **might have failed**.
  [If he had not worked hard, he might have failed]
  (그는 열심히 공부했다. 그렇지 않았더라면 실패했을지도 모른다)

- He took a subway. **Otherwise** he **might have missed** the last airplane.
  [If he had not taken a subway, he might have missed~]
  (그는 지하철을 탔다. 그렇지 않았더라면 그는 다지막 비행기를 놓쳤을지도 모른다)

- The sleeves are a little long, **but otherwise** it fits fine.
  (소매가 약간 길지만, 그것만 빼면 잘 맞는다)

4. 주의해야 할 가정문과 가정 유사문장

7) 기타 어구 속에 조건절이 내재된 경우

> 앞서 과학분야의 가정문에서 보았듯이 그 자체에 가정 또는 양보의 뜻을 내포하고 있어서 If 없이도 가정 또는 반(反)가정을 할 수 있다.

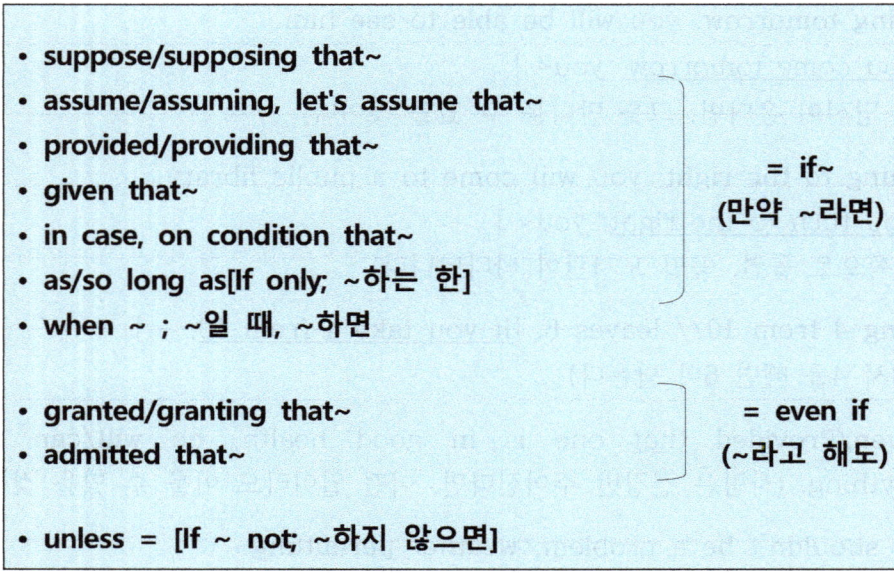

- Supposing it **were** true, what **would** we **do** now?
  [**If it were true**, what would we do now?]
  (그게 사실이라면, 우린 지금 어떻게 해야 할 것인가?)

- Suppose[Supposing] (that) we **are** late, what **will** he **say**?
  [**If** we are late, what **will he say**?]
  (우리가 늦으면 그가 뭐라고 할까)

- Suppose (that) there were no such force as gravitation, (then) **would** an apple **fall to** the ground?
  [**If there were no such force as gravitation**, (then) **would** an apple~]
  (중력 같은 힘이 없다고 가정하면 과연 사과가 땅에 떨어질까)

Part V 독특한 문장체계를 이루는 영어 가정법

- And **suppose** (<u>that</u>) the gravitation **did not draw** <u>objects</u> toward the earth, what **would happen**? Could we really **keep** <u>standing upright</u>?
  [and **if** the gravitation **did not draw** objects toward the earth, what~]
  (그리고 중력이 물체들을 지구 쪽으로 끌어당기지 않으면, 과연 우리가 똑바로 서 있을 수 있을까)

- **Assuming** this reasoning <u>to be correct</u> what **do** these correlations mean? [**If** this reasoning **is/be correct**, what~?]
  (이러한 추론이 정확하다면, 이들 상관관계는 무엇을 의미할까요?)

- **Let's assume**[**Assuming**] <u>what he says to be true</u>, then how we **should treat** <u>him</u> from now?
  [**If** what he says**//be**[**is**] true, then how we~?]
  (그가 말하는 것이 사실이라고 한다면, 우리는 앞으로 그를 어떻게 대해야 할까)

- I **will go, provided** (<u>that</u>) he **is**n't there.
  [I will go **if** he **isn't there**]
  (그가 없다면 난 거기에 가겠습니다)

- **Granted/Granting** <u>that</u> he **should send money** to help with the bills, it **doesn't mean** he will.
  [**Even if** he **should send** money~, it~]
  (그가 어음 결제를 위해 송금한다고 해서, 그가 하고 싶어 그러는 것은 아니다)
  cf: **Granting** <u>that</u> he **was drunk**, that is no excuse for his conduct.
   (비록 취했다고 하더라도, 그것이 그의 행동의 변명은 되지 못한다)

- How **can** you **write** a grammar, **given that** no two people speak the same way?
  [How can you write, **if no two people speak**[**should speak**] the same way?]
  (누구나 같은 식으로 말하지 않는다면 대체 어떻게 문법을 쓸 수 있단 말인가)

4. 주의해야 할 가정문과 가정 유사문장

- **Admitted** he **is not to blame**, who **is responsible for** this?
  [If we admit (that) he is not to blame, who~?]
  (그가 나쁘지 않다고 치면, 누구에게 이 책임이 있는가?)

- **In case** I **should fail**, I **would try** again.
  [If I should fail, I would try again]
  (실패하면 나는 다시 시작할 것이다)

- **Unless** you **work hard**, you **will fail**.
  [If you don't work hard, you~]
  (열심히 공부하지 않으면 당신은 실패할 것이다)

- **Subject to** your consent, I **will try**.
  [If you concent, I will try)
  (승낙해 주시면 다시 해보겠습니다)
  cf: This treaty is subject to ratification.
  　　(이 조약은 비준을 받아야 한다; 비준 받는 것을 조건으로 한다)

- You **can borrow** the car **on one condition that** you promise to be back before midnight.
  [You can borrow the car if you promise to be back before midnight]
  (자정 전에 돌아오겠다고만 약속하면 차를 빌려줄게)
  cf: Two employees agreed to speak to us on condition that
  　　they not be named.
  　　(이름을 밝히지 않는다는 조건으로 근로자 두 명이 우리와 얘기하겠다고 했다)

- You **can go out, as long as you promise** to be back before 11 o'clock.
  [You can go out if you promise~]
  (너는 11시전에 돌아온다는 약속을 하면 외출할 수 있을 것이다)
  cf: Our profits **will be good so long as the dollar remains strong**.
  　　(달러화가 강세를 유지하는 한 우리 회사의 수익은 좋을 것입니다)

8) 「I wish」형 가정문

> ※ 실현되기 어려운 장래의 상황이나 현재 및 과거의 사실과 반대되는 사태에 대한 소망을 나타낸다.
> ※ 「~하면 좋겠는데」, 「~했으면 좋겠는데」의 뜻으로 해석된다.
> ※ 주절이 wish나 wished가 되어도 가정문절내의 고유시제는 불변이다.

I wish(ed)+가정법 과거 또는 가정법 미래 : 「~한다면 좋겠는 데」

- I wish I **were rich**.
  [=I am sorry I am not rich]
  (부자라면 좋겠는데)
  cf: I wish I were dead(죽었으면 좋겠는데)

- I wish I **didn't have to go** to school today.
  [= I am sorry I have to go~]
  (오늘은 학교에 안 가도 되면 좋을 텐데)

- I wish you **would help** me.
  [=I am sorry you won't help me]
  (네가 나를 도와준다면 좋겠는데)

- I wish my new business project **would work** well.
  [=I am dreadfully anxious lest it should work well]
  (나의 새 사업계획이 잘 되면 좋겠는데)

- I wish (that) it **would not rain**. (비 안 오면 좋겠는데)

- I wish(ed) my dream **would come** true.
  (꿈이 실현되면 좋겠는데)

4. 주의해야 할 가정문과 가정 유사문장

- I wish (that) you **would be** quiet.
  (제발 좀 조용히 해 주십시오)

- I wish we **could put** the clock back 30 years to that time.
  (30년 전 그때로 시간을 되돌릴 수 있으면 좋겠어)

I wish(ed) + 가정법 과거완료 : 「~했더라면 좋았을 텐데」

- I wish(ed) I **had known** the fact.
  [=I'm sorry I had not known the fact]
  (그 사실을 내가 알았더라면 좋았을 텐데)

- I wish(ed) it **hadn't rained** yesterday.
  [=I'm sorry it had rained yesterday]
  (어제 비가 안 왔으면 좋았을 텐데)

- I wish(ed) my new business project **had worked** well.
  [=I regretted it had not worked well]
  (나의 새 사업계획이 잘 되었더라면 좋았을 텐데라고 생각한다/했다)

- I wish(ed) I **had met** her.
  [=I regretted I had not met her]
  (그녀를 만났으면 좋았을 텐데라고 생각한다/생각했다)

- I wish(ed) I **had been** a bit more careful.
  [=I regretted I hadn't been a bit more careful]
  (나는 좀 더 조심했어야 했는데))

(2) 가정 유사문장

1) 「What if/Though…?」형 : 「~한다면 어찌하지?」, 「~한들 어때?」

> if에는 본래 「만약 ~이라면」이라는 조건의 뜻이 있는가 하면, 「~이라 할지라도」라는 양보의 뜻도 있으므로 문맥을 잘 살펴서 사용해야 한다(물론 what though는 당연히 양보의 뜻).
>
> 「what if」이하의 문절은 대체로 직설법 형식을 취하는 경우가 많지만, 가정법을 쓰기도 하므로, 작문시 가정문임을 분명히 나타내려면 귀결절을 what 대신에 what would happen(가정법 미래와 가정법 과거)이나 what would have happened(가정법 과거완료) 등으로 풀어써야 할 것이다.

- **What if** she **comes back**? **what if** she **should die**?
  (그녀가 돌아온다면 어떻게 될까? (또는) 그녀가 죽으면?)

- **What if** we **are** poor? (우리가 가난하면 어때?)

- **What if** we **should fail**? However **though** we **fail**, we shall not regret.
  (우리가 실패하면 어찌하지? 그러나 실패하더라도 우린 후회하지는 않을 것이다.)

- **What if**[=though] we **fail**? (실패한들 어때/상관있나?)

- **What if** they **should be**[=they are] in love?
  (그들이 서로 사랑하는 사이라면 어찌하죠?)

- **What if** we **are** late for work? (직장에 늦으면 어떻게 되죠?)

- **What if** we **miss** the last train?
  (마지막 열차를 놓치면 어쩌죠?)

4. 주의해야 할 가정문과 가정 유사문장

2) 「As if/As though…」 형 : 「마치 ~하는 것처럼」, 「~할 것 같은」

> ※ 비록 if가 들어가 있는 문장이지만 의미는 가정법과는 좀 다르다.
>
> ※ 그러나 if절의 구성방법은 가정법과 유사하다. 즉 해당내용에 따라 가정법 현재형, 가정법 미래형, 가정법 과거형, 가정법 과거완료형을 모두 쓸 수 있다.
>
> ※ **as if + 가정법 과거** : 「마치 ~하는 것처럼」의 뜻이며, 주절의 시제가 어느 시제이든 관계없이 as if 이하의 문절은 같은 형태로 쓰인다.
>
> ※ **as if + 가정법 과거완료** : 「마치 ~했던 것처럼」의 뜻으로 as if 이하는 주절의 시제보다 먼저 일어난 일을 나타낸다.

- It looks **as if**[as though] we **should have** a heavy snow[snow fall] in a moment. ----- <가정법 미래>
  (날씨가 금방 폭설이 내릴 것 같다)

- It seemed **as if** the fight **would never end**.
  (싸움은 끝이 나지 않을 것처럼 보였다)

- She looks **as if**[as though] she **were** ill. ----- <가정법 과거>
  (그녀는 마치 환자 같은 모습이다)

  cf: ┌ It isn't **as if** he **were** poor.
  │   (그가 가난하지는 않는 것 같은데)
  └ **As if** you **didn't know** it.
      (네가 그걸 모르지는 않을 것 같은데)

  ※ As if 다음에 오는 be동사는 주어의 인칭·수에 상관없이 「were」로 하는 것이 원칙이지만, 구어체에서는 간혹 인칭에 따라 'was'로 쓰이기도 한다.

Part V 독특한 문장체계를 이루는 영어 가정법

- He looked at her **as if** he **had never seen** her before.
  (그는 이제껏 그녀를 본 적이 없는 듯한 표정으로 바라보았다)
  --------- <가정법 과거완료>

- She looks **as if** she **had seen** a ghost.
  (그는 마치 유령이라도 본 것 같은 표정이다)
  cf: She looked **as if** she **had seen** a ghost.
     (그는 마치 유령이라도 본 것 같은 표정이었다)

- He speaks **as if** he **knew** everything.
  (그는 마치 모든 것을 알고 있는 것처럼 말한다)
  cf: He spoke **as if** he **knew** every they
     (그는 마치 모든 것을 알고 있는 것처럼 말했다)

- I couldn't move my legs. It was **as if**[as though] they **were stuck** to the floor. (발을 움직일 수 없었다. 두 발이 바닥에 들러붙어 있는 것 같았다)

- Why doesn't she buy us a drink? It isn't **as if**[as though] she **had** no money.
  (그녀는 왜 우리들에게 술 한잔 사주지 않나? 진짜 돈이 없는 것 같지는 않은데)

- He shook his head **as if** to say "Don't trust her."
  (그는 마치 그 여자를 믿지 말라는 것 같이 고개를 내저었다)

- We've missed the bus. It looks[seems] **as if** we**'ll have to** walk.
  (우리는 버스를 놓쳤다. 이제 걸어야 될 것 같다)

- The child acts[behaves] **as if** he **were** a grown up[an adult].
  (그 아이는 마치 어른처럼 행동한다)

- If feels **as if** it **were** the fur of a fox. (그건 마치 여우털 같이 느껴진다)

- She moved her lips **as if** she **were to speak**.
  (그녀는 무언가 말하려는 것처럼 입술을 움직였다) ※ be to ;「~하고자 한다」

- 489 -

3) 특정한 That절 속에서

① 「nothing more than that~」형 : 「~되는/하는 것 이상은 없다」

> ※ that절 이하의 절에서 미래의 어떤 걱정이 많이 되는 불확실한 상황을 가정하는 형태의 유사 가정문은 매우 흔하다.
>
> ※ 가정방식으로서는 대개 「가정법 미래형」을 사용한다.

- There is **nothing** he wants **more than** <u>that</u> his daughter **should be** <u>happy</u>. (그는 자신의 딸이 장차 행복해지는 것 이상으로 더 바라는 것이 없다)
  cf: He is <u>nothing more than</u> a dreamer.
  　　(그는 한낱 몽상가일 따름이다)

② 「lest that」형 : 「~하지 않도록」, 「~하면 안 되므로」, 「~할까 두려워하여」

> ※ lest 다음의 접속사 that는 종종 생략된다.
>
> ※ that절내의 문장은 「가정법 미래」나 「가정법 현재」형이 쓰인다.
>
> ※ 주로 fear, danger, careful, afraid, haste 등 걱정·재촉 등의 어구에 연계하여 쓰인다.

- Make haste **lest** you (**should**) be <u>late</u> for school.
  [make haste so <u>as not to</u> be late~]
  (학교/수업에 늦지 않게 서둘러라)

- I <u>was afraid</u> **lest** you **might be** in danger.
  (네가 위험에 빠지지나 않을까 걱정했다)

- Be careful lest you (should) fall from the tree.
  (나무에서 떨어지지 않도록 조심하세요)

- He was afraid lest the secret (should) leak out.
  (비밀이 새지 않을까 걱정되었다)

- I fear lest he (should) die.
  (그가 죽지나 않을까 걱정된다)

- I was afraid lest she (should) be offended.
  (그가 기분이라도 상하지나 않을까 두려웠다)

- Lest anyone (should) worry that this action will lead to price increases, let me reassure them that it will not.
  (아무도 이 조치가 가격상승으로 이어지지 않을까 걱정하지 않도록, 제가 그렇지 않을 것이라는 점을 그들에게 설득하겠습니다)

- She moved back from the window lest any one should see her.
  (그녀는 아무도 자신을 보지 못하게 창문 뒤로 물러섰다)

- There was danger lest the secret (should) leak out.
  (비밀이 누설되지 않을까 하는 위험이 있었다)

- She was fearful that in the end the prize should escape her.
  (그녀는 막판에 상(賞)을 놓칠까봐 걱정했다)

4) 명령문 다음에 and, or, otherwise이 이끄는 접속절이 올 때

- Make haste, or (else) you will be late.
  (서두르시오, 그렇지 않다간 늦을 거요)

- We must (either) work, or (else) starve.
  (일하지 않으면, 굶어죽을 도리밖에 없다)

4. 주의해야 할 가정문과 가정 유사문장

- Turn to the left, **and** you **will see** the post office.
  (왼쪽으로 <u>도시면,</u> 우체국이 나올 것입니다)

- One more day, **and** the vacation **will be** <u>over</u>.
  (이제 하루만 <u>더 지나면,</u> 휴가도 끝이다)

  cf: ┌ He promised to come, **and didn't**.
      │ (그는 오겠다고 약속을 <u>했으면서도</u> 오지 않았다)
      └ He is rich, **and lives** like a beggar.
         (그는 <u>부자이면서도</u> 거지같은 생활을 하고 있다)

- <u>Add in</u> going through security, **and** we'll really **have to** rush.
  (보안검색대를 통과하는 것을 <u>감안하면</u> 우린 정말 서둘러야 해요)

- Do what you are told, **otherwise** you **will be punished**.
  (이르는 대로 해라. <u>그렇지 않으면</u> 넌 벌 받을 게다)

- Shall I call you, **or will** you **call** me?
  (내가 전화를 할까요, <u>아니면</u> 당신이 나한테 전화하겠어요?)

5) 기타 유형의 가정 유사문장

> ※ wonder if, mind if, would you, if only, if not, if ever, if any, if that 등의 어구도 가정법 유사문장이라 할 수 있다.
>
> ※ as it were[=so to speak] 등 독립 부사구들 중에서도 가정의 뜻을 지닌 것은 이에 해당된다
>
> ※ 「for all~」에도 「~에도 불구하고」, 「~한 데도」, 「~는 했지만」, 「~을 고려해 보면」이라는 가정·양보의 뜻이 있다.

wonder if~ : 「~일까/할까?」

- I <u>wonder</u> if it is true.
  (그게 참말일까? - 사실인지 의아스럽다)

- I wonder if you could help me.
(저를 도와주실 수 있으신지요?)

- I wonder if I could have a brief chat with you about our new secretary over a cup of tea.
(차라도 한잔 들면서 새로 입사한 우리 회사 비서에 대해 당신과 간단한 의논을 좀 할 수 있을까요?)

mind if~ : 「~해도 될까요」

- Do you mind if I join you?
(당신들과 합류해도 될까요?)

- Do you mind if I cut in?
(제가 좀 앞에 끼워 서도 될까요?)

- Do you mind if I smoke? - I'd rather you didn't.
(담배 좀 피워도 되겠습니까? - 안 피우시면 좋겠는데요)

would you do : 「~해 주시겠습니까」

- Would you do me a favor? (부탁 한 가지 들어주시겠습니까)
- Would you pardon me my offence? (저의 잘못을 용서해 주시겠습니까)
- Would you mind closing the window? (창문 좀 닫아 주시겠습니까)
- I'd like to leave early today. Would you mind?
(오늘 일찍 갔으면 하는데요. 그래도 괜찮겠습니까)
- I would[should] like to buy a new hat. (새 모자를 사고 싶은데요)

if only : 「~만 해도/이라도 좋으니」

- Just call her if only to say you are sorry.
(미안하다는 말만 해도 좋으니 그녀에게 전화해라)

4. 주의해야 할 가정문과 가정 유사문장

- We must respect him **if only** for his honesty.
  (정직함만으로도 그를 존경해야 한다)

- I want to go **if only** to see her face.
  (그녀의 얼굴을 보는 것만으로도 좋으니 그곳으로 가고 싶다)

- **If only** I **could be** a child again!
  (다시 어린이로 돌아갈 수만 있다면 얼마나 좋을까!)

if not~ : 「~하지 않겠지만」, 「~가 아니라고는 해도」

- It will be difficult, **if not impossible**, to fix the machine today.
  (오늘 중으로 그 기계를 수리하는 것이 불가능하지는 않겠지만 어려울 겁니다)

- It is highly desirable, **if not essential**, to draw the distinction.
  (그 구별을 짓는 것이 절대 필요하다고는 할 수 없어도 극히 바람직한 일입니다)
  cf: Where should I get stationery, **if not** at a department store?
  (백화점에서가 아니라면 어디서 문방구를 구할 수 있다는 건가?)

if ever/any/that : 「~라고 해도 (겨우/기껏)」

- We rarely, **if ever**, go to bed before 3 a.m.
  (그렇다고 해서, 우리는 3시 전에 자는 일은 거의 없다)

- There are few people, **if any**, who will support her.
  (그녀를 지지하는 사람은 있다고 해도 극소수이다)

- We only have an hour, **if that**, to finish the job.
  (우리는 일을 마쳐야 할 시간이 기껏해야/겨우 한 시간밖에 남지 않았다)

- She is about ten years old, **if that**.
  (그녀는 열 살쯤이다. 아니 열 살도 안 됐을 게다)

「조건」을 나타내는 독립부정사들 : 「as it were」 등

- Doctor Smith is, **as it were**, a walking dictionary.
  (스미스 박사는 말하자면 산 사전이다)

- **So to speak[So to call it]**, she may be likened/compared to a caged bird. (그녀는 말하자면 새장에 든 새이다)

for all ~ : 「~임/함에도 불구하고」, 「~점에서 보면/감안하면」

- **For all** his riches he is not happy.
  (그렇게 부자인데도 그는 행복하지 않다)

- **For all** his faults, he was a good father.
  (그 모든 결점에도 불구하고 그는 좋은 아버지였다)

- **For all** the good it has done, I **might just as well not have bought** this medicine. (효능 면에서 보아 이 약은 사지 않아도 되었다)

- **For all** the good I've done, I **might as well have stayed** at home.
  (아무런 도움이 되지 못한 걸 감안한다면 난 그냥 집에 있는 편이 나을 뻔했다)

- **For all** (that) he said he **would come**, he **didn't**.
  (그는 오겠다고 말하고서는 오지를 않았다)

접속사 while이 이끄는 양보(또는 조건)절: 「~해도/하는데도」, 「~하는 한」

- **While** he hates English, he makes good marks in it.
  (그는 영어를 싫어하는데도 영어 성적이 상당히 좋다)

- How can I leave them, **while** they are in such a trouble.
  (저들이 저렇게 곤경에 처해 있거늘[있는데도] 내가 어떻게 그들을 버릴 수 있을까)

4. 주의해야 할 가정문과 가정 유사문장

- **While** <u>there's</u> life, there's hope.
  (생명이 있는 한[있다면] 희망은 있다)

- **While** <u>I admit</u> that it is difficult, I don't think it impossible.
  (그 일의 어려움은 인정한다고 해도 불가능하다고는 생각지 않는다)

- **While** <u>he appreciated</u> the honor, he could not accept the position.
  (명예로운 일이라고 감사를 표명했음에도[했지만], 그는 그 직위를 받아들일 수는 없었다)

With all one's~/the best of~ : 「~에도 불구하고」, 「~이 있으면서도」 [양보]

- **With all** <u>his wealth</u>, he is still unhappy.
  (<u>그만한 부(富)를 가졌는데도</u> 그는 여전히 불행하다)

- **With all** <u>her surprise</u>, she asked for no details of the accident.
  (<u>그처럼 놀랐는데도</u> 그녀는 자세한 사고내용에 대해 일체 물으려 하지 않았다)

- **With[For] all** <u>his faults</u>, he is loved by all.
  (<u>그렇게 결점이 있는데도</u> 그는 모두에게 사랑을 받고 있다)

- **With the best** <u>of intentions</u>, he made a mess of the job.
  (<u>그렇게 성심성의로 일했는데도</u>, 그는 그 일을 잡쳐 놓았다)

    cf ; These are very similar, **with** <u>one important difference</u>. … 〈제외〉
    (이것들은 <u>한 가지 중요한 점을 **제외하면**</u> 마주 비슷하다)

APPENDIX 부록

수험문제 지문구조 정밀해설

1. 2015년도 대입 수능고사
   (독해·작문·어법 부문)

2. 2014년 시행 국가공무원(7급) 임용고사

수험영어의 특징과 대응요령

주어진 문항들 중 정답 골라내기에 편중한 종래의 학습방식으로는 진정한 영어 학습이 되기 어렵습니다. 영어를 배우는 궁극적 목적은 말로 글로 직접 표현하기 위한 것이며, 표현능력 향상의 가장 확실하고 효과적인 방법은 한국어·영어 간 교차번역을 해보는 것입니다.

여기에 제시된 영문은 해당 시험문제 원본의 지문을 정답 중심으로 「표현능력 강화」라는 본서의 출판취지에 부합되게 완결형으로 재구성한 것입니다. 먼저 영어를 한역해 보시고, 번역문과 대조하여 자신의 수준을 자율 평가해 보세요. 그 다음에는 반대로 한국어를 영어로 영역해 보세요.

입시용 독해문제는 대개 장문이어서 2개 이상의 구·절이 복잡하게 연결되어 있는데, 그들 구·절간 연결고리로서 관계사, 전치사, 접속사, 분사구문, 동명사 등은 물론 부호(콤마, 세미콜론, 댓쉬 등)를 자주 쓰는 특징이 있습니다. 또한 문장 스타일도 필자에 따라 각양각색이므로 독해 및 번역시에는 해당 필자의 독특한 문장구성 및 표현방식에 호흡을 맞추는 것도 중요합니다. 문제별 본문의 제목은 이해를 돕기 위해 저자가 임의로 붙인 것이지만, 주제로 볼 수도 있을 것입니다(각 영문지문에서 밑줄 친 부분도 요지임).

질문내용의 유형은 글 전체 또는 일부의 요지를 묻는 것, 특정 어휘 (인칭대명사 포함)의 내용을 묻는 것, 한국어를 영어로 맞게 영역(작문)했는지, 빈칸에 적당한 어구 메우기, 문단순서 짜맞추기 등이 있으나, 영문의 기본구조와 어법(문법)을 확실히 터득하고 있으면 그리 어렵지 않습니다. 문제 푸는 요령은 먼저 빨리 대의(大義)를 파악하고, 그 다음 결정적인 문장/문절에 대해서는 정밀한 구문분석을 해야 합니다. 하지만 어떤 글에서건 배경과 사유, 논지의 전개과정, 그리고 요점과 결론 부분이 있으므로 이를 잘 주시하여 문장의 흐름과 맥락에 유의하면 정답을 찾아내기가 쉽습니다.

※ 공무원 임용시험에서는 어법과 특정 어휘나 숙어의 뜻을 묻는 문제가 비교적 많은 편임

APPENDIX(부록) 수험문제 지문구조 정밀해설

1. 2015학년도 대입 수능고사(독해 · 작문 · 어법 부문)

(1) 실패를 빨리 극복하는 것이 성공의 열쇠

※ 문제 : 다음 글의 요지로 가장 적절한 것은?

> One difference between winners and losers is how they handle losing. Even for the best companies and most accomplished professionals, long track records of success are punctuated by slips, slides, and mini-turnarounds. Even the team that wins the game might make mistakes and lag behind for part of it. That's why the ability to recover quickly is so important. Troubles are ubiquitous. Surprises can fall from the sky like volcanic ash and appear to change everything. That's why one prominent scholar said, "Anything can look like a failure in the middle." Thus, a key factor in high achievement is bouncing back from the low points.

- winner and loser : 승자와 패자
- handle : 다루다/처리하다, 통솔하다, 조종하다, 사용하다
- track records : 성취의 족적/이력, 실적/업적
- be punctuated by : ~에 의해 간간이 끊어져 있는
  - punctuate : (문장 등을) 구두점으로 끊다, (연설 · 활동 등을) ~로 간간이 중단시키다(by/with), (이야기에 동작 등을) 섞다(with), 강조하다
- slips, slides and mini-turnarounds : 실책, 미끄러짐, 그리고 자잘한 방향전환
  - (순간적인) 미끄러지기, 헛디딤, 잘못/실수
    cf: a slip of the tongue(실언)
- turnaround : 방향전환, 변경/전환, (선박 · 항공기 등의) 왕복 시간/과정, (경제상황 등의) 호전
  - turnaround-time : 처리시간, 소요시간

- 499 -

1. 2015학년도 대입 수능고사(독해·작문)

- leg behind : <u>뒤쳐지다</u>, <u>꾸물거리다</u>
    cf: lag behind in an embarrassment(당황하여 꾸물거리다)
    - time-lag: 시간상의 지체, 시차
- ubiquitous[juːbíkwətəs] : 도처에 있는, 현재하는(omni-present), 여기저기 모습을 나타내는
- volcanic ash : 화산재
    - volcano[valkéinou] : 화산
    cf: an active[dormant/extinct] volcano(활[휴/사] 화산)
- appear to change everything : 나타나서 모든 걸 변화시킨다
    ※ appear to : 「~로 보이다」, 「~인 것 같다」로 쓰이지만, 여기서는 문맥상 to이하를 결과로 보아 「나타나서 변화시키다」 또는 「변화시키게 되다」로 해석함이 무난
- Thus : (앞의 말을 받아서) 그래서, 따라서, 그러므로
- bounce : (공 따위가/를) 튀다/튀게 하다, 펄쩍 뛰다, 뛰어다니다, (차가) 흔들리며 달리다, (문 따위를) 쾅 닫다
    cf: The ball <u>bounced back</u> from the wall.
        (공이 벽에 맞고 되튀어왔다)
    cf: A car <u>is bouncing along</u> the rough road.
        (차가 울퉁불퉁한 길을 상하로 흔들리며 달리고 있다)

승자와 패자간의 한 가지 차이점은 그들이 패배를 어떻게 다루느냐 하는 것이다. 최우량 기업들과 최다실적 전문가들에게 있어서조차, 그들 성공의 긴 성취 족적(足跡)을 보면 실책과 미끄러져 내림과 자잘한 방향전환들로 간간이 끊어져 있다. 게임에서 이기는 팀조차도 실수를 범하거나 그 게임의 일부 동안에는 뒤처질 수가 있을지도 모른다. 이것이 바로 재빨리 회복할 수 있는 능력이 매우 중요한 이유이다. 곤란이라는 것들은 도처에 존재한다. 예기치 않은 일들이 화산재처럼 하늘에서 떨어져 나타나서는 모든 것을 변화시킬 수가 있다. 이것이 바로 어느 저명한 학자가 "무엇이든지 중간과정에서는 실패인 것 같아 보일 수 있다"라고 말한 이유이다. 따라서, 높은 성취의 핵심요소는 저점(低點)에서 되튀어 오르는 것이다.

(2) 꿈에 그리던 보직 제의를 받게 되어 기쁨에 넘쳤다(joyful)

※ 문제 : I(나)의 심경으로 가장 적절한 것은?

> As I walked to the train station, I felt the warm sun on my back. I caught my train on time. It arrived at my destination ten minutes early, which was perfect, as I was due to present my new idea to the company at 10 a.m. The presentation went better than expected, and my manager seemed particularly pleased. Later that day, my manager called me into her office. She smiled at me and said, "James, you've been with us for six years now. How would you feel if I were to offer you the Sales Director position in London?" Sales Director in London! Wow! This was a dream come true for me. I couldn't believe what I had just heard!

- catch the train on time : 시간에 맞게 열차에 대어가다
- arrive at my destination : 나의 목적지/행선지에 도착하다
  - destination : (여행 등의) 목적지, 행선지, 도착(예정)지/항, 보낼 곳, (통신의) 수신자, 목적/의도/용도
- be due to present : 설명하기로 예정되어 있다
  - due : 지급 기일이 된, 만기가 된, (열차·비행기 따위가) 도착 예정인, ~할 예정인, ~하기로 되어 있는, (돈·보수·고려 따위가) 응당 치러져야 할, 마땅한, 적당한, 당연한, 정식의, ~에 기인하는, ~의 탓으로 돌려야 할
  cf: The train is due[in] at two.
  (열차는 2시에 도착할[들어올] 예정이다)
  - present : 설명하다, 제시하다, 소개하다
  cf: presentation : 설명(회)

1. 2015학년도 대입 수능고사(독해·작문)

- go better than expected : 기대했던 것보다 더 잘 되다
  ※ go는 불완전자동사이므로 뒤에 형용사적 보어(better)가 올 수 있다
- later that day : 그날 후에[나중에]
  - later on : 나중에, 후에
  cf: three hours later : 3시간 후에
- You've been with us : 우리 회사에 근무해[재직해] 왔다
- How would you feel if/that~ : ~하게 된다면[~하는 것을] 당신은 어떻게 생각하느냐
- be to offer : ~를 주게/제시하게 되다
- This was (that) a dream come true for me : 이것은 나로서는[내게 있어서는] 하나의 꿈이 실현되는 것이었다
  - come true : 실현되다, 현실화되다
  ※ come은 불완전자동사이므로 형용사적 보어를 받는다
  - what I had just heard : 내가 방금 무엇을 들었는지, <u>내가 방금 들은 것을</u>
  ※ what는 선행사와 관계사를 겸한 관계대명사로서 후속되는 절을 이끈다

기차역으로 걸어가면서 나는 따스한 햇볕이 내 등에 쬐는 것을 느꼈다. 나는 내가 타려는 열차에 시간에 맞게 대어갔다. 나는 행선지에 10분 일찍 도착했는데, 그건 더할 나위 없이 적절한 시간이었다. 왜냐 하면 나는 오전 10시에 회사에다 나의 새로운 아이디어를 설명해 주기로 예정되어 있었기 때문이다. 설명(presentation)은 예상되었던 것 이상으로 잘 수행되었으며, 나의 상사(manager)는 특히 만족한 것 같았다. 그날 이후에, 나의 상사는 나를 자기 사무실로 불렀다. 그녀(상사)는 나를 보고 웃으며 말했다, "제임스, 당신은 이제 6년간 우리 회사에서 일해 왔어요. 내가 당신에게 런던 주재 판매(영업)이사 직위를 주려고(제안하려고) 한다면 당신 생각은 어떻소?" 런던 주재 판매이사라고! 와! 이건 내게 있어서는 하나의 꿈이 실현되는 것이었다. 나는 방금 내가 들었던 것을 믿을 수 없었다.

(3) 행하면서 배우는 것(learning by doing)의 중요성(importance)

※ 문제 : 다음 글의 주제로 가장 적절한 것을 고르시오

> Many disciplines are better learned by entering into the doing than by mere abstract study. This is often the case with the most abstract as well as the seemingly more practical disciplines. For example, within the philosophical disciplines, logic must be learned through the use of examples and actual problem solving. Only after some time and struggle does the student begin to develop the insights and intuitions that enable him to see the centrality and relevance of this mode of thinking. This learning by doing is essential in many of the sciences. For instance, only after a good deal of observation do the sparks in the bubble chamber become recognizable as the specific movements of identifiable particles.

- discipline[dísəplin] : 학문분야, 학자, 훈련/단련, 규율/풍기, 자제/고행, 훈계/징계/처벌
  - scholars from various disciplines : 여러 학문분야의 학자들
  - discipline a child for bad behavior(버릇이 나쁘다고 아이를 벌주다)
- This is often the case with~ : 이것은 종종 ~의 경우에서도 사실이다
  - case : 사실(fact), 실정/진상, 경우/사례, (조사대상의) 사건, 문제(question), 보호・구제의 대상자, 병증(disease), 환자, 판례, 소송(사건), 소송의 신청

  cf: Is it the case that you did it? (네가 그것을 한 것이 사실이냐)
  　　Circumstances alter cases (속담; 사정에 의해 입장도 바뀐다)
  　　The case is different with you (당신의 경우는 다르다)
- with the most abstract as well as seemingly more practical disciplines : 보다 실제적인 것 같아 보이는 학문분야에서는 물론이거니와 가장 추상적인 학문분야에 있어서도
  - seemingly : 보기엔, 외관상으로는, 겉으로는, 표면적으로는, 같아 보이는

1. 2015학년도 대입 수능고사(독해·작문)

- philosophical discipline : 철학분야
  - philosophy : 철학, 원리

  cf: the Kantian metaphysical philosophy(칸트의 형이상학적 철학)
  empirical philosophy(경험철학), practical philosophy(실천철학)
- Only after some time and struggle : 얼마간의 시간과 고투가 있은 뒤에라야
- insight and intuition : 통찰(력)과 직관(력)
- centrality and relevance : 구심성과 관련성
  - centrality : 구심성, 중심임
  - relevance : 관련/관련성, 타당성, 적당/적절

  cf: have relevance to~ : ~에 직접 관련되어 있다
- sparks in the bubble chamber : 거품상자 안에서의 거품
  - spark : <u>불꽃</u>, 불똥, <u>섬광</u>, 활기, (포도주 등에서의) <u>거품</u>

> 많은 학문분야들은 단순히 추상적 연구에 의하는 것보다는 실행 속으로 들어가 봄으로써 더 잘 학습된다. 이것은 보다 실제적인 것 같아 보이는 학문분야에서는 물론이거니와 가장 추상적인 학문분야에 있어서도 사실이다. 예를 들어, 철학분야 내에서도 논리는 사례의 이용과 실제적 문제 풀기를 통해서 학습되어야 한다. 얼마간의 시간과 고투가 있은 뒤에라야 학생은 자신으로 하여금 이 같은 사고(思考) 모드의 중심성과 연관성을 알게 해줄 수 있는 통찰력과 직관력을 개발하기 시작한다. 행함을 통한 이 같은 학습은 여러 과학분야에서 본질적인 것이다. 예를 들어, 수많은 관찰이 있은 뒤에라야 거품상자 안에서의 거품(현상)들은 식별 가능한 미립자[분자]로서 인식가능하게 된다.

(4) 아이들에게 가급적 간섭하지 않고 스스로 문제를 해결하게 해야

※ 문제 : 다음 글의 주제로 가장 적절한 것을 고르시오

> The most normal and competent child encounters what seem like insurmountable problems in living. But by playing them out, he may become able to cope with them in a step-by-step process. He often does so in symbolic ways that are hard for even him to understand, as he is reacting to inner processes whose origin may be buried deep in his unconscious. This may result in play that makes little sense to us at the moment, since we do not know the purposes it serves. When there is no immediate danger, <u>it is usually best to approve of the child's play without interfering</u>. Efforts to assist him in his struggles, while well intentioned, <u>may divert him from seeking and eventually finding the solution</u> that will serve him best.

- competent : 적임의, <u>유능한, 경쟁력</u>/반응력 있는, (법정) 자격이 있는, 관할권 있는, (행위 등이) 합법적인, 정당한
  - He is competent to act as chairman(그는 의장을 맡을 역량이 있다)
  - cf: a competent knowledge of English(충분한 영어 지식),
    the competent minister(소관/주무 장관)
- encounter : (일·난관·위험에) 봉착하다/부닥치다, 해후하다[우연히 만나다]
  - encounter with danger[enemy] : 위험에 부닥치다[적과 조우하다]
- insurmountable[ìnsərmáuntəbl] : 극복할 수 없는, 넘을 수 없는
- play them out : ~하며 즐기다, <u>(아무와) 겨루다, 맞상대하다</u>, (기사·사진 등을) <u>크게 다루다</u>, 대처하다, (상황·문제·일 등을) 처리하다/다루다
  - cf: Let's think how we're going to <u>play it</u>(어떻게 대처할지 생각해 보자)
- cope with~ : (어려운 문제를) <u>처리하다</u>, 극복하다, 대항하다/맞서다

1. 2015학년도 대입 수능고사(독해·작문)

- divert : (방향·관심·주의를 딴 데로) 돌리다, 전환하다/전환시키다(from/to), 전용/유용하다(to)
- approve (of) : ~에 찬성/시인/지지하다, 승인/허가/인가하다, 인증/증명하다
  cf: I approve of the proposal(나는 그 제안에 찬성한다)
      Congress promptly approved the bill(의회는 즉각 예산안을 승인했다)
- without interfering : 간섭하지 않고[않은 채]
- while~ : ~라고는 해도, ~하지만
  cf: while I admit that it is difficult, I don't think it impossible(그 일의 어려움은 인정하지만, 불가능하다고는 생각지 않는다)
- struggle : 버둥질, 노력/고투, 싸움/전투/투쟁
  cf: the struggle for existence[life](생존경쟁)

가장 정상적이고 유능한[경쟁력 있는] 아이라고 해도 살아가면서 극복할 수 없을 것 같아 보이는 문제들에 부닥친다. 그러나 그런 문제들을 다룸으로써 그 아이는 일종의 단계적 과정에서 문제들과 맞겨룰 수 있게 될지도 모른다. 그는 그 기원이 자신의 무의식 속에 깊히 묻혀 있을지도 모르는 내면적 과정에 반응하고 있는 것과 마찬가지로, 자신조차 이해하기 힘든 상징적인 방법으로도 그렇게 한다. 이러한 현상은 그 순간에는 우리들에게 거의 무의미한 문제 다루기로 끝날 수도 있다. 왜냐 하면 우리는 그러한 문제 다루기가 기여하는 대상인 목적을 모르기 때문이다. <u>아무런 즉각적인 위험이 없다면, 간섭을 하지 않은 채 그 아이의 문제 다루기를 인정해 주는 것이 통상 가장 좋은 방법이다.</u> 비록 잘 의도된 경우라 하더라도 그의 고투 과정에서 도와주려는 노력은 그를 그에게 가장 기여하게 될 해결책을 모색하고 알아내게 되는 데에서부터 그를 딴 데로 관심을 돌리게 만들 수도 있다.

(5) 도덕적 원칙이 우리의 행위를 이끈다
(Moral principles guide our conduct)

※ 문제 : 다음 글의 제목으로 가장 적절한 것을 고르시오

> At some time in their lives, most people pause to reflect on their own moral principles and on the practical implications of those principles, and they sometimes think about what principles people should have or which moral standards can be best justified. When a person accepts a moral principle naturally the person believes the principle is important and well justified. But there is more to moral principles than that. <u>When a principle is part of a person's moral code, that person is strongly motivated toward the conduct required by the principle</u>, and against behavior that conflicts with that principle. The person will tend to feel guilty when his or her own conduct violates that principle and to disapprove of others whose behavior conflicts with it. Likewise, the person will tend to hold in esteem those whose conduct shows an abundance of the motivation required by the principle.

- pause : 잠시 ~하기를 중단하다, 끊기다, 잠시 멈추다
- reflect on~ : <u>~을 곰곰이 생각해 보다</u>, 회고하다, 숙고하다
- moral principle : 도덕적 원칙, 도의(道義)
- moral standard : 도덕적 기준①
- implication : <u>의미</u>, <u>함축/함의</u>, 연루
- justify : 옳다고 하다, <u>정당화하다</u>, 변명하다
  cf: He is justified in saying so(그가 그렇게 말하는 것도 당연하다)
- motivate[móutəvèit] : ~에 동기를 부여하다, 자극을 주다, 흥미를 느끼게 하다

1. 2015학년도 대입 수능고사(독해·작문)

- conflict (with) : ~와 상충되다, 양립하지 않다, 충돌하다, 모순되다
  cf: His testimony conflicts with yours(그의 증언은 당신의 증언과 어긋난다)
- tend to~ : ~하는 경향이 있다
- feel guilty : 죄의식을 느끼다
- likewise : 더욱이, 또한(too), <u>마찬가지로</u>
  cf: I should get a checkout, and you likewise(나는 건강진단을 받아야 해, 그리고 너도 그래)
- disapprove (of) : ~을 좋지 않다고 생각하다, ~을 비난하다, ~에 불찬성을 주장하다, ~을 불가하다고 생각하다
- esteem : 존중/존경, 호의, 평판(for), 평가
- abundance : 다량/다수, 풍부/충만
  cf: a year of abundance(풍년), an abundance of examples(수많은 예)
      live in abundance(풍족하게 살자)

　대부분의 사람들은 자신들 생애의 어떤 때에는 잠시 멈춰서 그들 자신의 도덕적 원칙들과 그 원칙들의 실제 이행에 대하여 곰곰이 생각하며, 때로는 사람들이 어떤 원칙들을 가져야 하는지 또는 어느 도덕적 기준이 가장 잘 정당화될 수 있는지에 대해서도 생각한다. 어떤 사람이 하나의 도덕적 원칙을 받아들이게 되면, 자연히 그 사람은 그 원칙이 중요하고 잘 정당화된다고 믿는다. 그러니 도덕적 원칙에는 이보다 더 많은 의미가 있다. 어떤 원칙이 그 사람의 도덕적 규준의 일부일 때, 그 사람은 그 원칙에 의해 요구되는 행위를 지향하는 방향으로, 그 원칙과 상충되는 행위에는 반대하는 방향으로 강력하게 동기가 부여된다. 그 사람은 자신의 행위가 그 원칙을 위배하게 되면 죄의식을 느끼는 경향이 있으며, 그 원칙과 상충되는 행위를 하는 다른 사람들을 좋지 않게 생각하는 경향이 있다. 마찬가지로, 그 사람은 그러한 원칙에 의해 요구되는 풍부한 동기부여를 보여주는 행위의 사람들을 존경하는 태도를 견지하려는 경향이 있다.

(6) 위험상황에서의 성공요인 : "최종결과보다는 바로 다음의 단계에 초점을 맞춰라"(Focus on the Next Step, Not the Final Result)

※ 문제 : 다음 글의 제목으로 가장 적절한 것을 고르시오

> The key to successful risk taking is to understand that the actions you're taking should be the natural next step. One of the mistakes we often make when confronting a risk situation is our tendency to focus on the end result. Skiers who are unsure of themselves often do this. They'll go to the edge of a difficult slope, look all the way down to the bottom, and determine that the slope is too steep for them to try. The ones that decide to make it change their focus by analyzing what they need to do to master the first step, like getting through the first mogul on the hill. Once they get there, they concentrate on the next mogul, and over the course of the run, they end up at the bottom of what others thought was an impossible mountain.

- The key to successful risk taking : 성공적인 위험인수의 열쇠[요체, 관건, 핵심, 요인]
- the natural next step : 자연스러운/당연한 다음 단계
- confront : 직면하다, 마주보다, 대면/대결하다
  cf: The house confronting mine(우리 집의 맞은편 집),
      confront danger(위험에 직면하다)
- all the way : 멀리(~부터 ~까지), 여러 가지로, 줄곧/내내
- make it : 잘 해내다, 성공하다, ~에 용케 도달하다(to), (행사 등에) 참석하다(to), (그럭저럭) 시간에 대다, (어떤 직위까지) 오르다(to), 시간이 몇 시다, (~동안) 버티다/견디다

1. 2015학년도 대입 수능고사(독해·작문)

cf: If we run, we can make it(뛰면 시간에 맞출 수 있다)

cf: I make it ten past three(지금 3시 10분입니다)

- **get through** : <u>성공적으로 통과하다</u>, 합격하다, <u>목적지에 도달하다</u>, 전화 등으로 연락이 되다, 이야기가 통하다
- **mogul[móugəl]** : 스키에서 활주사면에 융기해 있는 단단한 눈더미

> 성공적인 위험인수의 열쇠는 당신이 떠맡으려는 그 조치(행동)들이 당연한 다음 단계이어야 한다고 이해하는 일이다. 어떤 위험상황에 직면했을 때 우리가 종종 저지르는 실수들 중의 하나는 우리가 최종결과에 초점을 맞추는 경향이다. 자기자신에 확신이 없는 스키어들은 흔히 이러한 실수를 범한다. 그들은 어려운 슬로프의 가장자리까지 올라가서 멀리 밑에까지 내려가는 길을 모두 보고는 그 슬로프가 자신이 타보기에는 너무 가파르다고 단정해 버린다. (이에 비해) 성공적으로 해내겠다고 결심한 스키어들은 그 언덕(경사로)에 있는 첫 눈더미(mogul)를 통과하는 것 등의 최초단계를 정복하기 위해서는 무엇이 필요한가를 분석함으로써 자신들의 초점을 바꾼다. 일단 거기에 도달하고 나면, 그들은 또 그 다음의 눈더미에, 그리고는 그 주행의 과정에 집중하여, (마침내) 딴 스키어들이 불가능하다고 생각했던 산의 기슭(최저부)에서 끝을 맺는다.

APPENDIX(부록) 수험문제 지문구조 정밀해설

(7) 게오르그 디오니시우스 에레트: 18세기의 위대한 식물화가

- 중점부분: 그는 젊은 시절 유럽전역을 주로 걸어서 여행하면서 식물을 관찰하고 자신의 미술기량을 개발했다.

※ 문제 : Georg Dionysius Ehret에 관해 기술한 내용들 중 다음의 본문내용과 일치하지 않는 것은?

> The 18th century is called the Golden Age of botanical painting, and Georg Dionysius Ehret is often praised as the greatest botanical artist of the time. Born in Heidelberg, Germany, he was the son of a gardener who taught him much about art and nature. As a young man, Ehret traveled around Europe, largely on foot, observing plants and developing his artistic skills. In Holland, he became acquainted with the Swedish naturalist Carl Linnaeus. Through his collaborations with Linnaeus and others, Ehret provided illustrations for a number of significant horticultural publications. Ehret's reputation for scientific accuracy gained him many commissions from wealthy patrons, particularly in England, where he eventually settled.

- botanical[bətǽnikəl] painting : 식물화(식물을 그린 그림)
  - botany : 식물학, (한 지방의) 식물, botanist : 식물학자
  cf: botanical art(식물화가), botanical garden(식물원),
      zoological garden(동물원)
- gardner : 정원사, 원예사
- be[become] acquainted with~ : ~와 알게 된[사귀게 된], ~에 지식이 있는[정통하고 있는]
- naturalist : 동물/식물학자, 박물학자, 자연주의자, 애완동물 장수, 박제사

- 511 -

1. 2015학년도 대입 수능고사(독해·작문)

- collaboration[kəlæbəréiʃən] : 공동, 협력, 합작, 공동 연구/제작
  cf: in collaboration with : ~와 공동으로, with(the) collaboration from/of(~의 협력을 얻어)
- illustration : <u>삽화</u>, 도해, (설명을 위한) 비교, 실례, 설명, 해설
  cf: in illustration of : ~의 예증(例證)으로서
- horticultural publication : 원예(학) 출판물
  - horticulture [hɔ́ːrtəkʌltʃər] : 원예학
- reputation [rèpjutéiʃən] : (for/of) 평판, 풍문
  cf: She has a reputation for being late
    (그녀는 상습적인 지각자로 통하고 있다)
    gain[establish, earn, make] a reputation : 명성을 얻다
- commission : <u>위탁/위임</u>, 의뢰/부탁, 위탁받은 일, 부탁사항, 임무, 직권, 명령/지령, 위원회, (장교의) 임관, (함선의) 취역
- patron[péitrən] 보호자, <u>후원자/지지자</u>, (상점의) 고객/단골손님, (극장의) 관객

> 18세기는 식물화의 황금기라고 불리며, 게오르그 디오니시우스 에레트는 흔히 그 시대의 가장 위대한 식물화가로 칭송받는다. 그는 독일 하이델베르크에서 정원사의 아들로 태어났는데, 그의 아버지는 그에게 미술과 자연에 대해 많은 것을 가르쳐 주었다. 젊은 시절에 에레트는 주로 걸어서 유럽전역을 여행하면서 식물을 관찰하고 자신의 미술적 기량을 개발했다. 네덜란드에서 그는 스웨덴의 자연학자[동/식물학자] 칼 리네우스와 사귀게 되었는데, 리네우스와 다른 사람들과의 공동작업을 통해서 그는 수많은 주요 원예 출판물들에 삽화를 제공했다. 에레트의 과학적 정확성에 대한 평판은 그에게 부유한 후원자들, 특히 영국 내 후원자들로부터 많은 작품 의뢰를 받게 해주었으며, 결국 그는 영국에 정착했다.

※ 힌트 : "젊은 시절 그는 주로 마차로(by carriage) 여행했다"는 설명항목은 부적절

(8) 12~17세 미국인들이 소셜 미디어에 올린 개인정보의 유형별 통계

※ 문제 : ① ~ ⑤번의 항목 중 도표의 내용과 일치하지 않는 설명부분은?

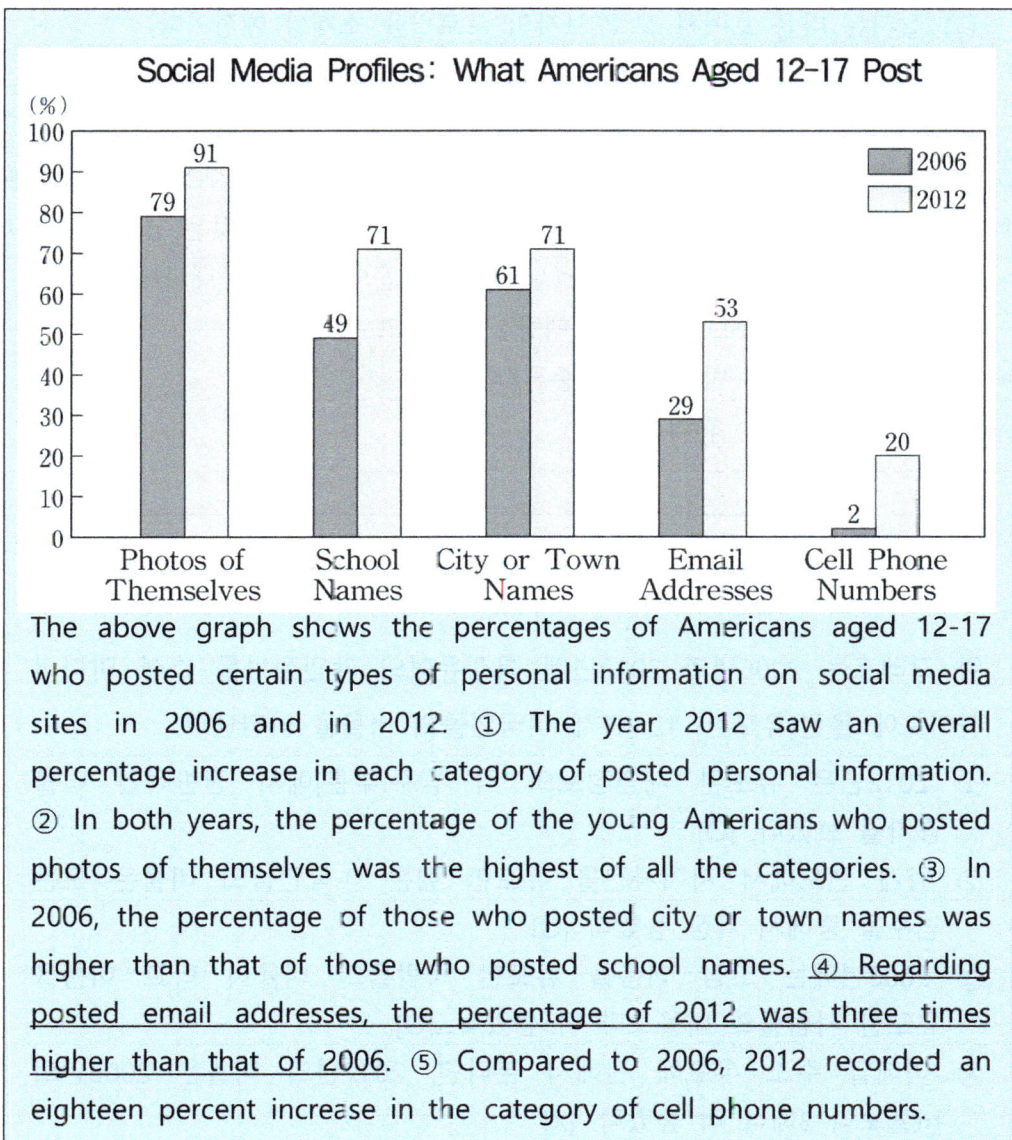

The above graph shows the percentages of Americans aged 12-17 who posted certain types of personal information on social media sites in 2006 and in 2012. ① The year 2012 saw an overall percentage increase in each category of posted personal information. ② In both years, the percentage of the young Americans who posted photos of themselves was the highest of all the categories. ③ In 2006, the percentage of those who posted city or town names was higher than that of those who posted school names. ④ Regarding posted email addresses, the percentage of 2012 was three times higher than that of 2006. ⑤ Compared to 2006, 2012 recorded an eighteen percent increase in the category of cell phone numbers.

※ 힌트 : 그래프의 통계치를 이해하고, ① ~ ⑤번 설명내용이 위 그래프의 통계자료와 일치하는지 않는지를 판단하야 한다. 최근 이런 유형(수리와 문리의 혼합질문 형식)의 출제빈도가 증가되는 추세이므로 유의해야 할 것이다.

1. 2015학년도 대입 수능고사(독해·작문)

- profile[próufail] : (명사·동사 겸용으로 쓰이며) 윤곽, 면모, 옆모습, 세간의 관심/주목, 프로필[간략한 인물소개]
    cf: The magazine will profile the candidate in its next issue
        (그 잡지는 다음 호에서 그 후보자의 프로필을 소개할 예정이다)
        The skyscrapers were profiled against a starry sky
        (마천루들이 별이 총총한 하늘을 배경으로 윤곽을 드러냈다)
- post : (삐라/벽보 등을) 붙이다(up), 게시/고시/공표하다, (말을) 퍼뜨리다/유포하다/소문내다
    cf: It is forbidden to post this wall(이 벽에 벽보 붙이는 것은 금지되어 있다)
        Post a person for a swindler(누구를 사기꾼이라고 소문내다)
        Post a ship as missing(배가 행방불명이라고 발표하다)
- category[kǽtəgɔ̀ːri] : 범주/부문, 종류/부류
- cell phone number : 휴대폰 번호

<소셜 미디어 프로필스 : 12~17세 미국인들은 무슨 정보를 올리나>

위 그래프는 2006년과 2012년에 특정유형의 개인정보를 소셜 미디어 사이트에 올린[유포한] 12~17세 미국인들의 비율을 나타낸다.

① 2012년은 유포된 개인정보의 각 범주[부문]에서 전반적인 비율 증가를 보였다. [O]
② 양개 연도에서 자기사진을 유포한 젊은 미국인들의 비율은 모든 범주들 중에서 가장 높았다 [O]
③ 2006년에는 고장 이름을 유포한 사람들의 비율이 학교 이름을 유포한 사람들의 비율보다 더 높았다. [O]
④ 이메일 주소 유포에 관해서 본다면, 2012년의 비율은 2006년의 비율보다 3배나 더 높았다. [X]
⑤ 휴대전화 번호의 범주에 있어서는 2012년은 2006년에 비해 18 퍼센트 (포인트)의 증가를 기록했다. [O]

(9) 단편영화(Short Film) 페스티벌 개최(안내 공고문)

※ 문제 : 다음 안내문의 내용과 일치하는 설명 항목은?

SHORT FILM FESTIVAL

We will be hosting nine short films, which were written, directed, acted and produced by students from the College of Performing Arts & Film, Pamil University.

- Date: Friday, November 21, 2014
- Time: 7:00 pm - 10:00 pm
- Place: Pamil Auditorium, Pamil University
- Price:
    $10 (general admission)
    $5 (discount for all university students with a valid ID)
    - Tickets can be purchased from the student union office from Monday, November 17, 2014.
    - All tickets are non-refundable.
    - FREE beverage included in ticket price
- For more information, please call the student union office at (343) 777-8338.

- host : 주인 역을 하다, ~의 사회를 하다[주관하다], 접대하다
- the College of Performing Arts & Film : 공연예술·영화 대학
- Auditorium : 관객석, 강당
- general admission : 일반(석) 보통요금
- with a valid ID : 유효한 (학생) 신분증을 소지한
- can be purchased from the student union office : 학생회(관) 사무실에서 구매하실 수 있음

1. 2015학년도 대입 수능고사(독해·작문)

- non-refundable : 환불 불가능한
  - refund[ri:fʌnd] : (명사로서) 환불(금), 변상, (동사로서) 환불하다, 반환하다, 새로 적립하다, (공채 등을) 차환(借換)하다, 구 증서를 신 증서와 바꾸다

  cf: refund a deposit(예금을 내주다)

  They refunded me one-third of the medical expenses
  (그들은 나에게 의료비의 1/3을 환불해 주었다)

- for more[further] information : 더 많은[추가적] 정보를 알고 싶으시다면

단편영화 페스티벌

우리는 파밀 대학교 공연예술·영화 대학 소속 학생들이 쓰고, 감독하고, 출연하고 제작한 9편의 단편영화 쇼를 주최[진행]코자 합니다.

- 일자 : 2014년 11월 21일, 금요일
- 시간 : 오후 7시~10시
- 장소 : 파밀 대학교 파밀 강당
- 입장료(값)
    $10(일반 입장인)
    $5 (유효한 학생 확인증을 소지한 파밀 대학교 전학생에게 할인)
    - 관람권은 학생회(관) 사무실에서 2014.11.17일(금요일)부터 구매 가능
    - 모든 관람권은 환불 불가
    - 무료음료가 입장료에 포함됨
- 더 많은 정보를 원하시면 학생회(관)에 전화 (343) 777-8338로 문의하시기 바람

※ 유의점 : 안내문 파악은 요점 위주로 해야 한다.
  - 영화제작 주체(공연예술·영화대학 학생들), 진행시간(3시간), 할인대상자 (전학생), 구입 관람권의 환불여부, 음료대의 입장료 포함 여부 등

(10) 방과 후 프로그램 안내문

※ 문제 : 다음 안내문의 내용과 일치하지 않는 설명 항목은?

AFTER-SCHOOL PROGRAM

December 1, 2014 - January 30, 2015

Are you looking for fun and exciting classes? Come on down to the Green Hills Community Center to check out our FREE program for local teens!

Classes
- Art, Music, Taekwondo
- Classes with fewer than 20 applicants will be canceled.

Time & Place
- The program will run from Monday to Friday(5:00 pm to 7:00 pm).
- All classes will take place in the Simpson Building.

How to sign up
- Registration forms must be sent by email to the address below by 6:00 pm, November 28. Please download the forms from our website at www.greenhills.org.

For additional information, please visit our website or send an email to bill@greenhills.org.

- after-school : 방과 후(의)
- sign (up) : 서명하다, 서명하여 받다, 서명하여 고용되다/취업계약하다, 가입하다, 손짓·신호하다(to)
- Registration form : 등록양식, 등록서류
- download : (데이터·양식 등을) 전송하다, 전송받다

1. 2015학년도 대입 수능고사(독해·작문)

방과 후 프로그램
(2014.12.1 - 2015.1.30)

당신은 재미있고 신나는 (학습) 클래스를 찾고 계십니까? 지역내 10대들을 위한 우리의 무료 프로그램을 알아보시려면 그린 힐즈 커뮤니티 센터로 오십시오.

■ **클래스**
- 미술, 음악, 태권도
- 신청자가 20명 미만인 수업은 취소됨

■ **시간 및 장소**
- 프로그램은 월요일부터 금요일까지(오후 5시~오후 7시)
- 모든 클라스는 심프슨 빌딩에서 이루어질 것임

■ **가입하시는 방법**
- 등록신청 서류는 11월 28일 오후 6시까지 아래 주소로 E-mail로 전송되어야 함
  - 작성양식은 우리의 웹사이트(www.greenhills.org)에서 다운 받으세요.

추가정보를 원하시면 우리 센터의 웹사이트를 방문하시거나, 우리 센터의 e-mail 주소(bill@greenhills.org)로 보내 주세요.

※ 유의점 : 안내문에서 visit는 on-line상의 방문을 의미하며, 등록신청도 E-mail로 해야 한다

(11) 수산물 양식산업의 초기단계에 범했던 과오와 값비싼 희생
- 주변 야생 서식지 황폐화, 공공관계 악화, 수중 불모지 초래 등

※ 문제 : 다음 글의 밑줄 친 부분 중, 어법상 틀린 것은?

> During the early stages when the aquaculture industry was rapidly expanding, mistakes were made and these were costly both in terms of direct losses and in respect of the industry's image. High-density rearing led to outbreaks of infectious diseases that in some cases ① <u>devastated</u> not just the caged fish, but local wild fish populations too. The negative impact on local wildlife inhabiting areas ② <u>close</u> to the fish farms continues to be an ongoing public relations problem for the industry. Furthermore, a general lack of knowledge and insufficient care being taken when fish pens were initially constructed ③ <u>meaning</u> that pollution from excess feed and fish waste created huge barren underwater deserts. These were costly lessons to learn, but now stricter regulations are in place to ensure that fish pens are placed in sites ④ <u>where</u> there is good water flow to remove fish waste. This, in addition to other methods that decrease the overall amount of uneaten food, ⑤ <u>has</u> helped aquaculture to clean up its act.

- aquaculture[ǽkwəkʌ̀ltʃər] : (어류·해조류의) 수산물 양식(養殖)[hydro culture]
  - aquarium[əkwɛ́əriəm] : 수조(水槽), 수족관, 인공연못, 거처
- costly[kɔ́:stli] : 값이 비싼(expensive), 사치스러운, <u>손해[희생]가 많은</u>, 비싸게 치인
- High-density rearing : 고(高) 밀집 양식[사육]
  - rear : (아이를) 기르다, 교육하다, 부양하다, <u>사육하다</u>, 재배하다, ~을 곧추세우다, ~을 일으키다/들어 올리다, 자리를 박차고 일어서다
- outbreak of infectious disease : 전염병의 급격한 증가
  - outbreak[áutbreik] : (전쟁·화재의) 돌발, (감정의) 폭발, 돌연한 출현[발생], <u>(해충 등의) 급격한 증가</u> 폭동/봉기

1. 2015학년도 대입 수능고사(독해·작문)

- devastate[dévəstèit] : 황폐시키다, 유린하다, 압도하다, 무찌르다
- population : (물고기 등의) 개체군, 집단, 인구, 주민(수), 모집단, 식민
- fish pen : 물고기 우리. cf: a sheep pen(양 우리)
- on going[ɔ́ŋɡóuiŋ] : 전진하는, 진행 중의
- pollution : 오염, 더럽힘, 공해, 더러움, 불결
- barren : (땅의) 불모의, 척박한, 삭막한, 열매를 맺지 않는, 소득이[성과가] 없는, 불임의(infertile)
- desert[dézərt]: 사막, 불모지. cf: a cultural desert(문화적 불모지)

수산물 양식산업이 급속히 확대되고 있었던 초기단계 기간중에는 (많은) 과오가 저질러졌으며 직접적 손실의 측면과 해당 산업의 이미지 측면이라는 양개 측면에서 값 비싼 희생이 치러졌다. 고 밀집 양식은 몇몇 경우에서 그것이 단순히 우리 안의 물고기들뿐만 아니라 현지 야생 물고기 집단까지도 황폐화시킨 전염병의 급증으로 진전되었다. 그 양식장들에 인접한 현지 야생 생물의 서식지역들에 미친 부정적 영향은 그 산업에 대한 지속적인 공공(公共)관계의 문제로 계속되고 있다. 더욱이 물고기 우리가 처음 건설되고 있을 때 취해지고 있는 전반적 지식부족과 불충분한 주의[보살핌]는 잉여사료와 물고기 폐기물로부터 생기는 오염이 삭막한 거대 수중(水中) 불모지를 초래했음을 의미한다. 이러한 사례들은 학습하는 데 값비싼 교훈이 되었지만, 지금은 물고기 폐기물을 제거할 수 있는 양호한 물 흐름이 있는 장소에 물고기 우리가 세워질 것을 보장하기 위해 보다 엄격한 규제들이 마련되어 있다. 이것은, 먹지 않은 사료의 총량을 감소시키려는 다른 방법들에 더하여 수산물 양식이 자체 활동현장을 청결하게 하는 데 도움을 주어 왔다.

※ 힌트 : ②의 close는 형용사 ④의 where는 관계부사로서 앞의 명사를 수식하고 ①의 devastated는 관계대명사 that에 의해 이끌려 infectious disease를 수식한다. 그러나 ③의 meaning은 그 앞의 기다란 주어구(句)를 서술해야 하는 서술동사(본동사)가 되어야 하므로 meaning이 아니라 mean(또는 과거형인 meant)이 되어야 맞다.

(12) 자신에 대한 부정적 시각으로 위축되어 있는 10대 딸에게 긍정적인 것 일깨워 주기

※ 문제 : 다음 글의 밑줄 친 부분 중, 어법상 틀린 것은?

> Nancy was struggling to see the positive when ① her teen daughter was experiencing a negative perspective on her life and abilities. In her desire to parent intentionally, ② she went into her daughter's room and noted one positive accomplishment she had observed. "I know you've been having a hard time lately, and you aren't feeling really good or positive about your life. But you did a great job cleaning up your room today, and ③ I know that must have been a big effort for you." The next day, to Nancy's surprise, the teen girl seemed somewhat cheerful. In passing, ④ she said, "Mom, thanks for saying the positive thing about me yesterday. I was feeling so down and couldn't think of anything good about myself. After ⑤ you said that positive thing, it helped me see one good quality in myself, and I've been holding onto those words."

- negative perspective (on) : 부정적 시각
- parent : (남의) 부모 대신이 되다, (상태 등을) 만들어 내다, 아이를 기르다
- positive[affirmative] accomplishment : 긍정적 성취
- a great job : 큰 일/수고
- be feeling down : 기분이 위축되고 있는
- hold onto~ : ~을 꼭 붙잡고 있다, ~에 의지하다

1. 2015학년도 대입 수능고사(독해·작문)

> 낸시는 자신의 10대 딸이 그녀의 생활과 능력에 대해 부정적 시각을 겪고 있었을 때 긍정적인 것을 찾아내려고 고심하고 있었다. 의드적으로 어떤 상황(계기)을 만들어 주려는 바람에서, 그녀는 자기 딸의 방으로 들어가서는 그녀가 목격한 한 가지 긍정적 성취를 적어 두었다. "나는 네가 최근 힘든 시간을 보내왔고, 그래서 너 자신의 생활에 관하여 정말로 좋거나 긍정적인 기분을 느끼지 못하고 있다는 사실을 알고 있단다. 너는 오늘 네 방을 말끔히 청소하는 큰일을 해냈구나. 나는 이것이 너에게 있어서는 큰 노력이었음에 틀림없다는 사실을 알고 있단다." 그 다음날 낸시가 놀랄 만큼, 그 10대 소녀는 다소간 유쾌해진 것 같았다. 그녀는 지나가면서 말했다, "엄마, 어제 내게 관하여 긍정적인 것을 말해 줘서 고마워. (사실) 나는 무척 위축되고 있었고 나 자신에 관해 좋은 것이라곤 아무것도 생각할 수 없었어. 엄마가 그 긍정적인 것을 말해준 뒤로, 그것은 나로 하여금 나 자신 속에 한 가지 좋은 자질이 있음을 알게 하는 데 도움이 되었고, 그래서 나는 그 말을 꽉 붙잡고[마음에 새기고 의지해] 있어."

※ 힌트 : 인칭대명사가 누구를 지칭하는지를 묻는 문제이다. 여기서는 여성 2명(낸시와 그녀의 딸)이 등장하는 글인데, she·her·I·you 등의 인칭대명사가 해당문장에서 그중 누구를 가리키는지를 문맥상으로 파악해야 한다. ①의 her, ②의 she, ③의 I, ⑤의 you는 모두 Nancy이지만, ④의 she는 그녀의 10대 딸이다.

(13) 귀(청각)는 측정능력과 판단능력을 융합시키는 유일하고 정직한, 매사의 근저에 있는 방대한 정보를 우리에게 제공한다

※ 문제 : A, B, C의 각 네모 안의 2개 낱말 중에서 해당 문맥에 맞는 것은?

> While the eye sees at the surface, the ear tends to penetrate below the surface. Joachim-Ernst Berendt points out that the ear is the only sense that (A) **fuses** / replaces an ability to measure with an ability to judge. We can discern different colors, but we can give a precise number to different sounds. Our eyes do not let us perceive with this kind of (B) diversity / **precision**. An unmusical person can recognize an octave and, perhaps once instructed, a quality of tone, that is, a C or an F-sharp. Berendt points out that there are few 'acoustical illusions' — something sounding like something that in fact it is not — while there are many optical illusions. The ears do not lie. The sense of hearing gives us a remarkable connection with the invisible, underlying order of things. Through our ears we gain access to vibration, which (C) **underlies** / undermines everything around us. The sense of tone and music in another's voice gives us an enormous amount of information about that person, about her stance toward life, about her intentions.

- penetrate : 관통하다, 파고들다, 뚫고 보다
- fuse : ~을 …와 융합시키다, 융합하다, 융해되다, 녹이다/용융하다, 퓨즈가 나가다/나가게 하다
- acoustical[əkúːstikəl] : 청각의(acoustic)
  - acoustical illusion : 시각적 착각/환각. cf: optical illusion(착시), acoustic instrument(청음기), auditory hallucination[həlùːsənéiʃən](환청)
- unmusical : 음악적 재능이[흥미가] 없는

1. 2015학년도 대입 수능고사(독해·작문)

- **instruct** : 지시하다, 지침을 내리다, <u>지도/교육하다</u>, 선임하다
  cf: instructions(설명(서), 지시(사항), 당부(사항), 지도/교육)
- **gain access to** : ~에 접근[면회]하다
  cf: give access to : ~에 출입/접근을 허가하다
  cf: have access to : ~에 출입을 허락받고 있다
- **underlying** : 밑에 있는, 기초가 되는, 근원적인(fundamental), (법률에서) 우선하는(prior) (권리·담보 등)
  - underlie : <u>~의 밑(근저)에 있다[가로 놓이다]</u>, <u>~의 기초가 되다</u>, (권리·담보 등이) ~에 우선하다
- **stance** : <u>자세</u>, 발의 자세[발 디딤], 스탠스, (건물의) 위치

눈은 표면을 보지만, 귀는 표면의 밑을 꿰뚫는 경향이 있다. 베렌트(Joachim-Ernst Berendt)는 지적하기를 귀는 <u>측정하는 능력을 판단하는 능력과 융합시키는</u> 유일한 감각이라고 한다. 우리는 (눈으로) 다른 색깔들을 분별할 수 있지만, (귀로는) 상이한 소리들에 정밀한 수치를 부여할 수 있다. 우리의 눈은 이런 종류의 정밀성으로 우리를 인식시키지는 못한다. 음악적 재능이 없는 사람이라도 옥타브는 인지할 수 있으며, 아마도 교육을 받으면 음조(音調)의 질, 즉 C 또는 F-샤프도 인지할 수 있을 것이다. 베렌트는 또 지적하기를 청각적 착각―즉 사실은 그것이 아닌 어떤 것 같이 들리는 그 무엇―은 거의 없는데 비해, 시각적 착각(착시)는 많이 존재한다고 한다. 귀는 거짓말하지 않는다. 청각은 우리에게 매사의 보이지 않는 근저에 있는 질서와의 뚜렷한 연결성을 제공해 준다. 우리는 귀를 통해 우리들 주변의 모든 것의 근저를 이루는 진동에게로 접근하게 된다. 다른 사람의 소리로 된 음조와 음악에 대한 감각은 우리에게 그 사람에 관해, 그 사람의 인상에 대한 태도에 관해, 그리고 그의 의도에 관해 엄청난 양의 정보를 제공해 준다.

※ 힌트 : 귀는 측정능력·판단능력을 융합하고(fuse), 우리로 하여금 정밀성을 갖고(with precision) 인식케 하며, 매사의 근저를 이루는(underlie) 진동[정보]에 접근케 해준다.

APPENDIX(부록) 수험문제 지문구조 정밀해설

(14) '다중작업(multi-tasking)'이란 용어를 여러 작업을 동시 처리하는 것으로 봄은 잘못된 인식이며, 특히 인간에게 있어서는 적절치 않는 말이다

※ 문제 : 빈칸에 들어갈 가장 적절한 말은?

> The concept of humans doing multiple things at a time has been studied by psychologists since the 1920s, but the term "multitasking" didn't exist until the 1960s. It was used to describe computers, not people. Back then, ten megahertz was so fast that a new word was needed to describe a computer's ability to quickly perform many tasks. In retrospect, they probably made a poor choice, for the expression "multitasking" is inherently deceptive. Multitasking is about multiple tasks alternately sharing one resource (the CPU), but in time the context was flipped and it became interpreted to mean multiple tasks being done simultaneously by one resource (a person). It was a clever turn of phrase that's misleading, for even computers can process only one piece of code at a time. When they "multitask," they switch back and forth, alternating their attention until both tasks are done. The speed with which computers tackle multiple tasks **feeds the illusion** that everything happens at the same time, so comparing computers to humans can be confusing.

- multi-tasking : 다중작업(하기)=하나의 cpu로 복수의 작업을 함
- in retrospect[rétrəspèkt] : 되돌아 보면, 회고하면
    - retrospect : 회고/회상, 소급력, 회고/회상하다(on), 추억에 잠기다
    cf: retrospection(회고/회상, 과거를 되돌아봄)
- inherent[inhíərənt] : 본래부터 가지고 있는, 고유의/본래의, 타고난, 선천적인
    - inherently : 생득적(生得的)으로, 본질적으로
- deceptive : 현혹시키는, 거짓의/사기의, 믿지 못할, 실망을 주는
- alternately : 교대로, 하나 걸러

- 525 -

1. 2015학년도 대입 수능고사(독해·작문)

- alternately : 번갈아 하는, 교호(交互)의, 교체/교대의
  cf: a week of alternate snow and rain(눈·비가 번갈아 내린 한 주)
      alternate hope and despair(일희일우;一喜一憂)
- flip : (손가락으로)튀기다, 툭 치다, 가볍게 털다, 홱 뒤집다, (동전 등을) 던지다, 벌컥 화내다, 찰칵 누르다, 홱 펼치다/넘기다, (주제 등이) 갑자기 바뀌다, 채널을 이리저리 돌리다
- turn a phrase : 그럴 듯한 말을 하다. 명(名)문구를 만들어 내다
- tackle (with) : ~에 달라붙어[맞붙어] 일을 처리하다, 논쟁하다, 맞싸우다

> 인간이 동시에 여러 일들을 한다는 개념은 1920년대 이래 심리학자들에 의해 연구되어 왔다. 그러나 '다중작업(multi-tasking)'이란 용어는 1960년대 이전까지만 해도 존재하지 않았다. 이 용어는 사람이 아니라 컴퓨터를 설명하는 데 사용되었다. 당시에는 10 메가 헬츠가 너무나 빨라서 많은 작업들을 신속하게 수행하는 컴퓨터의 능력을 설명하기 위해서는 새로운 말이 필요했던 것이다. 되돌아보면, 당시 사람들은 아마도 잘못된 (용어) 선택을 한 것 같다. 왜냐 하면 'multi-tasking'(다중작업)이라는 표현은 본질적으로 현혹적인 것이기 때문이다. multi-tasking은 하나의 출처(즉 cpu)를 교대로 나누어(공유해서) 쓰는 다중작업에 관한 것이지만, 머지않아 그 용어는 쉽게 취급되어 하나의 출처(사람)에 의해 동시적으로 수행되는 다중과업을 의미하는 것으로 해석되었다. 즉 그것은 우리를 오도(誤導)하는 말의 교묘한 분식에 불과했다. 왜냐 하면 컴퓨터조차도 한번에 단지 코드의 한 조각씩만을 처리할 수 있기 때문이다. 사람들이 흔히 'multi-tasking(다중과업)'을 한다고 말할 때, 사실은 두 과업이 완료될 때까지 자신들의 관심을 바꾸어 가며 앞·뒤로 방향전환을 한다. 컴퓨터들이 다중과업에 달라붙어 일을 처리함에 있어서의 속도란 것이 모든 게 동시에 일어난다는 환상을 키우는 결과를 초래함으로써 컴퓨터를 인간에 비유하는 것은 혼란스러운 것이다[모순된 말이다].

※ 힌트 : 본문내용 중에 "우리를 오도하는 말 꾸미기(turn of phrase that's misleading" 등의 언급을 감안할 때, 답안으로 제시된 myth(신화), fact(사실), conviction(신념), hypothesis(가정) 등은 개념 자체가 부적절하며, "<u>feeds the illusion</u>(환상을 키운다)"라는 어구가 적절하다

(15) 지식(과학)은 무(無)도덕적(amoral)이다 : 즉 부도덕적(immoral)이 아니라, 도덕 중립적(morality neutral)

※ 문제 : 빈칸에 들어갈 적절한 말은?

> My friend was disappointed that scientific progress has not cured the world' ills by abolishing wars and starvation; that gross human inequality is still widespread; that happiness is not universal. My friend made a common mistake — a basic misunderstanding in the nature of knowledge. Knowledge is amoral — not immoral but morality neutral. It can be used for any purpose, but many people assume it will be used to further their favorite hopes for society — and this is the fundamental flaw. Knowledge of the world is one thing; its uses create a separate issue. To be disappointed that our progress in understanding has not remedied the social ills of the world is a legitimate view, but ①**to confuse this with the progress of knowledge is absurd** To argue that knowledge is not progressing because of the African or Middle Eastern conflicts misses the point. There is nothing inherent in knowledge that dictates any specific social or moral application.

- the world's ills : 세상의 악(惡), 병폐
- amoral[eimɔ́(:)rəl] : 도덕관념이 없는(무 도덕적/탈 도덕적), 도덕관념이 없음
  cf: immoral(부도덕적인)
- flaw[flɔː] : (명사로서) 금/틈, 흠/결점, 미비, 한 조각, (동사로서) (물건에) 흠을 내다, (인품/작품 등을) 손상하다, (협정 등을) 무효로 하다, 흠집이 생기다
- legitimate[lidʒítəmət] : 합법/적법의, 규칙/원칙/기준에 맞는, 이치에 맞는, 정통의, 정계(正系)의, 진정한/진짜의, 정규의/정당한
- the point : 중요한 사항, 즈안점, 핵심, 요점, 고비, 목표/목적, 효율/이익
  cf: get[miss] the point : 핵심을 찌르다[벗어나다]
    There is no point (in) looking for him(그를 찾아봤자 헛수고다)

1. 2015학년도 대입 수능고사(독해·작문)

- confuse[kənfjúːz] : ~을 불명확하게/애매하게 하다[흐릿하게 만들다], ~을 혼란시키다, 난잡하게 하다, ~을 구별하지 못하다, 혼동하다, ~을 잘못 알다(with), 당황[갈팡질팡/난처]하게 하다, 안절부절 못하게[어리둥절하게] 만들다
- absurd[æbsə́ːrd] : 불합리[부조리]한, 이치[도리]에 맞지 않는, 모순된, 어리석은
- issue : 유출(물), 발행, (책의) 판/호, 논쟁/토론, 논쟁점, 문제, 결과

내 친구는 과학의 발전이 전쟁과 기아를 없애서 세상의 병폐를 치유하지 못했다고, 인류의 총체적 불평등이 여전히 만연하다고, 행복이 보편적이지 않다고 실망했다. (하지만) 내 친구는 흔히 있는[일반적인] 실수, 즉 지식의 성격에 대한 기본적 오해를 범했다. 지식이란 탈(脫)도덕적인—즉 부도덕적이 아니라 도덕 중립적인 것이다. 지식은 어떤 목적을 위해서도 쓰일 수 있는 것인데도, 많은 사람들이 그것이 사회에 대해 자신이 더 선호하는 바람[희망]에 쓰일 것으로 짐작하는데, 이는 (사람들이 흔히 범하는) 기본적인 결함이다. 세상의 지식은 한 가지라고 해도 그 용도는 각기 별개의 논쟁점[결과]를 낳는다. 우리의 이해[지식, 과학]상의 발전이 세계의 사회적 병폐를 치유하지 못한 사실에 실망하는 것은 정당한 견해이긴 하지만, <u>이것을 지식의 발전과 혼동하는 것은 불합리하다.</u> 아프리카와 중동에서의 분쟁을 이유로 지식이 발전하지 않고 있다고 주장하는 것은 핵심을 놓치는 생각이다. 지식에는 어떤 특수한 사회적·도덕적 적용을 가리키는 고유한 속성이란 존재하지 않는다.

※ 힌트 : 지식[과학]은 탈/무 도덕적이며 특정한 용도나 목적을 내재하고 있지 않다는 글 전체의 요지와 맥락을 같이하는 답안을 골라야 하며, 일반적으로 맞는 말이라고 하여 정답으로 성급하게 선택해 버리는 오류를 범하지 말아야

APPENDIX(부록) 수험문제 지문구조 정밀해설

<제시된 답안들>

① confuse this with the progress of knowledge// is absurd.
(이것을 지식발전과 혼동하는 것은 불합리하다)

② to know the nature of knowledge// is to practice its moral value
(지식의 본성을 아는 것은 그것의 도덕적 가치를 실행하기 위함이다)

③ to remove social inequality is the inherent purpose of knowledge
(사회적 불평등을 제거하는 것은 지식의 고유한 목적이다)

④ to accumulate knowledge is to enhance its social application
(지식을 축적하는 것은 그것의 사회적 적용을 고양시키기 위함이다)

⑤ to make science progress is to make it cure social ills
(과학발전을 도모하는 것은 그것이 사회적 병폐를 치유토록 하기 위함이다)

- 529 -

(16) 과학의 태동과 성숙에는 크면서도 느슨하게 짜여진 경쟁력 있는 지역사회가 필요했다

※ 문제 : 빈칸에 들어갈 적절한 말은?

> According to a renowned French scholar, the growth in the size and complexity of human populations was the driving force in the evolution of science. Early, small communities had to concentrate all their physical and mental effort on survival; their thoughts were focused on food and religion. As communities became larger, some people had time to reflect and debate. They found that they could understand and predict events better if they reduced passion and prejudice, replacing these with observation and inference. But while a large population may have been necessary, in itself it was not sufficient for science to germinate. Some empires were big, but the rigid social control required to hold an empire together was not beneficial to science, just as it was not beneficial to reason. The early nurturing and later flowering of science ⑤**required a large and loosely structured, competitive community** to support original thought and freewheeling incentive. The rise in commerce and the decline of authoritarian religion allowed science to follow reason in seventeenth-century Europe.

- renowned[renáund] : 유명한, 명성이 있는 ※ 명사형은 renown
  cf: have a renown for~(~로 명성이 있다)
      of high[great] renown(매우 유명한)
- driving force : 추진력, 동력, 동인(動因)
- prejudice : 편견, 선입관, 침해, 불리, 손상
  cf: racial[party] prejudice : 인종적(당파적) 편견
      Don't do anything to the prejudice of own company
      (우리 회사에 불리한 일은 일체 하지 마라)

APPENDIX(부록) 수험문제 지문구조 정밀해설

- inference : 추리, 추측, 추론, 추정, 결론
  cf: the deductive[inductive] inference(연역적[귀납적] 추리)
      make(draw) an inference from~ : ~로부터 추론하다
- germinate[dʒə́ːrmənèit] : 싹트다, 싹트게 하다, 자라기 시작하다, 커지다, (생각·감정 등이) 생겨나다, 생기게 하다, 발달/발생/발육시키다
- nurture[nə́ːrtʃər] : 양육, 양성, 훈육/교육, 영양(물), 음식
  cf: a delicately nurtured girl(허약하게 자란 소녀)
- rigid : 굳은/단단한, 휘어지지 않는, 완고한, (생각이) 고정된, 막무가내의, 엄격/엄정/엄밀/정밀한
- freewheeling : 구속당하지 않는, 자유분방한
  cf: freewheel(동력을 멈추고 타성으로 달리다, 자유롭게 행동하다)
- authoritarian[əθɔ̀ːritɛ́əriən] : 권위/독재주의의
  cf: authoritarianism(권위주의)

한 저명한 프랑스 학자에 따르면, 인간집단의 규모와 복잡성 증대는 과학발전에서 추진동력이었다. 초기의 작은 지역사회들은 자신들의 육체적·정신적 노력을 생존에 집중해야 했다. 즉, 그들의 생각은 음식물과 종교에 집중되었다. 지역사회들이 더욱 커지면서, 그중 일부 사람들은 숙고하고 의논할 시간을 갖게 되었다. <u>그들은 자신들이 열정과 편견을 줄이고 그것들을 관찰과 추론으로 대체한다면 사안을 좀 더 잘 이해하고 예측할 수 있다는 사실을 알았다.</u> 그러나 큰 인구집단이 필요했을 수 있었다고 하더라도 그것 자체가 과학이 생성하는 데 충분하지는 않았다. 일부 제국들은 제국을 결속시키는 데 필요한 엄격한 사회적 통제가 이성(理性)에 유익하지 않았던 것과 똑같이 과학에도 도움이 되지 않았다. 과학의 초기의 태동(胎動)과 만개(滿開)는 <u>독창적 생각과 자유분방한 동기를 지지해줄 크면서도 느슨하게 짜여진 경쟁력 있는 지역사회가 필요했다.</u> 19세기 유럽에서는 상업의 흥기와 권위주의적 종교의 쇠락이 과학으로 하여금 이성(理性)을 따르도록 허용했다.

※ 힌트 : 어떤 인류사회적 여건이 과학의 생성과 발전을 촉진하게 되었는지를 논리적으로 설명한 article이다. 필자가 논리를 전개시켜 나가는 단계와 주장을 정리해 가면서 읽어야 정답을 찾을 수 있다.

1. 2015학년도 대입 수능고사(독해·작문)

< 과학의 태동과 만개는> :
① ~ ⑤번 항목의 설명 중 맞는 항목을 골라 본문 빈칸에 갖다 채우면 됨

① prompted small communities to adopt harsh social norms
   (소규모 지역사회로 하여금 가혹한 사회규범을 채용하도록 촉진했다)
② resulted from passion and enthusiasm rather than inference
   (추론보다는 열정과 열광의 결과로서 생겼다)
③ occurred in large communities with strict hierarchical structures
   (엄격한 계층구조를 지닌 큰 지역사회에서 일어났다)
④ were solely attributed to efforts of survival in a small community
   (소규모 지역사회에서의 오로지 생존노력에 기인했다)
ⅴ ⑤ required a large and loosely structured, competitive community
   (크고 느슨하게 조직된 경쟁력 있는 지역사회가 필요했다)

(17) 신·구 미디어를 구분·식별하는 주요 특징들 : 통합성, 상호작용성 그리고 디지털화 등

※ 문제 : 빈칸(A, B)에 들어갈 가장 적절한 말은?

> New media can be defined by four characteristics simultaneously: they are media at the turn of the 20th and 21st centuries which are both integrated and interactive and use digital code and hypertext as technical means. It follows that their most common alternative names are multimedia, interactive media and digital media. By using this definition, it is easy to identify media as old or new. **(A)For example,** traditional television is integrated as it contains images, sound and text, but it is not interactive or based on digital code. The plain old telephone was interactive, but not integrated as it only transmitted speech and sounds and it did not work with digital code. In contrast, the new medium of interactive television adds interactivity and digital code. **(B)Additionally,** the new generations of mobile or fixed telephony are fully digitalized and integrated as they add text, pictures or video and they are connected to the Internet.

- characteristic : 특징/특성, 대수(對數)의 지표/지수, 특색을 이루는, 특질의, 독자적인
- hypertext : 하이퍼텍스트(단순한 1차원의 문장구조에 머물지 않고 관련된 텍스트 정보를 짜맞추어 표시하도록 한 컴퓨터 텍스트)
- It follows that ~ : 결과적으로 ~라고 할 수 있다
  cf: Interest rates are going down, so it follows that house sales will improve
  (금리가 내려가고 있으니 결과적으로 주택매매가 좀 더 활성화될 것이다)
- telephony[təléfəni] : 통화법, 전화통신

1. 2015학년도 대입 수능고사(독해·작문)

> 새로운 미디어(매체)는 동시적으로 4개 특징에 의해 정의[규정]될 수 있다. 즉, 이들은 20세기와 21세기의 전환점에서의 미디어들인데, 통합적인 것과 상호작용적인 것, 그리고 기술적 수단으로서는 디지털 코드와 하이퍼텍스트라는 것이다. 그 결과, 그들의 가장 통상적인 대안적 명칭은 멀티미디어, 상호작용적 미디어, 그리고 디지털 미디어이다. 이같은 정의를 사용함으로써 미디어를 구식과 신식으로 식별하기가 용이하다. 예를 들면, 전통적인 텔레비전은 그것이 영상, 소리, 텍스트를 포함하고 있으므로 통합적이지만, 상호작용적이거나 디지털 코드에 기반을 두고 있지는 않다. 보통의 구식 전화기는 상호작용적이지만, 그것이 오직 말과 소리만 전달할 뿐 디지털 코드로는 기능을 수행하지 않기 때문에 통합적이지 않다. 이와 대조적으로, 상호작용적 텔레비전이라는 새로운 미디어는 상호작용성과 디지털 코드를 추가하고 있다. 또한, 새로운 세대의 휴대용 또는 고정용 전화통신은 그것들이 텍스트와 사진(그림) 또는 비디오를 추가하고 있으며 인터넷에 연결되므로 완벽하게 디지털화되고 통합적이다.

※ 힌트 : 예시된 답안들의 말들(부사/부사구)을 대입해 보아 앞·뒤 문맥 간 가장 연결이 원활한 말을 고른다.

APPENDIX(부록) 수험문제 지문구조 정밀해설

(18) 기술과 환경문제 : 사람들이 바라는 방향으로 기술은 반응하지만, 긴 시간과 많은 투자를 필요로 한다

※ 문제 : 다음 중에서 전체 흐름과 관계없는 문장은?

> A currently popular attitude is to blame technology or technologists for having brought on the environmental problems we face today, and thus to try to slow technological advance by blocking economic growth. We believe this view to be thoroughly misguided. ① If technology produced automobiles that pollute the air, it is because pollution was not recognized as a problem which engineers had to consider in their designs. ② **Solar energy can be a practical alternative energy source for us in the foreseeable future.** ③ Obviously, technology that produces pollution is generally cheaper, but now that it has been decided that cleaner cars are wanted, lesspolluting cars will be produced; cars which scarcely pollute at all could even be made. ④ This last option, however, would require several years and much investment. ⑤ Although technology is responsive to the will of the people, it can seldom respond instantaneously and is never free.

- popular[pɑ́pjələr] : 민중의/서민의, 공모/공채의, 대중적인, 통속의, 값싼, 인기있는/평판이 좋은, 유행의, 널리 보급되어 있는
- bring on[about] : ~을 가져오다, (논쟁·전쟁을) 일으키다, (병이) 나게 하다, (재앙을) 초래하다, (학업 따위를) 향상시키다, (화제 따위를) 꺼내다
  cf : poverty can bring on[about] a war(빈곤은 전쟁의 원인이 될 수 있다)
- pollute[pəlúːt] : 더럽히다, 오염시키다, 불결하게 하다, 모독하다
  ※ pollution : 불결, 오염, 환경파괴, 공해, 오염물질(pollutant)
  cf: river pollution(수질오염), noise pollution(소음공해)
- solar energy : 태양 에너지
  cf: solar salt(천일염), solar spots(태양흑점)

1. 2015학년도 대입 수능고사(독해·작문)

- foreseeable : 예측 가능한
  ※ foresee[fɔːrsíː] : 예견하다, 앞일을 내다보다
- now that~ : ~이니(까), ~인[한] 이상은
  cf: now (that) you're here, why not stay for dinner?
     (모처럼 왔으니 식사나 하고 가시지요)
- cleaner car : 청정 차
  ※ cleaner : 깨끗이 하는 사람, 세탁 기술자, 세탁소 주인, 청소부, (보통 복수로) 세탁소, 진공청소기(vacuum cleaner), 세제(detergent)
- responsive (to) : ~에 대답하는, 응하는, 감응/감동하기 쉬운, 호의적인
  cf: a responsive smile(호의적인 미소),
      be responsive to the condition(그 조건에 응하기 쉽다)

현재 유행되고 있는 태도는 오늘날 우리가 직면하는 환경문제를 초래했다고 기술이나 기술자들을 비난하고, 그래서 경제성장을 억제함으로써 기술적 진보를 늦추려고 애쓰는 것이다. 우리는 이러한 견해가 전적으로 오도된 것이라고 믿는다. ①만약 기술이 대기를 오염시키는 자동차를 만들었다면, 그것은 기술자들이 자신들의 설계 과정에서 오염을 고려해야 했던 문제로 인식하지 않았기 때문이다. ②예측가능한 장래에 태양 에너지는 실제적인 대안적 에너지 원(源)이 될 수 있다. ③분명히 오염을 초래하는 기술은 대체로 값이 싸지만, 청정 차가 바람직하다고 결정된 이상은 저(低)오염 차들이 생산될 것이다. 즉, 거의 전혀 오염시키지 않는 차들이 만들어질 수도 있을 것이다. ④하지만 이 최종적 선택은 몇 년이 걸리고 많은 투자를 요할 것이다. ⑤비록 기술이 사람들의 바람에 호의적인 반응을 보인다 하더라도 그것은 좀체 즉시적으로 반응할 수는 없으며, 절대로 돈 없이 되지는 않는다.

※ 힌트 : 일반적/상식적으로 그 말이 타당한가를 기준으로 삼지 말고, 반드시 필자가 이 글에서 논리를 전개해 나가는 단계에 맞는 말인지를 살펴야 한다. 따라서 ②의 글은 언뜻 그럴 듯해 보이지만, 필자가 전개해 나가는 글 전체의 흐름이나 앞·뒤 문맥과는 직접적인 연관이 없다.

(19) 색조(色調)가 인간의 감정과 태도에 미치는 영향

※ 문제 : 주어진 글 다음에 이어질 문단의 순서로 적절한 것은?
　　　　(문단 간 순서 짜 맞추기)

> The impact of color has been studied for decades. For example, in a factory, the temperature was maintained at 72°F and the walls were painted a cool blue-green. The employees complained of the cold.

(C) The temperature was maintained at the same level, but the walls were painted a warm coral. The employees stopped complaining about the temperature and reported they were quite comfortable.

(A) The psychological effects of warm and cool hues seem to be used effectively by the coaches of the NotreDame football team. The locker rooms used for half-time breaks were reportedly painted to take advantage of the emotional impact of certain hues.

(B) The home-team room was painted a bright red, which kept team members excited or even angered. The visiting-team room was painted a blue-green, which had a calming effect on the team members. The success of this application of color can be noted in the records set by Notre Dame football teams.

- impact (on/upon, against) : 충돌(collision), 충격, 쇼크, 영향(력)
  cf: the impact of Hegel on modern philosophy(헤겔이 현대철학에 끼친 영향)
- hue[hju:] : 색조, 빛깔, 색상
  cf: a garment of a violent hue(현란한 색조의 옷)
- coach : 대형의 4륜마차, (열차의) 보통 객차(parlor car, sleeping car와 구분), 코치, 지도원/지도자, (수험준비 위한) 가정교사

1. 2015학년도 대입 수능고사(독해·작문)

- take advantage of : ~의 이점(유리성)을 활용/이용하다
- coral[kɔ́ːrəl] : 산호(층), 산홋빛, 산호의, 산홋빛의, 산호가 나는

> 색조의 영향(력)은 수십년 동안 연구되어 왔다. 예를 들어 어떤 실험에서 온도는 화씨 72도로 유지되었고 벽은 서늘한 청록색으로 칠해져 있었다.

(C) 온도는 같은 수준으로 유지되었지만, 벽은 따스한 산홋빛으로 칠해졌다. 그러자 종업원들은 온도에 대해 불평하는 것을 그만두었으며 자신들이 아주 편안함을 느끼고 있다고 보도되었다.

(A) 따뜻한 색조와 서늘한 색조의 심리적 영향은 노틀담 축구팀의 코치들에 의해 효과적으로 활용된 것 같다. 밤시간 동안에 활용된 탈의실은 특정한 색조의 정서(감정)적 영향이 주는 이점을 활용하기 위해 칠해진 것으로 보고했다.

(B) 홈팀의 방은 연한 적색으로 칠해졌는데, 이는 팀 멤버들에게 흥분되거나 심지어는 격노케 만들었다. 초빙팀의 방은 청록색으로 칠해졌는데, 이는 팀 멤버들에게 감정을 가라앉히는 영향력을 지녔다. 이같은 색조 적용의 성공은 노틀담 축구팀에 의해 수립된 실적기록에서 주목을 받았다.

※ 힌트 : 각 문단의 뜻을 충분히 파악 후, 앞 문단과의 연결성이 가장 원활한 문단을 후속문단으로 채택해야 한다(위의 문단순서는 정답임)

(20) 야외식사의 양(兩) 극단적 유형

※ 문제 : 문단 간 적절한 연결순서 맞추기

> Food plays a large part in how much you enjoy the outdoors. The possibilities are endless, so you can constantly vary your diet.

(B) Wilderness dining has two extremes: gourmet eaters and survival eaters. The first like to make camp at lunchtime so they have several hours to set up field ovens; they bake cakes and bread and cook multi-course dinners.

(A) They walk only a few miles each day and may use the same campsite for several nights. Survival eaters eat some dry cereal for breakfast, and are up and walking within minutes of waking.

(C) They walk dozens of miles every day; lunch is a series of cold snacks eaten on the move. Dinner consists of a freeze-dried meal, "cooked" by pouring hot water into the package.

- play a part in~ : ~에서 역할을 (다)하다
- vary : ~에 변화를 주다/가하다, 다양하게 하다, 바꾸다/바뀌다, 변경/수정하다, 변화하다
  cf: vary in price(값이 다르다)
      The translation varies a little from the origin(그 번역은 원문과 좀 다르다)
- wilderness dining : 야생/야외 식사
- gourmet[gúərmei] : 요리나 술의 맛에 감식력이 있는 사람, 식통(食通), 포도주 통(通), 미식가
  cf: gourmet food(고급 식료품)

1. 2015학년도 대입 수능고사(독해·작문)

- eater : 먹는 사람, 부식물, 부식재, 먹을 수 있는 생 열매, 대식가(a big eater)
- cereal : 곡물식품, 곡초식

> 음식은 야외에서 어느 정도로 즐길 수 있는가에 있어서 큰 영향을 차지한다. 그러한 가능성은 무한하다. 그래서 당신은 당신의 규정식을 끊임없이 변화시킬 수 있다.

(B) 야외식사는 양 극단(極端)을 지니고 있다. 즉, 미식가적 식사통과 생존적 식사통이다. 전자(前者)는 점심시간에 캠프를 만들기를 좋아하므로 야외 오븐을 설치하는 데 몇 시간을 보낸다. 그리고 그들은 케이크와 빵을 구우며 여러 코스의 식사를 요리한다.

(A) 그들은 매일 몇 마일만 걸으며 며칠 밤 동안 같은 캠프사이트를 사용할지도 모른다. (이에 비해) 생존적 식사통은 어떤 건식 시리얼을 아침으로 먹으며, 일어나 깨어 있는 동안의 몇분 이내에서도 걷는다.

(C) 그들은 매일 수십 마일을 걷고, 점심은 이동 중에 먹는 일련의 콜드 스낵이다. 저녁식사는 냉동된 건식 식사로 구성되는데, 이것은 더운 물을 포장재 안에 부어서 요리되는 것들이다.

※ 힌트 : 논리 전개의 일반적 순서 체계 : 선행 문단의 주제를 예시하거나 부연 설명하거나, 양보·반전(反轉)한 뒤, 후미에서는 결과나 요점을 정리·제시한다. (위 문단의 연결된 순서는 정답기준으로 배열한 것임)

(21) 매미들은 외부적 신호를 계산함으로써 시간의 경로를 정확히 지킨다

※ 문제 : 아래의 주어진 문장이 들어가기에 적절한 위치를 고르시오

> The researchers had made this happen by lengthening the period of daylight to which the peach trees on whose roots the insects fed were exposed.

Exactly how cicadas keep track of time has always intrigued researchers, and it has always been assumed that the insects must rely on an internal clock. Recently, however, one group of scientists working with the 17-year cicada in California have suggested that the nymphs use an external cue and that they can count. (①) For their experiments they took 15-year-old nymphs and moved them to an experimental enclosure. (②) These nymphs should have taken a further two years to emerge as adults, but in fact they took just one year. (③) By doing this, the trees were "tricked" into flowering twice during the year rather than the usual once. (④) Flowering in trees coincides with a peak in amino acid concentrations in the sap that the insects feed on. (⑤) So it seems that the cicadas keep track of time by counting the peaks.

- expose (to) : (햇빛·바람·비 따위에) 쐬다/맞히다, 노출시키다, 몸을 드러내다, 폭로하다, 가면을 벗기다(unmask), 모이다, 진열하다, (팔려고) 내놓다, 세상의 웃음거리가 되게 하다
- cicada[sikéidə] : 매미
- intrigue : (~에게) 흥미를/관심을 갖게 하다, (흥미·호기심을) 끌다/자아내다, 책략을 써서 달성하다, 곤혹스럽게/난처하게 하다, 계략을 꾸미다, 음모를 꾀하다 (against), ~와 밀통/내통하다(with)

1. 2015학년도 대입 수능고사(독해·작문)

- nymph : 애벌레, 번데기(pupa), 여정(女精;님프), 아름다운 처녀
  cf: nymph-like(님프와 같은, 아름다운)
- sap : 수액
- experimental enclosure : 실험용 봉입물, 울타리, 경내, 울/담

> 연구자들은 그 뿌리 위에서 생육하는 곤충들이 노출되는 복숭아 나무에 일조(日照)기간을 길게 늘임으로써 이 같은 현상이 일어나게 했다.

> 매미들이 시간의 경로를 얼마나 정확히 지키는가 하는 것은 늘 연구자들의 관심을 끌었는데, 곤충들은 내부적 시계에 의존하고 있음이 틀림없다고 언제나 간주되어 왔다. 하지만 최근 들어 캘리포니아주에서 17년 된 매미를 연구하고 있는 일단의 과학자들은 애벌레들이 외부적 신호를 이용하며 그것을 계산할 수 있다는 사실을 제시했다. (①) 그들은 자신들의 실험을 위해 15년 된 애벌레들을 채집하여 실험용 울타리로 이동시켰다. (②) 이들 애벌레들이 성충으로 나타나려면 2년이 더 걸려야 했지만, 실제로는 단지 1년만 걸렸다. (**③**) 이렇게 함으로써 나무들은 '속아서' 통상적인 한 번이 아니라 연중 두 번 개화(開花)를 하게 되었다. (④) 나무에서의 개화(flowering)는 곤충들이 먹고 사는 수액내의 아미노산 집중도가 정점에 달하는 것과 일치한다. (⑤) 그래서 매미들은 그 정점을 계산함으로써 시간 경로를 지키는 것 같다.

※ 힌트 : 애벌레들(nymphs)이 성충 매미로 되는 기간을 1년 단축되게 한 실험내용과, 그것이 어떤 작용을 해서 그렇게 되었는지를 설명하는 내용과의 연결부분에 주목해야 한다. 따라서, 주어진 문장이 들어가야 할 적절한 위치는 ③이라고 볼 수 있다.

(22) 내향적인 사람들도 어떻게 하면 외향적으로 되는가를 무의식으로 알고 있다

※ 문제 : 아래의 주어진 문장이 들어가기에 적절한 위치를 고르시오

> They also rated how generally extroverted those fake extroverts appeared, based on their recorded voices and body language.

Some years ago, a psychologist named Richard Lippa called a group of introverts to his lab and asked them to act like extroverts while pretending to teach a math class. (①) Then he and his team, with video cameras in hand, measured the length of their strides, the amount of eye contact they made with their "students," the percentage of time they spent talking, and the volume of their speech. (②) Then Lippa did the same thing with actual extroverts and compared the results. (③) He found that although the latter group came across as more extroverted, some of the fake extroverts were surprisingly convincing. (④) It seems that most of us know how to fake it to some extent. (⑤) Whether or not we're aware that the length of our strides and the amount of time we spend talking and smiling mark us as introverts and extroverts, we know it unconsciously.

- extrovert[ékstrəvə̀ːrt] : (명사로서) 사교적인 사람, 외향적인 사람(extravert), (동사로서) 외향적이게 하다, (흥미·관심 따위를) 자기 이외의 것에 향하게 하다
  cf: extroverted(외향성이 강한, 외향형인)
- fake : (명사로서) 위조품, 가짜(sham), 꾸며낸 말, 허위보도, 사기꾼(swindler), (형용사로서) 가짜의, 위조의, 모조의, (동사로서) 속이다(deceive), 날조하다, ~체 하다
  cf: fake money(위조 화폐)

1. 2015학년도 대입 수능고사(독해·작문)

- introvert[íntrəvə̀ːrt] : 내향적/내성적인, 내향적/내성적인 사람, (생각 따위를) 안으로 향하게 하다, 내성(內省)시키다, 내성에 잠기다, (성격이) 내성적이 되다
- come across : (사람·물건을) 뜻밖에 만나다, 우연히 발견하다, (생각 따위가) ~에 떠오르다(come across one's mind)

  cf: come about(일이 일어나다/생기다, ~하게 되다(it comes about that~)
- convincing : 설득력 있는, 납득/수긍이 가는

  cf: a convincing argument(설득력 있는 논지)

그들은 또한 이들 가짜 외향적 사람들이 일반적으로 어떻게 나타나는지를 그들의 기록된 목소리와 몸짓 언어에 의거하여 평가했다.

몇 년 전에 리차드 립파(Richard Lippa)라는 심리학자는 일단의 내향적인 사람들을 자신의 실험실(연구실)에 불러서 어떤 수학 클라스를 가르치는 체를 하면서 외향적인 사람들처럼 행동하도록 그들에게 요청했다. (①) 그리고는 그와 그의 팀은 비디오 카메라를 손에 들고는 그들의 걸음걸이의 길이, 그들이 '학생들'과 교환한 시각적 접촉의 양(量), 그들이 얘기하느라고 보낸 시간의 비율, 그리고 그들이 행한 얘기의 분량을 측정했다. (②) 그 다음에 립파는 실제의 외향적인 사람들에 대해서도 똑같은 조사를 하고는 그 결과를 비교했다. (③) 그는 비록 후자(後者)의 그룹이 더욱 외향적인 것으로 인상지어졌지만, 가짜 외향적인 사람들의 일부는 놀랍게도 설득력 있게 나타났다는 사실을 발견했다. (④) 즉, 대부분의 우리들은 어느 정도까지 외향적인 것을 가짜로 해내는 방법을 알고 있는 것 같다. (⑤) 즉, 우리의 걸음걸이 길이와 우리가 대화를 하고 미소를 짓는 데 보내는 시간의 양이 우리를 내향적인 사람과 외향적인 사람으로 구분한다는 사실을 인지하고 있느냐 않느냐를 우리는 무의식적으로 알고 있다.

※ 힌트 : 조사는 1차적으로 내향적인 사람들이 외향적인 체하는 상태를 조사하고, 2차적으로 실제 외향적인 사람들에도 똑같은 조사를 한 뒤, 2개 집단에 나타난 행동특성을 비교하는 방식으로 진행되었다. 따라서, 주어진 문장은 1차 조사의 부가적 조사내용을 기술한 것이므로 2차 조사에 들어가기 전인 ②의 위치에 들어가야 적절하다.

(23) 예술작품은 사람들의 감정에 피할 수 없는 영향을 주지만, 사람들이 실제 그것에 반응하는 강도와 형태는 크게 다르다

※ 문제 : 다음 글의 내용을 요약함에 있어서 (A)와 (B)에 들어갈 적절한 말은?

> Plato and Tolstoy both assume that it can be firmly established that certain works have certain effects. Plato is sure that the representation of cowardly people makes us cowardly; the only way to prevent this effect is to suppress such representations. Tolstoy is confident that the artist who sincerely expresses feelings of pride will pass those feelings on to us; <u>we can no more escape than we could escape an infectious disease.</u> In fact, however, the effects of art are neither so certain nor so direct. <u>People vary a great deal both in the intensity of their response to art and in the form which that response takes.</u> Some people may indulge fantasies of violence by watching a film instead of working out those fantasies in real life. Others may be disgusted by even glamorous representations of violence. Still others may be left unmoved, neither attracted nor disgusted.

Although Plato and Tolstoy claim that works of art have a(n) **(A) unavoidable** impact on people's feelings, the degrees and forms of people's actual responses **(B) differ** greatly.

- representation : 표시/표현/묘사, 설명/진술, 주장/단언, 신청/진정/항의, 상연/연출/분장
  cf: we made forceful representations to the Government about the matter (우리는 그 문제에 대해서 강력히 항의했다)
  proportional representation(비례대표제)
- cowardly : 겁 많은, 소심한, 비겁한

1. 2015학년도 대입 수능고사(독해·작문)

- suppress : 억압하다, 진압하다, 가라앉히다, 억누르다, 참다, (웃음·감정 따위를) 나타내지 않다, 금지하다, (출혈 등을) 막다
  cf: suppress a yawn(하품을 꾹 참다)
- no more than ~ : ~이 아닌 것은 ~이 아닌 것과 같다
  cf: I'm no more mad than you (are) (너와 마찬가지로 나도 미치지 않았다)
- indulge : (욕망·정열 따위를) 만족/충족시키다, 버릇을 잘못 들이다, 제멋대로 하게 하다, (사람 등을) 즐겁게/기쁘게 하다, ~에게 베풀다, ~에게 탐닉하다/빠지다, 골몰하다
- work out : 문제를 풀다/해결하다, (애써서) 성취하다, 통계/답이 ~이 나오다/되다, 결국 ~이 되다, 성립하다, 제거하다
- disgust : (심한) 실증, 혐오(at), 구역질, 싫어지게/정떨어지게/넌더리나게 하다, 매스껍게 하다
  cf: be[feel] disgusted at[by, with] (~이 싫어지다, 넌더리나다)
     in disgust(싫어져서, 정 떨어져)
- glamorous : 매력적/매혹적인

플라톤(플레이토우)과 톨스토이(토울스토이) 두 사람은 특정의 작품이 특정한 영향을 미친다는 사실이 확고하게 정립될 수 있다고 생각한다. 플라톤은 겁 많은 사람들의 감정표출은 우리를 겁나게 만든다고 확신한다. 따라서 이 같은 영향을 방지할 유일한 방법은 그러한 감정의 표출을 억제하는 것이다. 톨스토이는 자긍적 감정을 진지하게 표현하는 예술가는 그러한 감정을 우리들에게 전이(轉移)시키게 될 것이라고 확신한다. 즉, 우리는 전염병을 모면할 수 없듯이 그러한 감정의 전이도 피할 수 없다. 하지만 사실은 예술의 영향은 그렇게 특정적이지도 않고 그렇게 직접적이지도 않다. 사람들은 예술에 반응하는 강도(intensity)와 그러한 반응이 취하는 형태(form)의 양면에서 크게 다르다. 어떤 사람들은 실제 생활에서 격렬함의 환상을 실현하는 대신에 영화를 봄으로써 그러한 환상에 몰입할지도 모른다. 또 어떤 사람들은 격렬함에 대한 매혹적인 표출 자체에 넌더리를 느낄지도 모른다. 그래도 여기에 아직 또 다른 사람들은 끌리지도, 싫어하지도 않으며, 감응을 받지 않은 채 남아 있을 수 있다.

APPENDIX(부록) 수험문제 지문구조 정밀해설

<요약문>

> 비록 플라톤과 톨스토이가 예술작품은 사람들의 감정에 (A) 피할 수 없는 (unavoidable) 영향을 준다고 주장하지만, 사람들이 실제로 반응하는 정도와 형태는 (B) 크게 다르다(differ/vary greatly).

※ 힌트 : 문맥상 (A)에 들어갈 수 있는 Key word는 unavoidable이나 inevitable, (B)에 들어갈 수 있는 Key word는 vary나 differ이다. converge(수렴하다)나 coincide(일치하다) 등은 본문 내용과 반대되는 개념이며, 기타 어휘들은 아주 관계가 없다.
따라서, 제시된 답안 중 **정답은 (A)에 Unavoidable, (B)에 differ이다.**

(24) 조직규모가 생산성과 의사결정에 미치는 영향

※ 문제 : 이 글의 제목으로 가장 적절한 것은?

Increased size affects group life in a number of ways. There is evidence that larger groups (five or six members) are more productive than smaller groups (two or three members). Members of larger groups tend to offer more suggestions than members of smaller groups, and although they seem to reach less agreement, they also show less tension. These differences may reflect the greater need of larger groups to solve organizational problems. Members may realize that their behavior must become more goal-directed, since it is unlikely that they can coordinate their actions without making a special effort to do so. Larger groups also put more pressure on their members to conform. In such groups, it is harder for everyone to take part equally in discussions or to have the same amount of influence on decisions.

There is evidence that groups with an even number of members differ from groups with an odd number of members. The former disagree more than the latter and suffer more deadlocks as a result. Groups with an even number of members may split into halves. This is impossible in groups with an odd number of members <u>because</u> one side always has a numerical advantage. According to some researchers, the number five has special significance. Groups of this size usually **escape** the problems we have just outlined. Moreover, they are not plagued by the fragility and tensions found in groups of two or three. Groups of five rate high in member satisfaction; because of the odd number of members, deadlocks are unlikely when disagreements occur.

- confirm : (규범·관습 따위에) 적합/순응시키다, 따르게 하다(to, with), 같은 모양/성질이 되게 하다, 적합하다, 일치하다(to), ~에 순응하다/따르다(to), (특정 종교를) 신봉하다
  cf: conform oneself to the fashion(유행을 따르다)
  　　conform to[with] the laws(법률에 따르다)
- even : 평평한, 수평의, 굴곡 없는[쭉 뻗은], (행동·동작이) 규칙 바른, 한결같은, 정연한, 단조로운, 균형이 잡힌, 대등/동등한, 반반인, 같은/공평한, 짝수의/우수의, 우수리 없는, 꼭/막
- odd : 기수/홀수의, 우수리가 남는 ~여(餘)의, ~남짓의, 여분의, 우수리의, 나머지의, 외짝의, 짝이 안 맞는, 그때그때의, 임시의, 우연한, (복장이) 약식의, 평소에 입는, 마침 있는, 그러모은, 미묘한, 이상한, 뜻밖의, (장소 따위가) 궁벽한, 걸리 떨어진
  cf: a hundred odd dollars(100여 달러의),
  　　an odd young man(기묘한 젊은이),
  　　in some odd corner(어느 한 구석에)
- deadlock : 정돈(停頓), 막힘, 막다름, 동점, 이중 자물쇠, 교착상태, 정체시키다(되다), 막다른 골에 이르게 하다(이르다)
- plague[pleig] : 역병(疫病) 전염병, 페스트(흑사병), 재앙, 천재(天災), 천벌, 저주(curse), 애태우다, 괴롭히다, 성가시게/귀찮게 하다
  cf: plague a person to do something(아무에게 무엇을 해달라고 귀찮게 조르다)
- fragility[frədʒíləti] : 부서지기 쉬움, 무름, 허약
  ※ fragile[frǽdʒəl] : (물체 등이) 당가지기 쉬운(brittle), (신념 등이) 무너지기 쉬운, 무른(frail), (체질이) 허약한
- count : 세다/계산하다, ~이라고 생각하다/간주하다, 추측하다, (공적·잘못 따위를) 돌리다, ~의 탓으로 하다, <u>중요성을 지니다</u>, 가치가 있다, 의지하다, 기대하다, 믿다
  cf: He does not count for much(그는 대단한 사람이 아니다)
  　　Every minute counts(1분인들 소홀히 할 수 없다)
  　　Money counts for nothing[little] (돈 따위는 중요치 않다)

1. 2015학년도 대입 수능고사(독해·작문)

규모 증대는 여러 가지 방법으로 집단생활에 영향을 미친다. 더 큰 집단들(5~6명의 성원)이 더 작은 집단들(2~3명의 성원)보다 더 생산적이라는 증거가 있다. 더 큰 집단의 성원들은 더 작은 집단의 성원들보다 더 많은 제안을 내놓는 경향이 있으며, 비록 그들이 합의에는 더 적게 도달하는 것 같다고 해도 긴장을 더 적게 나타낸다. 이러한 (규모 간) 차이점들이 조직의 문제를 해결하는 데는 더 큰 집단에 대한 더 많은 필요성을 반영할지도 모른다. 성원들은 특별한 노력을 기울이지 않으면 자신들의 행동을 조정할 수 있는 가능성이 거의 없기 때문에 자신들의 행동이 더욱 목표 지향적으로 되어야 한다는 사실을 알고 있을 것이다. 더 큰 집단은 또한 자신의 성원들에게 일치에 이르도록 더 많은 압력을 행사한다. 이러한 집단에서는 모든 성원들이 토의에 균등하게 참여한다거나 의사 결정에 동량의 영향력을 가지기는 힘들다.

짝수의 성원을 둔 집단은 홀수의 성원을 가진 집단과는 다르다는 증거가 있다. 전자(前者)는 후자(後者)보다 더 자주 불일치에 직면하며 그 결과 더 잦은 교착상태의 고통을 겪는다. 짝수의 성원을 지닌 집단은 반(半)으로 쪼개질 수도 있다. 이것은 홀수 성원을 지닌 집단에서는 불가능한 현상인데, 그 이유는 한쪽이 언제나 숫적 우위(優位)를 갖기 때문이다. 몇몇 연구들에 따르면, '5'라는 수는 특별한 의미를 갖고 있다. 이 규모의 집단은 통상 방금 대강 설명한 문제들을 모면하게 된다. 더욱이 이들 집단은 2~3명 성원의 집단에서 발견되는 취약성과 긴장에 의한 제약을 받지 않는다. 5인 집단은 구성원 만족도 면에서도 높게 평가를 받는데, 이는 홀수 성원들이므로 불일치가 일어났을 때, 교착상태의 가능성은 없기 때문이다.

※ 힌트 : 규모면에서 구성원이 5~6명일 경우, 2~3명인 작은 집단보다 제안(의견)이 많이 나오며, 더 생산적이면서도 의견 불일치 시 긴장감이 적다는 것이다. 또한, 5명 성원 같이 홀수로 된 집단이 4, 6명 등 짝수 성원의 집단보다 분열의 우려가 적다. 더불어, 5명 집단은 구성원의 만족도도 높을 뿐만 아니라, 의견 불일치 시 교착상태의 지속 우려가 적다는 것이 글의 내용이다. **'집단의 구성원 수가 왜 중요한가(Why the Number of Group Members Counts)'가 제목으로 가장 적절하다. 빈칸에 들어갈 말들 중에서는 문맥상 escape(모면하다/피하다)가 적절하며,** probe(탐사하다), mirror(반영하다), trigger(촉발하다), escalate(상승/가중시키다) 등 기타의 말들은 부적절하다. 한편 위 문제에서는 나오지 않았으나, **because** 같은
접속사 자리 등도 문맥판단 능력을 평가하기 위해 흔히 출제가 되는 부분이다.

(25) 학습효과 진작은 긍정적인 정서·태도의 조성이 선행되어야 가능하다

※ 문제 : 문단의 배열순서 짜맞추기, 사용된 대명사들 중 가리키는 대상이 다른 것 고르기, 등장인물(Jeremy)에 관한 내용과 일치하지 않는 설명 고르기

(A) In my office, I have a framed letter from a couple of children I have never met. The letter holds a special significance for me. It reads, "Dear Dr. Brown, thanks for teaching Mr. Wills to teach Tisha and Kelly." Mr. Wills is Jeremy Wills, and (a)he is one of my former students. A few years back, he took my positive psychology class in college.

(C) After graduation, Jeremy joined an organization that recruits future leaders to teach in low-income communities. (c)He was assigned to a small school in a poor rural county in North Carolina. Later, his assistant principal took note of Jeremy's high expectations and asked him to take over **(d)his** math class. He took charge of about a dozen failing "special ed" kids, and Tisha and Kelly were among them. His idealism ran high, and he thought he would be able to magically fix all of their problems.

(B) Before long, the reality hit Jeremy hard. Even after spending many hours each day preparing lesson plans, it became clear that his methods were not working. One of the worst moments was when (b)he distributed a math test. Many students didn't even look at the exam. They just put their heads on their desks and slept. Jeremy became so stressed that he even dreaded going into his classroom.

1. 2015학년도 대입 수능고사(독해·작문)

> (D) Jeremy knew something had to change. (e)He then thought back to my class, remembering how negative emotions can drag you down, leaving positive emotions unnoticed. That's when he decided to focus more on building positive attitudes within the classroom. He borrowed lessons from my positive psychology class and even mentioned my name to his students. As the students' attitudes became more optimistic, their confidence with math grew too. At the end of the school year, 80 percent of Jeremy's students passed the state's math test.

- significance : 의의(意義)/의미(meaning), 의미심장함/뜻 깊음, 중요성/중대성
  cf: hold a special significance(특별한 의미를 포함하고 있다)
- positive psychology : 긍정적 심리학
- assistant principal : 부(副) 교장
  cf: the assistant manager of the store(매장 부지점장)
      I was assistant to the general manager(나는 총지배인의 보좌역이었다)
      assistant professor : (미국 대학의) 조교수
- take note of~ : (~에) 주목하다, (~에) 관심을 기울이다, (~을) 적어두다, (~을) 필기/노트하다
- take charge of : (~책임을) 떠맡다, 담임하다
- fix : 고정시키다, 확고히 하다, 천천히/주의 깊게 보다, (눈길을) 끌다, 확정하다, 고치다, 수리[수선]하다, 정돈하다, 마련[준비]하다
- dread : 두려워하다/무서워하다, 염려/걱정하다
  cf: She dreads going out at night
      (그녀는 밤에 외출하는 것을 무척 무서워한다)
      They dread that the volcano may erupt again
      (그들은 화산이 다시 폭발하지 않을까 걱정하고 있다)
- drag a person down : (~를) 끌어내리다, 쇠약하게 하다
- unnoticed : 주목되지 않는, 주의를 끌지 않는, 무시된, 남의 눈에 띄지 않는, 알아 채이지 않는(unobserved)
  cf: pass unnoticed(간과되다, 눈치 채이지/눈에 띄지 않고 넘어가다)
- borrow lessons : (학습/교훈 따위를) 섭취하다, 받아들이다, 차용하다, 모방하다

(A) 내 사무실에 나는 내가 결코 만난 적이 없는 두 어린이에게서 온 규격화된 편지가 한 통 있다. 그 편지는 나에게 있어서는 특별한 의미를 지니고 있다. 그 내용인즉, "사랑하는 브르-운 박사님, 윌즈 씨를 가르치셔서 티샤(Tisha)와 켈리(Kelly)를 가르치 도록 해주셨음에 대해 감사드립니다." 윌즈 씨는 제러미 윌즈(Jeremy Wills)를 말하는데, (a)그는 나의 전(前) 학생들 중의 한 사람이다. 몇 년 전에, 그는 대학에서 나의 긍정적 심리학 클라스를 수강했다.

(C) 졸업 후, 제러미는 미래 지도자들을 모집해서 저소득 지역사회에서 가르치도록 하는 어떤 조직에 가입했다. (c)그는 노스캐롤라이나주의 한 가난한 전원 지역에 있는 조그만 학교로 배치되었다. 후에 그의 부(副)교장은 제러미의 높은 기대에 주목하고는 그에게 (d)자신의 수학 클라스를 떠맡도록 요청했다. 그는 약 12인의 성적이 떨어지고 있는 '특별 교육' 대상 아동들을 떠맡았는데, 티샤와 켈리도 그들 중에 끼어 있었다. 그의 이상주의는 고양되었고 그는 그들의 모든 문제들을 멋지게 바로잡을 수 있을 것으로 생각했다.

(B) (하지만) 오래지 않아 현실은 제러미에게 격심하게 타격을 주었다. 매일 학습 계획을 짜느라고 많은 시간을 보낸 뒤였음에도, 그의 방법들은 효율적으로 기능을 발휘하지 못하고 있음이 명백해졌다. 그러한 최악의 순간들 중의 하나는 (b)그가 수학 시험지를 나눠주었을 때였다. 많은 학생들이 그 시험지를 거들떠보지도 않았다. 그들은 그냥 머리를 책상에 얹고는 잠을 잤다. 제러미는 그 교실에 들어가는 것조차 두려울 만큼 엄청난 심리적 압박감을 느끼게 되었다.

(D) 제러미는 뭔가 변화되어야 한다는 사실을 알았다. (e)그는 그래서 긍정적 정서는 외면(방치)한 채 부정적 정서가 사람들을 얼마나 위축시킬 수 있는지를 기억하면서 내 클라스에 되돌아 갈 것을 생각했다. 그가 그 교실 내에서 긍정적 태도를 조성하는데 더욱 초점을 맞추기로 결심한 것은 바로 그때였다. 그는 나의 긍정적 심리학 클라스에서 나오는 학습 교훈들을 차용했으며, 자신의 학생들에게 내 이름을 언급하기까지 했다. 그 학생들의 태도가 보다 낙관적이 되어감에 따라 수학에 대한 그들의 자신감도 커졌다. 그 학년도 말에 이르러 제러미가 가르친 그 학생들의 80%가 주(州) 수학시험에 합격했다.

1. 2015학년도 대입 수능고사(독해·작문)

※ 힌트 : 문단연결에 있어서는 제러미가 대학에서 필자의 긍정적 심리학을 수강(A) → 졸업후 저소득 지역 교육을 하는 어떤 조직(기관)에 가입하여 수학교실을 떠맡은 것(C) → 그러나 곧 학생들의 부정적 정서 팽배로 큰 난관에 봉착한 것(B) → 그 해결책으로 긍정적 정서 조성에 초점을 맞추고 주력한 결과, 낙관적 태도가 생성되면서 수학성적이 크게 올라간 결과를 낳은 것(D) 순으로 따라가면 된다(본문의 문단배열은 정답을 기준으로 맞게 배열한 것임)
- 대명사(he, his)가 지칭하는 대상은 문맥상 (C)문단 (d)문절의 his는 부교장을 지칭하며, 나머지 문절(a), (b), (c), (e)의 he는 모두 제러미를 지칭한다.
- 제러미를 설명한 내용 중, 학년말에 그의 반 학생의 80%가 수학시험에 불합격했다는 설명이 있는데 이는 사실과 맞지 않으므로 오답이다.

2. 2014년도 시행 국가공무원(7급) 임용고사

(1) 흑인사회의 도덕적 지혜

※ 문제 : 밑줄 친 부분에 주어진 동사의 올바른 형태는?

> The moral wisdom of the Black community is extremely useful in ㉠defy oppressive rules or standards of "law and order" that degrade Blacks. It helps Blacks purge themselves of self-hate, thus ㉡assert their own validity.

- defy : (권위 등에) 반항하다, <u>(법률 따위를) 무시하다</u>, ~을 거스르다, (관습·중력 등에) 반(反)하다, ~을 허용하지 않다, 묘사·설명·이해가 거의 불가능하다
  cf: defy competition(경쟁을 문제시하지 않다), defy description(이루 다 설명할 수 없다), defy every criticism(비평의 여지가 없다)
- degrade : 지위를 낮추다, <u>격하하다</u>, 품성/품위를 떨어뜨리다, 타락시키다
- purge : (마음, 죄를) 깨끗이 하다/씻다(of, from), (더러움을) 제거하다/일소하다, 닦아내다, 축출/추방하다, (혐의를) 풀게 하다, 무죄를 증명하다, 속죄하다
  cf: He was purged of all suspicion
     (모든 혐의가 풀렸다),
     purge corrupt members from a party
     (당에서 부패분자를 추방하라)
- self-hate : 자기혐오
- assert [əsə́ːrt] : 단언하다, 강력히 주장하다/옹호하다

> 흑인사회의 도덕적 지혜는 흑인을 격하시키는 '법률과 질서'의 억압적 규칙이나 표준을 <u>무시함에 있어서</u> 지극히 유용하다. 그것은 흑인들로 하여금 자기혐오에서 스스로를 벗어나게 해서 그들 자신의 타당성을 <u>주장하는 데</u> 도움을 준다.

※ 힌트 : 어법(문법)의 숙지수준을 테스트하는 문제이다. ㉠의 동사(defy)는 전치사(in)의 바로 뒤에 오므로 전치사의 목적어인 명사꼴, 즉, 동명사(defying)가 되어야 하고, ㉡의 동사(assert) 이하는 계기적(繼起的)인 용도로 쓰인 분사구문이므로 현재분사(asserting)가 와야 한다.

- 555 -

(2) Eli Broad 재단의 미술관 지원방식

※ 문제 : 밑줄 친 부분 중 어법상 옳지 않은 것은?

> Eli Broad, the billionaire financier and philanthropist, ①<u>who has</u> private collection of some 2,000 works modern and contemporary art is one of the most sought-after by museums ②<u>nationwide</u>, has decided ③<u>to retain</u> permanent control of his works in an independent foundation that ④<u>makes loans</u> to museums rather than give any of the art away.

- billionaire[bìljənéər] : 억만장자
- financier : 자본가, 금융업자
- philanthropist : 박애가(박애주의자), 자선가
- contemporary : 동시대의, 동연대의, 당시의, 현대의, 당대의
- sought-after[sɔ́:tǽftər] : 필요로 하고 있는, 수요가 많은, 많은 사람들이 찾는, 인기가 많은(=popular)
- foundation : 창설/창립/설립, 기초/토대/근거, 기본금/유지기금, 재단, 기초화장품, 바탕물감, (의복의) 심/보강재료, 몸매 고르기용 속옷
  cf: the Carnegie Foundation(카네기 재단)
- make loan (to): ~에 대여하다. cf: raise a loan(공채를 모집하다

> 억만장자 금융업자이자 자선사업가(박애주의자)인 엘리 브로드(Eli Broad)는 2,000여점의 근·현대 미술작품으로 구성된 개인적 소장품을 보유하고 있으며 전국적으로 미술관들이 가장 많이 찾는 사람인데, 그 미술품들의 어느 것도 무상으로 기증하는 것이 아니라 대여해 주는 독립적인 재단의 형태로 자신의 작품에 대한 영구적인 지배권을 유지하기로 결정했다.

APPENDIX(부록) 수험문제 지문구조 정밀해설

※ 힌트 : 전반적으로 문장의 전개형태가 모호한 점이 없지 않으나 **주어가 동격 어구로 구성되었을 때, 그 서술동사는 별도의 관계대명사 없이 문두의 명사를 바로 주어로 받는다는 원칙을 묻는 문제인 것 같다.** 본동사가 has decided이라면 ①의 who has는 having으로, is one of the ~에서의 is는 불필요하므로 삭제하고 그 대신 콤마를 치는 게 맞다. 즉 has decided 앞의 모든 어구나 문절은 주어진 Eli Board를 수식하거나 동격이 되는 구조를 갖춰야 할 것이다.

- 아니면 who has를 has로, contemporary art 다음에는 콤마를 치고 has, is, has decided가 제 각각 본동사가 되는 3개 문장 병렬방식으로 전개해야 할 것임.
- 이상 어느 방식에서건 관계대명사를 사용한 ①은 오답

※ 3개 문장 병렬방식의 문장구조

> Eli Broad, the billionaire financier and philanthropist, <u>has</u> private collection of some 2,000 works modern and contemporary art, <u>is</u> one of the most sought-after by museums nationwide, <u>has decided</u> to retain permanent control of his works in an independent foundation that makes loans to museums rather than give any if the art away.

※ 두 번째 동격절을 수식구로 바꾼 문장구조

> Eli broad billionaire financier and philanthropist, having private collection of ~ (이하 생략)

(3) 에세이를 조직하는(쓰는) 결정적인 방법

※ 문제 : 밑줄 친 부분 중 어법(문법)상 옳지 않은 것은?

> A final way to organize an essay is to ①<u>proceeding</u> from relatively simple concepts to more complex ones. By starting with generally ②<u>accepted</u> evidence, you establish rapport with your readers and assure them that the essay is ③<u>firmly</u> grounded in shared experience. In contrast, if you open with difficult material, you risk ④<u>confusing</u> your audience.

- essay : 수필, 시론(時論), 평론
- rapport [ræpɔ́ːr] : (친밀한·공감적인) 관계, 조화, 동의, 일치, (서술자에 대한 피술자의) 신뢰감
- assure : 납득/확신시키다, 납득/확신하다, 확인하다, ~에게 보증/보장하다
- risk : 위험에 내맡기다, 위태롭게 하다, (목숨 등을) 걸다, 위험을 무릅쓰고 하다, 감행하다

  cf: He risked getting knocked out (녹아웃당할 위험을 무릅썼다)
  He run[take] a risk (위험을 무릅쓰다, 모험을 하다

> 에세이를 조직하는 결정적(궁극적) 방법은 비교적 단순한 개념에서 출발하여 복잡한 개념으로 전개하는 것이다. 일반적으로 받아들여지는 증거로부터 시작함으로서 당신은 독자들과의 '공감관계(rapport)'를 형성하고 그 에세이가 공유된 경험에 확고하게 근거를 두고 있음을 그들에게 확신시키게 된다. 이와 대조적으로, 만약 당신이 어려운 소재를 갖고 시작하면 당신은 당신의 독자대중을 혼란에 빠뜨리는 위험을 떠맡게 된다.

※ 힌트 : ②의 accepted evidence에서 accepted는 명사(evidence)를 직접 수식하는 수동적 성격의 형용사꼴 과거분사, ③의 firmly grounded에서 firmly는 수동태 본동사(grounded)를 직접 수식하는 부사, ④의 risk confusing your audience에서 confusing은 타동사(risk)의 직접적 목적어인 동명사이다. 그러나 ①의 is to proceeding은 is to proceed가 되어야 to-부정사로서 주격보어가 될 수 있다. (따라서 ①은 오답).

(4) 영어 문장에서의 어법

※ 문제 : 어법상 옳은 문장은?

> ① The elite campus-based programs which he will be taking it next semester are scheduled to be extremely difficult.
> ② That happens in a particular period does not have any significant effects on the long-term investors in the stock market.
> ③ The newly built conference room, though equipped with more advanced facilities, accommodates fewer people than the old one.
> ④ With such a diverse variety of economical appliances to choose from, it's important to decide what it is best.

- campus-based : 대학에 기반을 둔
- accommodate : (~의) 편의를 도모하다, (~에) 융통(제공)하다, (소망 등을) 들어주다, (건물·방 등에) 설비를 공급하다, (시설·탈 것 따위가) 수용하다, 수용력이 있다, 적응/순응하다, 화해하다. 조절하다, 조화시키다

  cf: accommodate a person with lodging
  (아무에게 숙소를 제공하다)
  The hotel is well accommodated
  (그 호텔은 설비가 좋다)
  This hotel accommodates 1,000 guests.
  (이 호텔은 투숙객 1,000명을 수용할 수 있다)

- appliance : 적용(물), 응용(물), 기구/장치, 설비, 소방차
  cf: house hold (electrical) appliances[electric home appliances](가전제품), office appliances(사무용품), medical appliances(의료기구)

2. 2014년도 시행 국가공무원(7급) 임용고사

> ① 다음 학기에 내가 받게[배우게] 될 엘리트 캠퍼스 기반 하의 프로그램은 지극히 어렵게 짜져 있다.
> ② 특별한 기간에 일어난 그 사건은 주식 시장에서 장기 투자자들에게는 어떠한 중대한 영향도 미치지 않는다.
> ③ 그 신축된 회의실은 비록 더 향상된 시설들로 갖춰져 있다고 해도 이전의 회의실보다 더 적은 인원을 수용한다.
> ④ 선택할 수 있는 매우 다양한 종류의 경제적 장치들이 있음으로써 가장 적절한 것을 선정하는 일이 중요하다.

※ 힌트 : 특정한 범위와 공통적 기준이 제시되지 않은 채 각 문장별로 어법상의 적·부를 가려야 하는 문제이다. 따라서 이런 유형의 문제에서는 영문법에 대한 종합적 지식이 요구된다.

①에서 동사파트(will be taking)의 목적어 겸 관계사로서 관계대명사(which)와 그 선행사(programs)가 있는데도 'it'을 쓰는 것은 부적절하다.
②에서 동사파트는 'does not have'이므로 happen은 주어부에 속하므로 동사가 아니라 명사절(happening)이 와야 한다.
④의 'what it is best'에서 what은 주어(명사)와 관계사를 겸한 관계대명사이므로 별도의 주어(it)가 필요하지 않다.
- 따라서, 어법상 옳은 문장은 ③이다.

APPENDIX(부록) 수험문제 지문구조 정밀해설

(5) 관대행위의 희생과 보답

※ 문제 : 밑줄 친 부분과 의미가 가장 가까운 것은? (유사 의미의 어구 고르기)

> Moreover, our brains impel us not only toward vices, but also toward virtues. In recent years, researchers have found that generosity isn't always a sacrifice ; instead, it often <u>exhilarates</u> us.

[① compel, ② exhaust, ③ exhort, ④ exalt, ⑤ exaggerate]]

- impel : 재촉하다/몰아대다. 촉진시키다/앞으로 나아가게 하다
  cf: -hunger impelled him to steal (굶주림이 그를 도둑질하게 했다)
   - an impelling force(추진력)
   - The strong wind impelled their boat to shore
      (강풍이 그들의 보트를 해안 쪽으로 밀어붙였다)
- virtue and vice : 미덕과 악덕
 ※ virtue : 미덕, 선행, 정조, 덕택, 장점/가치, 효력/효능, 힘
  cf: - virtue is its own reward
         (덕행은 스스로 보답을 받는다)
       - Count the virtue of the car
         (그 차의 우수한 점을 열거하시오)
       - There is little virtue in that medicine
         (그 약은 효력이 거의 없다)
 ※ vice : 악덕, 사악, 부도덕, 악행/비행, 결함/결점/약점, 나쁜 버릇
   cf: Her one small vice was smoking
      (그녀의 한 가지 사소한 나쁜 버릇은 흡연이다)
- generosity[dʒènərάsəti] : 관대, 아량, 고결, 관대한 행위, 큼/풍부함
- exhilarate[igzílərèit] : 원기를/기분을 돋우다, 유쾌하게/상쾌하게 하다,
       ~에게 자극/활력을 주다 (make someone cheerful and excited)

2. 2014년도 시행 국가공무원(7급) 임용고사

- exalt[igzɔ́:lt] : (명예·품위 따위를) 높이다, (관직·신분 따위를) 올리다, 칭찬/찬양하다, <u>몹시 기쁘게 하다, 의기양양케 하다</u>, (시조·색조 따위를) 강하게 하다, 짙게 하다, (~의 활동을/효과를) 강화하다
  - cf: - exalt the imagination (상상력을 높이다/고무시키다/의기양양하게 하다)
    - exalt a person to a high office
      (아무를 높은 관직으로 승진시키다)
    - exalt a person to the skies (아무를 격찬하다)
- exasperate[igzǽspərèit] : 노하게 하다, 격앙/분격시키다, 성내어 ~하게 되다(to do)
- excoriate[ikskɔ́:rièit] : (피부를/가죽·껍질을) 벗기다, 맹렬히 비난하다, 지독한 욕을 퍼붓다
- exhort[igzɔ́:rt] : (~에게) 열심히 타이르다/권고하다, (~에게) 권고/충고/경고/훈계하다, (계획 등을) 창도하다

　더욱이 우리의 뇌는 악덕(악)에게로 뿐만 아니라 덕행(미덕) 쪽으로도 밀어붙인다. 최근 수년 동안 연구자들은 관대행위가 언제나 희생을 가져다주는 것만은 아니고, 그 대신 종종 우리에게 기분을 북돋워 주기도 한다는 사실을 알아냈다.

※ 힌트 : 위 맥락에 맞고 exhilarate와 유사의미를 지닌 대용어로서는 exalt라고 볼 수 있겠다.

(6) 이상한 아이디어도 시도해 볼만한 가치는 있다

※ 문제 : 밑줄 친 부분과 의미가 가장 가까운 것은?

> If you have an idea that seems a little <u>out in left field</u>, don't let that stop you from trying it. You'll be in good company.

[① strange, ② challenging, ③ depressive, ④ demanding]

- be (way) out in the left field : (아주) 별나다, (굉장히) 이상하다
  cf: some of his ideas are way out in the left field
     (그의 아이디어들 중 일부는 아주 별난 것들도 있다)
- be in good company : (잘난) 다른 사람들과 마찬가지로 실수를 저지른다, 당신
                       이 실수하는 것도 당연하다
  cf: It happens to the best of us
     (누구에게나 일어날 수 있는 일이다)

> 당신이 좀 별난[이상한] 것 같아 보이는 어떤 생각(아이디어)을 갖고 있다고 하더라도 그것으로 인해 당신이 그것을 시도하지 못하게 막게 하지는 말아라. 당신도 (잘난) 다른 사람들처럼 실수는 저지르게 되는 법이다.

※ 힌트 : 특정한 숙어구(out in left field)의 뜻을 묻는 문제이다.
         제시한 답안들 중 ②의 challenging(도전적인), ③의 depressive(내리 누르는, 억압적인, 우울하게 하는, 우울해진, 불경기의), ④의 demanding(너무 많은 요구를 하는, 주문이 벅찬, 일이 힘든)은 관계없는 의미를 지닌 말들이고, ①의 strange(이상한)은 유사한 뜻이다.

(7) 유엔 사절(단)들이 하는 일

※ 문제 : 밑줄 친 부분에 들어갈 가장 적절한 말은?

> United Nations envoys are dispatched to areas of tension around the world to assist in _____ crises and brokering negotiated settlements to conflicts. Civilian-led "political missions" are deployed to the field with mandates to encourage dialogue and cooperation within and between nations, or to promote reconciliation and democratic governance in societies rebuilding after civil wars.

[① delude, ② defusing, ③ despond, ④ degenerate, ⑤ defending]

- envoy[énvɔi] : (외교)사절, 특사(特使)
  cf: an imperial envoy(칙사), a peace envoy(평화사절)
- dispatch : (편지·사자 등을) 급송하다, 급파/특파하다, 파병하다, 급히 해치우다, 죽이다, 신속히 처형하다
- defuse : (폭탄·지뢰의) 신관을 제거하다, ~의 긴장을 완화하다
- broker : (거래·협상 등을) 중재하다, (부동산·보험 등의) 매매를 중개하다
- mission : 파견단/사절단, 임무/사명/목적/목표, 선교/포교, 배급소
- deploy : (부대 등을) 전개시키다, (부대·장비를) 배치하다, (인구 따위를) 분산하다, 전개하다
- mandate[mændeit] : 권한/신임, 명령/지시/규정
  cf: The party was elected with a mandate to cut public spending
     (그 정당은 선거에서 승리하여 공공지출을 삭감할 수 있는 권한을 부여받았다)
- reconciliation[rèkənsìliéiʃən] : 화해, 조정, 조율, 조화시키기
※ reconcile[rékənsàil] : 양립시키다, 조화시키다
  cf: He and his wife reconciled after two years apart
     (그와 그의 아내는 2년간의 별거 후에 화해했다)
- governance : 통치/통할, 관리, 지배, 제어, 통치법[조직], 관리법[조직]

APPENDIX(부록) 수험문제 지문구조 정밀해설

- delude[dilúːd] : <u>매혹시키다, 속이다,</u> 속여 믿게 만들다, 잘못 생각하다(~oneself), 착각하다(with, into)
  cf: She deluded herself with false hopes
      (그녀는 잘못된 희망을 품었다)
      delude a person into belief[believing that…]
      (아무를 속여 …라고 믿게 만들다)
- despond : <u>실망하다/낙담하다,</u> 비관하다
  cf: despond of one's future (누구의 장래를 비관하다)
- degenerate[didʒénəreit] : <u>나빠지다, 퇴보/퇴화하다</u>(from/to), 타락하다, 변질하다

유엔 사절들은 <u>전 세계의 긴장지역으로 급파되어 긴장을 완화하고 분쟁에 대한 협상 결정을 중재하는 것을 도와준다</u>. 민간 주도하의 '정치적 특사들'은 권한을 위임받아 현장에 전개되어 국가들 간 또는 국가들 내에서의 대화와 협력을 권장하거나, 내란 후 재건중인 사회에서의 조정과 민주적 통치를 촉진한다.

※ 힌트 : 유엔 사절의 기본적 임무는 긴장의 완화와 분쟁의 조절을 촉진하는 것이라는 글 전체의 요지와 문법적 구조(형태)를 감안하여 정답을 고른다.
  ①의 delude(현혹시키다), ③의 despond(~을 낙담/비관하다) of~, ④의 degenerate(퇴보/퇴화하다)는 의미와 형태(문법적 구조)가 모두 부적절하고,
  ⑤의 defending은 전치사의 뒤에 올 형태(동명사)로서는 맞지만 의미가 글 전체의 맥락에 맞지 않으며, ②의 defusing(완화/제거하다, 해체/진정시키다)가 적절하다.

- 565 -

(8) 영어 작문(A)

※ 문제 : 우리말을 영어로 바르게 옮긴 것은?

> ① 우리가 공항에 도착할 무렵, 비행기는 이미 이륙했다.
> → By the time we had arrived at the airport, the flight already took off.
> ② 당신이 바쁘지 않으면 오늘 저녁에 당신 집에 들르겠다.
> → I'll drop by your place this evening lest you should be busy.
> ③ 그녀가 콘서트에 왔었다면 좋아했을 것이다.
> → Had she come to the concert, she would have enjoyed it.
> ④ 그는 의사로서 자질이 없다.
> → He is cut out to be a doctor.

※ 힌트
① 접속사구(by the time에 의해 이끌리는 종속절의 시제와 주절(the flight...)의 시제간 선·후 관계를 비교·파악해야 한다.
 - 즉, 주절이 한 단계 더 앞선 시제여야 하는데, 제시된 문장은 그 반대로 되어 있다.
 - 다음과 같이 되어야 어법이 맞다.
  ☞ By the time we <u>arrived</u> at the airport, the flight already <u>had taken off</u>.
② "당신이 바쁘지 않으면"의 뜻을 나타내는 조건적 종속절을 만들려면 문두를 이끄는 접속사가 lest(~하지 않도록)이 아니라 unless(~하지 않으면)가 되어야 마땅하다.
 - 한편, "~에 이르다"의 경우에도 drop by 다음에 at을 넣는 것이 더욱 확실하다.
 - 즉, 다음과 같이 되어야 어법에 맞다.
  ☞ I'll <u>drop by (at)</u> your place this evening <u>unless</u> you're[should be] busy.
 ※ should be는 틀리지 않았으나 가정법 스타일로서 다소 예스러운 표현임
③ 가정 조건적 종속절(그녀가 콘서트에 왔었다면)은 과거 사실의 반대 상황을 가정하는 것이므로 「과거분사 (had come)」시제, 주절(귀결절)은 「would/should have + 과거분사」로 구성되어 있어서 제시된 답안은 어법에 맞다.
 - 여기서는 If가 생략된 가정 조건절로서 조동사(had)가 문두에 선행되었다.
④ 「be cut out to 부정사(또는 for + 명사」는 「~이 되기에 적임이다(자질이 있다)」, 「~에 어울리다」라는 뜻을 지닌 숙어이다.
 ※ 따라서, 자질이 없다고 영역하려면 위 문장을 부정하든지, 아니면 다른 표현법을 써야 할 것이다. 예; He <u>is not cut out to be a businessman</u>.(그는 사업가 체질이 아니다)
 - He is <u>not cut out</u> to be a doctor[=for a doctor].
 - He <u>does not have</u> the stuff[qualify] for becoming a doctor[=to be a doctor].

(9) 영어 작문(B)

※ 문제 : 우리말을 영어로 잘못 옮긴 것은?

> ① 그는 빚을 갚고 나니 먹고 살아갈 수가 없게 되었다.
> → The payment of his debts left him nothing to live on.
> ② 사람의 가치는 재산보다도 오히려 인격에 있다.
> → A person's value lies **not so much** in what he is **as** in what he has.
> ③ 당신은 나이를 먹음에 따라, 이 속담의 의미를 분명히 알게 될 것이다.
> → As you grow older, you will come to realize the meaning of this saying clearly.
> ④ 그들은 물이 부족했으므로 가능한 적게 마셨다.
> → They were short of water, so that they drank as little as possible.

※ 힌트

① payment는 동작을 내포한 명사로서 그 내재적 목적어 his debts를 전치사(of)로 보완하여 주부를 이룬 간략하고 절묘한 문장이다.

② as는 「추이」를 나타내는 접속사로서 「~함에 따라」, ~에 비례[병행]하여 뜻으로 쓰이고, come to는 「~하게 되다」의 뜻으로 쓰이는 제시된 영문은 어법상 모두 적절하다.

③ 「be short of~」는 「~이 부족하다」로 쓰이는데 관용적 표현이고, so that은 결과를 나타내는 비분리 구(句)접속사이며, 「as + 부사 + as possible」은 「되도록 가능한 한 속히/많이/적게」의 뜻으로 자주 쓰이는 관용적 부사구이다.

④ 「not so much...as~(...라기 보다는 ~이다)」에 대한 이해가 필요하다. 즉, as의 앞부분은 부정하고 뒷부분을 긍정하는 문장이다.
　예) I'm not so much mad as disappointed
　　　(난 화가 난다기보다는 실망스럽다)

- 재산(무엇을 가졌나)은 「what he has」이고, 인격(어떤 사람이냐)은 「what he is」여야 하는데, 주어진 답안에서는 두 간접의문절의 위치가 서로 바뀌어 있다.
- 즉, 정확한 영역이 되려면 다음과 같아야 한다.
　☞ A person's value lies not so much in <u>what he has</u> as in <u>what he is</u>.

2. 2014년도 시행 국가공무원(7급) 임용고사

(10) 영어 작문(C)

※ 문제 : 다음 우리말을 영어로 가장 잘 옮긴 것은?

> 나는 불가피한 사정으로 그 일을 착수할 수밖에 없었다.

① I could not undertake the work because of unavoidable circumstances.
　(나는 그 일을 떠맡을 수 없었는데, 그것은 피할 수 없는 사정 때문이었다)
② I could avoid the circumstances, but I did not undertake the work.
　(나는 그 사정을 피할 수 있었지만, 그 일을 떠맡지 않았다)
③ Unavoidable circumstances prevented me from setting about the work.
　(불가피한 사정으로 나는 그 일에 착수하지 못했다)
④ Unavoidable circumstances led me to set about the work.
　(불가피한 사정이 나를 그 일에 착수하도록 이끌었다)

※ 힌트
- 불가피한 사정(여건)은 'Unavoidable circumstances'로, 착수하다는 <u>set about</u>, outset, start, commence, begin, set on foot, launch out[embark, start] on 등 여러 가지로 영역할 수 있다.
- undertake는 주로 「~을 떠맡다」, 「~의 책임을 지다」, 「~할 의무를 지다」, 「약속하다」, 「맡아 돌보다」로 쓰이며, 드물게는 「~에 손대다/착수하다」로도 쓰인다.

한편, 궁극적 의미는 같다고 하더라도 필자[화자]가 강조하려는 말을 가급적 주어로 삼는 것이 좋은 문장이다. 즉 'I'를 주어로 할 것이냐(인칭주어), Unavoidable circumstances를 주어로 할 것이냐(사물주어) 하는 문제인데, 후자를 주어로 삼는 것이 불가피했던 상황(이유)를 더 강조할 수 있다.
- 사물주어(Unavoidable circumstances)를 주어로 한 2개의 답안(③,④) 중, 그 의미에 있어서 ③은 '착수하지 못하게 했다'로 되어 있어서 부적절하며, ④는 '착수하도록 이끌었다'로 되어 있어서 답안 ④가 형식과 의미의 양면에서 가장 적절한 영역문장이라 하겠다(동사로서는 lead 외에, force/impel 등도 가능).

(11) 영어 회화(A)

※ 문제 : 두 사람(남, 여) 대화 중 가장 어색한 것은?

① W : Honey! Can you give me a hand with the groceries?
　 M : Wow! Do we really need all this stuff?
② W : Hey, wait! What are you doing?
　 M : What does it look like I'm doing? I'm having your car towed away for illegal parking.
③ W : I bought this computer only a week ago, but it just isn't running right.
　 M : By the way, our customers deserve friendly service every time they walk in our store.
④ W : What's your major?
　 M : Well, I've been batting around the idea of going into business, but I haven't decided yet.

① W : 여보! 이 곡물 처리작업(운반, 가공하는 일 등)을 좀 거들어줄 수 있겠소?
　 M : 우와! 당신 정말 이 재료 모두 다 필요한 거요?
② W : 여보시오, 기다려요! 당신 지금 뭐 하는 거요?
　 M : 내가 뭘 하고 있는 것 같아요? 나는 불법주차를 이유로 당신 차를 견인하고 있소.
③ W : 나는 이 컴퓨터를 불과 1주일 전에 샀지만, 지금 제대로 작동하지 않고 있어요.
　 M : 그런데 우리의 고객들은 우리 가게로 걸어 들어올 때마다 우호적인[친절한] 서비스를 받아 누릴 만한 가치가 있어요.
④ W : 당신의 전공은 무엇인가요?
　 M : 나는 사업계로 진입할 생각을 이리저리 궁리하고 있지만, 아직 결정하진 않았어요.

※ 힌트 : 여자(W)와 남자(M)간 위 각 항목의 대화 중 서로 어떤 공통된 주제를 중심으로 이야기한 것인지, 전혀 상관없는 주제를 이야기한 것인지를 파악하면 된다.
　　　　①,②,④는 서로 연관이 되는 주제로 이야기하는 데 비해, ③에서는 남·녀 간에 서로 연관이 되지 않는 주제를 이야기했다(이른바 '동문서답')

2. 2014년도 시행 국가공무원(7급) 임용고사

(12) 영어 회화(B)

※ 문제 : 밑줄 친 부분에 들어갈 표현으로 가장 적절한 것은?

> A : Would you like to go hiking this weekend?
> B : Why don't we go to the mall instead?
> A : But I have some new hiking gear I want to try out.
> B : Yes, but there's a sale at the department store.
> A : You always _____ at anything I want to do.
> B : It's not you. It's the outdoors. I hate it. I prefer air-conditioned stores instead.

① turn your nose up(at) (당신은 ~을 경멸/멸시한다, ~을 상대조차 않는다)
② hold my hand (내 손을 붙잡으시오)
③ put your feet up (다리를 쭉 뻗고 쉬시오, 다리를 올리고 편히 쉬세요)
④ let your hair down (느긋하게 쉬세요, 마음 편하게 거동하세요, 터놓고 이야기 하세요, 격식을 버리세요, 스스럼없이 지내세요)

> A : 이번 주말에 하이킹 가지 않겠어요?
> B : 그 대신 쇼핑몰에 가는 게 어때요?
> A : 그러나 나는 착용해 보고 싶은 어떤 새 하이킹 장비를 갖고 있거든요.
> B : 그래요, 하지만 그 백화점에는 세일이 있거든요
> A : 당신은 언제나 내가 하고 싶은 것은 _____하는 군.
> B : 그건 당신이 아니라, 야외에요. 나는 그 야외가 싫어요. 나는 그 대신 냉방시설이 되어 있는 상점들이 더 좋거든요.

※ 힌트 : A가 하고자 하는 것(하이킹 가는 일)에 B는 다른 것(쇼핑몰·백화점 등 상점에 가기)을 고집하는 대화이므로 A로서는 자신의 의견을 B가 무시하거나 경멸하는 것으로 단정하고 있다. 따라서 제시된 답안들 중 ①이 본문 빈칸에 들어가야 한다.

(13) 문어적 표현과 구어적 표현간의 차이점

※ 문제 : 밑줄 친 부분에 들어갈 가장 적절한 것은?

> Written and spoken texts have certain things in common: A person who wants something done uses language to get it done. The types of language that the speaker and the writer use, however, are different because distinct social activities are involved in the two types of texts. In the written text, wherein the writer has never met and will probably never meet the readers, the communication is one-way and consists to a large extent of neutral formulae. Thus, a distant and formal tone is appropriate for this kind of conventional exchange. _____, the communication in the spoken text is a two-way process in which the interlocutors are necessarily engaged in some kind of personal interaction and thus a different type of language behavior is used to maintain a relationship.

- written and spoken text : 문어표현(문어 투)와 구어표현(구어 투)
- in common : 공동/공통으로.
  cf: He and I have nothing in common
      (그와 나는 공통점이 전혀 없다)
- formulae[fɔ́ːrmjələ] : 상투어구(formula), 제문(祭文), 식/공식, 처방, 교리/신조,
                         조리법/제조법(for), 원칙, 타개책, (경주용 자동차의) 공식규격
- to a large[great] extent : 크게, 대부분을
- distinct : 별개의/다른(from), 독특한, 뚜렷한/명백한, 틀림없는.
  cf: Mules are distinct from donkeys
      (노새는 당나귀 하고는 다르다)
- consist : ~으로 되다, 이루어져 있다(of), ~에 존재하다, ~에 있다(in), ~와 양립하다(with),
            일치하다
  cf: Happiness consists in contentment
      (행복은 족함을 아는 데 있다)

- 571 -

cf : Wealth does not consist with intemperance
　　(건강과 무절제는 양립하지 않는다)
- conventional : 틀[판]에 박힌, 상투적인, 평범한/진부한, 보통 행해지고 있는, 재래[종래]의, 관습/관례의, (무기 등이) 재래형인, 집회/회의의
- interlocutor[ìntərlάkjətər] : 대화[회화]자
  cf: interlocutory[ìntərlάkjətɔ̀:ri] : 대화(체)의, 문장(형식)의, 대화중에 끼워 넣은, 중간의, 중간판결의 잠정적인
- meanwhile[mí:ntàil]: <u>한편(meantime)</u>, 그동안, 당장에는, 당분간, 그 사이에, 이럭저럭 하는 동안에, <u>이야기를 바꾸어</u>, 동시에
- otherwise : 딴 방법으로, 그렇지는 않고, <u>만약 그렇지 않으면</u>
  cf: - I cannot do otherwise
　　　　(나는 달리 할 수가 없다)
　　　- He thinks otherwise
　　　　(그의 생각은 다르다)
　　　- Judas, otherwise called Iscariot
　　　　(일명 이스카리옷이라는 유다)
　　　- He worked hard; otherwise he would have failed
　　　　(그는 열심히 공부했다. 그렇지 않았으면 실패했을 것이다)

APPENDIX(부록) 수험문제 지문구조 정밀해설

문어적 표현[어투]과 구어적 표현[어투]은 공통적으로 이런 내용을 담고 있다. 무엇이 이루어지기를 바라는 사람은 그것이 이루어지도록 하기 위해 언어를 사용한다. 하지만 화자(話者)와 필자(筆者)가 사용하는 언어의 유형은 서로 다른데, 그 이유는 두 유형의 표현[어투]에는 서로 다른[독특한] 사회적 활동이 내포되어 있기 때문이다 문어적 표현에서는 그 속에서 필자는 독자들을 만나본 적이 없으며 아마도 결코 만나게 되지 않을 것인데, 의사소통이 일방적이며 상당한 정도로 독립적인 상투어구로 구성되어 있다. 그래서 이런 유형의 관계적 의사교환을 위해서는 거리를 두는 공식적 어투가 적절하다.
<u>한편,</u> 구어적 표현에서의 의사소통은 쌍방적 과정이고 그 속에서 대화자들은 반드시 어떤 부류의 인적 상호작용에 관여하게 되며, 그래서 어떤 관계를 유지하기 위해서는 (문어적 어투와는) 상이한 유형의 언어행동이 사용되게 마련이다.

※ 힌트 : 이 글은 문어적 표현과 구어적 표현간의 특징과 차이를 비교·설명하는 글이다. 먼저 문어적 표현의 특징을 설명했고, 이어서 그것과 대조적으로 구어적 표현의 특징을 설명하려는 **글 사이에 들어갈 독립부사로서 적절한 것을 고르면 된다.**
- 제시된 독립부사들 중 ②의 similarly(이와 유사하게), ③의 therefore(그러므로), ④ otherwise(그렇지 않으면)은 적절치 않고, ①의 meanwhile (한편)을 넣으면 두 문장 간의 연결이 자연스럽다

(14) 여신(女神)이 주는 상징성은 여성의 지혜로운 힘과 독립성을 의미

※ 문제 : 밑줄 친 부분에 들어갈 가장 적절한 것은?

> The simplest and most basic meaning of the symbol of Goddess is the acknowledgement of the legitimacy of female power as a beneficent and independent power. A woman who echoes Ntosake Shange's dramatic statement, "I found God in myself and I loved her fiercely," is saying "Female power is strong and creative." She is saying that the divine principle, the saving and sustaining power, is in herself, that she will no longer look to men or male figures as saviors. The strength and independence of female can be intuited by contemplating ancient and modern images of the Goddess. This meaning of the symbol of Goddess is simple and obvious, and yet it is difficult for many to comprehend. It stands _____ to the paradigms of female dependence on males that have been predominant in Western religion and culture.

- beneficent[bənéfəsənt]: 자선심이 많은, 기특한, 인정 많은, 유익한
  cf: : (반대어로서) maleficent(유해한, 나쁜(to), 범죄의)
- echo[ékou] : 메아리치게 하다, 메아리 치다, 반향시키다, 반향하다, 울리다, 울려 펴지다, 흉내 내다, 되풀이하다, 뇌동하다, (감정을) 반영하다
  cf: The room echoed with laughter(방 안에 웃음소리가 울려 퍼졌다)
- intuit[íntju(:)it] : 직관으로 알다[이해하다], 직관/직각(直覺)하다
- contemplate[kάntəmpleit] : 찬찬히 보다, 정관하다, 관찰하다, 잘 생각하다, 심사숙고하다, 계획/기도하다, ~하려고 생각하다, 예측/예기하다, 기대하다

  cf: - Contemplate a tour around the world
        (세계일주 여행을 꾀하다)
      - I contemplate visiting France
        (프랑스로 갈까 생각하고 있다)
      - We did not contemplate such a consequence
        (우리는 그런 결과를 예기하지 못했다)
      - All day he did nothing but contemplate
        (그는 종일 생각에만 잠겨 있었다)

APPENDIX(부록) 수험문제 지문구조 정밀해설

- stand : (어떤 상태)이다, ~의 관계[입장, 순위]에 있다
  cf: - The boy **stands** first in the class
      (이 아이는 반에서 제일 잘한다)
      - He **stood** accused of having betrayed his friends
      (그는 친구를 배반했다는 일로 비난받았다)

여신이 주는 상징에 대한 가장 단순하고 가장 기본적인 의미는 자혜롭고 독립적인 힘으로서의 여성의 힘의 정당성에 대한 인정이다. "나는 나 자신 속에서 신을 보았으며 그녀를 격렬하게 사랑했다"라는 Ntcsake Shange의 극적인 논급을 반영하는 여성이란 "여성의 힘이 강하고 창조적이다"라는 것을 말하고 있다. 구원해주고 지탱해 주는 힘으로서의 신의 법칙은 자신의 안에 있기에 그녀는 구원자로서의 남성상을 더 이상 기대하지 않을 것이라는 점을 말하고 있다. 여성의 힘과 독립성은 여신에 대한 고대와 현대의 이미지를 곰곰이 생각해 봄으로써 직관될 수 있다. 여신의 상징에 대한 이와 같은 의미는 단순하고 분명한데도, 아직 많은 사람들에 있어서 그것을 이해하는 것이 어렵다. 이것은 서구의 종교와 문화에서 지배적이었던 남성들에 대한 여성의 의존성 패러다임과는 극명하게 대조적인 것(생각)이다.

※ 힌트 : 여신이 주는 상징에 대한 단순 명쾌하고 기본적인 의미는 여성의 힘과 독립성 인정이므로, 이는 자연히 남성 우월주의였던 전통적 서구의 종교와 문화와는 극명히 대조되는 패러다임이다.
- 따라서 ②의 in passive obedience(수동적 복종의 형태로) ③의 at perfect ease(아주 편안/안일하게), ④의 on its own(자력으로) 등은 연관이 없는 답안이고 ①의 in sharp contrast(격심하게 대조적인)이 들어가야 문맥상 적절하다.

- 575 -

2. 2014년도 시행 국가공무원(7급) 임용고사

(15) 세계화의 특징은 통합(integration)과 짜임(web)이며 이것은 피할 수 없는 추세이다

※ 문제 : 밑줄 친 부분에 들어갈 가장 적절한 것은?

> The globalization is a bit different. It has also one overarching feature — integration. The world has become an increasingly interwoven place, and today, whether you are a company or a country, your threats and opportunities increasingly derive from who you are connected to. This globalization system is also characterized by a single word: the Web. So in the broadest sense we have gone to a system increasingly built around integration and webs. This leads to many other differences between the globalization system and the Cold War system. The globalization system, unlike the Cold War system, is not frozen, but a dynamic ongoing process. That's why I define globalization this way: it is the inexorable _____ of markets, nation-states and technologies to a degree never witnessed before — in a way that is enabling the world to reach into individuals, corporations and nation-states farther, faster, deeper than ever before.

- overarching : 머리 위에서 아치꼴이 되어 있는, 모든 것에 우선하는, 무엇보다 중요한
- interweave : 섞어 짜다/짜이다, 짜넣다, 뒤섞(이)다
  cf: interweave joy with sorrow
      (환희와 비애를 뒤섞다)
- web : 피륙, 직물, 한 필의 천, 거미집, 거미줄, 망, 웹, 인터넷, 투성이, (오리의) 물갈퀴, 얽히고 섞힌 관계
- derive[diráiv] : 끌어내다(from), 손에 넣다/획득하다, 이어받다, 기원/유래를 찾다(from), 도출하다, 파생하다
  cf: We derive knowledge from books
      (우리는 책에서 지식을 얻는다),
      These words are derived from German
      (이 단어들은 독일어에서 파생된 것이다)
- inexorable[inéksərəbəl] : (증가·하락 등을) 손쓸 수 없는, 무정한(relentless), 냉혹한, 굽힐 수 없는, 움직일 수 없는

APPENDIX(부록) 수험문제 지문구조 정밀해설

'세계화(globalization)'는 좀 다르다. 그것은 또한 무엇보다 중요한 한 가지 특징, 즉 '통합(integration)'이라는 특징을 지니고 있다. 세계는 점점 더 섞어 짜이는 장소이며, 오늘날 당신이 회사이든 국가이든 간에 당신이 직면하는 위협과 기회는 점점 더 당신이 연관을 맺는 사람으로부터 나온다. 이러한 세계화시스템은 또한 '짜임(web)'이라는 한 가지 말로 특징지어질 수 있다. 그래서 가장 넓은 의미에서는 우리는 점점 더 통합과 짜임을 중심으로 구축되는 하나의 시스템으로 다가와 있다. 세계화 시스템은 냉전 시스템과는 달리 동결되지 않고 역동적으로 진행되는 과정이다. 즉 그것은 이전에는 결코 엿볼 수 없었던 정도로, 즉 세계를 개인과 단체와 더 나아가 국가 속으로 과거 어느 때보다 더 멀리, 더 빨리, 더 깊숙이 도달하게 해주는 방식으로, 사람들과 국가들 그리고 기술들을 막무가내로 통합하는 것이다.

※ 힌트 : 이 글에서 필자는 세계화의 특징을 '통합(integration)과 짜임(web)'이라고 강조했다.
  - 따라서 제시된 답안들 중 ①의 obliteration(말소/소멸), ②의 segregation(분리/차별), ④의 perpetration(범함/저지름, 범행)은 글의 요지와는 관련이 없는 말들이고, ③의 integration이 적절한 것 같다.

(16) 주거생활 재건 등을 통해 Katrina 이전의 뉴 올리언스의 모습으로 되돌아가기를 기대하는 것은 근시안적이며 무분별한 처사이다

※ 문제 : Katrina 이전의 모습으로 New Orleans를 재건하려는 것에 대한 필자의 시각은?

> Residences and decision-making alike must move to higher ground regarding the future of New Orleans. Cool pragmatism must prevail over emotional attachment to place. Those who expect a return to pre-Katrina New Orleans life are selfishly myopic. Not only were residents' lives devastated by the tragedy, but emotional and other costs were also borne by families, friends, and fellow citizens throughout the country. Rescue workers put their lives and health in harm's way. Taxpayers bore the costs of the devastation and will be required to do so once again, inevitably. To rebuild the residential life of New Orleans is nothing less than reckless endangerment.

- attachment : 애착, 애정, 사모, 부속품, 첨부문서[파일], 신념, 믿음, 부착/장착, 접착, 부착/고정/연결 장치, 파견(기간, 근무)
  cf: a camera with a flash attachment
   (플래쉬가 장착된 카메라)
- cool : 찬/서늘한, 식은, 열의가 없는, <u>냉정한</u>, 침착한
- prevail : 우세하다, 이기다/극복하다, 널리 보급되다, 유행하다. 설복/설득하다
- myopic[maiɔ́pik] : 근시(안)의, 근시안적인
  ※ myope[máioup] : 근시인 사람, 근시안적인 사람
- devastate[dévəstèit] : (국토·토지 따위를) 유린하다, 황폐시키다, (사람을) 망연자실하게 하다, 곤혹스럽게[놀라게] 하다.
- reckless : 분별없는, 무모한, 염두에 두지 않는, 개의치 않는
  cf: It was reckless of you to go there alone
   (거기에 혼자 가다니 너도 무모했다)
   reckless of danger
   (위험을 개의치 않는)
- endangerment : 위태롭게 함, 위험에 빠뜨림
  ※ endanger : 위태롭게 하다, 위험에 빠뜨리다
  cf: endangered species(멸종위기에 처해 있는 종)

- nothing less than : 아주 ~, 참으로 ~
  cf: nothing less than monstrous(참으로 기괴한)
      It is no less than a fraud
      (그것은 사기나 다름없다, 사기와 같다/마찬가지다)

> 주거와 의사결정은 다함께 뉴올리언스의 장래에 관한 더 높은 경지로 나아가야 한다. 냉정한 프래그머티즘(실용주의)이 감정적 애착을 눌러야 한다. <u>Kartina 이전의 뉴올리언스의 모습으로 되돌아가기를 기대하는 사람들은 이기적인 근시안자들이다.</u> 그 비극적 사건에 의해 거주자들의 생활이 황폐화되었을 뿐만 아니라, 전국적으로 정서적 및 기타 비용들 또한 전국적으로 가족들 친구들 그리고 동료시민들에 의해 부과되었다. 구호 근로자들은 자신들의 생활과 건강을 해치는 노정(路程)에 처해 있다. 납세자들은 그 황폐화의 비용을 부담했으며, 필연적으로 다시 한 번 그렇게 하도록 요구받게 될 것이다. <u>뉴올리언스의 주거생활을 재건하려는 것은 참으로 무분별한 위험한 처사이다.</u>

※ 힌트 : 필자의 시각에 관해 다음과 같은 4가지 답안들이 제시되었다.
- ① affirmative(긍정적) ② optimistic(낙관적) ③ indifferent(무관심한) ④ negative(부정적)
- 위 글에서 "Katria 이전의 뉴올리언스의 모습으로 되돌아가기를 기대하는 사람들은 이기적인 근시안자들이다"라는 문장, 그리고 "뉴올리언스의 주거생활을 재건하려는 것은 참으로 무분별한 위험한 처사이다"라는 두 문장에 그 답을 찾을 수 있다. 즉 필자는 시종일관 '**부정적 시각**'을 피력하고 있다.

<허리케인 Katrina>

※ 2005년 9월 허리케인 Katrina는 미국의 남동부(루이지애나 주 등)를 강타했는데, 지역특성상 대부분이 해수면보다 저지대인 뉴올리언스(항) 일대에서 피해가 특히 극심했다.

(17) 대부분의 유산(流産)은 염색체의 이상(異狀)에 기인한 것이지만 카페인이 그러한 문제들의 원인라고는 단정키 어렵다

※ 문제 : 다음 글에 나타난 Dr. Westhoff의 생각과 일치하는 것은?

> The new study, being published Monday in The American Journal of Obstetrics and Gynecology, finds that pregnant women who consume 200 milligrams or more of caffeine a day — the amount in 10 ounces of coffee or 25 ounces of tea — may double their risk of miscarriage. However, Dr. Carolyn Westhoff, a professor of obstetrics and gynecology, and epidemiology, at Columbia University Medical Center, had reservations about the study, noting that miscarriage is difficult to study or explain. Dr. Westhoff said most miscarriages resulted from chromosomal abnormalities, and there was no evidence that caffeine could cause those problems. "I think we tend to go overboard on saying expose your body to zero anything when pregnant. The human race wouldn't have succeeded if the early pregnancy was so vulnerable to a little bit of anything. We're more robust than that."

- miscarriage : 실패/잘못(error), (우편물 따위의) 불착, 잘못 배달됨, 유산(流産), 조산(早産; abortion), 오심(誤審; a miscarriage of justice)
  ※ 불임(不妊) : sterility, barrenness, infertility
- obstetrics[əbstétriks] : 산과학(産科學)
  ※ obstetrician[ὰbstitríʃən] : 산과의(産科醫)
  cf: obstetric, obstetrical(산과의, 조산의, 산과학의)
- gynecology[gàinəkάlədʒi, dʒàinə~,] : 부인과 의학
  cf: gynecologist(부인과 의사)
- epidemiology[èpədi:miάlədʒi] : 역학(疫學), 의생태학, 유행병학
  ※ epidemic[èpədémik] : 유행병, 전염병, (병 따위의) 유행, 유행병(전염병)의
  cf: There is an epidemic of cholera reported
    (콜레라가 돈다는 보도가 나왔다)
    an epidemic of terrorism
    (다발하는 테러행위)

APPENDIX(부록) 수험문제 지문구조 정밀해설

- reservation[rèzərvéiʃən] : 보류, 조건, 제한, 단서, 예약, 예약/지정석, 사양, 삼감, (입 밖에 낼 수 없는) 걱정/의심
- chromosomal[kròuməsóuməl] : 염색체의
  ※ chromosome[króuməsòum]: 염색체
- go overboard : 극단으로 나가다
- abnormality[æbnɔːrmǽləti] : 이상, 변칙/변태, 기형, 불구

미국 산부인학 저널에 월요일 공표 예정인 새로운 연구는 하루에 200밀리그램 이상, 즉 커피 10온스 또는 차 25온스에 해당되는 분량을 섭취하는 임산부는 유산(流産)의 위험을 배가(倍加)시킬 수 있다는 사실을 발견하고 있다. 하지만 콜롬비아 대학교 메디컬 센터의 산부인학 및 전염병학 고수인 캐롤린 웨스트호프 박사는 유산은 연구나 설명하기가 어렵다고 말하면서 그 연구에 관해 유보적 의견을 나타냈다. 웨스트호프 박사는 대부분의 유산이 염색체의 이상(異狀)에서 나오는 것이지만 카페인이 그러한 문제를 유발할 수 있다는 증거는 없다고 말했다. "나는 우리가 임신했을 때 우리의 몸을 아무것도 노출시키지 않는다는 것을 말하는 데에 너무 극단적으로 나가는 경향이 있다고 생각한다. 조기 임신이 조그만 어떤 것에도 취약하다면 인류는 성공적으로 이어오지 않았을 것이다. 우리는 (실제로는) 그것 보다는 더 건강하다."

※ 힌트 : "대부분의 유산은 염색체 이상에 원인이 있다. 그러나 그러한 문제를 반드시 카페인이 야기한다는 증거는 없다"는 데 착안해야 한다.(정답은 ④)

<제시된 답안들>

① Caffeine could cause chromosomal abnormalities, which eventually result in miscarriages.
(카페인은 염색체 이상을 일으킬 수 있는데, 이것이 결국 유산이라는 결과로 이어진다)
② The early pregnancy is very vulnerable to even a little caffeine.
(조기 임신은 소량의 카페인에도 매우 취약하다)
③ You should expose your body to zero caffeine when pregnant.
(당신은 임신 중에는 몸을 카페인에 노출시켜서는 안 된다)
④ Most miscarriages are caused by chromosomal abnormalities.
(대부분의 유산은 염색체 이상에 의해 유발된다)

(18) 화석연료와 생물체 연료가 환경 및 비용에 미치는 영향 비교

※ 문제 : 다음 글의 내용과 일치하는 것은?

> Using biofuels made from corn, sugar cane and soy could have a greater environmental impact than burning fossil fuels, according to experts. Although the biofuels themselves emit fewer greenhouse gases, they all have higher costs in terms of biodiversity loss and destruction of farmland. The problems of climate change and the rising cost of oil have led to a race to develop environmentally-friendly biofuels, such as palm oil or ethanol derived from corn and sugar cane. The EU has proposed that 10 % of all fuel used in transport should come from biofuels by 2020 and the emerging global market is expected to be worth billions of dollars a year.

- biofuel : 생물체 연료
- sugar cane : 사탕수수
    - ※ cane : 지팡이, 단장(walking stick), 매, 회초리, 막대기, (등·대·종려나무·사탕수수 따위의 마디 있는) 줄기
    - cf: get[give] the cane : 회초리로 맞다[때리다]
- soy : 간장(soya[sɔ́ijə])
    - cf: soy-bean(콩), soybean milk(두유)
- burning fossil[fάsəl] fuel : 불타는(가연성) 화석 연료
    - cf: burning mountain : 화산(volcano)
    - burning [fuel] oil(연료유)
- emit[imít] : (빛·열·냄새·소리 따위를) 내다, 말하다, 방출하다, 방사하다, (신호를) 보내다, (용암·액체·가스 따위를) 분출하다/내뿜다, (의견 따위를) 토로하다, 말하다, (명령을) 발하다, (지폐·어음 등을) 발행하다, (법령을) 발표하다
- biodiversity : 생물의 다양성
    - cf: biodiversified(생물을 다양화한)
- palm : 야자, 종려, 야자과의 식물, 승리, 영예, 상(賞)
    - cf: the date palm(대추야자), the coconut palm(코코야자)
- environmentally-friendly : 환경 친화적

APPENDIX(부록) 수험문제 지문구조 정밀해설

- ethanol[éθənɔ̀ːl] : 에탄올
- emerging : 최근 만들어진[생겨난], 신흥의, 새로 독립국이 된
  cf: an emerging industry(신흥 산업)

전문가들의 말에 따르면 옥수수와 사탕수수 그리고 간장에서 추출된 생물체 연료의 사용은 가연성 화석 연료에 비해 훨씬 더 큰 환경적 영향을 미쳤다고 한다. 비록 생물체 연료들이 그 자체가 온실 가스를 더 적게 방출한다고는 하지만, 그것들은 모두 생물 다양성 손실과 농장 파괴라는 측면에서는 더 높은 비용을 나타낸다. 기후변화와 증대되는 유류비용의 문제는 경쟁을 야자유 또는 옥수수·사탕수수에서 추출된 에탄올 같은 환경 친화적 생물체 연료를 개발하는 방향으로 내몰아 왔다. EU(유럽연합)는 2020년까지 운송부문에 사용되는 총 연료의 10%는 생물체 연료에서 나와야 한다고 제안했으며, (이에 따라) 신흥 세계시장은 연간 수십억 달러의 가치가 있을 것으로 기대된다.

※ 힌트 : 야자유와 에탄올 등 환경 친화적인 생물체 연료가 종래의 화석연료에 비해 환경에 더 높은 비용을 초래하는 측면도 있다는 것이 이 글의 요지이다. 그러나 **제시된 답안들은 이러한 전체적 의미보다는 부분 부분적인 내용을 기술하고 있으므로, 본문 중에 그런 내용이 있느냐 없느냐를 살펴야 된다.**
 - 따라서 제시된 답안들 중 ①~③번은 본문 내용과 다른 얘기다.

<제시된 답안들>

① Fossil fuels have higher costs than biofuels in terms of biodiversity loss.
   (화석연료는 생물다양성 손실 측면에서 생물체 연료보다 더 많은 비용이 든다)
② Climate change has no bearing on the development of biofuels.
   (기후 변화는 생물체 연료의 개발에 아무런 영향을 미치지 않는다([관련이 없다])
  cf: bearing - 몸가짐, 거동, 자세/태도, 행동, 결실, 작물, 관계/관련, 영향, 의미, 방향/방위각, 입장
③ About 10 percent of all European cars should use biofuels by 2020.
   (유럽의 모든 차량의 약 10%는 생물체 연료를 사용해야 된다)
④ Ethanol is one of the environmentally-friendly biofuels.
   (에탄올은 환경 친화적인 생물체 연료들 중의 하나이다)

(19) 동물들이 제한된 공간에서의 단조로움을 극복하기 위해 취하는 4가지 행동방식

※ 문제 : 동물들이 단조로움을 극복하기 위해 하는 행동이 아닌 것은?

> Observations have revealed that there are probably four main ways in which animals in confined spaces try to overcome their monotony. The first is to invent new motor patterns for themselves such as new exercises and gymnastics. They may also try to increase the complexity of their environment by creating new stimulus situations: many carnivores play with their food as though it were a living animal. Alternatively the animal may increase the quantity of its reaction to normal stimuli. Hypersexuality is one common response to this type of behavior. Finally, they may increase the variability of their response to stimuli such as food. Many animals can be seen playing, pawing, advancing, and retreating from their food before eating it. These observations of caged animals lead us to think how far studies of this sort can throw light on human behavior under similar conditions.

- confined : 제한된, 좁은, (군인이) 외출 금지된(to barracks), 산욕에 있는
  cf: She expects to be confined in may
      (그녀는 5월에 해산할 예정이다)
- monotony[mənάtəni] : 단음(monotone), 단조, 단조로움, 천편일률, 무미건조, 지루함
- motor pattern : 원동적 패턴
  cf: motor power of economic growth(경제성장의 원동력)
      a motor trip(자동차 여행)
      the motor industry(자동차 산업)
- gymnastic[dʒimnǽstik] : (형용사로서) 체조/체육의, 단련/노력을 요하는,
                          (명사로서) 훈련, 단련, 곡예
  cf: a mental gymnastic(정신훈련)
- carnivore[kάːrnəvɔ̀ːr] : 육식동물, 식충식물
  cf: herbivore[hə́ːrbəvɔ̀ːr](초식동물)

- alternatively : 대신으로, 양자택일로
  cf: an alternative plan(대안)
      The alternative to riding is walking
      (차가 싫으면 걷는 수밖에 없다)
      alternative energy sources
      (대체 에너지원)
- hypersexuality : 성욕 과도화
  cf: hypersexual(성욕과도의/항진의)
- variability[vɛ̀əriəbi'əti] : 변하기 쉬움, 변화성
  cf: nature is infinitely variable[vɛ́əriəbəl]
      (자연은 변화무궁하다)
      a variable period of three to five days
      (때에 따라 3일 내지 5일에 걸치는 기간)
- paw : (발톱 있는 동물의) 발, (거칠거나 무딘 사람의) 손, (짐승이) 앞발로 할퀴다[치다],
        말이 앞발로 차다[긁다], 거칠게[함부로] 다루다, 만지작거리다
- caged : 새장[우리]에 갇힌, 감금된
- throw light (on) : 조명하다, 비춰보다

관찰 결과는 제한된 공간내의 동물들이 스스로가 처한 단조로움을 극복하기 위해 노력하는 방법으로는 아마도 4가지가 있는 것으로 밝혀졌다. 그 첫째는 새로운 운동과 훈련 같은 새로운 동력패턴을 스스로 창안해내는 것이다. 그들은 또한 새로운 자극 상황을 만들어냄으로써 자신들이 처한 환경의 복잡성을 증대시키려고 애쓸 수도 있다. 즉, 많은 육식동물들은 자신들의 음식이 마치 일종의 살아 있는 동물인 듯이 그것을 가지고 논다. 다른 방법으로서는 그러한 동물은 정상적인 자극에 대한 자신의 반응 양(量)을 증대시킬 수도 있다. 성욕 과도화는 이러한 부류의 행동에 대한 하나의 공통적인 반응이다. 끝으로 그들은 음식물 같은 자극에 대한 자신들의 반응의 변화성을 증대시킬 수도 있다. 많은 동물들이 음식물을 먹기 전에 그것을 앞발로 할퀴고, 그것으로 다가가고 그것에서 물러나기도 하면서 장난치는 것을 우리는 볼 수 있다. 갇혀 지내는 동물들에 대한 이 같은 관찰결과는 우리들로 하여금 이러한 부류의 연구가 유사한 조건하에서의 인간행동에도 어느 정도 깊숙이 조명해 볼 수 있겠는지에 대해 생각토록 해준다.

2. 2014년도 시행 국가공무원(7급) 임용고사

※ 힌트 : 이 문제 역시 **전체의 요지를 한 마디로 묻는 것이 아니라, 본문 내용의 어느 부분과의 일치 여부를 묻는 것이므로 제시된 답안 항목별로 그런 내용이 본문에 있는지를 꼼꼼하게 살펴봐야 한다.**
- 본문에 기술된 내용에서 동물들이 증대시키는 4가지 대상(동력 패턴의 다양성, 반응의 양, 반응의 다양성, 환경의 복잡성)과 일치되지 않는 항목은 ②이다.

<제시된 답안들>

① Animals may increase the variety of their motor patterns.
(동물들은 자신들 동력 패턴의 다양성을 증대시킬 수도 있다)
② Animals may increase the quality of their reaction to stimuli.
(동물들은 자극에 대한 자신들의 반응의 질(質)을 증대시킬 수도 있다)
③ Animals may increase the variability of their response to stimuli.
(동물들은 자극에 대한 자신들의 반응의 다양성을 증대시킬 수도 있다)
④ Animals may increase the complexity of their environment.
(동물들은 자신들이 처한 환경의 복잡성을 증대시킬 수도 있다)

APPENDIX(부록) 수험문제 지문구조 정밀해설

(20) 소련의 붕괴와 미군의 철수로 생긴 동남아에서의 힘의 진공 상태를 착각한 중국의 지역적 패권을 저지하려면 미국은 베트남과의 정치적·경제적 관계를 개선해야 한다

※ 문제 : 다음 글의 내용과 (가장) 일치하지 않는 것은?

> The fall of the Soviet Union has given Vietnam a practical usefulness to the U.S. that it never had during a war in which fifty-eight thousand American soldiers died. The Soviet Union's collapse has created a power vacuum in East Asia. The American withdrawal from the Philippines and the decrease of the U.S. military because of the end of the Cold War and economic troubles at home are also partially responsible for this power vacuum. This could be more of an illusion than reality because the U.S. still maintains both the air and naval capability to assert itself in East Asia. However, this illusion is very powerful and the Chinese have begun to perceive it. The Chinese are intent on filling the vacuum. In order to curb Chinese regional ambitions, the U.S. must strive to lift the economic embargo, open diplomatic relations, and support the cause of economic reform in Vietnam. The Vietnamese believe that the more involved American business is in Vietnam, the more China will be discouraged to invade them. The constant threat from and fear of China encourages the Vietnamese to make peace with the U.S.

- illusion : 환영, 환각, 환상, 망상, 착각, 잘못 생각함(that), 투명한 명주 망사
- assert itself : 자기주장을 명확히 하다, 생각하는[원하는] 바를 명확히 표현하다, (사상·신념 등이) 명확히 나타나기 시작하다, 영향을 미치기 시작하다
- perceive : 지각하다, 감지하다, ~을 눈치 채다, 인식하다, 이해하다, 파악하다

　cf: - perceive an object looming through the mist
　　　(안개 속에 뭔가 아련히 나타나는 것이 보이다)
　　 - You will perceive the fish rise out of the water
　　　(물고기가 수면에서 뛰어오르는 것을 보게 될 거다)
　　 - We perceived by his face that he had failed in the attempt
　　　(그의 얼굴에서 우리는 그 시도가 실패했음을 알았다)

2. 2014년도 시행 국가공무원(7급) 임용고사

- **be intent on** : <u>전념하고[열중해] 있는, 여념이 없는</u>, 열망하고 있는, 마음먹고 있는
  cf: - Intent on her work, she didn't notice the cold
        (일에 열중한 나머지 그녀는 추위도 느끼지 못했다)
      - a woman intent upon a political career
        (정계 진출로의 결의를 다진 여자)
- **curb** : (말의) 재갈, 고삐, 구속, 억제, 제어(on), (말에) 재갈을 물리다, <u>억제하다</u>, 구속하다
- **strive to lift the economic embargo[imbάːrgou]** : 경제적 (교류)금지를 해체하도록 노력하다
- **discourage** : 실망[낙담]시키다, 낙심하다, 설득하다, 단념하다, 불찬성의 뜻을 표하다, (계획·사업 등을) 방해하다, 저지[억제]하다, ~에 지장이 되다
- **encourage** : 용기를 돋우다, 격려/고무하다, 권하다, 장려/조장하다, 촉진하다
  cf: encourage a person to write essays
        (아무에게 수필을 쓰도록 권하다)

소련의 몰락은 베트남에게 실제적인 대미(對美) 유용성을 제공했는데, 이는 5만 8천명의 미국 군인들이 사망한 전쟁기간 중에서는 결코 가져보지 못했던 것이었다. 소련의 붕괴는 동남아시아에서 힘의 진공상태를 초래했다. 냉전의 종료와 국내에서의 경제적 혼란으로 인한 미국의 필리핀으로부터의 철수와 미국 군사력의 감축 또한 이러한 힘의 공백에 대해 부분적으로 원인이 된다. (하지만) 이것은 미국이 아직도 동남아시아에서 공군과 해군 능력 두 가지를 유지함으로써 자신의 입장을 명확히 나타내고 있기 때문에 실제보다 더 많은 착각 현상을 낳을 수 있다. 그렇지만 이러한 착각에 너무 강렬하여 중국은 그렇게 인지하기 시작했다. 중국은 그러한 진공상태를 메우기로 마음먹고 있다. 중국의 (이같은) 지역적 야심을 저지하기 위하여 미국은 경제적 교류금지를 해제하고, 외교관계를 트며, 베트남에서의 경제개혁 운동[목적, 대의, 주의]을 지원하도록 노력해야 한다. 베트남 국민들은 베트남에 관여하는 미국 기업이 많으면 많을수록 중국이 자신들을 침공하는 것을 단념할 것이라고 믿고 있다. 중국으로부터 나오는 위협과 중국에 대한 공포는 베트남인들로 하여금 미국과 화해를 하는 방향으로 고무시키게 된다.

※ 힌트 : 이 역시 글 전체의 대강의 뜻을 묻는 것이 아니라, 본문 내용의 어느 부분과 일치하지 않는 내용이 있는지를 묻는 문제이다. **제시된 답안들 중에는 때로는 본문의 취지와 핵심이 약간 빗나간 것도 있을 수 있으나, 그것에 너무 엄격한 판단을 하지 말고 그보다 더 명백히 어긋나는 답안을 찾아내는 데 주력해야 할 것이다.**
  - 즉 ①의 답안도 다소 적절하지 않은 점이 있지만, ④의 답안이 더 명백히 어긋난다.

<제시된 답안들>

① The power vacuum is partly attributable to the dissolution of the Soviet Union.
(힘의 진공상태는 부분적으로는 소련의 해체에 원인이 있다)
※ 참고 : 소련의 해체가 가장 큰 원인(largely attributable) → 본문 내용과 약간 어긋나지만 결정적으로 틀린 것은 아니다
② The end of the Cold War has resulted in the decrease of the U.S. military.
(냉전의 종료는 미 군사력 감축의 결과로 이어졌다)
③ China remains a constant threat to the Vietnamese.
(중국은 베트남인들에게 지속적인 위협으로 남아 있다)
④ The power vacuum has led to economic troubles in the U.S.
(힘의 공백이 미국 내의 경제적 곤란으로 이끌었다)
※ 참고 : 오히려 그 반대로 미국 내의 경제적 곤란이 힘의 공백 초래에 일조를 했다.

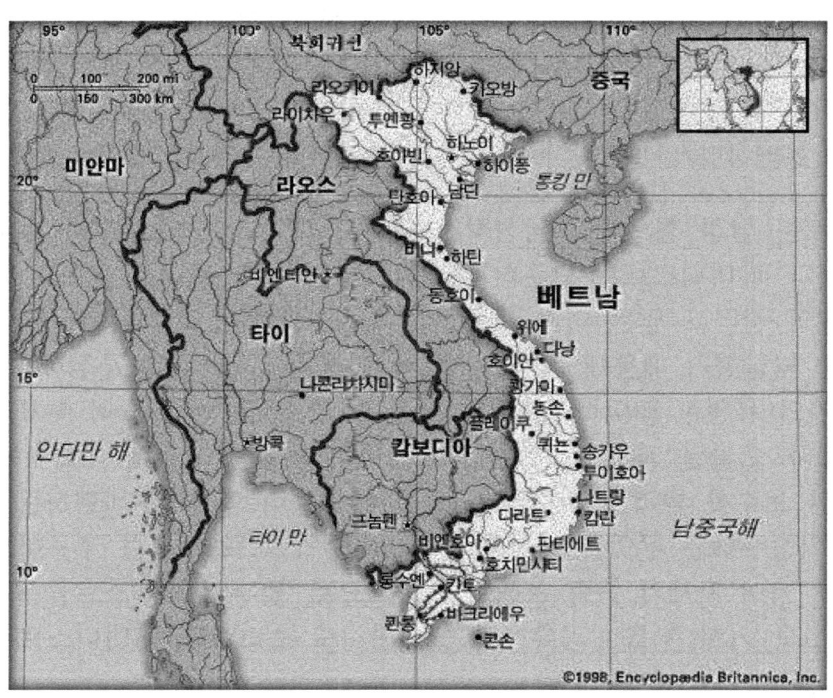

2. 2014년도 시행 국가공무원(7급) 임용고사

(21) 진정한 페미니스트(Feminist)란 어떤 것인가

※ 문제(1) : 다음 글의 빈 칸(밑줄 친 부분)에 들어갈 말의 순서로 가장 적절한 것은?

※ 문제(2) : 다음 글의 전체 제목으로 가장 적절한 것은?

> A feminist is not a man-hater, a masculine woman, or someone who dislikes housewives. A feminist is simply a woman or man who believes that women should enjoy <u>the same</u> right, privileges, and opportunities (as) men. Because society has deprived women of many equal rights, feminists have have fought for equality. <u>For instance</u>, Susan B. Anthony, a famous nineteenth century feminist, worked to get women the right to vote. Today, feminists want women to receive equal pay for equal work. They support a woman's right to pursue her goals and dreams, whether she wants to be an astronaut, athlete, or full-time homemaker. Because the term is often misunderstood, some people don't call themselves feminists <u>(even though)</u> they share feminist values.

- feminist : <u>남녀 동권론자/동권주의자</u>, 여권 신장논자, <u>여권주의자</u>, 여성 해방론자
- masculine : <u>남성적인</u>, 사내다운, (여자가) 남자 같은, 남자 못지않은
- privilege : 특권/특전, ■ astronaut : 우주 비행사, ■ athlete ; 경기자/운동선수
- share : 분배하다/나누어갖다, <u>공유하다</u>/분담하다, ~에 (함께) 참여하다/사용하다

> 페미니스트는 남성 혐오자나 남성적인 여성도 아니고, 가정주부를 싫어하는 사람도 아니다. 페미니스트는 단순히 여성들도 남성들과 똑같은 권리와 특전과 기회를 누려야 한다고 믿는 여자 또는 남자이다. 사회가 여성들에게서 많은 동등한 권리를 박탈했기 때문에, 페미니스트들은 평등(권)을 위해 투쟁해 왔다. <u>예컨대</u>, 19세기의 유명한 페미니스트였던 수잔 B. 앤소니는 여성들이 투표권을 갖도록 노력했다. 오늘날, 페미니스트들은 여성들이 동일한 노동에 대해서는 (남성들과) 동등한 보수를 받기를 바란다. 그들은 여성들이 항공우주비행사든 운동선수든 전업 가장주부든 무엇을 원하든 간에, 자신의 목표와 꿈을 추구하도록 지원하고 있다. 용어 자체가 종종 오해되고 있으므로, 일부 페미니스트들은 자신들이 <u>페미니스트적 가치(관)를</u> 공유하고 있으면서도 스스로를 페미니스트라고 부르지 않는다.

APPENDIX(부록) 수험문제 지문구조 정밀해설

<제시된 답안들>

문제1 : 다음 글의 빈칸(밑줄 친 부브)에 들어갈 말의 순서로 가장 적절한 것은?
① like   …   In contrast   …   if
② as   …   For instance   …   even though
③ to   …   However   …   as
④ in   …   By the way   …   when

문제2 : 다음 글의 전체 제목으로 가장 적절한 것은?
① Discovery of Women's Careers   (여성들 경력의 발견)
② History of Feminist Movement   (페미니스트 운동의 역사)
③ Women's Rights in the Near Future   (가까운 장래 여성들의 권리)
④ What a true Feminist Is   (진정한 페미니스트란 어떤 것인가)
※ 주(註) : 위 문제 답안들에 대한 괄호 내 번역문은 이해를 돕기 위해 덧붙인 것임

<답안들에 대한 검토와 힌트>

▶ 문제1에서 : "남자와 똑같은 권리와 특전과 기회"라는 뜻의 문맥이므로

— 우선 ③의 'to'와 ④의 'in'은 금방 오답임을 알 수 있다.
— 다음으로 ①과 ② 중, 어느 것이 더 적절한지를 세심하게 검토해야 하는데,
  * ①의 'ike'와 ②의 'as'는 의미(문맥) 상으로는 "~와 같은"이라는 뜻이니 둘 다 맞지만, 앞 구절의 'the same"과 연계적 접속관계를 가져야 하므로 ②의 'as'라야 적절하다.
  * 두 번째 'In contrast'와 "However'는 앞 절 내용에 대해 반대적 의미를 나타내므로 가장 부적절하며, 'By the way(그런데)'는 제3의 다른 주제로 잠시 전환할 쓰이는 부사구이므로 부적절하다
  * 세 번째로 'as'와 'when'은 문맥상 전혀 맞지 않으며, 'if'와 'even though'는 둘 다 "~하지만/하더라도"라는 「양보」의 접속사이므로 사용 가능하나, 'even though'가 문맥상 더 명확하게 '양보'의 의미를 전달해 준다.

▶ 문제2에서 : 4개 답안들 중에서 ①은 글 전체의 논지에 전혀 무관하지만,

— ②와 ③은 일부 내용과 부합되므로 자칫 정답으로 오인하기 쉽다.
— 그러나 전체적 맥락과 논지의 전개과정을 볼 때, ④가 적절한 제목이다.

저자 [박수규 | 朴秀圭] 약력

- 경북대학교 문리과대학(문학부) 졸업
- 고려대학교(경영학석사/무역경영 전공)
- 한양대학교 대학원 졸업 (경제학박사/경영지도사)
- 공군대학 졸업(고급 지휘관 및 참모 과정)
- 공군장교로 국방부(한·미 합동기관) 정보 분석과장
  (국내·외 VIP 대상의 전시실 홍보브리핑 장교 겸무),
  한국경제신문사 「서강하버드비즈니스」 편집간사/비상임논설위원,
  한국산업관계연구원 부원장, 한국산업연구소 소장,
  한양대·경기대에서 경영영어/무역영어/시사영어, 국제통상학, 국제경영,
  외환론 강의, 한교고시학원/연세학원에서 공무원 취업영어 강의
- 공공기관/산업체 초빙강사 : 금호그룹(신임임원 전략화과정),
  경찰청(혁신담당자 창의혁신과정), 중기연수원(원가기획/견적원가계산),
  건설기계정비협회(원가관리 등)

■ 저서(단행본)
「예문중심 영어 표현패턴 종합연구」 (상/하),
「영어표현패턴 숨은 이치 정밀해설」 (상/하),
「영어 전치사 사용설명서」, 「영어 접속사•관계사 사용설명서」 (상/하),
「대졸 경영학」, 「기업경영의 이해」, 「경영학 개론」, 「원가기획」,
「견적원가계산」, 「업종별 원가계산시스템」,
「늘 들떠있는 듯한 우리 사회―지금은 차분하게 전진할 때」,
「한국 자동차대여사업의 변천과정과 발전방향」

■ 역서(영문번역 단행본)
「연인과의 약속」 (상/하) (영·미 서정 단편소설 영·한 대역),
「첫사랑」 (영·미 서정 단편소설 한국어 번역),
「영어 논술문 독해연구」 (논평문, 에세이, 수기, 관찰문 등 영·한 대역)
「21세기 기업」 (Organizing for the Future),
「TQM과 인적자원」 (Total Quality and Human Resources),
「당신의 상사를 관리하라」 (How to Manage Your Boss),
「상사·부하간 최상의 관계관리 전략」 (How to Manage Your Boss, and others)
「필요할 때 꺼내 쓰는 아이디어 101」 (101 Creative Problem-Solving Techniques)

■ 영문/일문 번역 기고문
- 중간관리자의 역할과 고뇌(General Managers in the Middle) 등 37편 이상
  (경영분야 영어 논평문 32편, 영·미 단편소설 3편, 일본어 경영/회계 논평문 2편 등)

이 책의 발간작업 참여자

연구/편집 총괄 : 박 수 규

조사 및 편집 : 임홍택 (연구원)
　　　　　　　박종민 (연구원)
　　　　　　　권을호 (연구원)

영어표현패턴 숨은이치 정밀해설 (상권)

2015년 9월 18일　초판 1쇄 발행
2021년 2월 25일　중판 1쇄 발행 (인쇄: 2021. 11. 25)

　　編著者 : 박 수 규
　　發行人 : 박 수 규
　　發行處 : **(사) 한국자치행정연구원** (등록: 107-82-12837/09.2.26)
　　　　　　　　　　　　　　　　　　- 출판사 신고 : 2014. 7. 3
　　주　소 : SGA 글로벌연구센터 :
　　　　　　　경기도 남양주시 와부읍 덕소로 116길 43
　　　　　　　(덕소리 600-15) 현대홈타운 상가 203호
　　　(전화 : **010-2572-7052**, 031-521-6026, Fax : 031-521-6027)
　　　E-mail : sukyu23@naver.com
　　　홈페이지 : http://www.hjhy.or.kr

ISBN 979-11-86837-10-8　04740 (상권)
ISBN 979-11-86837-09-2　04740 (세트)

정가 40,000원 (권당)

※ 이 책의 내용은 저작권법의 보호를 받고 있습니다.
※ 잘못 만들어진 책은 본사나 구입하신 서점에서 바꾸어드립니다.